SERVICE MANAGEMENT

서비스경영

고객접점 실무중심

황 혜 미

정독
DEEP READING

추천의 글

고객중심경영연구소 윤주옥 소장

매년 기업의 총수들은 신년사를 통해 기업의 경영전략이나 사업 방향성을 발표하고 있는데 항상 등장하는 것은 고객이라는 단어이다. 그만큼 기업의 규모를 막론하고 기업은 고객에게 최고의 가치를 제공하고자 항상 노력하여 왔다.

본 책은 고객과 서비스경영에 대한 체계적인 이론뿐만 아니라 저자에게서 오랜 기간 서비스 컨설팅 과정에서 수집된 자료와 노하우를 실무에서 활용할 수 있도록 자세히 기술되어 있다. 서비스 특징 중의 하나는 무형성, 즉 형태가 없다는 것이고 보관이 어렵다는 것이다. 하지만 이번 책의 내용 중에는 무형의 서비스경영 내용을 기업과 독자들에게 유형적으로 생생하게 설명하여 주고 있다. 본 책자가 한국 서비스경영이 세계의 표준이 되는데 기여한다고 할 수 있기를 기원한다.

단국대학교 노미정 교수

30년 서비스경영 분야의 노하우를 한 권에 모두 녹여 멋진 책을 발간해 주신 저자님께 축하드립니다. 그리고 이 한 권으로 30년 서비스경영 노하우를 만나게 될 독자 분들도 축하드립니다. 더불어 현장에서 서비스경영을 가르치고 연구하고 발전시킬 모든 분들에게 축하 말씀드립니다. 우리가 이 한 권의 책을 만날 수 있는 것은 올해 가장 큰 영광이기 때문입니다.

한국생산성본부 지도교수 황정운 대표

지금까지 서비스 분야의 서적은 2000년도에 나온 책과 2020년도에 나온 책이 그 내용에 큰 변화가 없는 편이었다. 그래서 서비스를 업으로 살아가는 사람들은 더 좋은 서비스 전략을 찾기 위해서, 서비스를 다루는 책보다는 [경영/마케팅/IT/트렌드] 등의 책을 보는 것이 더 현명한 의사결정을 하게 되는 방법이었다.

그러나 이 책은 서비스 현장의 그런 갈급함을 해소해 줄 수 있는 책이다!!

[서비스 논리-체계화/다양한 산업과의 연계성/구체적인 현장적용 방법제시/서비스 산업별 우수혁신사례 등]을 한 번에 알아볼 수 있어, 서비스 전문성 제고에 든든한 사다리를 제공해 주는 것 같다.

서영대학교 임현주 교수

이 책은 서비스경영 전반에 대한 이론뿐만 아니라 기업, 공공기관, 병원, 호텔, 외식업 등 다양한 분야의 고객접점 서비스에 대한 시대적 흐름을 한눈에 파악할 수 있도록 구체적 예시를 활용하여 설명하고 있다는 점에서 서비스경영 분야의 학생, 연구자 및 기업의 관리자 모두에게 아주 유용한 책이 될 것이다. 특히 저자가 직접 수행했던 수년간의 컨설팅 노하우는 이 책의 백미(白眉)이며 급변하는 서비스 산업분야에서 차별화된 경쟁력 확보를 위한 확실한 가이드가 될 것이라 생각된다.

명지대, 항공대, 장안대 강사 이보라 박사

이 책은 서비스경영의 전반적인 이론과 최신 서비스경영의 실무를 한 번에 학습할 수 있는 유일한 책인 것 같습니다. 어렵고 멀게만 느껴졌던 서비스경영의 이론을 가장 쉽고 생동감 있게 분석한 이론과 다양한 컨설팅 사례를 통하여 재미있는 서비스경영의 세계를 여행하실 수 있을 거라고 강력히 추천 드립니다.

자율주행기술개발혁신사업단 이슬기 박사

"자신이 오르고 싶은 산을 정하지 않고 걷는 것은 길을 잃고 헤매는 것과 같다."라는 말이 있습니다. 고객 중심의 서비스경영을 이해하고 싶다면, 이 책을 선택하는 것이 올바른 선택입니다. 다이내믹한 서비스경영 분야에서 헤매지 않도록 길잡이가 되어줄 것입니다.

종합유선방송사업자 HCN 조선호 교육Manager

서비스는 고객을 만나기 전부터 준비하여 진행 과정, 사후, 그리고 보이지 않는 고객의 니즈까지 파악해야 하는 고도의 스킬이다. 그 고도의 스킬을 위해 필요한 서비스의 개념부터, 프로세스 관리와 운영, 서비스 디자인, 서비스 커뮤니케이션 등 그동안은 각 파트별 조각으로 떨어져 있던 내용들이 이제야 퍼즐 맞추듯 각자 제자리에 다 모아 놓은 책이 나온 것 같다.

머리로 이해하는 이론과 함께 가슴으로 느끼는 풍부한 사례들로 구성된 이 책은 고객만족을 위해 브랜드 관리에 힘쓰는 기업 경영자, 서비스업에 종사하는 실무자, 서비스 교육 담당자에게 중요한 지침서가 되어 주리라 믿는다.

러너코리아 이은경 팀장

'전략 없는 전술은 패배를 앞둔 소란스러움'이라는 말이 있듯이, 고객에게 잘 웃고 인사를 잘하는 전술적인 차원을 넘어 이제는 반드시 '서비스 전략'을 선행적으로 구축하여 서비스기업의 경쟁력을 강화해야 할 때이다. 서비스 전략에 따라 서비스 프로세스, 서비스 품질 결과가 달라질 수 있다. 그런 점에서 이 책은 서비스 조직의 차별화된 경쟁력을 갖추기 위해 고심하고 있는 서비스 강사 및 리더들에게 풍부한 사례 활용 및 사내 적용 아이디어 등의 직접적인 도움을 줄 수 있는 길잡이가 될 것이다.

HOTEL LOTTE Sr.manager 양무숙

서비스 현장에서 업무를 하다 보면, 실제 발생되는 서비스와 이론서의 Gap이 큽니다. 그래서 무엇인가 전문적으로 알고 싶어도 내용이 어렵거나 현실과의 괴리가 있어 어떤 서비스가 옳은 것인지 끊임없는 고민들을 던져오곤 했습니다. 그런 의미에서 이번 책은 고객과의 접점에서 발생하는 서비스에 대한 이론적 정의와 실무에 대한 내용을 섬세하게 기술한 책이라고 자부할 수 있습니다.

특히, 다양한 기업을 서비스 컨설팅하고, 그로 인한 인사이트를 후배들에게 공유하여 수많은 후배들에게 귀감이 되시는 황혜미 교수님의 책이야말로 전문성과 진정성을 담은 책이라고 말할 수 있습니다. 서비스에 대해서 심도 있게 알고 싶고 공부하고 싶은 사람이라면 이 책이 기본서가 될 것입니다. 변화된 환경에서 서비스에 대해 공부하거나 서비스 관련 업무하시는 모든 분들에게 등대가 되어줄 이 책을 추천합니다.

정하린 CS교육연구소 정하린

이 책은 서비스를 단순한 친절이 아닌 경영전략의 측면에서 이해하는 데 많은 도움을 줍니다. 특히 CS강사나 컨설턴트에게는 실무의 기준이 되는 이론이 체계적으로 정리되어 있고, 교육이나 컨설팅에 활용할 수 있는 구체적인 실 사례와 저자의 컨설팅 경험과 노하우도 담겨 있습니다. CS실무자, 관리자들을 위한 교과서가 될 것입니다!

독자에게 드리는 글

우리나라에 서비스라는 개념이 도입된 지난 30년 동안 많은 기업들이 고객접점 현장에서 서비스 혁신 및 개선을 위한 다각적인 노력을 기울여 왔다. 고객에게 인사를 잘하는 '친절서비스'에서 고객의 문제를 해결하고 고객경험을 향상시키는 '서비스 운영관리', '서비스 품질관리'에 이르기까지 서비스경영은 지속적으로 발전하고 있다. 서비스 조직은 고객만족 달성을 주요 관리 지표로 활용하고 있다.

성공적인 서비스경영을 위해서는 조직 내부에서 갖추어야 할 중요한 요소들이 있다. 이 책에서는 접점 서비스 관리를 위해 공통적으로 필요한 7가지 요소의 실무적 활용을 높이는 방안을 제시하였다. 또한 서비스경영 이론의 현업 적용도를 높일 수 있도록 서비스조직에서 수행한 컨설팅 노하우도 공유하였다.

접점 서비스경영 성공의 7가지 요소는 서비스 전략, 서비스 프로세스관리, 서비스 품질관리, 서비스 조직관리, 서비스 인적자원관리, 서비스 디자인, 그리고 서비스 커뮤니케이션이다. 이러한 7가지 요소를 효과적으로 관리하면 고객만족도는 향상하고 불만은 감소하는 서비스 성과를 창출할 수 있다.

아직도 서비스기업에 서비스전략이 없이 전술적인 차원에서 운영하는 곳이 대부분이다. 하지만 서비스기업의 경쟁력을 강화하고 지속가능 경영을 위해서는 반드시 서비스전략 체계 구축이 선행되어야 한다. 서비스전략 수립에 따라 접점 서비스 프로세스를 효과적으로 관리하여 서비스 품질을 향상시킬 수 있는 구체적인 운영방안을 필요하다.

서비스는 무형성, 이질성, 동시성, 소멸성 등의 특성이 있어 관리의 표준화가 어렵고, 서비스 조직 내에는 경영진의 리더십, 서비스 관리자 및 직원의 역량, VOC(Voice of customer:고객의 소리) 시스템 등의 차이로 인하여 하나의 솔루션만으로 진화하는 고객니즈를 발굴하거나 문제를 해결하기 쉽지 않다.

이 책을 통해 학생들은 서비스경영을 좀 더 쉽게 이해하고 기업 실무를 파악하는 데에 활용하고, 석·박사와 같은 연구진들은 고객접점 실무를 기반으로 서비스경영 이론을 발전시켜야 할 것이다. 또한 서비스기업의 관리자 및 경영진, 서비스강사 및 리더들은 구체적인 서비스 운영방법을 습득할 수 있으며, 서비스 조직의 차별화된 경쟁력 확보에 가이드가 되었으면 하는 바람입니다.

황혜미 드림

차 례

Chapter 1

고객경험을 창출하는 서비스 전략

Case Study

면밀한 고객 경험관리 토대로 언택트와 직원의 서비스 역량 긍정적인 시너지 이뤄야”

언택트 서비스의 도입이 전 업계에서 활발히 이뤄지고 있는 가운데 호텔에서도 곳곳에서 언택트 서비스를 선보이고 있다.

서비스엑셀런스연구소 황혜미 원장

밀레니얼과 Z세대가 점점 소비의 주체가 되면서 언택트의 기술이나 비대면에 대한 방법론이 계속해서 유효할 것이라는 데에는 동의하고 있다. 이는 4~5년 전부터 예견됐던 상황이기도 하다. 요즘 고객들은 내 경험이 아니라고 생각하는 순간 시간낭비라고 여긴다. 이를테면 이미 살 것이 정해져 있는데 불필요하게 과도한 직원의 접근은 피하고 싶어 하고 체크인·아웃을 위해 기다리는 시간도 비효율적인 낭비라고 여겨 호텔의 서비스가 잘못돼 있다고 판단한다.

즉 접촉도와 관여도가 낮은 것에는 비대면과 같은 효율성을 추구하고 반대로 접촉도와 관여도가 높은 것들은 대면 서비스를 받길 원한다. 때문에 높은 가격을 지불, 럭셔리한 서비스를 기대하고 있는데 만약 기계가 사람의 서비스를 대신한다면 거부감이 들 수밖에 없다. 따라서 비대면과 대면 서비스의 조화를 어떻게 이룰 수 있을지가 중요하다. 비대면은 효율을 추구하지만 대면 서비스는 고객 타깃이 명확하지 않거나 타깃 고객을 더욱 확장시키고자 할 때 등 고객을 주도면밀하게 파악해야 하는 시점에 활용돼야 한다.

언택트는 서비스 패러독스를 해소할 수 있는 방법 중 하나로 이를 효과적으로 활용하기 위해서는 고객 경험관리를 토대로 한 서비스 설계가 중요하다고 강조했다.

일례로 파리바게트의 경우 로봇 직원을 실험적으로 도입했다가 주타깃 고객인 40대들의 기술수용도가 낮은 탓에 이를 익숙하지 않은 불편함을 느끼는 이들이 많아 대다수의 밀레니얼들이 선호하는 서비스지만 서비스의 도입을 유보시켰다. 대신 이 과정을 통해 대면 서비스의 중요성을 확인, 직원들의 서비스를 고품질화 하는 새로운 전략으로 세웠다.

이처럼 모든 기업들이 언텍트를 선택하는 것은 아니다. 따라서 언택트와 같은 신 서비스의 도입은 트렌드가 아니라 철저한 서비스 분석을 통한 필요에 의해 이뤄져야 한다. 그러나 그동안 서비스는 90년대 인사교육이 전부였던 현재의 경영자들에 의해 너무나도 단순하고 간단한 것으로 치부돼왔고, 예전부터 Top-down 방식의 서비스가 이뤄져와 이런 고객 경험관리에 대한 접근이 부족했던 상황이다.

그렇다면 고객 경험관리를 위해 요구되는 것은 무엇인가?

가장 중요한 것은 고객이 느끼는 서비스 프로세스에 대한 인지다. 그런데 프로세스 인지 단계에서 많이 범하는 오류가 Outside Inlooking이 아닌 Inside Outlooking을 한다는 점이다. 우리는 최상의 서비스를 하고 있는데 고객은 그렇게 느끼지 못하고 있어 답답하다는 것이다. 이런 문제로 강조하는 것이 '모니터링이다. 모니터링이야 계속해서 해왔던 일이라고 생각하기 쉽지만 고객의 니즈가 다 변화됨에 따라 모니터링 관점도 바뀌었다. 예전에 모니터링은 주로 직원들이 잘 웃는지 인사는 잘 하는지와 같은 친절성에 척도를 뒀다면, 이제는 고객들이 어떤 것을 많이 요구하고, 이를 직원은 어떻게 대처하는지, 대처하기 어려운 고객의 요구는 무엇인지 등 직원들의 상황별 대처능력, 즉 문제해결 능력에 초점을 맞춰야 한다.

문제해결 능력을 끌어올리기 위해 직원들의 역량모델을 개발하는 것이 필요하다고 설파했다. 그러나 말처럼 쉽지 않을 것으로 예상되는데 어떻게 접근해야 하나?

고객이 변하고 있다는 것을 파악하는 것에서부터 시작해야 한다. 2008년에 서비스 직원의 역량이 노동생산성과 서비스 품질에 미치는 영향이 어떤지, 어떤 역량이 높아야 노동생산성과 서비스 품질을 높이는데 도움을 줄 수 있을지 '문제해

Case Study

결역량', '자기조절역량', 팀워크역량'에 따라 연구를 진행했었는데, 그때부터 놀랍게도 자기조절역량(Service Effectiveness, 고객의 기분에 맞춰주는 역량)이 부의 상관관계(한쪽이 늘면 다른 쪽은 주는 관계)를 보였다. 오히려 팀워크 역량이 생산성과 품질을 높여주는 것으로 나왔다. 즉 이미 10년 전부터 고객은 변하고 있었지만 우리는 아직도 그때에 머물러 있었던 것이다.

일단 현 단계에서 가장 필요한 것은 인식 변화인 것 같다. '왜'라는 의문을 던지지 않았던 기존 서비스 사고방식에서, 과연 이러한 서비스가 어떤 의미로 고객에게 다가가는지, 그렇다면 우리는 왜 이 서비스를 해야만 하는지 이해해야 한다. 그리고 이러한 인식 전환은 특히 서비스의 중요성에 대해 인지하지 못했던 현 경영진으로부터 시작돼야 한다. 건설을 맡았던 한 리조트는 리더 교육을 90시간씩 진행했으며 당시 분석한 MOT만 330개에 달했다. 고객의 세분화된 욕구를 찾아 이에 따른 대처방법을 면밀하게 매뉴얼화시킨 것이다. 해당 리조트가 이렇게까지 많은 시간과 노력을 투자한 이유에 대해 생각해 볼 필요가 있다.

출처: 호텔앤레스토랑(2020년)

01 서비스 이해

1.1 서비스 패러다임의 변화

우리나라에 서비스, 고객만족이라는 단어가 본격적으로 도입되어 기업, 공공기관, 병원, 호텔, 외식업 등에서 사용된 지 30년이 되었다. 서비스에 대한 개념도 시대에 따라 변화하고 있다. 고객과 만나는 순간(MOT: Moment of truth)을 중요하게 생각하고, 한순간 한순간 최선을 다해 응대하는 것을 최고의 서비스라 생각

| 표 1-1 | 서비스의 변천

구 분	1990년대	2000년대	2010년대	2020년 이후
주요 트렌드	MOT(Moment of Truth) 중시	서비스 프로세스 개선	고객경험 디자인	서비타이제이션 (Servitization)
관리 이슈	Humanware Service	Software Service	Hadrware Service	서비스+기술 융합
성 과	직원의 친절도 향상	서비스 품질관리	고객만족도 증진	고객 긍정경험

하였다. 〈표 1-1〉과 같이 1990년대의 서비스는 친절, 접객, 고객응대, 밝은 미소, 정중한 인사 등을 의미하였다. 휴먼웨어(Humanware) 관점에서 접근하여 직원을 교육하고 평가하여 직원의 태도를 개선하는데만 중점을 두었다. 항상 고객이나 타인의 입장에서 생각하고 행동하는 것을 중시하였다.

2000년대에는 서비스를 프로세스(Process)의 관점으로 보기 시작했다. 직원의 응대도 중요하지만 서비스 제공단계 및 과정에 대한 관리가 필요하다는 인식이 확산되었다. 가장 큰 변화가 일어나게 된 계기는 2002년 피자헛 매장에서 식사를 먹기 위해 기다리는 대기 손님에 대한 대기관리를 시작한 것에서 비롯된다. 대기실 공간을 마련하거나 대기 공간이 없으면 기다리는 줄을 세우기 시작했고, 기다리는 동안 메뉴판을 건네주며 음식을 고르게 하여 대기의 지루함을 줄이기 위한 노력을 하였다. 이때부터 서비스는 고객을 만나는 순간뿐 아니라 만나기 전, 만난 후에도 관리가 필요하다는 인식을 하게 된 것이다.

서비스 조직은 고객과 만나는 접점(Front office)뿐 아니라 후방 부서(Back office), 지원 프로세스(부서)의 역할이 협업하여 함께 고객문제를 해결하고 고객이 원하는 솔루션을 제시하는 것이 중요함을 알게 되었다. 그리하여 서비스 품질관리, 서비스 모니터링, 서비스 코칭 및 피드백이 활성화되기 시작했다. 또한 서비스를 제공하는 제도, 절차, 단계 등 소프트웨어(Software)에 대한 설계에 초점을 두기 시작했다.

2010년 이후부터는 서비스기업의 하드웨어(hardware)의 변화와 혁신을 시도하는 고객경험 디자인이 대두되기 시작했다. 물론 이 개념은 2000년 초반에 들어왔으나 우리나라 서비스 발전 속도에 발맞추어 도입된 지 10년 이후부터 각광받기 시작했다. 서비스 디자인이란 고객경험 및 서비스 접점의 품질을 관리하기 위한 사용자 중심의 접근방법이며, 서비스를 유용하게, 바람직하게, 효율적이며 효과적으로 창조하기 위한 목적으로 실행되고 있다.

공공기관과 병원을 중심으로 시민과 환자들이 편리하게 이용할 수 있는 시설을 만들고 안내문이나 표지판이 고객 중심으로 바뀌는 현상이 나타났다. 일반 기업은 2015년을 전후로 필자가 참여했던 롯데그룹, CJ그룹, 아모레퍼시픽, SPC그룹 등 대기업이 고객의 만족을 뛰어넘어 고객경험을 중시하는 문화가 자리매김하였고, CX(Customer eXperience) 설계에 주력하게 되었다.

2020년 이후의 코로나 팬데믹을 거치며 서비스가 시장에서 어떻게 자리매김해야 할지 혼란을 겪고 있으나, 더욱 고객 중심으로 진화하고 있다. 고객이 원하는 기대를 발굴하여 고객과 함께 서비스를 창출하는 활동은 강화되고 있다. 고객가치 증진을 위해서는 고객의 중요한 특성인 참여 욕구를 활용하는 것이 중요하다. 기업과 고객은 단순히 생산자와 소비자의 관계가 아니라 가치창출의 공동 참여자가 되어가고 있다. 소유효과이론에 따르면 고객은 자신이 참여해 만든 제품에 대해 훨씬 많은 애착을 갖는다고 한다. 최근 서비스 트렌드는 고객을 가치창출에 참여시켜 '고객에 의한 가치'(value by the customer)를 만들어내는 것이다(이유재, 2022).

서비타이제이션이 가속화됨에 따라 혁신적인 서비스가 등장하고 새로운 서비스가 개발되고 있다. 서비타이제이션(Servitization)은 제품과 서비스의 결합(product servitization), 서비스의 상품화(service productization), 그리고 기존 서비스와 신규 서비스의 결합 현상을 포괄하는 개념이다. 제품에 서비스를 결합하는 대표 사례는 자동차에 유비쿼터스 환경을 구현해 주는 정보기술이 있으며, 서비스의 상품화는 농촌 체험마을 관광 상품을 들 수 있다.

창조적 파괴로 유명한 세계적인 경제학자 슘페터(Schumpeter)는 사물을 전통적인 방식과는 다른 방법으로 다루거나 만들어 내는 것을 '혁신'이라 하였다. 그는 신상품을 제조하거나 새로운 생산방법을 채택하고, 신시장 및 신자원을 개척하며, 새로운 경영조직을 구축하는 혁신 유형을 주장하였다. 서비스에서도 고객에게 보다 나은 가치를 제공할 수 있도록 서비스 자체 또는 서비스 제공 프로세스, 그리고 조직을 혁신하는 서비스 혁신이 강조되고 있다.

1.2 서비스의 개념

일반적으로 '서비스가 무엇일까'라고 물어보면 대부분의 사람들은 '공짜', '덤', '무료' 등의 단어가 연상된다고 한다. 사전적 정의를 살펴보면 서비스는 장사에서, 값을 깎아주거나 덤을 붙여주는 것을 말한다. 확장된 개념의 서비스는 개인적으로 남을 위하여 돕거나 시중을 드는 것, 그리고 생산된 재화를 운반 및 배급하거나 생산 및 소비에 필요한 노무를 제공하는 것을 말한다.

서비스의 사전적 개념을 살펴보면, ① 물질적 재화 이외의 생산이나 소비에 관련한 모든 경제활동, ② 남을 돕거나 여러 가지 심부름을 해주는 것, ③ 사람에게 편리함을 주는 것을 상품으로 하여 판매하는 행위, ④ 인간의 욕망을 충족시키고자 하는 봉사활동, ⑤ 다른 사람을 위해 도움을 주거나 배려를 해주는 행위 또는 기술 등으로 정의하고 있다.

서비스는 수요자를 만족시키는 것을 전제로 기업의 목적달성에 필요한 수익확보를 위해 하는 활동이다. 학자들의 대표적인 서비스에 대한 정의는 [그림 1-1]과 같다. 과정을 중요하게 생각하고 고객의 문제를 해결하는데 초점을 두고 있다. Vargo와 Lusch(2004)는 서비스라는 개념의 본질은 프로세스를 의미한다고 하였다. 서비스는 제품과 다르게 시작과 끝이 명확히 정해진 단속적 결과물이 아닌 지속적 과정이다. 고객의 참여, 고객과의 관계, 고객의 투입물 등이라는 상황적 요인은 결과 중심으로 발생하는 것이 아니라 하나의 과정(process) 속에서 발생하는 것이다.

그림 1-1 서비스의 정의

• 서비스는 행위, 프로세스, 그리고 결과로 이루어져 있다.

Valarie A. Zeithaml, Mary Jo Bitner, and Dwayne D. Gremler, *Service Marketing*, 4th ed., New York: McGraw-Hill, 2006, p 4.

• 서비스는 무형적인 특성을 갖는 하나 또는 일련의 행위들로 구성된다. 서비스는 일반적으로 고객과 서비스 직원, 그리고/또는 물리적 자원, 제품, 서비스 제공자의 시스템 간의 상호작용 속에서 고객의 문제를 해결하는 솔루션 형태로 제공된다.

Christian Grönroos, *Service Management and Marketing*, Lexington, Books, 1990. p. 27.

• 서비스는 어떤 주체가 다른 주체에게 제공하는 경제적인 활동으로, 서비스 구매자 또는 그가 소유한 물건 또는 자산에 대한 원하는 결과를 얻기 위해 대부분 시간 단위로 고용된다. 고객은 제공하는 금전, 및 노력의 대가로 물건, 인력, 전문 기술, 시설 및 설비, 네트워크 및 시스템 등을 이용함으로써 원하는 가치를 얻을 수 있기를 기대하지만, 서비스 과정에 사용된 유형적인 요소들에 대한 소유권은 일반적으로 가지지 않는다.

Christopher Lovelock and Lauren Wright, *Services Marketing People, Technology, Strategy*, 6th ed., Upper Saddle River, NJ: Prentice Hall, 2007, p. 6.

• 서비스 시스템은 인력, 기술, 다른 내·외부 서비스 제공 시스템, 그리고 공유된 정보(언어, 프로세스, 척도, 가격, 정책 및 규정 등) 등 공동으로 가치를 창출하는 구성 형태이다.

Jim Spohrer, Paul Maglio, John Bailey, and Daniel Gruhl, *Computer*, January 2007, p. 72.

서비스는 전통적인 거래의 개념으로부터 경험의 개념으로 변화해 가고 있다. 경험은 개별적이며 각각의 개인에게 깊이 기억되도록 하는 방식으로 고객을 서비스에 참여시키고 연계시킴으로써 부가가치를 창출한다. 최근의 서비스 기업은 그들이 연출한 감동적이고 기억에 남을 수 있는 경험을 고객에게 심어 주고, 그에 대한 대가를 요금으로 부과함으로써 점차 새로운 경험경제로 이동하며 성장하고 있다.

[그림 1-2]는 서울역 커피 매장 입구에 서 있는 키오스크이다. 고객이 샌드위치가 어떤 모양이고, 어떤 맛일지 궁금해 하기 때문에 베스트 메뉴(BEST MENU), 데일리 세트(Daily Set) 사진을 보여주어 고객의 쉽게 선택할 수 있도록 한다. 고객의 정보탐색 노력을 줄여줄 수 있으며 빠르게 구매 결정을 할 수 있는 것이다. 이렇듯 서비스는 이용하는 고객의 경험을 증진하기 위해 다양한 혁신과 변화를 시도하고 있다.

| 그림 1-2 | A 매장의 고객 중심 키오스크 설계 사례

02 서비스 특성 및 관리방안

서비스는 제품과 차이 나는 4가지 중요한 특성이 있다. 무형성, 이질성, 동시성(비분리성), 소멸성이 있다. 이 4가지 특성은 개별적으로 나타나는 경우도 있지만 몇 가지 특성이 겹쳐 보여지기도 한다. 이외에도 고객접촉성, 노동집약성, 측정 곤란성 등의 다양한 특성들이 있다.

첫 번째 주요한 특성은 무형성(Intangibility)이다. 즉 서비스는 형태가 없고 경험하기 전에는 결과를 알 수 없다는 것이다. 대부분의 고객은 미용실에 가서 헤어디자이너에게 "저 머리 살짝 다듬어 주세요."라고 말하지 "1.5cm 잘라 주세요." 라며 말하지 않는다. '살짝', '적당히', '자연스럽게' 등의 개념은 헤어디자이너와 충분한 교감이 있은 후에야 커트를 했을 때 만족할 수 있다.

이처럼 무형성이라는 대표적인 특성을 극복하기 위한 서비스 기업의 노력은 다양하다.

| 그림 1-3 | 무형성 극복방안

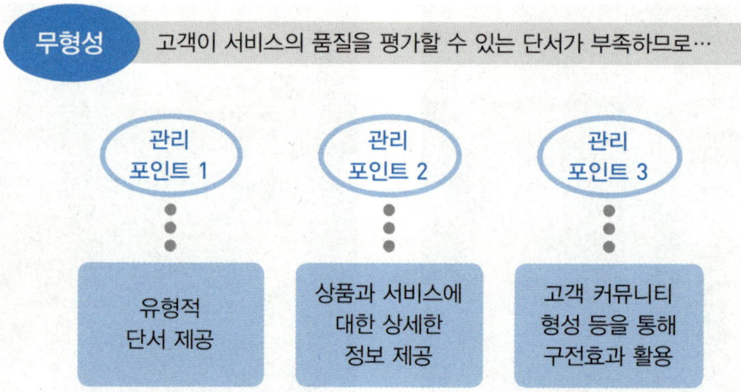

고객의 긍정경험을 향상시킬 수 있는 서비스스케이프*를 조성하여 고객의 만족여부를 실시간으로 체크하고 점검한다. 예를 들어 지하철을 이용하다 보면 다른 열차 칸보다 온도가 높은 칸을 만들어 두어 추위에 민감한 고객에 대한 불만을 줄이려는 노력을 알 수 있다.

[그림 1-3]과 같이 유형적인 단서(자료 및 안내문)를 제공하는 것이 가장 중요하다. 성형외과 광고를 보면 Before(성형 전)와 After(성형 후)를 비교해 보여주며 고객들을 유인한다. 또한 상품과 서비스에 대한 자세한 정보를 제공하고 있다. 정보

*** 서비스스케이프(Servicescape)**

비트너(Bitner)는 서비스 시설의 주변 환경, 공간배치와 기능성, 신호/상징물/인공물 3차원으로 분류하면서 서비스스케이프라고 물리적 환경을 처음 언급하였다. 자연적이고 사회적인 환경과는 다르게 기업의 통제 안에 있는 객관적이고 인위적인 환경으로 정의하였다.

첫째, 주변 환경은 조명, 온도, 음악, 공기맑기, 소음, 향기, 색상 등의 공조환경을 의미하고 고객의 오감만족에 영향을 준다. 둘째, 공간의 배치와 기능성은 장비, 기계, 가구 등의 배치방법과 형태, 크기 등을 말하고 이는 서비스 전달을 촉진하는 능력을 말한다. 셋째, 신호(방향, 안내)와 상징 그리고 인공물은 서비스 제공시 장소에 대한 커뮤니케이션과 정보제공, 행동 규범 등으로 설명하고 있다.

출처: 이혜정(2020), 고객경험의 서비스스케이프에서 서비스 디자인의 진단 및 평가, 서강대학교 경영전문대학원 글로벌서비스경영학과 박사학위 논문

의 홍수 속에 살고 있는 현실에서 고객에게 우리 기업의 메시지를 기억시키는 것은 어려운 일이다. 이를 극복하기 위해서 서비스기업은 직원의 정보제공 멘트뿐 아니라 페이스북, 인스타그램, 유투브 등 SNS(Social Network Service)를 활용하여 고객과 소통하고 있다.

크로플 조리완료 시간과 맛나게 먹는 방법에 대한 정보제공

그리고 서비스 기업은 고객과의 커뮤니티 형성, 구매 후기 및 상품 리뷰를 활용하여 이용 경험이 있는 고객들이 상품과 서비스에 대해 긍정적인 구전이 이뤄지도록 고객의 적극적 참여를 독려한다.

두 번째 특성은 이질성(Heterogeneity)이다. 예를 들어 커피 매니아는 바리스타의 경력에 따라 핸드 드립 커피의 맛이 달라지는 것을 느낄 수 있다. 매장에 가서 직원들이 고객 응대하는 것을 살펴보면, 같은 서비스를 제공하지만 A직원은 친절하고 신속하게 대응, B직원은 무뚝뚝하고 기계적으로 고객을 대하는 편차를 느낄 수 있다.

서비스기업에서는 이질성을 극복하기 위해 서비스 표준 매뉴얼이나 지침을 만들어 교육시켜서 직원들의 편차를 줄이려 한다. 그러나 매뉴얼을 만드는 것만으로 끝나는 것이 아니라 직원들이 실행할 수 있도록 지속적인 관리를 해야 한다. 이젠 표준 매뉴얼을 만들더라도 고객의 개별화된 취향과 기호를 고려해야 한다. 즉 표준화된 서비스와 개별화된 서비스가 공존해야 한다는 것이다. 한편 서비스가 양극화되는 현상이 발생하고 있다. 그래서 고객이 편리하게 로봇이나 키오스크, SST(Self Service Technology)*를 이용하거나 고객의 성향을 고려해 초개인화, 개별화된 서비스를 제공한다.

서비스기업의 업종별 특성을 고려한 서비스 품질관리 지표 및 항목을 개발해서 체계적으로 점검하고 관리하여 이질성이 발생하지 않도록 주의를 기울여야 한다. 서비스기업이 제공하는 서비스의 특성, 즉 고접촉인지 저접촉인지, 고객

*** SST(Self Service Technology)**

SST란 접점 직원의 직접적 대면과 관여 없이 이용자 스스로 서비스를 생산할 수 있도록 만드는 기술적인 모든 접점수단을 말한다. SST는 사용용이성, 시간절약, 고객의 강화된 니즈 해결, 서비스 제공자와의 비대면, 시간 및 장소의 무제약, 고객의 기대와 서비스 성과 간의 일치, 금전적 비용절감 등 사용자에게 다양한 장점을 제공하며 서비스 제공자와 기업에게도 유익한 기술이다. SST를 응용하는 것은 새로운 서비스의 등장으로 이어져 사용자의 삶의 질을 향상시킬 수 있으며 온·오프라인상거래 시장에서도 상당한 영향을 미치고 있다. 고객들이 SST를 기반으로 하는 서비스를 이용함에 있어 가격대비 가치 지각, 가격의 적절성과 합리성, 가격대비 우수한 품질 유지, 가격에 상응하는 혜택 제공 등과 같은 경제적 가치와 서비스 이용의 즐거움, 매력성, 호감도, 편함 등과 같은 감정적 가치를 지각해야 해당 서비스에 고객이 능동적으로 참여한다. 따라서 고객 참여를 향상시키기 위해서 기업은 SST를 기반으로 한 서비스가 고객에게 제공할 수 있는 가치가 무엇인지에 대한 전략을 수립할 필요가 있다.

출처: 이혜연·이슬기·서창적(2019), SST(Self-Service Technology)의 서비스 품질 및 지각된 가치가 고객 인게이지먼트에 미치는 영향: 스타벅스 사이렌 오더를 중심으로, 한국서비스경영학회지

참여가 높은 수준인지 낮은 수준인지를 고려해야 하고, 서비스 상품이 럭셔리인지 대중적인지를 고려해야 한다. 대중적인 서비스는 표준화를 지향하고, 럭셔리 서비스는 개별화를 선호한다.

세 번째 특성은 생산과 동시에 소비가 된다는 것이 비분리성(Inseparability)이다. 혹은 동시성이라고도 말한다. 상품은 제조공정에서 불량 점검하고 최종 완성된 이후 고객이 사용하지만, 서비스는 제공되는 과정에 항상 고객이 함께하게 된다.

| 그림 1-4 | 이질성 극복방안

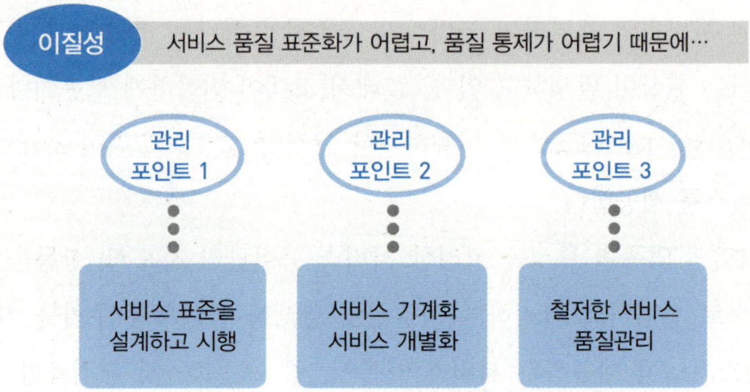

서비스 전달과정에 직원이 실수하거나 시스템적인 문제가 생기게 된다면 고객이 불편함을 호소할 수 있다.

이러한 동시성의 특성을 보완하기 위해 직원 선발 시에도 외향적인 성향을 지닌 직원을 선호하며 배치할 때도 직원의 성격이나 특성을 고려하게 된다. 비대면 고객응대를 하고 싶은 직원이 있다면 후방 부서(Back office)나 콜센터 상담 업무로 배치할 것이다. 또한 서비스기업에서는 고객의 정보를 입력하고 데이터베이스(Database)로 구축하여 고객의 특성에 맞는 상품 및 서비스를 제공하기 위한 노력을 하고 있다. 기업뿐 아니라 공공기관, 지방공기업도 고객유형별 분류*를 통해 공유와 소통의 방향을 정하고 이에 따른 성과지표를 관리하고 있다.

*** 고객유형별 분류**

경북개발공사

구분	분류	정의	이해관계자
내부	가치생산고객	경영/사업을 통해 공사의 가치를 창출하는 주체	직원, 노동조합
외부	가치협력고객	경영/사업을 통해 가치 창출과정의 발전적 협력주체	협력업체, 유관기관 전문가(학계)
	가치영향고객	정책지원과 관계 형성으로 가치 창출에 영향을 미치는 이해관계자	정부, 지자체, 지방의회, 지역사회, 여론
	가치소비고객	공사의 생산가치를 최종적으로 소비하는 주체	고객, 주민/국민 (언론)

출처: 경북개발공사(2019), CS경영 중장기전략 보고서 발췌

전남대병원

고객	유형	서비스 기대요소
동료직원, 타부서원, 협력업체	내부고객	존중하는 태도, 배려하는 소통, 협력적 마인드
환자	외부 주요고객	개별화된 보살핌, 즉각적인 조치, 전문성, 의사소통, 존중 태도, 사생활보호
환자가족	외부 부차적 고객	전문성, 의사소통, 존중 태도, 확실한 정보

출처: 전남대병원(2020), 의료서비스 매뉴얼 중 발췌

｜그림 1-5｜동시성 극복방안

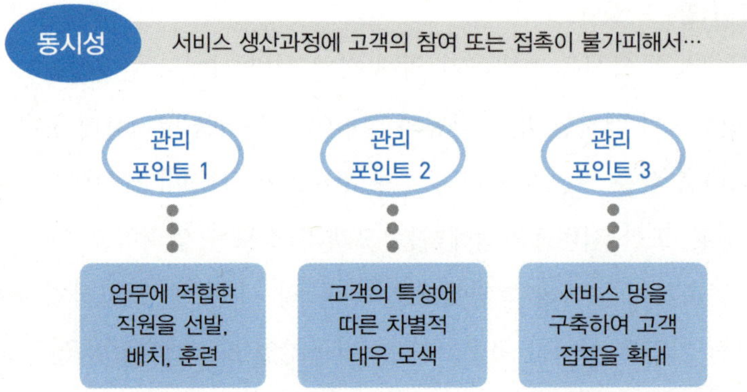

프랜차이즈 유통의 경우 직영점이나 가맹점을 지속적으로 확대하여 많은 고객들이 해당 브랜드를 이용할 수 있도록 한다. 인터넷 쇼핑몰을 운영하여 오프라인 매장에서 구매가 어려울 경우 온라인 매장을 이용하도록 안내하고 있다.

네 번째 특성은 소멸성(Perishability)이다. 서비스는 저장되는 것이 아니므로, 수요공급 조절이 안돼서 이용하지 못하면 소멸된다. 서비스기업의 가장 큰 고민거리 중 하나가 서비스의 수요와 공급의 조절이다. 수요예측을 해도 고객이 언제 몰릴지 판단하기 어렵다.

주 단위, 월 단위, 분기 및 반기 단위, 연 단위로 서비스 수요 패턴을 파악해서 이에 맞는 서비스 공급 능력을 갖추는 것이 중요하다.

은행의 경우 월말이나 월초에 고객이 집중적으로 몰리기 때문에 직원들은 지점의 바쁜 날을 안내하고 있다. 한 은행은 거치대를 만들어 은행 입구에 '우리 지점 바쁜 날'을 가시적으로 보여주기도 한다.

서비스기업은 상품이나 서비스를 이용하기 전에 대기관리를 실시한다. 고객이 기다리는 시간에 대한 지루함을 줄이고 원하는 서비스를 성공적으로 제공받을 수 있도록 미리 준비한다. 병원에 가면 코디네이터(상담실장)가 기본 상담을 해주어 대기 시간을 효율적으로 보낼 수 있고, 음식점에 가기 전 예약을 하거나 번호표를 뽑아 고객들이 다른 매장으로 이동하지 않고 기다릴 수 있도록 한다.

마지막으로 예약시스템 활용이 일반화되고 있다. 레스토랑 예약 플랫폼은 코로나19 사태 이후 큰 변화를 맞이한 외식 산업의 니즈를 충족시켰다. 우선 예약 관리를 AI가 맡게 되면서 외식업계의 인력난을 해소하는 데 도움을 줬다. 테이블매니저의 경우, 유선 전화부터 카카오·네이버 등 다양한 플랫폼에서 쏟아지는 예약 정보를 하나의 플랫폼으로 관리할 수 있도록 해 점주들의 업무를 효율화했다.

외식업의 고질병인 노쇼(No show)를 방지할 수 있게 됐다는 것도 점주들의 좋은 평가를 받게 된 원인이다. 캐치테이블은 레스토랑을 예약하려면 예약금을 미리 지불해야 하고 식당을 방문해야 예약금을 돌려받을 수 있는 서비스를 시행 중이다. 또 '노쇼 없는 VIP'에 선정되면 '빈자리 알림' 등의 서비스를 받게 돼 고객들도 차별화된 혜택을 누릴 수 있다(한경비즈니스, 2022).

| 그림 1-6 | 소멸성 극복방안

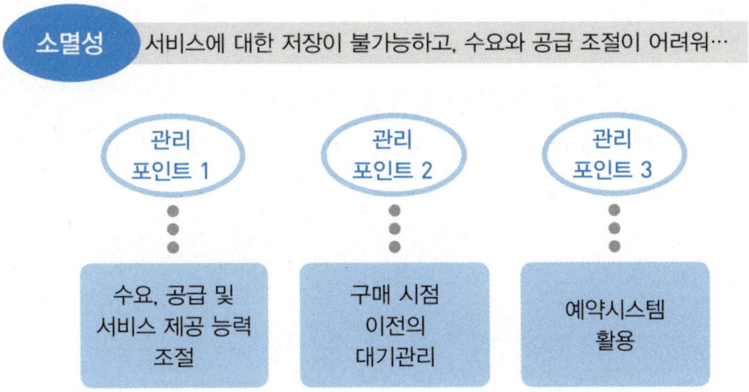

:: 함께 이야기해 봅시다

1. 서비스의 주요 특성을 효과적으로 관리하는 사례를 찾아봅시다.

- 무형성

- 이질성

- 동시성

- 소멸성

2. 앞으로의 서비스는 어떻게 발전된 것으로 기대되는가?
(대면 서비스 VS 비대면 서비스, 서비스와 기술의 융합 등)

03 서비스 전략

3.1 서비스 전략의 필요성

서비스에도 전략이 필요할까? 당연히 필요하다. 그렇지만 서비스기업이 고객 서비스 전략의 필요성을 인식하고 전략을 설계하기 시작한 것은 2015년 전후부터이다. 서비스를 아직까지 기업의 운영관리 전술로 생각하는 기업이 대부분이다. 경영전략과 연계한 서비스 프로세스와 품질관리를 실시하고 있지만, 복잡하고 다양한 고객의 니즈를 만족시키는 것이 점점 어려워짐에 따라 서비스 실행에 최적화된 전략이 필요해지게 되었다.

고객접점에서 고객응대를 하는 직원들의 불만에서 서비스 콘셉트, 방향의 필요성을 인지하게 되었다. 국내 유명 화장품 브랜드인 아모레퍼시픽 매장에 근무하는 직원들은 인사해도 인사를 받지 않는 고객에게 상처받고 인사를 해야 할 의미를 찾지 못했다. 매뉴얼대로 하면 고객이 더 불편해하고 귀찮아하는 느낌을 받기 때문에 어떻게 행동하는 것이 좋을지 혼란을 느끼기 시작했다. 그래서 직원들과 전문가들이 모여 〈표 1-2〉와 같이 직원이 서비스를 해야 하는 이유를 도출하고, 서비스 제공 단계별로 고객에게 제공해야 할 가치, 즉 직원의 행동 지침을 정하였다. 서비스 프로세스 단계별 고객의 욕구, 기분상태에 따른 응대 포인트, 고객에게 전달해야 할 세부적인 행동과 멘트 개발 사례이다. 프로세스별 고객의 요구와 감정을 고려해서 구체적인 행동지침을 정의하였고, 어떤 가치(의미)가 있는지를 정리하였다. 즉, 직원들이 자신이 하는 행동이 어떤 의미가 있는지 명확히 이해하게 되면 형식적으로 인사하고 안내하는 행동을 지양하고, 직원의 전문성을 어필할 수 있으며 고객 니즈를 반영한 상품 설명을 통해 신뢰감을 전달할 수 있다.

이때 등장한 서비스 디자인이 '혼자 볼게요'라는 바구니였다. 고객이 매장에 들어와서 직원의 도움이 필요하지 않을 경우 '혼자 볼게요'라고 쓰인 바구니를

표 1-2 | 이니스프리 면세점 서비스 콘셉트 재정립 및 프로세스 설계

단계	MOT	고객의 욕구	서비스행동	서비스행동 세부	의미 찾기	행동 기준
1	들어가기	• 밝은 미소로 인사를 받고 싶다. • 편안하게 둘러볼 수 있었으면 좋겠다. • 필요한 제품을 빨리 사고 싶다.	• 브랜드를 밝히며 눈을 바라보고 웃으면서 인사 • 고객이 나를 부르기 전에 어떤 도움이 필요한지 먼저 문의	① 브랜드를 인식할 수 있도록 '환영합니다. (1초 쉬고) 이니스프리입니다'라고 인사한다. ② 고객의 미간을 바라보며, '큰손 고객이다'라는 생각으로 웃으며 인사한다. ③ 고객이 한 상품에 3초 이상 시선이 고정될 때 몸을 기울이며 '무엇을 도와드릴까요?'라고 문의한다. ④ 고객이 부담을 갖지 않도록 2~3걸음 정도의 적절한 거리를 두고 응대한다.	① 많은 브랜드에서 이니스프리 브랜드를 빠르게 인식할 수 있어요. ② 기대감에 부푼 고객을 환영하는 기분을 줘요. ③ ④ 나에게 관심을 주고 있구나라는 기분을 줘요.	신속
2	상품 문의하기 ② 카운셀링	• 알아보고 온 제품이 나에게 맞는지 안내를 해주었으면 좋겠다. • 내 말에 경청해 주고, 쉽고 자세하게 설명해 주었으면 한다. • 깨끗한 상태(직원/제품)에서 테스트를 해봤으면 좋겠다. • 좋은 조건으로 구매할 수 있도록 할인 혜택을 안내해 주면 좋겠다.	• 제품의 고객 맞춤 효능과 사용단계 설명 • 고객 구매 시 혜택이나 할인 행사에 정확하게 안내	① 고객의 니즈에 맞는 제품의 특성과 이익에 대해 설명한다. ② 제품 테스트 의향을 문의 후 한손으로 고객 손바닥을 받친 다음 다른 손으로 손등에 제품을 콩알만큼 취해 손바닥을 이용해 부드럽게 펴바른다. ③ '사용감 어떠세요?'라고 고객의 반응을 살핀 후 추가적인 고객 문의가 있을시 답변한다. ④ 효과적인 사용 단계 및 사용팁을 순서대로 설명한다. ⑤ 고객이 사용할 수 있는 할인쿠폰, 카드 등을 확인한 후 제품 구매 금액대별 추가 혜택에 대해 안내한다.	① ② 전문적인 느낌을 풀 수 있어요. ③ ④ 나만을 위한 제품을 정확하게 제안해주고 제품이 내 피부에 잘 맞을 것 같은 신뢰를 줘요. ⑤ 추가 구매를 하거나 구매 결정에 확신을 줄 수 있어요!	정확

출처: 아모레퍼시픽 서비스 가치 정립 워크숍 자료(2015년)

들게 되면 어떤 직원도 인사나 응대를 하지 않고 고객이 편하게 혼자서 매장을 둘러볼 수 있게 두는 것이다.

기존의 경영전략은 본사 마케팅팀에서 정하고 접점에 지침을 전달하는 TOP → Down 방식으로 구현되었다면, 서비스 전략은 고객접점의 니즈를 직접 관찰하고 분석하여 마케팅팀이 콘셉트화하는 Bottom → up 형태로 수립되고 있다.

2015년 롯데백화점 본사에 서비스전략팀이 생겼고, 롯데호텔에는 서비스 R&D팀이 만들어졌다. 이는 기업이 서비스의 전략적 중요성을 인지하고 서비스를 설계하고 체계화하는 활동이 강화되고 있다.

아래 〈표 1－3〉은 2016년 한국표준협회와 한국서비스경영학회가 공동 주관한

표 1－3 | 2016년 서비스 디자인경진대회 결과

기업명	발표제목	결과
SK브로드밴드	거실에서 즐기는 우리가족만의 작은 영화관& 음악당 'Btv 서라운드'	대상
동부화재 해상보험(주)	동부화재 긴급출동서비스	
롯데렌터카	차량관리 솔루션의 무한진화, 그리고 공유를 그리다.	
삼성물산 에버랜드리조트	Digital Heritage PRIDE IN KOREA	
삼성카드 주식회사	디지털트렌드에 따른 24×365 서비스(카드발급중심)	
GS리테일	GS25 '나만의 냉장고' 고객의 생각을 디자인하다	최우수
SK플래닛 11번가	오픈마켓 최초 오프라인 고객상담 서비스 디자인	
롯데백화점	우수고객 서비스 경험전략	
롯데월드 어드벤처	모바일 매직패스	
서울아산병원	수술 환자의 불안감소를 위한 인간 중심 경험 디자인	
해군 정비창	해군 정비창 고객 서비스 무한도전	
호텔롯데	롯데호텔제주 체험 프로그램 I am ACE	

기업명	발표제목	결과
KB국민카드	진정한 ONE카드: 알파원카	우수
유니에스	조직문화 경험관리 서비스 디자인 표준화	
금호고속 주식회사	고속버스 E－Pass 시스템 운영으로 고객 편의성 제고	
금호리조트	경기진행서비스 개선을 통한 고객 '체감 대기시간' 관리	
롯데시네마	기다리지 않는 영화관, '바로티켓 & 스마트오더'	
롯데카드	토핑서비스: 고객맞춤형 [카드 큐레이션 서비스]	
삼성생명보험 주식회사	삼성생명 '고객사랑 지급서비스'	
삼성전자서비스	A/S 스피드 개선을 통한 고객감동 실현	
신한카드 주식회사	고객 life cycle 최적화 혜택, MPA	
에어부산	safety is service (안전 서비스다)	
파르나스호텔 주식회사	파르나스몰, ONE & ONLY	
한국전력공사 강원지역본부	지역주민과 함께하는 전력설비 주변지원 Service 제고	

출처: [2016 한국서비스대상] 더 풍요롭고 행복하게… 기업의 '고객 사랑' 담긴 디자인 많아, 중앙일보, 2016년 7월 7일

서비스 디자인 경진대회 대상과 최우수 기업의 서비스 사례이다. 발표 제목을 통해 서비스 기업, 공공기관이 얼마나 고객경험을 중시하는지, 온라인과 오프라인이 융합된, 'O2O'의 생활화를 실감할 수 있다. 기업은 서비스 디자인을 적용함으로써 기업이 어떻게 서비스 전략을 수립하고 실행하야 하는지 파악할 수 있게 되는 것이다.

3.2 서비스 전략 수립

기업이 서비스 전략을 수립하기 위해서는 고객지향 서비스문화가 성숙하고 서비스의 가치를 중시해야 가능하다. 경영진부터 고객접점 직원까지 서비스 전략의 필요성을 인지하게 되면 서비스 콘셉트, 서비스 가치 발굴부터 시작해서 서비스 비전(미션) 설정, 서비스 핵심가치 도출이 가능해진다.

서비스 전략 수립 1단계는 〈표 1-4〉와 같이 고객에게 제공하는 서비스의 방향성을 정하고 이에 따른 행동지침을 설정하는 것이다. 서비스 기업의 리더 및 관리자와 함께 서비스 콘셉트 개발 워크숍을 실시하고 이를 통해 해당 브랜드가 제공하는 서비스에 대한 고객 기대를 찾아낸다. 고객의 기대에 부응하는 서비스 기준을 정립하여 서비스 행동 표준화를 추진한다.

제주에 있는 CJ클럽 나인브릿지는 세계 100대 골프장에 입성하고자 가장 먼저 시작했던 것이 서비스 콘셉트 수립과 서비스 표준화였다. [그림 1-7]은 세계 최고의 골프 서비스를 제공하겠다는 임직원들의 의지와 열정이 담겨져 있다. 나인브릿지 골프장 내에 실제 다리는 8개가 있는데 아홉 번째 다리는 고객과 직원의

표 1-4 서비스 전략 수립 단계별 주요 내용과 성과평가

구분	주요 내용	성과 평가
1단계	서비스 콘셉트, 서비스 행동강령	휴먼웨어, 서비스 표준화
2단계	서비스 비전(미션), 핵심가치, 추진목표	부서별 고객만족도, 내부 직원 만족도
3단계	중장기 서비스 전략 수립, 전략과제 도출	KPI(Key Performance Index) 반영

| 그림 1-7 | CJ클럽 나인브릿지 서비스 콘셉트와 서비스 크레도(Credo) 개발 사례

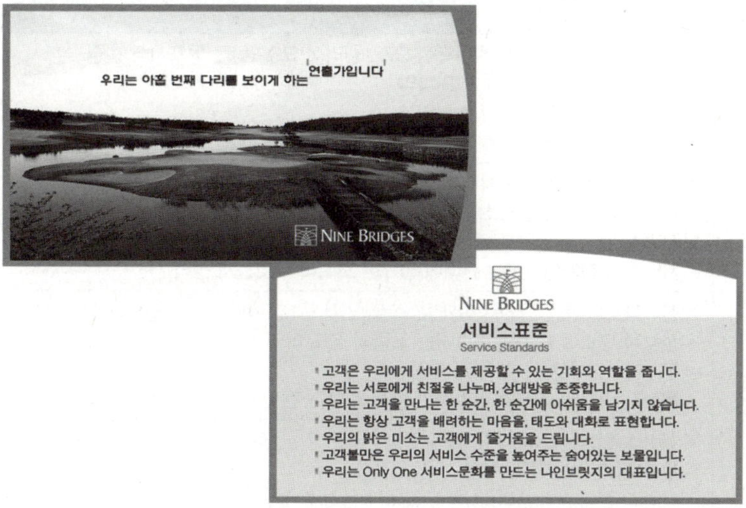

마음을 연결하는 가상의 다리를 의미하는 것이다.

서비스 전략 수립 2단계는 고객 접점 중심에서 확장하여 전사적인 조직 차원의 서비스 비전, 핵심가치, 추진 목표를 정립한다. 전략수립 시 [그림 1-8]과 같이 미국 하버드경영대학원 제임스 헤스켓(James Heskett) 등이 제안한 전략적 서비스비전(Strategic Service Vision: SSV) 모델이 가장 유용하게 활용된다. 〈표 1-5〉와 같

| 그림 1-8 | 전략적 서비스 비전 모델

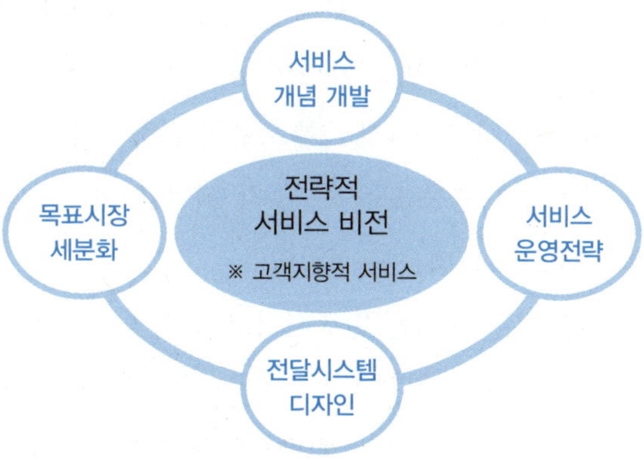

| 표 1-5 | 전략적 서비스 비전 4가지 요소

구성 요소	세부 항목
목표시장 세분화	• 고객들의 공통점을 토대(인구적 요소, 심리적 요소 등)로 목표시장 설정 • 지정된 목표시장들의 중요도 파악 • 지정된 목표시장들의 니즈 확인 • **확인된 목표시장의 니즈를 만족시킬 수 있는 방법 연구**
서비스 개념	• 고객만족의 측면으로 서비스 각 요소의 중요성 인식 • 서비스의 유형적인 요소들이 목표시장에 인식되는 모습 파악 • 서비스 개념들이 목표시장에 인식되는 방향성 이해 • **서비스의 디자인, 전달, 판매에 필요한 노력이 무엇인지 정리**
운영 전략	• 전략적 요소(운영, 재무, 마케팅, 조직, 인사 등) 중 비중 있는 요소 파악 • 전략적 요소에 투입되어야 하는 노력의 정도 파악 • 투자가 이루어져야 할 부분 지정 • **품질과 비용이 조정되어야 하는 방식 점검**
서비스 전달 시스템	• 서비스 전달 시스템의 특성(구성원의 임무, 기술, 장비, 레이아웃, 절차 등) 중 **중요한 비중을 가지고 있는 항목 지정** • 서비스 전달 시스템의 평상시, 최대 수용 능력 판단 • 경쟁자와의 차별화, 진입 장벽 구축이라는 관점에서 보장되어야 할 품질 기준의 범주 확인

출처: 제임스 헤스켓 외(2000), 서비스경영연구회 공역, 서비스 수익모델, 삼성경제연구소

이 목표시장을 타깃 고객별로 세분화하여 분류한 고객별 제공해야 할 서비스 개념을 개발한다. 각 서비스 개념에 적합한 운영전략을 수립하고, 이 운영전략을 고려하여 최적화된 서비스 전달 프로세스를 설계해야 한다.

다음 [그림 1-9]는 2016년 서비스 디자인경진대회 최우수상을 수상한 롯데백화점 '우수고객 서비스경험 전략' 내용 중 전략적 서비스 비전으로 기존 VIP고객군을 분류한 자료이다. 기존에 VIP는 구매 금액별로 분류하였으나, 고객의 경험이 중시되고 초개인화된 맞춤 서비스 개발이 중요해지다보니 VIP 고객이 기대하는 경험 수준에 따라 목표 시장을 4개 그룹으로 구분하였다. 각 그룹별 고객에게 전달해야 할 핵심 서비스 개념을 도출하고, 각 개념을 전달할 수 있는 운영전략을 정립하여 서비스 전달 시스템을 구성하였다.

서비스 전략수립 3단계는 고객을 만족시키고 고객의 긍정경험을 증진하기 위해 중장기 전략을 수립하는 것이다. 단기·중기·장기 전략을 수립하고, 각 단계별 세부 전략과제를 도출하여 부서별, 개인별 실행력을 강화하는 것이다.

| 그림 1-9 | 롯데백화점 VIP 서비스 전략 수립

목표시장 세분화

- 유아·가족도 함께하고 싶은 우수고객
- 일대일 맞춤형 서비스를 원하는 우수고객
- 인적 네트워크 관계를 맺고 싶은 우수고객
- 쇼핑에만 집중하고 싶은 우수고객

서비스 개념

- Delight: 가족과 함께하는 즐거움만 가득한 쇼핑
- Speciality: 전문화된 서포트로 대접받는 색다른 체험
- Hub: 네트워크 형성의 주체 공간
- Focus: 처음부터 끝까지 쇼핑에만 집중하는 공간

운영전략

- Family-Friendly 서비스
- Individualized 서비스
- Bonding 서비스
- All-Care 서비스

서비스 전달시스템

- Premium 유모차 도입, Family 특화 라운지 신설
- 컨시어지 동행쇼핑·라운지쇼핑 서비스, 방문상담 서비스
- MVG Society 운영, 문화·이벤트, MVG 전용 APP 개발(진행중)
- 타운카 픽업-발렛-포터, MVG Greeting, 전용 콜센터·옐로우톡

출처: 롯데백화점 서비스전략팀 자문 사례

다음 [그림 1-10]은 2021년도 공공기관 고객만족도 '우수등급'을 달성한 국가철도공단(KOREA NATIONAL RAILWAY: KR)의 고객만족경영 미션-비전-추진목표 체계도이다. 『빠르고 안전하고 쾌적한 철도로 국민과 함께 가겠습니다』라는 KR의 미션 실현을 위해, 고객과 함께 성장하고 발전하는 공생발전으로 신뢰받는 공단이 되기 위한 CS(Customer Satisfaction)비전과 전략을 수립한 것이다.

CS미션은 '배려와 공감으로 고객의 마음과 함께 하겠습니다'로, CS비전은 '고객과 행복을 잇는 KR 먼저 다가가는 KR'로 정립하고, 이 CS미션과 CS비전 달성을 위한 추진목표와 방향을 설정한다. 추진 목표는 공공기관 최고 수준의 고객만족도 달성이고, 추진 방향은 체계적인 고객만족전략 수립과 지속적 실천, 국민이 체감하는 서비스 품질 제고이다.

이러한 추진목표와 방향에 맞게 수행하기 위해 전략과제 및 세부 추진과제를 선정하고 부서별, 개인별로 목표를 정하도록 한다. 新고객만족전략 수립 및 실행체계 정립, 고객이 체감하는 고객만족도 향상 실행, VOC(Voice of Customer) 통합

그림 1-10 국가철도공단(KR) 비전 및 전략

관리시스템 활용을 통한 서비스 품질 개선, 선제적 양방향 소통을 통한 고객불만 및 민원발생 예방이라는 4대 전략 과제를 도출하고, 각 전략별 12개 실천과제를 마련하였다.

이렇게 도출된 CS미션, 비전, 4대 전략과제 및 12개 실천과제를 참고하여 조직 단위별로 구체적인 실행방안을 마련하고 매년 점검하고 부족한 부분은 보완하고 수정한다. 서비스 전략은 문서로만 정리된 것이 아니라 PDCA(Plan-Do-Check-Act) 사이클을 반복하여 다듬어지고 완성되어지는 것이다.

> 미션과 비전은 조직이 지향하는 바를 정의하고 조직이 염원하는 바람직한 모습과 변화하고자 하는 방향을 제시하는데, 이는 서로 밀접하게 연관되어 있지만 서로 구별된다. 미션은 조직의 정체성, 존재의 의미, 사명 등을 서술한 것인 반면, 비전은 미래 목표, 지향점 등 달성하고자 하는 바를 서술한 것으로, 이를 문서화한 것이 미션과 비전 선언문이다. 이를 통해 조직 내 구성원들에게 동기를 부여하고 명백한 방향성을 제시한다.
>
> [네이버 지식백과] 미션과 비전 선언문 [Mission and Vision Statements](PR용어사전)

이런 과정을 통해 정립된 서비스 콘셉트 및 전략은 서비스 운영에 있어 다음 [그림 1－11]과 같이 활용된다. 서비스 철학, 서비스 행동원칙을 기준으로 서비스 매뉴얼 제작 및 업그레이드 작업을 실시한다. 이 매뉴얼을 기반으로 서비스 교육과 서비스 리더를 양성하며, 서비스 리더는 접점 직원들 근무 부서에 방문하여 서비스 개선을 위한 코칭을 실시한다. 또한 서비스 매뉴얼에 기반을 두어 서비스 모니터링 평가 항목을 발굴하고 고객접점 품질을 관리해야 할 것이다.

| 그림 1－11 | 서비스 콘셉트와 연계된 서비스 프로그램 운영

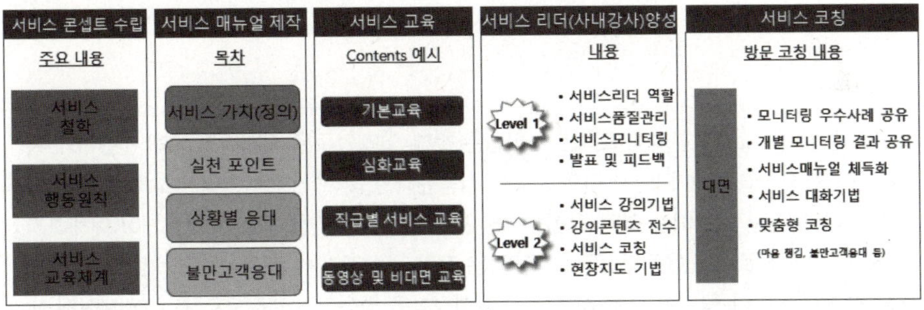

:: 함께 이야기해 봅시다

1. 한국표준협회가 주관하는 한국서비스대상 수상 기업의 서비스 전략, 서비스 비전을 찾아서 공유합시다.

2. 공공기관 고객만족도 우수 기관의 서비스 미션, 비전, 핵심가치를 찾아봅시다.

고객만족과 고객경험의 대표적인 차이점은 첫째, 고객만족은 서베이를 통해 간편하게 측정된다는 특징을 갖게 되면서 결과 지표로 사용된다는 것이다. 고객경험은 고객이 왜 상품과 만나고, 만난 이후에는 어떤 경험을 하는지 세부적인 순간을 시간별로 쪼개어 이해하기 때문에 과정자료로 사용된다. 즉 고객만족은 정량적인 결과 수치로 표시돼 기업이나 조직의 성과 측정이나 평가에 주로 사용되고, 고객경험은 정성적인 과정으로 표시돼 시장에 대한 깊이 있는 이해나 상품 기획에 주로 사용된다.

둘째, 고객만족은 자사의 상품을 구매한 고객이 구매 이후 상품에 관련해 어떠한 경험을 했는지에 초점을 두는데 비해 고객경험은 자사 상품을 구매하는 것과 무관하게 일상에서 어떠한 경험을 하고 있는지를 이해하는 데에 초점을 둔다. 결과적으로 고객경험은 고객만족에 비해서 이해하려는 경험의 깊이가 깊고 폭이 넓으며, 따라서 가끔은 기업의 경영활동과 무관해 보이는 순간도 포함한다.

출처: 주재우(2015), 좋은 경험은 고객을 움직인다, 동아비즈니스리뷰.

10년 새 4배 뛰는 이 시장…
대기업 · 스타트업 이 서비스에 사활 건다

코로나19 이후 시장이 커진 분야 중 하나가 바로 구독 서비스다, 집콕, 재택근무 등 라이프스타일이 변화하면서 일상 곳곳에 구독서비스가 스며들고 있다. KT경제경영연구소에 따르면 2016년 25조원 규모였던 국내 구독경제 시장은 2020년 기준 약 40조원으로 약 54.8% 성장하는 등 가파른 상승세를 보였고, 2025년 100조원에 이를 것으로 전망된다. 구독 경제 확대로 인해 구독 서비스를 이용 품목도 다양해졌다. 식자재는 물론 취미, 자기계발 등 소비자가 원하는 구독 서비스들이 주목받고 있다.

국내 콘텐츠 구독 서비스의 모델을 구축한 클래스101은 최근 새로운 비즈니스 모델 '클래스101+'를 선보였다. 월 1만 9,000원에 구독 서비스에 포함된 25개 카테고리의 클래스를 무제한으로 수강할 수 있는 클래스101+는 기존 개별 클래스당 20~30만원대에 달했던 가격 허들을 없애고 새로운 분야의 관심사를 확장할 수 있는 기회를 제공하고 있다.

클래스101은 구독 서비스로 전환 후 경쟁력 확보를 위해 '콘텐츠 차별화&전문성'과 '초개인화 큐레이션 서비스'에 한층 집중하고 있다. 이를 위해 다채로운 카테고리의 월 평균 100여 개의 클래스 개발은 물론, 클래스101+에서만 만날 수 있는 오리지널 콘텐츠로 각 분야의 거장들이 직접 전하는 노하우를 배울 수 있는 시그니처 클래스를 확대한다는 계획이다.

셰프의 음식, 아침·점심 구독하는 '위잇딜라이트'

샐러드, 밥, 샌드위치, 면류 등 매일 2~3가지 음식을 아침, 점심으로 구독서비스를 운영 중인 '위잇딜라이트'은 배송비 없이 사무실 또는 집으로 셰프가 만든 음식을 받아볼 수 있는 서비스다. 위허들링의 구독서비스는 자체 물류시스템 기반의 직배송을 통해 하루부터 한 달까지 원하는 만큼 받을 수 있다. 위허들링은 서비스 출시 2년 만에 누적 식수 130만 인분, 지난해 매출 50억원을 달성했고, 올 1분기에만 20억원의 매출을 기록했다. 또 지난해 120억원의 시리즈A 투자를 유치하기도 했다.

공유 라운지도 구독, 휴식 공간 구독하는 '페어링스'

주거 공간에도 구독경제의 바람이 불고 있다. 페어링스는 직장인 등 누구나 입장료만 내면 편안하게 휴식을 취할 수 있는 공간을 제공한다. 위스키를 즐기기 위한 홈바를 만들거나 영화를 감상하기 위해 프로젝터를 설치하지 않아도 라운지 구독 서비스를 이용하면 내 집처럼 편하게 이용할 수 있다. 독서나 업무도 가능하도록 인테리어가 설계돼 있다. 페어링스는 단순히 휴식 공간에 그치지 않고, 사용자의 취향과 취미가 묻어나는 공간으로 진화해 다양한 사람들이 교류하는 지역 커뮤니티 역할도 제공하여 콘텐츠 경쟁력을 강화해 나갈 전망이다.

참고문헌

이유재(2022), 고객만족을 넘어 고객가치로, 한경 CMO Insight.

이혜연·이슬기·서창적(2019), SST(Self-Service Technology)의 서비스 품질 및 지각된 가치가 고객 인게이지먼트에 미치는 영향: 스타벅스 사이렌 오더를 중심으로, 한국서비스경영학회지, 20(5), pp.69-92.

이혜정(2020), 고객경험의 서비스스케이프에서 서비스 디자인의 진단 및 평가, 서강대학교 경영전문대학원 글로벌서비스경영학과 박사학위 논문.

제임스 헤스켓 외(2000), 서비스경영연구회 공역, 서비스 수익모델, 삼성경제연구소.

국가철도공단 홈페이지(https://www.kr.or.kr)

중앙일보(2016), [2016 한국서비스대상] 더 풍요롭고 행복하게… 기업의 '고객 사랑' 담긴 디자인 많아

한경비즈니스(2022), 10년 새 4배 뛰는 이 시장···대기업·스타트업 이 서비스에 사활 건다

호텔앤레스토랑(2020), 대면 위한 비대면 서비스 트렌드, 서비스 퀄리티 제고의 기회로 작용하다_ 호텔 Untact vs Contact ② Contact 편

Vargo, S.L., Lusch, R.F.(2004). Evolving to a New Dominant Logic for Marketing. *Journal of Marketing*, 68, pp.1-17.

Chapter 2

고객 중심의 서비스 프로세스 관리

Case Study

키자니아의 대기관리

키자니아는 어린이들이 현실세계의 직업을 체험하며, 진짜 어른이 되어 볼 수 있는 어린이 직업 체험형 테마파크이다. 만3세~만16세 어린이들이 경찰관, 승무원, 소방관, 요리사 등의 실제 유니폼을 갖춰 입고 다양한 직업의 업무들을 직접 체험해 볼 수 있도록 구성되어 있다.

어린이들은 직업 체험을 통해 키자니아 공식 화폐 '키조(KidZo)'를 급여로 받게 되며, 키조를 통해 키자니아 내의 백화점과 편의 시설에서 다양한 서비스를 제공

01 서비스 프로세스의 중요성

1.1 서비스 전략과의 연계성

성공적인 고객만족경영을 실현하기 위해서는 서비스전략 수립이 선행되어야 한다. 서비스 기업은 고객 가치 창출을 위해 지향해야 할 방향과 가치를 체계적으로 수립하고 각 부문별 역할과 책임에 맞는 업무를 수행한다. 서비스 전략은

받거나 물건을 구입할 수 있다. 실제 기업의 참여로 현실감 있게 구성된 프로그램들을 통해 어린이들은 현실과 동일한 직업 세계의 다양성을 체험할 수 있다.

여러 가지 직업의 체험이 가능한 키자니아에서는 인기 있는 코너일수록 대기가 길다. 각 코너 앞에는 다음 체험 시간, 입장 인원 등을 실시간으로 표시해놓고 고객들이 대기 유무를 빨리 결정할 수 있게 안내하는 대기관리가 이루어진다.

예를 들어 인기가 제일 많은 소방서 체험의 경우, 기다리는 동안 지루함을 해소할 수 있게 소방서에 들어가서 하게 될 체험에 대해 미리 설명하고, 소방복을 입혀주고 구호를 외치는 시간 등을 갖는다.

오른쪽 그림에서 보듯이 최고 성수기인 방학기간에는 체험시설 예약제를 시행하고 있다. 프로세스에 따라 어떻게 예약제를 이용하는지 자세하게 설명이 되어 있고 고객이 기억해야 할 사항들도 명시하고 있다.

출처: 키자니아 홈페이지

서비스 조직을 이끌어가는 핵심가치라고 할 수 있으며 자원배분, 인력 운영, 제도 수립, 매장 배치와 설계와 같은 서비스 조직의 효과적인 운영과 의사결정을 위한 판단기준이 된다(서창적 외, 2008).

푸르덴셜 생명보험의 서비스 철학은 고객에게 재정적 안정뿐 아니라 마음의 평안을 제공하는 것이고, 미국의 유명한 한 화장품 회사는 고객에게 아름다워질 수 있는 희망(Hope)을 제공하겠다고 한다. 리조트도 더 이상 숙박업소의 개념이 아니라 고객에게 멋진 추억과 경험을 제공하고 있다.

서비스 프로세스는 기업의 서비스 콘셉트(Service Concept)을 전달하기 위한 재료와 장비와 같은 자원들을 조합하고 인력을 어떻게 활용할지에 대한 방침을 제시한다. 고객 가치창출을 위한 서비스 전략은 유기적으로 연결된 프로세스를 통해 전사적으로 모든 조직원들에게 전달되고 공유된다. 성공적으로 서비스 전략이 실행되기 위해서는 내부적으로 공유된 서비스 방침과 운영방안이 서비스 프로세스를 통해 고객에게 효과적으로 전달되어야 한다.

일반적으로 고객은 접점에서 15초 이내에 서비스 품질의 좋고 나쁨을 판단하기 때문에 짧은 시간 안에 고객을 만족시킬 수 있는 서비스를 제공할 수 있어야 한다. 즉, 고객과 만나게 되는 접점(MOT: Moments of Truth, 진실의 순간)의 효과적인 관리가 요구된다. 고객이 서비스기업을 느끼고 평가하는 고객접촉 순간은 무수히 많을 것이다. 이렇게 다양한 접촉점들의 집합이 바로 프로세스인 것이다. 서비스기업은 접점에서 고객 중심의 서비스 제공을 위한 개선활동을 통해 고객중심의 프로세스를 구축해 가고 있다.

1.2 서비스 프로세스 다양성

서비스 프로세스는 일반적으로 서비스가 전달되는 단계 또는 여러 가지 활동들의 흐름을 의미한다. 서비스 전달 단계는 고객 접촉점의 특성에 따라 지나치게 경직되어 있는 곳도 있고, 지나치게 유연한 곳도 있다. 일반적으로 은행창구는 일관성과 효율성을 강조하는 표준화된 프로세스로 구성되어 있으나 은행의 PB(Private Banking)의 경우 고객의 다양한 욕구를 충족시키기 위해 개별화된 프로세스를 운영하게 된다.

우수한 서비스 기업은 업종의 특성에 맞게 서비스전달 프로세스를 표준화하거나 개별화함으로써 경쟁기업보다 차별화되기 위해 노력하고 있다. 대표적인 서비스 프로세스 표준화 성공사례는 미국의 사우스웨스트 항공사(Southwest Airlines)이다. 사우스웨스트항공은 시장조사 전문기관인 제이디파워(J. D. Power)가 선정한 고객만족도 1위의 항공사이다. 1984년 고객만족도 1위로 선정된 이후, '2022

년 북미 항공사 만족도 조사'에서 사우스웨스트는 가장 경쟁이 심한 '이코노미/베이직 이코노미 클래스'에서 최고점을 받았다.

이 항공사는 싼 요금을 적용하고 기내에서 음료나 식사는 제공하지 않는다. 좌석번호도 별도로 부여하지 않고 선착순으로 자리에 앉는다. 따라서 우리가 일반적으로 생각하는 차원의 고객에게 개별적인 관심을 보이는 품위 있는 서비스는 기대하기 어렵다. 대신 승무원들은 비행시간 동안에 승객들에게 활기차고 신속하며 유쾌한 서비스를 제공하여 즐거운 레크리에이션 시간의 경험을 갖게 한다.

반면 세계에서 가장 친절하다고 알려진 싱가포르 항공사(Singapore Airlines)는 고객서비스에 최우선을 두고 있으며 개별화된 서비스를 제공한다. 고객을 따뜻하게 보살피고, 즐거움을 주며 언제나 주도적으로 행동하는 전문 서비스맨을 양성하고 있다. 서비스의 시작과 마지막을 잘 이해하고 있고 이를 실전에 제대로 반영하고 있다. 특히 비행기 내에서뿐만이 아니라 지상에서부터 모든 고객은 여행이라는 포괄적인 경험을 하기 때문에, 예약을 하는 과정이나 티켓을 구입하는 카운터부터 고객을 배려한 서비스가 시작된다.

이처럼 프로세스는 표준화 또는 개별화하여 설계될 뿐 아니라 기술 기반 또는 정보 시스템 중심의 프로세스를 구축하거나 서비스 인력 중심의 프로세스를 운영한다. 최근에는 기술과 정보 시스템을 활용한 서비스 프로세스 관리가 범용화되어가고 있으며 직원의 개입이나 의존도를 줄이고 있다.

반면 서비스 직원의 고객만족 활동이 서비스 프로세스의 중심이 되는 경우도 있다. 주사를 맞거나 머리를 다듬거나 하는 부분 등은 사람의 손길이 필요하므로 인적자원 중심의 효과적인 운영이 필요하다. 고객 개개인의 욕구를 파악하여 적극적인 대응방안을 마련해야 한다.

소규모 미용실에서도 고객에게 맞춤서비스를 제공하기 위해서 미용실 내부를 고객에게 제공되는 서비스 프로세스에 맞게 구분해 놓았다. 고객 맞이를 위한 접수(Reception), 옷을 갈아입는 탈의실(Fitting Room), 차례를 기다리는 대기실(Waiting Room), 머리를 커트하거나 파마하는 곳(Beauty Zone), 마지막으로 머리 감겨주는 곳(Bath Room), 부가서비스인 매니큐어 서비스(Coloring/Nail Bar), 머리의 영양공급을 위한 헤어 클리닉(Clinic), 음료를 제공하는 바(Bar) 공간으로 구분해서 단계별로 상황에 맞는 서비스를 고객에게 제공하고 있다.

1.3 서비스 프로세스 설계의 효용성

서비스는 생산과 동시에 소비되기 때문에 서비스 품질 관리에 어려움이 발생하기 때문에 효과적인 프로세스 운영이 요구된다. 품질 검사를 끝마치고 고객에게 전달되는 제품과 달리 서비스는 고객에게 전달되는 과정에서 품질의 차이가 발생하므로 프로세스에 적합한 최적의 설계가 필요하다.

서비스기업에서도 고객의 참여를 고려한 프로세스를 구축하는 것이 중요한 이슈이다. 프로세스에 대한 이해도가 어느 정도인지, 어떻게 관리되며 혁신되고 있는지가 기업 활동의 중요한 성공요인이 된다. 적합한 시점에 고객의 프로세스 참여를 유도해야만 최적화된 프로세스 관리가 가능하다. 단순히 비용절감을 위한 고객의 셀프서비스는 고객의 불편함이나 불만족을 유발하기도 하기 때문이다(서창적·황혜미, 2009).

프로세스는 고객의 경험을 창출할 뿐 아니라 내부적인 자원(Material), 정보, 심지어 직원의 노하우를 만들어내기도 한다. 서비스 제공자는 저비용, 고품질의 프로세스를 목표로 하지만 고객접점에 부적합한 프로세스 설계와 실행으로 종종 실패를 겪게 된다. 고객의 입장과 상황을 고려해서 설계된 프로세스는 고객이 원하는 서비스가 지속적으로 전달될 수 있도록 하며 고객 접점에서 긍정적인 경험을 느낄 수 있게 한다.

02 서비스 프로세스의 개념

2.1 서비스 프로세스의 의미

전통적 관점에서 서비스란 제품이라는 하나의 실체를 지원하는 주변 활동으로 인식되었다. 대부분은 제품이 고장 났을 때 A/S(After Service)를 받는 것이 서비스의 전부라고 생각했다. 그러나 제품 성능에서의 격차가 줄어들고 고객에게 가시적으로 전달되는 서비스가 중요시됨에 따라 제품은 서비스 제품으로, 서비스는 서비스 프로세스로 인식되기 시작하였다.

[그림 2-1]에서 보듯이 서비스와 제품이 융합되면서 서비스는 결과가 아닌 고객에게 전달되는 과정이 중시되는 서비스 프로세스로 변화하게 되었다. 이로 인해 서비스 프로세스는 무엇이고, 어떤 구성으로 이루어지는지, 또한 어떻게 관리해야 하는지에 대한 관심이 커지고 있다.

기업에서의 프로세스는 특정한 산출물을 만들어내는 투입물과 가치를 부과하는 직무들에 의하여 상호 연관된 활동들의 집합이다. 또한 내부 또는 외부고객에게 주문을 입력으로 받아 고객의 손에 넘겨질 때까지의 과정이라고 할 수 있다.

서비스 프로세스는 기업의 서비스+제품이 고객에게 전달되는 과정이다. 조직의 활동은 기업의 가치를 증가시키는 일련의 업무 흐름들로 구성되어 있으며, 이러한 프로세스를 통해 고객가치를 창출한다.

| 그림 2-1 | 서비스 대한 관점의 변화

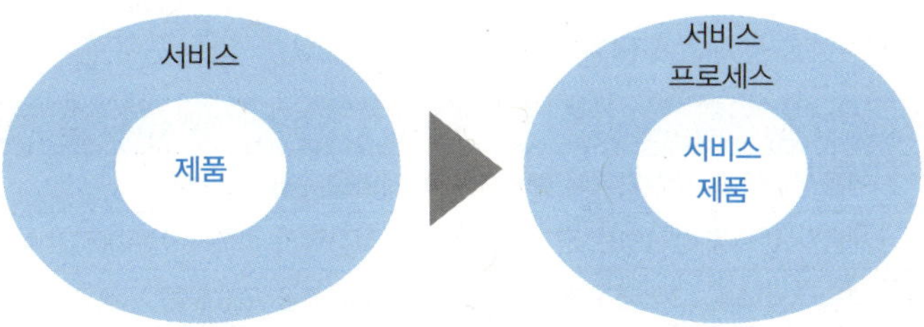

출처: Howells(2006), "Intermediation and the role of intermediaries in innovation." *Research Policy*, No.35, pp.715-728.

임명성과 최성욱(2010)은 서비스 프로세스를 개념화/설계, 생산, 고객접점, 유지/운영, 평가/개선의 5단계로 설명하였다. 이는 아래와 같다.

첫째, 서비스 개념화/설계 활동은 제공되는 서비스가 어떤 것이며, 서비스 구조는 어떻게 구성되어 있으며, 누가 고객이고 경쟁자인지, 그리고 수익 – 비용 구조는 어떤 것인지를 정의한다.

둘째, 생산 활동은 서비스를 생산하고 전달하기 위해 서비스 제공자의 내부 자원을 어떻게 할당하고 운영할 것인가를 정의하는데 서비스 제공자의 역량, 기술, 태도 등에 따라 다양한 형태를 나타낸다.

셋째, 서비스 고객접점 활동은 서비스 제공자와 고객 사이의 커뮤니케이션을 위한 인터페이스를 의미한다. 이러한 인터페이스를 통해 고객들은 서비스 제공자가 전달하려는 서비스가 무엇인지를 인지하고, 문제가 생겼을 때 어떻게 서비스 제공자와 접촉해야 하는지, 그리고 서비스를 어떻게 전달 받는지 등에 대한 정보를 얻을 수 있으며, 실제 제공된 서비스를 어떤 형태로 사용해야 하는지를 알게 된다.

넷째, 유지/운영 활동은 제공된 제품/서비스가 일회성이 아니라 지속적 특성을 가지고 있음을 강조하는 활동이다. 특히 본 활동은 제품과 구별되는 특성을 가지는데, 제품이 일정한 라이프 사이클(Product Life Cycle)이라는 시작과 끝이 명확히 정해져 있는 단속적 활동으로 본다면 서비스는 제품의 이러한 한계를 보완하여 서비스 제공을 통해 고객과의 지속적 관계를 유지할 수 있도록 지원한다.

다섯째, 평가/개선 활동은 제품의 서비스화(Servicization), 서비스의 제품화(Productization), 서비스의 상품화(Encapsulation)와 밀접한 관계를 가지고 있다. 기존의

표 2-1 서비스 프로세스 5단계

단계	내 용
개념화/설계	제품/서비스를 생산하기에 앞서 전략과 개념을 수립하는 활동
생산	제품/서비스를 생산하는 단계로 고객과는 직접적인 접촉이 이루어지기 전까지의 활동
고객접점	제품/서비스를 고객에게 직접적으로 전달하고 제공하는 활동
유지/운영	A/S를 포함하여 제품/서비스가 고객에게 지속적으로 제공되는 활동
평가/개선	제품/서비스에 대하여 지속적으로 평가하고 개선하는 활동

서비스가 동시성이나 소멸성을 극복하는데 초점을 두었다면, 서비스가 제품까지 포괄하는 광의의 개념으로 정의됨에 따라 서비스 사용자의 가치를 지속적으로 창출해 내는 서비스의 지속성에 초점을 둔다.

2.2 제조 공정과 서비스 프로세스 비교

〈표 2-2〉와 같이, 제조업의 경우 토지, 자본, 노동 등을 투입하여 조업과 변환활동(Operation & Transformation)을 거쳐 기대했던 제품을 생산해 내는 것이라 한다면, 서비스업의 경우는 정보, 지식, 데이터 등을 활용하여 고객과 몇 단계의 접촉과정을 거쳐 고객이 원하는 가치를 제공하는 것이다.

제조 공정의 경우는 투입물, 산출물뿐 아니라 조업과 변화 과정도 직접 계획하고 통제하며 조직화할 수 있으나, 서비스 프로세스의 경우는 무형적 특성을 갖기 때문에 정보, 지식, 데이터 등을 고객이 이해하고 알아듣기 쉽게 가공하거나 변환해야 하며 그 과정에서 정보의 왜곡이나 잘못된 변형이 발생할 수 있다. 또한 서비스 프로세스 상에서 고객과 지속적인 만남이 발생하고 접촉 과정이 그대로 고객과 공유되는 'Glass box(유리상자)'이기 때문에 프로세스를 효과적으로 관리하지 않는다면 접점 직원의 잦은 오류나 실수가 발생하거나 고객 불만이 증가할 수 있다. 제조와 다르게 시작과 끝이 명확하게 정해진 단속적인 결과물이 산출되는 것이 아니라 지속적으로 새로운 가치를 창출하는 과정이다.

고객이 원하는 가치를 만들기 위해서 서비스 제공자와 고객 간의 어떤 행동이나 소통, 교류, 약속 등이 이루어진다. 이는 접점직원과 고객과의 밀접한 관계 속에서 발생하며, 고객의 참여와 피드백이 지속적으로 발생하게 된다.

| 표 2-2 | 제조 공정과 서비스 프로세스 비교

구분	투입(Input)	과정(Processing)	산출(Output)
제조	토지, 자본, 노동, 원료, 설비, 에너지 등	조업과 변환	기대했던 재화(상품)
서비스	정보, 기술, 지식, 경험	고객접촉(Glass Box)	서비스

03 서비스 프로세스 관리

3.1 서비스 프로세스 분류

슈매너(Schmenner)는 서비스 시스템에 영향을 미치는 노동집약도(Degree of labor intensiveness)와 고객화(Customization) 정도를 가지고 [그림 2-2]와 같이 서비스 프로세스를 분류하였다.

노동집약도는 노동비용 대 자본비용의 비율로 판단한다. 자본집약은 노동비용에 비하여 설비 및 장비에 상당히 많은 투자를 하고 학교, 법률 자문업과 같은 노동집약적인 서비스들은 노동비용이 자본비용보다 높다. 고객과의 상호작용과 고객화는 서비스가 고객에게 영향을 주는 정도를 의미한다. 표준화된 서비스의 경우 고객과 서비스 공급자 간에 상호작용의 정도가 낮으며, 개별화된 서비스의 경우 고객의 요구에 맞는 서비스를 제공하기 때문에 서비스 프로세스 관리상의 문제가 발생하게 된다.

[그림 2-3]에서 보듯이 노동집약도가 낮은 기업은 자본의사결정과 기술적 발전에 초점을 두게 되며, 절정기 수요를 회피하고 바닥기 수요를 촉진하는 방법을 통해 서비스 제공 스케줄링을 실시하고 있다. 반면 노동집약도가 높은 기업은 직

| 그림 2-2 | 서비스 프로세스 매트릭스

노동집약도 정도 \ 고객 상호작용과 고객화 정도	낮다	높다
낮다	**서비스 공장** 항공사 화물트럭회사 호텔 및 휴양시설	**서비스 숍** 병원 자동차 정비소 A/S 센터
높다	**대량서비스** 소매점 도매점 학교	**전문서비스** 의사 변호사 건축사

| 그림 2-3 | 서비스 분류에 따른 관리 이슈

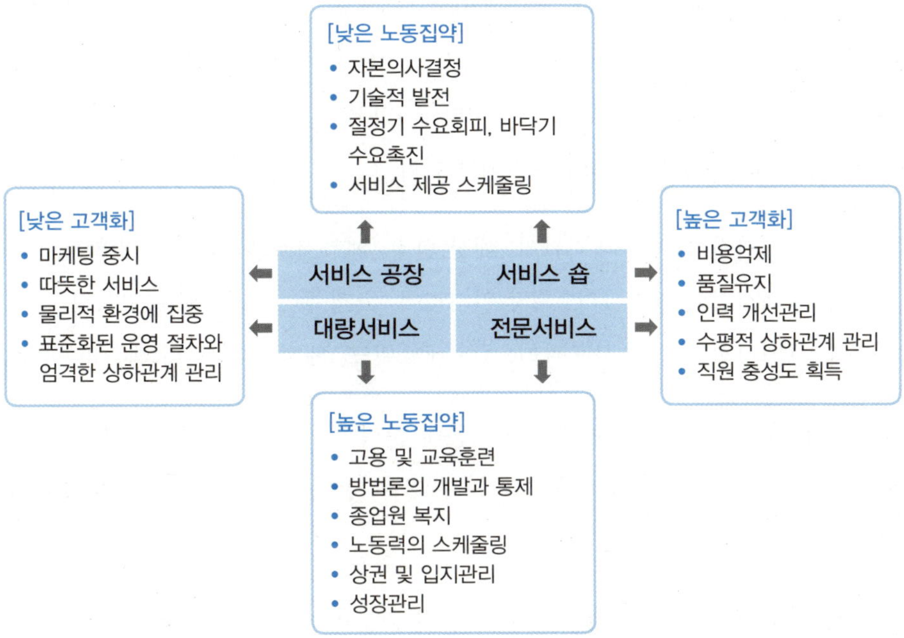

원 고용과 교육훈련, 직원 복지에 초점을 두며 인력을 통제할 수 있는 방법론의 개발을 통해 노동력에 따라 스케줄링을 한다.

고객 상호작용과 고객화가 낮은 기업은 마케팅 활동이나 따뜻한 서비스 제공을 강조하는 브랜드 전략을 중시하고 물리적 환경에 대한 투자에 집중하며 표준화된 절차에 의해 엄격하게 관리한다. 반면 고객의 관여도가 높은 기업은 비용을 억제하면서 고품질을 유지할 수 있도록 노력하며 인적 역량을 개발 및 발굴하고 수평적 관계를 중시함으로써 직원의 충성도 획득을 위한 다양한 활동을 실시한다(Robert Johnston 외, 2012).

3.2 서비스 프로세스의 3단계

고객에게 제공되는 서비스 프로세스 단계와 서비스 제공자의 대처능력은 고객의 눈에 그대로 보여지게 된다. 그러므로 이런 제공 절차와 활동들은 서비스 품질을 결정하는데 매우 중요한 역할을 하고, 구매 후 만족과 재구매 의사에 결정적인 영향을 끼칠 수 있다. 고객이 서비스 절차와 단계에 만족하게 되면, 당연히 그 서비스 기업을 다시 찾게 되는 것이다. 따라서, 서비스는 고객의 구매과정에 따라 다음의 3단계로 구분하여 관리해야 한다.

첫째, 구매시점 이전의 대기관리: 매장 환경, 예약시스템, 대기 안내 멘트
둘째, 구매시점의 접점관리: 객장 인테리어, 고객 동선, 직원의 용모복장
셋째, 구매시점 이후의 사후관리: A/S 네트워크, 해피콜 제도, 고객관리 역량

따라서 서비스 프로세스에서는 고객응대 준비(구매시점 전 서비스)+고객과 상호작용(구매 시점 서비스)+고객 사후관리(구매 시점 후 서비스) 3단계의 종합적인 조화가 서비스 성공의 열쇠라고 할 수 있다.

서비스 전달단계에서는 고객과 만나기 전에도 철저한 준비가 필요하다. 즉 구매 시점 이전에는 대기관리를 실시한다. 대기관리는 예약시스템을 활용한 체계적인 운영관리와 심리적 대기와 체감대기 관리인 인식관리로 구분된다.

[그림 2-4]에서 동일한 서비스를 제공하는 A, B 두 기업의 사례를 통해 알아보도록 하자.

A기업과 B기업은 동일한 시간해 도착해서 일을 마무리했지만, 대기시간에는

| 그림 2-4 | 대기시간과 처리시간

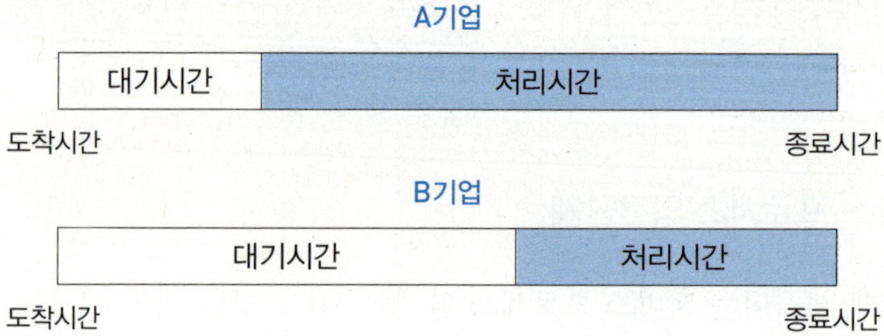

서로 차이가 있다. A기업보다는 B기업의 대기시간이 훨씬 길다.

고객의 경우는 어느 기업을 선호할 것인가?

당연히 대기시간이 짧고 서비스 받는 시간(Processing time)이 긴 A 기업을 찾아갈 것이다.

즉, 서비스 과정(Flow time)에는 대기시간(Waiting time)과 서비스 받는 시간(Processing time)을 함께 고려해야 하는 것이다.

서비스기업에서는 고객의 심리적 대기를 줄이기 위해서 우수 직원의 모습, 서비스캠페인, 유익한 생활정보 등을 복도 게시판에 걸어 놓는 것을 볼 수 있다. 이러한 모습은 고객이 서비스 기업을 만나기 전에 편안하고 기분 좋은 마음을 갖게 해주며, 긍정적인 인상을 형성하게 하는데 효과적이다.

또한, 고객이 기다리는 시간을 덜 지루하게 느껴지게끔 하는 체감대기 관리도 실시되고 있다.

한 피자집에서는 대기실을 넓고 편안하게 만들고, 고객이 대기실에서 기다릴 때 메뉴판의 메뉴를 보거나 선택하게 한다. 주문을 한 고객은 해당 테이블로 올라가면 바로 피자를 먹을 수 있게 한다. 대기실에서 음악을 틀어주고, 잡지책을 읽게 하면서 고객으로 하여금 기다리는 시간조차도 서비스를 받고 있다는 느낌을 주게 하기 위함이다. 또한 신속한 서비스 제공에도 효과적이고 직원들은 고객이 한꺼번에 몰려들지 않아 여유있게 고객을 응대할 수 있다.

고객의 대기를 줄이기 위한 빈번한 응대의 경우 전용 창구를 따로 두는 경우가 있다. 통신사 고객서비스센터에서는 빈번하지만 빨리 처리가 가능한 요금 수납 창구와 긴 상담을 필요로 하는 창구를 분리하여 운영한다. 자동차 서비스 센터에서도 엔진오일 교환과 같이 빈번하지만 간단한 처치로 고객의 문제를 해결할 수 있는 수리 건들을 모은 경정비 작업대를 따로 운영하여 고객 만족을 높이고 있다. 현대·기아차의 경우, 차량 수리를 위해 직영 서비스센터를 방문하는 고객들이 장시간 소요되는 정비 대기 시간 등을 활용하여 편리하게 시승 체험을 할 수 있도록 직영정비 거점에 드라이빙센터를 운영한다.

[대기관리 사례]

3.3 고객접점 관리

우리는 친구와 싸우고 난 후 '먼저 말을 걸어볼까' 하고 망설이게 되는 순간이 있다. 그러나 대부분은 이런 적절한 시점을 놓치고 후회하게 되는 경우가 많다. 결국 이렇게 화해할 시점이나 기회(Timing)을 제대로 포착하기란 쉬운 일이 아니다. 이러한 순간이나 시점관리를 고객만족 서비스에서는 MOT(Moment of truth: 진실의 순간)로 표현한다.

MOT는 스페인의 투우 용어인 'Moment De La Verdad'에서 유래된 말로 '진실의 순간/결정적 순간'이라고 한다. 투우사가 소의 급소를 찌르는 순간을 말하는

데, '피하려 해도 피할 수 없는 순간' 또는 '실패가 허용되지 않는 매우 중요한 순간'을 의미한다. 스웨덴의 마케팅 이론가인 리차드 노먼(Richard Norman) 교수가 처음 제창한 개념으로 고객과의 접촉을 의미하는 대표적인 용어이다. SAS(Scandinavian Airlines System: 스칸디나비아 항공)의 얀 칼슨(Jan Carlzon) 사장은 MOT라는 새로운 개념을 도입하여 위기에 빠진 회사를 구하고 서비스 품질경영의 전설적 신화를 창조하였다. 얀 칼슨은 MOT라는 개념을 이용하여 147개의 고객접점을 개선하는데 5천만 달러 이상을 투입하였다. 이후 적자를 기록하던 회사는 1년 만에 흑자로 전환하였다.

고객이 접촉하는 다양한 MOT 중 어느 하나만 나빠도 한순간에 고객을 잃어버릴 수 있기 때문에 MOT 사이클 전체를 관리해야 한다. 고객과 만나는 MOT 자체가 서비스기업에게는 하나의 상품이자 브랜드이다.

고객과 만나게 되는 접점은 하드웨어, 소프트웨어, 휴먼웨어의 3가지 측면으로 구분한다.

하드웨어(Hardware) 는 상품, 환경, 시설, 설비, 주차장, 편의시설, 인테리어 등이 있다. 소프트웨어(Software)는 대기시간, 매장의 동선, 서비스프로세스, 정보처리 등이 있으며, 휴먼웨어(Humanware)는 바로 서비스 직원의 표정, 태도, 대화 등을 말한다.

중장기적인 서비스 혁신을 위해서는 하드웨어와 소프트웨어를 분석하고, 단기적인 서비스 개선을 위해서는 휴먼웨어를 중심으로 파악해야 한다.

구매시점에서 좋은 서비스를 제공하기 위해서는 고객접점(MOT) 관리를 철저히 해야 한다. 즉 고객 입장에서 서비스가 필요한 순간에 적절한 태도와 대화의 서비스를 제공하는 것이 핵심적인 포인트이다.

똑같은 상황에서도 서비스는 제공자의 전달능력에 따라 서비스 품질의 차이가 생기게 된다. 따라서 직원 개인별 서비스 품질의 격차를 줄이고, 통일화된 고품질의 서비스를 제공하기 위해서 서비스 매뉴얼을 만들어 활용하고 있다.

서비스기업은 절차 또는 업무중심의 프로세스에서 벗어나 고객 중심의 프로세스로 만들어가기 위해 노력하고 있다. 고객중심의 서비스 프로세스를 만들기 위해서는 최대한 고객접점을 세분화해서 고객이 서비스 조직의 하드웨어, 소프트웨어, 휴먼웨어를 느끼는 순간을 찾아내야 하고, 이 순간들마다 바람직한 서비스 프로세스와 서비스 개선방법을 도출해야 할 것이다.

앞서가는 서비스기업에서는 한 걸음 더 나아가 MOT 관리가 아니라 MOSS(Moment of Something special) 관리를 내세우는 기업도 생겨나고 있다. 고객과 만나는 순간에 뭔가 특별한 경험, 특별한 느낌을 고객이 받게 하는 것이 중요하다. 특히 경쟁업체가 많은 서비스기업일수록 경쟁 기업과 다른 창의적인 서비스를 만들어내기 위한 노력이 필요하다.

요즘엔 필요한 물건을 구입할 때 많은 매장들 중에서, 보다 좋았던 서비스를 기억하여 조금 더 시간을 들여서라도 그 매장의 그 직원을 찾아가는 경우가 점점 많아지고 있다. 고객으로 하여금 '내가 특별한 고객이구나', '나를 잘 기억하고 있구나'라는 느낌을 받게 하는 것이 중요하다.

고객의 욕구를 파악하고 문제를 해결해 주기 위해서는 무엇보다도 고객 중심적인 사고방식을 갖추어야 한다. 이를 위해서는 모든 일을 절차 중심(Procedure orienting)에서 고객 중심(Customer orienting)으로 바꾸어 나가야 한다(한석주 외, 2006).

교보문고 바로드림 서비스

급하게 책을 사야 할 때, 책을 직접 보고 사고 싶을 때가 있다. 오프라인에서 책을 사더라도 온라인 서점의 저렴한 가격으로 구매할 수 있게 만든 서비스가 바로드림 서비스이다.

바로드림 서비스는 모바일로 사고 싶은 책을 바로드림 서비스로 온라인서점의 가격과 동일하게 결제한다. 한 시간 후 책이 준비되는 대로 문자가 오고 바로드림 존에서 책을 찾아가면 된다.

하지만 대기시간이 싫은 고객을 위해 바로드림 서비스가 추가되었다. 바로드림으로 모바일 결제 후 본인이 책을 찾아 바로드림 존에서 확인만 하고 가지고 가는 방식이다.

서점의 입장에서는 직원의 수고를 덜고, 고객 입장에서는 저렴한 가격에, 게다가 대기시간도 줄일 수 있어 만족할 만한 서비스이다.

삼성의료원 고객접점 활성화

매일 활동할 테마와 실천 항목을 정해서 내·외부 고객 간에 즐겁고 행복한 관계를 만들어 가고 있다.

요일	활동테마	실천항목
월	Happy Look	용모, 복장, 표정, 인사
화	Happy Talk	고객칭찬/격려하기, 직원상호간 덕담과 칭찬
수	Happy Work	업무개선 제안활동, 환경정리, 동료 도와주기
목	Happy Call	전화응대 잘하기, 고객에게 안부 전화하기
금	Happy Note	직원/부서 간 Thanks letter
토/일	Happy Mind	긍정적 사고, 감사하는 마음

3.4 서비스 프로세스 표준화

서비스기업에서 일정한 수준까지 서비스를 향상시키기 위해 가장 먼저 시도하는 것이 서비스 표준 매뉴얼을 만드는 것이다. 이를 위해서는 고객이 우리 서비스기업과 직원을 느낄 수 있는, 평가할 수 있는 순간을 찾아내는 것이 필요하다.

우선 고객이 확실하게 느낌을 갖는 순간을 찾는다. 가장 고객에게 플러스 심리를 줄 수 있는 접점을 살펴보는 것이다. 그리고 우리가 실천하지 못하는 MOT를 파악하여 고객 만족을 위해 시급히 개선해야 할 접점을 찾아낸다.

우리는 단지 고객의 문제해결에 신경을 집중하고 있지만, 고객은 이외에도 많은 순간들을 지켜보고 있다. 동료와 잡담하는 것을 보는 순간, 다른 고객과 통화하는 표정을 보는 순간, 신발을 끌면서 걷는 직원을 보는 순간, 다른 고객을 성의있게 응대하는 모습을 보는 순간까지 고객은 우리의 서비스를 평가할 수 있는 것이다. 최고의 서비스를 제공하려고 노력하지만, 한순간의 실수나 방심으로 고객에게 돌이킬 수 없는 슬픈 기억을 남기게 되는 경우가 있다.

따라서, 서비스 접점에서 항상 잊지 말아야 할 것은 '공든 탑도 무너진다'는 것이다. 열심히 잘하다가도 소중한 한순간을 놓치면 그동안 잘해왔던 서비스가 아무런 소용이 없게 된다. 매 순간을 잘 관리하기 위해서는 고객접점을 찾아내고, 접점에 따른 응대방법 및 해결방안을 마련해야 한다.

서비스기업의 직원은 늘 업무 프로세스 중심으로 일 처리를 하기 때문에 고객 중심으로 사고를 전환하기가 쉽지 않다. 다음의 간단한 예를 통해 고객 중심의 마음으로 바꾸는 모습과 문제해결 방안을 찾아보도록 하자.

〈표 2-3〉의 응급실 서비스 매뉴얼을 보면, 아이가 다쳐서 응급실에 도착했을 때의 고객의 상황과 심리를 알아보고, 이에 따른 대처방안을 만들어야 한다. 고객의 마음 상태를 기술해 보며 고객의 기대와 요구사항을 파악하여 해결방안을 모색한다. 응급실에 갔을 때 고객에게 '접수부터 하세요.'가 아니라 '안심하세요.'라고 말하는 것이 고객 중심의 표현인 것이다.

고객의 입장에서 서비스 프로세스를 파악해 보는 것이 중요하고, 각 상황별로 고객이 받는 느낌은 어떨까를 고려하여 이에 적합한 해결방안을 마련하도록 한다. 해결방안의 내용을 구체적인 행동과 대화로 바꾸게 되면 [그림 2-5]와 같은 고객응대 표준안을 수립할 수 있다.

표 2-3 서비스 프로세스 세분화 - 병원 응급실 서비스 매뉴얼

MOT	고객의 마음	해결방안(대화)
응급실에 실려 온 순간	큰일이구나. 어떡하지?	OO병원 응급실입니다. 이제 안심하십시오.(안심)
접수하는 순간	어디로 가야 되나?	먼저 접수하시면 신속하게 치료해 드리겠습니다.(안내)
침대로 옮겨지는 순간	내 아이를 함부로 다루면 안 되는데...	안전한 침대로 옮겨 드리겠습니다.(편안함)
치료를 받는 순간	흉지지 않을까? 잘못되지 않을까?	저희 선생님이 수술 잘하십니다. 걱정하지 마세요.(신뢰감)
치료가 늦어지는 순간	의사는 도대체 왜 안오는 거야?	선생님이 영철이가 온 것을 알고 계십니다. 10분 후면 도착하실 것입니다.(관심)
돈을 내는 순간	왜 이렇게 비싸?	저희가 진료내역을 확인해 드리겠습니다.(정보)

| 그림 2-5 | 자동차정비 서비스 매뉴얼 – 한국GM

06 보증 고객을 맞이하는 순간

"기본적인 기능 점검도 함께 해 드리겠습니다."

사 례

① 네, 엔진오일 교환으로 오셨어요? 주행거리를 말씀해 주시겠습니까?
엔진 오일 교환 쿠폰이 있으시네요. 사용해 드릴까요?
엔진오일 교환과 함께 기본적인 기능 점검도 함께 해 드리겠습니다.

② 혹시 차량 이용 시 불편하신 점 있으셨습니까?
네, 날씨가 더워져서 냄새가 좀 나죠.
에어컨 필터는 언제쯤 교환하셨습니까?
정비사가 와서 설명해드리고 바로 진행해 드리겠습니다.
잠시 휴게실에서 기다려 주시겠습니까?

이것만은 꼭!

- ▶ 적극적인 설명으로 플러스 서비스를 제공받는 느낌을 전달합니다.
- ▶ 보증고객도 잠재고객! 성의 있는 문의 확인이 추가매출로 이어집니다.

14 비슷한 증상으로 재입고를 하는 고객을 맞이하는 순간

"특별히 좀 더 잘 부탁 드리겠습니다."

사 례

[접수처] ① 예, 고객님, 죄송합니다. 불편을 드려 다시 한번 죄송합니다. 제가 바로 이전 정비 내역을 확인해 보겠습니다. **(내역 확인 후)** 네, ○월에 냉각수 누수로 라디에이터를 교환하셨습니다. 저희가 좀 더 정확하게 점검해보겠습니다. 제가 ○○○직장님에게 직접 안내해드리겠습니다.

② **(○○○직장에게)** 고객님께서 ○월에 냉각수 누수로 라디에이터를 교환하셨는데, 다시 같은 증상이 있다고 하십니다. 특별히 좀 더 잘 부탁 드리겠습니다.

[정비사] ③ **(고객에게)** 번거롭게 해드려 죄송합니다.
저희가 다시 한번 정확하게 원인을 찾아 완전하게 정비해 드리겠습니다. 끝나는 대로 안내해 드리겠습니다.

이것만은 꼭!

- ▶ 고객의 말을 끝까지 경청하고 정중히 사과합니다.
- ▶ 이전 정비내역을 상세히 파악하고 (가능한) 정비사에게 직접 고객을 인도하여 문제증상을 직접 설명합니다.
- ▶ 정비사는 고객의 상황과 이전 정비내역을 충분히 파악한 후 고객과 상담합니다.

세분화한 프로세스를 몇 개의 단계로 정리해서 고객응대 핵심 프로세스를 도출한다. [그림 2-6]과 같이 고객에게 제공되는 서비스의 핵심 프로세스를 체계적으로 정리하여 우리가 제공하는 서비스의 본질을 구체화할 수 있다. 핵심 서비스 프로세스를 정립하고 난 후 각 프로세스별 중점을 두어야 할 행동 포인트 또는 지침을 구체적으로 기술한다.

이렇게 고객의 입장에서 만들어진 표준매뉴얼은 조회나 직원교육 시에 충분한 습득과정을 거쳐야 제대로 그 효과를 발휘할 수 있다. 매뉴얼이 직원의 몸에 익숙하게 되려면 시간과 노력이 필요하다.

한 패밀리 레스토랑에서 '최고의 친절사원'으로 뽑힌 직원에게 서비스 비법이 뭐냐고 물었더니 이렇게 대답했다. '예, 별다른 비법은 없구요. 전 그저 제 자신이 고객이었을 때 어떻게 해주면 기분이 좋았나를 항상 떠올렸습니다.' 역시 철저하게 고객입장에서 실천할 때 완벽한 서비스(Perfect Service)가 가능한 것이다.

| 그림 2-6 | 서비스 프로세스-파슬코리아 백화점용

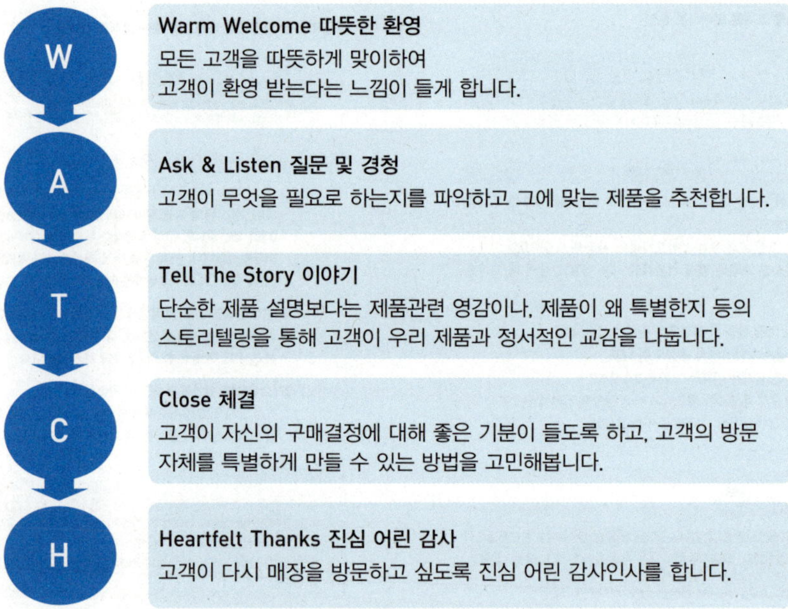

3.5 사후관리

주방용품생산업체인 PN풍년(대표 유재원)은 2010년 4월부터 현재까지 꾸준히 기존 고객들을 대상으로 사전점검을 실시하는 비포 서비스(Before Service)를 진행하고 있다. 본사가 경기 안산에 있는 PN풍년은 수도권지역을 중심으로 홈페이지에 월별 일정을 공지하고 전문서비스팀이 해당지역을 방문해 제품을 점검·수리하는 프로그램이다. 'PN풍년 비포 서비스'는 홈페이지를 통해 미리 공지한 지역 내 아파트, 공동주택과 주거 밀집지역 등을 방문해 PN풍년 압력솥, 냄비, 프라이팬 등 제품 상담과 부품 교체 등 다양한 서비스를 진행한다.

이처럼 대부분의 서비스 기업은 고객이 상품을 구매한 이후에도 고객과 지속적인 관계를 유지하기 위해 다양한 노력을 하고 있다. 구매시점 이후 관리는 불황이 지속될수록 가장 강조되는 서비스 활동이다.

| 그림 2-7 | 요인 분석도(원인-결과 도표)

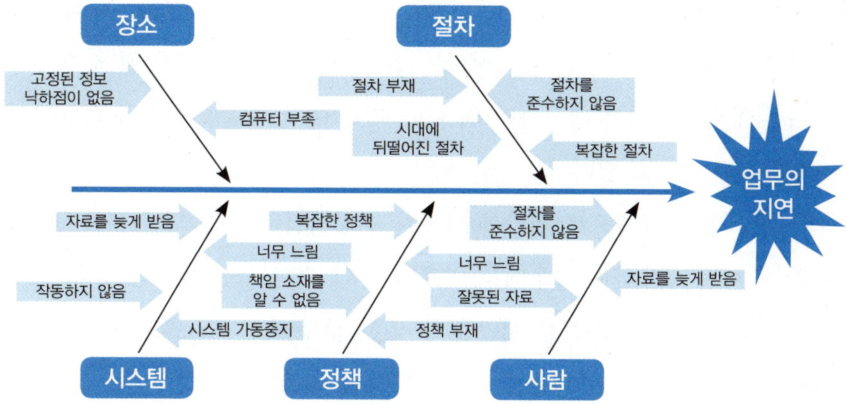

고객접점에서는 프로세스에서 지속적으로 빈번히 발생하는 문제를 해결하기 위해 문제의 원인을 찾아 해결점을 모색하고자 한다. 가장 유용하게 쓰이는 도구가 [그림 2-7]과 같은 요인 분석도이다. 요인 분석도는 서비스 과정에서 문제가 되고 있는 특성(결과)과 그 특성에 영향을 주는 원인과의 관련성과 요인 사이의 관계를 계통적으로 파악하여 주요 요인을 밝히고 눈으로 보기 쉽게 도식화한 것이다. 물고기 뼈 모양을 닮았다고 하여 피시본(Fishbone) 차트라고도 한다.

다음은 한 은행의 PB(Private Banking) 담당자가 고객에게 보내는 글이다.

> 김미숙 님
> 된장을 풀어 쑥국을 만들고, 후레지아를 다듬어 화병에 꽂아 식탁 위에 놓고, 남편과 아이를 기다립니다. 이왕 고고한 척하는 김에 오랜 CD를 꺼내 비발디 사계의 '봄'을 듣습니다.
> 향긋한 봄 나물국에 남편은 밥 한 그릇을 훌쩍 비워버립니다. 맛있게 먹는 아이와 남편의 모습이 참 보기가 좋습니다.
> 살다보면 봄의 정취도 제대로 느끼지 못한 채, 어느 사이에 여름이 옵니다.
> 그러나 오늘만큼은 잠시라도, 지쳐버릴 수 있는 봄의 향긋한 냄새와 정취를 김미숙 님께 드리고 싶습니다. 겨우내 얼었던 마음, 포근한 봄볕에 녹여버리고, 새싹처럼 희망과 소망이 가득한 봄이 되었으면 좋겠습니다.

고객과의 관계를 만들어 갈 수 있는 다양한 방법을 통해 늘 고객과 가까이 있음을 기억하게 해 주고 있다. 상품 구매 후에 만족감을 확인하는 해피콜(Happy call), 단골 고객에게 안부 인사를 전하는 러브콜(Love call), A/S를 끝낸 후 고객에게 찾아주셔서 감사하는 땡큐콜(Thank you call), 죄송함과 미안함을 전하는 쏘리콜(Sorry call) 등에 이르고 있다.

사후 관리의 한 방법으로 전화를 사용하고 있지만, 고객들의 업무를 방해하거나 귀찮게 자주 사용하는 경우에는 역효과가 날 수 있음을 명심해야 한다. 고객에게 부담을 주지 않고 정보를 제공할 수 있는 문자 메시지도 효과적이다.

'사은행사', '파격세일', '휴무일 안내', '예약일자 안내', '특별 이벤트' 등의 내용을 핸드폰을 통해 문자메시지로 안내하며 고객서비스 체험, 세미나, 정보제공 등에 대한 사항을 전자메일이나 우편을 통해 전달하기도 한다.

고객과의 유대를 강화시키는 다양한 방법이다.

사회적 유대: 고객에게 사회적 존경을 나타내거나 서비스기업에 유대감을 느낄 수 있는 니즈를 강화한다.
예) 고객에게 생일(결혼기념일)카드 또는 커피 쿠폰 보내기

신뢰감 형성: 계속적인 신뢰, 관심을 나타내며 지속적인 관계를 맺어주는 정보를 준다.
예) 소식지, 세미나 안내, 관심있는 정보제공

문제해결: 한번 고객을 평생고객으로 만드는 열쇠는 서비스제공 외에 불만이나 문제가 생긴 고객의 문제를 해결해 주는 것이다.
예) 고객 불만처리, A/S, 교환, 환불

우수고객 관리: 충성고객에게는 특별한 보상, 특별한 방식으로 대우한다.
예) VIP고객 추가 할인

특히 구매선택을 잘했다는 확신을 줄 수 있는 방법을 계속 실천해 가는 것이 중요하다. 대부분 상품 구매 후 사람들은 '인지부조화(cognitive dissonance)'*라는 현

상이 생기게 된다. 백화점에 가서 옷을 하나 샀다면 그 옷을 산 후 내가 적합한 가격에 잘 고른 것인지 확인하기 위해 다른 매장에 가서 '얼마예요'라고 물어보는 것이 사람들 마음인 것이다. 또한 텔레비전을 구입한 다음에도 구입한 제품의 광고를 한동안 관심 있게 보게 되는 것도 바로 이러한 이유 때문이다.

[그림 2-8]에서 보듯이 아파트 입주 발생하는 하자 보수 건에 대해 적극적으로 대처할 수 있는 프로세스를 정하고 프로세스별로 행동할 수 있는 세부 지침을 마련한다. 프로세스별로 실행해야 할 세부 항목을 수립한 후 항목별로 제대로 실시되는지 여부를 모니터링한다. 그리고 프로세스별로 서비스 수준을 평가하고 취약점 및 보완점을 지속적으로 확인해야 한다.

사후관리 단계에서는 지속적인 정보제공과 관리를 통해 고객에게 '최고의 선택을 했구나' 하는 확신과 만족감을 주도록 해야 한다.

일본의 혼마골프에는 사후관리(AS) 실명제가 있다. 혼마골프는 클럽을 제작한 사람이 직접 클럽을 After Service를 해야 한다는 기본 방침에 따라 현재 한국지점에 AS센터를 설립한 뒤 일본 현지의 공장 장인이 한 달에 두 명씩 한국에 상주하며 AS를 실시한다. 또한 명확한 제품의 품질 보증을 위해 클럽 AS 완료 시 담당 장인의 시그니처가 들어간 'AS 완료증'을 클럽과 함께 발송하고 있다.

서비스 기업의 관리자는 〈표 2-4〉에서 보듯이 고객만족의 3요소와 서비스

*** 인지부조화(認知不調和, Cognitive Dissonance)**

1950년대 심리학자 레온 페스팅거(Leon Festinger)가 주장했다. 심리학 용어로서 동시에 두 개 이상의 상반된 믿음을 말한다.

사람은 자신의 태도나 태도와 행동 간에 일관되지 않거나 모순이 있을 때 이런 일관되지 않는 성질이나 모순을 불쾌하게 여겨 이를 감소시키려고 한다. 이런 모순을 줄이려고 사람들은 태도나 행동을 바꾸려 시도한다. 개인의 태도는 다른 사람이 모르지만 행동은 다른 사람들이 이미 알고 있으므로, 행동에 맞게 태도를 바꾸게 된다.

예를 들어 담배를 피우는 사람이 담배가 몸에 해롭다고 생각하지만 담배를 끊지 못하고 계속 피운다. 이것은 생각과 행동이 일치하지 않는 인지부조화를 일으킨다. 이럴 때 사람은 담배를 끊든지 담배에 대한 부정적인 생각을 바꾸든지 양자택일하게 된다.

그림 2-8 | 삼성 래미안 아파트 하자 보수 프로세스

단계	내용
접수	• 고객의 불편사항 공감, 정확한 하자내용 진단 및 방문약속, 고객에게 제시한 약속사항의 전달
방문 하루 전	• (며칠 후 처리 시) 방문 약속 전화로 재확인
첫 방문	• 부품과 복장 점검, 씩씩한 목소리로 자기 소개 및 인사, 명함제시
하자 원인 진단	• 5~6분에 진단 완료, 하자의 원인 및 보수예상 소요시간 안내(재방문인 경우 전임자의 약속대로 진행)
보양 처리	• 고객을 위해 보양 처리함을 설명, 수리준비와 고객배석 요청
하자보수	• 하자보수 내용, 진행상황에 대해 고객에게 설명 당일 처리 시 50분, 며칠 후 처리 시 100분 이내 완료
보수 완료 후	• 향후 고객이 유의해야 할 점, 간단한 조치 방안 등 안내
뒷처리	• 하자보수 현장 말끔히 청소 (+1 서비스는 옵션), 최종점검
해피콜	• 하자보수 시 불편한 점 파악, 재보수 필요 건 즉시 조치, 고객에게 죄송과 감사의 마무리 인사

그림 2-9 | 혼마골프 AS 실명제

프로세스 3단계를 고려해서 관리해야 한다. 고객만족의 3요소는 하드웨어, 소프트웨어, 휴먼웨어이며 프로세스 3단계는 대기관리, 접점관리, 사후관리로 구성된다.

단기적인 관점에서는 휴먼웨어 중심의 프로세스 관리가 중요할 것이며, 중·장기적인 관점에서는 소프트웨어, 하드웨어적 측면에서의 고려가 필요할 것이다.

| 표 2-4 | 서비스 프로세스별 관리 포인트

<table>
<tr><th rowspan="2">구분</th><th colspan="3">고객만족 3요소</th></tr>
<tr><th>하드웨어(Hardware)</th><th>소프트웨어(Software)</th><th>휴먼웨어(Humanware)</th></tr>
<tr><td>대기 관리</td><td>• 대기실의 설비
-번호표, 대기시간 음료 제공, 대기 공간 확보
• 대기 시간 안내판
-표지판 등에 대기시간 사전 안내
-본인 차례에 대한 문자 알림</td><td>• 예약 시스템
-체험 테마파크의 시간대별 예약으로 체험 인원 분산
• 대기 中 다양한 활동(Activity)
-레스토랑: 메뉴판 미리 제공
-놀이시설: 간단한 퍼즐 제공</td><td>• 대기시간을 안내하고 대기 여부를 확인하는 대화
• 대기수요 조절 능력
-대기가 짧은 다른 활동 소개, 추후 방문 유도 등</td></tr>
<tr><td>접점 관리</td><td>• 인테리어 및 배경음악
• 홍보물 배치 대외수상실적 홍보, 제품성분 혹은 서비스인력 소개</td><td>• 고객 및 직원 동선
• 고객 참여형 상품 및 서비스 설계
-스타벅스: 나만의 음료 주문, 멤버십용 쿠폰발행
• VIP 시스템 운영
-VIP용 전용회선, 신상품 체험</td><td>• 서비스 직원의 용모복장
• 프로세스별 사전안내 대화
• 서비스 체험을 돕는 정보 제공</td></tr>
<tr><td>사후 관리</td><td>• 해피콜 전용전화 개설
• 부가 상품 및 서비스 제공
-구매 후 부가 상품 제공
-A/S 부품 판매 센터</td><td>• 해피콜 제도 및 전담인력
• 불만처리 프로세스
• 고객 만족도 관리 시스템
• 고객 관리 프로모션(이벤트)</td><td>• 접점직원의 전화응대 매너
• 추후 문의할 수 있는 루트(연락처) 안내
• 불만고객 응대 역량</td></tr>
</table>

04 서비스 프로세스 개선

4.1 서비스 프로세스 개선의 필요성

Metters와 Marucheck(2007)은 서비스 부문의 연구가 부족한 이유를 조사한 결과, 1) 서비스 자체에 대한 정의가 어렵고, 2) 서비스를 파생적 활동(derivative activities)으로 보는 견해가 있으며, 3) 프로세스에 대한 정의가 부족하며, 4) 서비스 부문의 척도(Scale)가 부족하며, 5) 서비스 성과의 변동성(Variability)요인, 즉 일관성 있는 요소발굴의 어려움이 있다고 주장하였다.

서비스 프로세스 개선의 중요성을 인지하고 있음에도 프로세스 자체에 대한 개념을 이해하기 어렵고 전체 프로세스나 단계별 프로세스 평가 척도의 발굴 또한 쉽지 않기 때문에 실행에 옮기는 데는 많은 시간과 노력이 필요하다.

롯데월드의 각종 놀이기구에는 키 제한(100cm, 110cm 이상 등)이 있다. 안전한 놀이기구 이용을 위해서는 정확한 키 재기는 필수요건이라 할 수 있다. 하지만 키를 재는 과정이 아이들에게는 경험하고 싶지 않은 부정적 프로세스 중 하나였다. 현장 직원이 줄서는 고객을 지켜보다가 키 재기가 필요한 아이에게 다가가 묵직하고 큰 막대로 키를 재고 난 후 조건을 충족하지 못하면 다른 놀이 기구를 안내하였다. 이 부정적인 프로세스는 놀이기구를 옮겨갈 때마다 반복되었다.

한편, 이 프로세스를 약간 수정하자 고객이 받는 느낌은 사뭇 달라졌다. 고객이 기다리는 동안 무지개 막대로 미리 키를 재게 되면 직원이 고객에게 입장 가능여부를 알려준다. 무지개 막대의 키 색깔에 따라 알록달록한 팔찌를 채워주면 아이들은 무척 좋아한다. 팔찌를 채우는데 시간이 걸리고 분실 위험이 있게 되니 손쉽게 실시할 수 있는 도장 찍기로 수정하였다. [그림 2-10]과 같이 한 번 찍힌 도장은 다음 놀이기구 이용 시 보여주면 되기 때문에 여러 번 실랑이를 벌일 필요도 없고 키에 맞는 적정 놀이기구를 찾기에도 용이하다.

그림 2-10 키 확인 도장

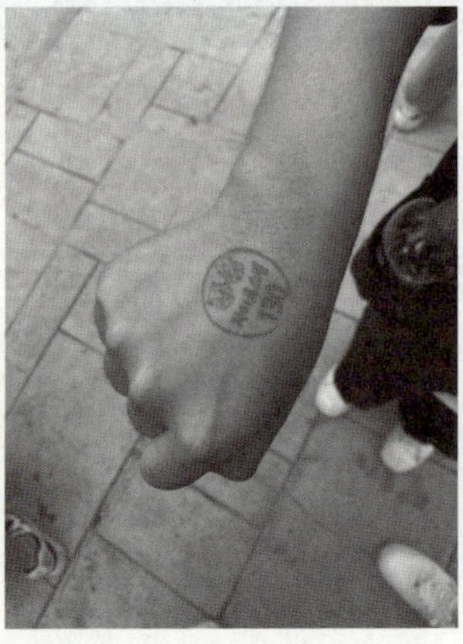

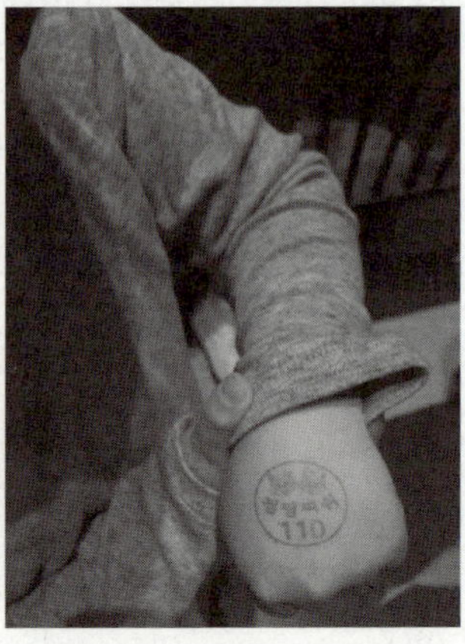

유시정(2014)은 서비스 개선이 필요한 경우를 다음과 같이 제시하고 있다.

- 서비스 및 서비스 운영의 새로운 기술의 적용이 필요한 경우
- 서비스 프로세스의 불균형으로 효율성의 문제가 발생하는 경우
- 서비스 품질관련 문제가 발생하는 경우
- 서비스 기능을 개선하여 제공하여야 할 경우
- 서비스 자원의 획득과 활용 가능성이 변화되는 경우
- 서비스의 경쟁우선 순위가 바뀌거나 수요가 변화되는 경우

4.2 프로세스 개선 단계

프로세스 개선을 위해서는 보통 다음과 같은 6단계를 거친다. 먼저 해결해야 할 문제를 정하고, 프로세스의 흐름도를 가시적으로 보기 쉽게 표현한다. 프로세스의 흐름을 보면서 현재의 프로세스를 평가하고 근본적인 문제의 원인을 분석한다. 문제의 원인을 제거하고 새로운 프로세스를 도출한다. 새로운 프로세스는 2개의 프로세스를 묶어서 하나의 프로세스로 만들어질 수도 있고 기존에 없었던 새로운 프로세스가 추가될 수도 있다. 새롭게 개선된 프로세스를 실행하고 난 후 개선 결과에 대한 평가를 실시한다.

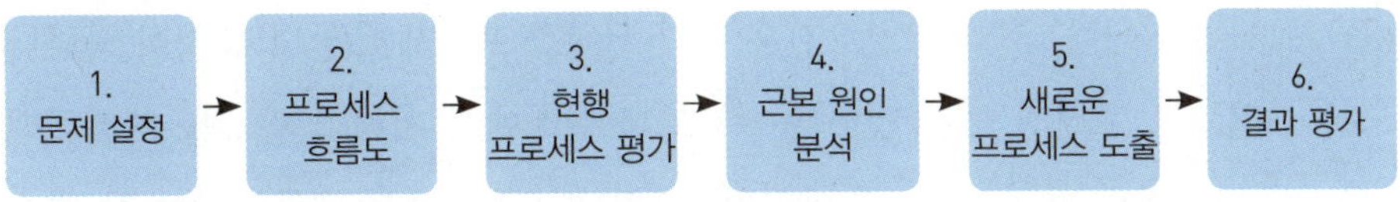

[그림 2-11]과 같이, 서울대 보라매병원 응급실을 찾은 환자들은 전광판에 나오는 안내 문구에 따라 진료실로 들어가거나 검사실로 향한다. 기존 응급실 모습과는 딴판이다. 이곳은 마치 최신 설비를 갖춘 고급 건강검진센터의 느낌에 더 가깝다. 응급실 내 혼잡함을 덜기 위해 환자의 상황에 따라 동선을 나눠놓은 안내 표지판이 걸려 있다.

그림 2-11 서울대 보라매병원 응급실

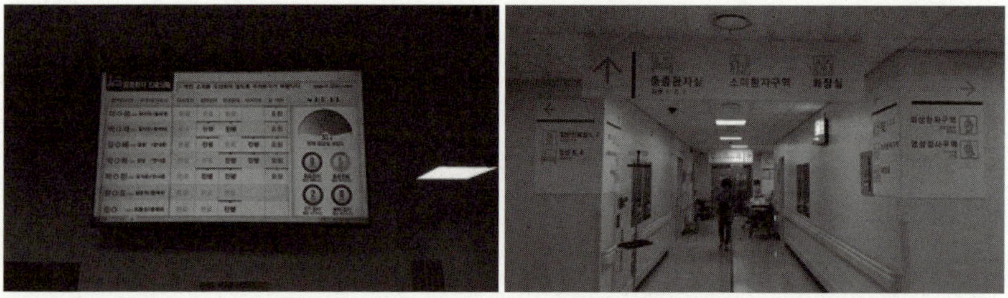

응급실에 들어서면 접수창구에서 일반 환자와 큰 부상을 입은 외상환자로 구분한다. 접수 때부터 환자의 동선을 나눠 응급실 내 혼잡을 줄이는 셈이다. 응급실로 들어서자 세 갈래 길을 표시하는 커다란 안내 표지판이 눈에 띈다. 중증 및 소아환자, 일반환자, 외상환자 등으로 구역을 나눈 것이다. 각 구역에는 기존 응급실에서는 볼 수 없었던 '진료 현황판'이 걸려 있다. 환자 이름 옆에는 주치의와 담당간호사의 이름이 함께 적혀 있다. 또 환자별 각 검사 단계 진행 사항이 자세하게 표시돼 있고 진료와 검사 대기시간까지 한눈에 알 수 있다.

4.3 서비스 청사진

프로세스를 개선하는 방법 중 가장 많이 활용도가 높은 것은 서비스 청사진(Service Blueprint)이다. 서비스 청사진은 핵심 서비스 프로세스를 그 특성이 나타나도록 키워드로 표현해 놓은 것이다. 즉 고객 관점에서 서비스 단계를 세분화해 보고 각 단계별로 접점 직원, 후방직원, 지원 프로세스에서 제공되어야 할 서비스를 묘사해 놓은 것이다.

쇼스택(Shostack)은 서비스 전달 시스템을 시각적 도표로 표현하고 서비스 설계에도 이 기법을 적용할 수 있다는 점에 착안하여 서비스 청사진 사용을 제안하였다. 서비스 청사진은 고객이 경험하게 되는 서비스 증거이고, 업무 실행지침이며, 서비스 제공 프로세스의 단계를 나누는 방법이다. 관리자가 서비스를 최종적

| 그림 2-12 | 서비스 청사진의 구성요소

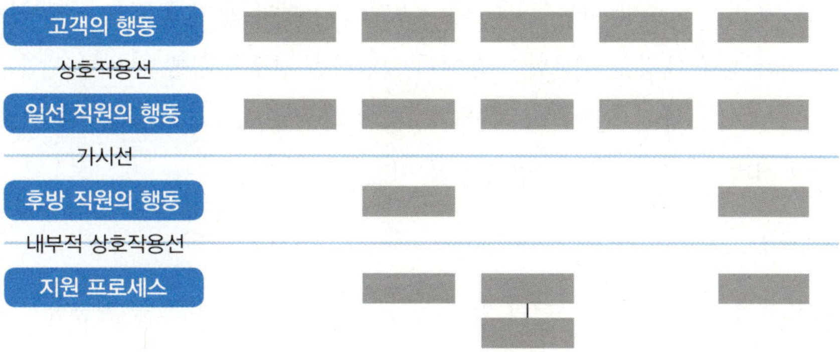

으로 실행하기 전에 미리 작성함으로써 서비스 프로세스를 검증하고 정의 내리는 방법이기도 하다.

서비스 청사진은 [그림 2-12]와 같이 고객의 행동, 일선 직원의 행동, 후방 직원의 행동, 그리고 지원 프로세스로 구성된다. 먼저 고객의 동선에 따라 프로세스 상에서 실행되고 있는 업무를 정리한다. 고객 접점부서(Front Office)와 후방부서(Back Office) 직원의 업무를 서비스 프로세스에 맞게 작성한다. 마지막으로 프로세스별로 제공되어야 할 지원 프로세스나 지원 업무를 정리한다.

서비스 청사진의 특징 중 하나는 가시선(Line of Visibility)을 제시한 것이다. 가시선은 서비스 활동을 고객이 서비스를 받고 있다고 확신할 수 있는 명백한 현장과 고객에게 보이지 않는 지원업무로 구분한다. 가시선 위의 활동들은 고객이 볼 수 있는 활동들이고 가시선 아래 활동들은 고객이 직접 볼 수는 없지만 서비스 활동에 있어 중요한 역할을 하는 것이다.

최근 서비스 접점에서는 이 가시선의 의미가 달라지고 있다. 주방이 보이는 레스토랑, 정비 작업이 보이는 정비소 등 후방부서(Back office)를 고객에게 개방하여 그들이 제공하는 서비스의 신뢰를 높이고 있다.

후방 직원이나 지원부서는 고객과 접촉하는 일이 거의 없었으나 고객의 직접 경험이 중시되고 서비스 프로세스 자체가 상품이 되면서 후방이 노출되는 경우가 점점 많아지고 있다.

이는 조리하는 주방 내부의 시설과 설비가 고객에게 보이게 되고 제빵사는 자신이 만든 빵을 매장을 방문한 고객에게 설명하는 경우가 종종 발생하고 있는 것이다. 프로세스 상에서 고객의 역할과 경험이 더욱 중요하게 되었고 이러한 고객경험이 서비스 성과에 직접적인 영향을 미친다.

4.3.1 서비스 청사진 작성

청사진 작성시 초점을 두어야 할 것은 고객이 원하는 서비스를 제공하기 위해 접점과 지원에서 제공해야 할 서비스를 해당 단계에 맞게 정확히 표현해야 한다. 전방부서(Front Office)와 후방부서(Back Office) 사이의 업무 분할이 명확히 이루어져야 하며 구분이 모호한 부분은 프로세스 단계를 제거하거나 통합하는 과정을 거쳐야 한다. 후방에서 지원해야 할 요소들과 전방에서 운영해야 할 요소들 간의 균형이 이루고 있는지를 파악하는 것이 필요하다.

청사진 작성 시 유의할 점은 전방부서를 지원하는 후방부서를 모두 찾기 어려울 수 있다. 서비스 기업의 특성상 후방 업무는 접점 업무 2~3개를 묶어서 지원할 수 있게 설계하는 경우가 많다.

특히 청사진을 활용하게 되면 내부적으로 대기(Bottleneck)가 발생하는 부분을 쉽게 찾아낼 수 있다. 예를 들어 [그림 2-13] 치과의 서비스 청사진을 살펴보면, 고객의 초기 상담을 위해서는 예진이 이루어져야 하는데 진료 준비가 지연되거나 의료기기 장애가 발생하게 되면 고객 대기가 발생하는 것을 알 수 있다.

이렇게 프로세스 상에서 병목이 발생하는 지점을 찾아내고 병목의 원인을 세부적으로 분석해야 한다. 병목을 해결할 수 있는 방안을 모색함으로써 고객 대기관리를 성공적으로 수행할 수 있다.

고객의 대기관리뿐 아니라 이제는 고객의 서비스 실패(Service Failure)를 줄여줄 수 있는 방법을 모색하고 있다. 고객이 다양한 접점을 접촉하기 때문에 중요한 정보를 놓치거나 잊어버리는 현상이 발생한다. 고객의 빈번한 실수나 실패를 예

| 그림 2-13 | 치과의 서비스 청사진

방하기 위해 프로세스상에 포카요케(Poka-yoke)를 발굴하여 활용하고 있다.

포카요케란 품질관리의 측면에서 실수를 방지하도록 행동을 제한하거나 정확한 동작을 수행하게끔 하도록 강제하는 여러 가지 제한점을 만들어 실패를 방지

| 그림 2-14 | 포카요케 사례

하는 방법을 말하는 용어이다. 토요타의 시게오 신고에 의해 처음으로 고안됐으며, '실수(ぽか)를 피하다(避ける)'는 뜻의 일본어에서 왔다.

[그림 2-14]와 같이 포카요케 사례를 살펴보면, 건전지+, -표시, 자동차 기어 설계, 택시 뒷좌석 백미러(Back mirror), 자동차 점검안내 문자 등이 있다. 자동차에서 기어를 주차 상태 위치인 "P"로 놓지 않으면 시동이 걸리지 않도록 만들어 운전자가 자동차를 안전하지 않은 상태로 놔두고 나가는 것을 방지하도록 한다. 또한 컴퓨터에서는 USB 장치의 플러그를 꽂을 때 뒤집어진 상태로 꽂으려고 하면 작동이 안 되도록 디자인되어 있다.

4.3.2 서비스 청사진 활용

서비스 청사진은 고객에게 제공되는 서비스의 흐름을 세부적으로 파악할 수 있고 프로세스 상에 발생하는 문제점을 도출하여 서비스 개선활동을 실시하는데 효과적으로 활용할 수 있다. 서비스 청사진 사용의 유용성을 정리하면 〈표 2-5〉와 같다.

특히 최근에는 내부 부서간 책임과 권한에 대한 분류가 모호해짐에 따라 청사진을 활용하여 협업의 장애요인을 발굴하여 개선 포인트를 도출하는데 자주 사용된다.

표 2-5 서비스 청사진의 유용성

구분	효과
직원 자신의 업무와 전체 서비스 관계 파악	고객 중심의 사고 고취
서비스 활동의 흐름에서 고객 대기 발생점 확인	서비스 프로세스 관리
가시선을 통하여 고객이 볼 수 있는 영역 파악	합리적인 서비스 설계
내부 부서간 영역의 명확화	협업 장애요소 발굴
서비스 프로세스 상의 고객 실패점 파악	고객 불만 사전예방

:: 함께 만들어 봅시다

1. 유통 매장 중 한 곳을 선정하여 서비스 청사진을 작성한다.

2. 고객 대기점(Bottleneck)을 도출하고 대기관리 방안을 모색한다.

3. 고객의 서비스 실패점(failpoint)를 찾아내어 실수 예방법을 제안한다.

서울대병원의 의료혁신

서울대병원은 지난해 8월 처음으로 의료혁신실을 신설해 보다 효율적인 의료의 질 향상에 힘쓰고 있다. 의료혁신실은 기획조정실의 업무 부담을 덜고 병원 경영의 효율화를 위해 설립됐다. 지난 2013년 비상경영을 선포한 것에 이어 병원 차원에서 효율적인 경영을 위한 전담 부서를 만든 것이다. 서울대병원 신찬수 의료혁신실장은 서울대병원이 직면한 주요 과제들에 대해 연내 가시적인 성과를 낸다는 계획이다.

Q. 지난해 8월 서울대병원 조직개편에서 의료혁신실이 신설돼 관심을 끌었다. 설립 이유는 무엇이며 구체적인 업무를 소개해달라.

전임 원장님 때부터 서울대병원 기획조정실이 비대하다는 지적이 있었다. 어느 병원이나 마찬가지겠지만 재무, 회계, 인사, QA(Quality Assurance), CS(Customer Satisfaction) 등이 모두 기조실의 업무였고 경영혁신팀도 산하에 있었다. 기조실의 주요 업무는 재무와 회계 쪽인데 업무량이 많다 보니 경영혁신, 분석 파트가 제 역할을 하지 못했다. 또한 기조실은 예산을 세우고 집행하는 곳이기 때문에 제대로 평가할 수 있는 부서가 필요했다. 기조실이 조정, 기획, 회무 업무를 하면 의료혁신실이 집행된 예산이 제대로 쓰여졌는지 파악했다. 재무 집행부서와 모니터링 부서를 분리한 것이다. QA와 환자안전은 병원 입장에서 재정적으로는 손해를 볼 수 있는 분야다. 그렇기 때문에 의료혁신실을 신설하고 이들 업무를 기조실과 분리해 경영혁신팀에 프로세스 혁신(Process Innovation, PI)까지 맡게 됐다. QA, CS, PI가 의료혁신실의 주요 업무다.

Q. 보직을 맡고 난 뒤 진행한 것들이 있다면

문제점을 파악하는데 많은 시간이 걸렸다. 우선 QA팀을 맡아 지난해 10월에 의료기관인증평가를 진행했고, PI는 이제 시작이다. 서울대병원은 병실, 외래,

수술실, 응급실, 진료협력, 검사 등 곳곳에서 문제점이 발생하고 있다. 지난해 이들 문제점을 파악하는 작업을 했고 올해 본격 개선 작업을 시작할 계획이다.

Q. 가장 우선적으로 계획하고 있는 분야는

진료과별로 칸막이가 있다. 정형외과 병동은 정형외과 환자만 입원하고 다른 진료과 환자는 입원할 수 없다. 이런 진료과 간 칸막이를 없애는 것이 첫 번째 해결해야 할 일이다.

분당서울대병원이나 삼성서울병원, 서울아산병원의 경우 진료과별 칸막이를 튼 일명 중앙병상을 확보하고 있는 것으로 알고 있다. 진료과에 관계없이 어떤 환자든 입원할 수 있는 병상을 확보한 것이다. 서울대병원도 중앙병상 도입을 검토하고 있다.

중앙병상과 함께 논의되고 있는 게 입원환자 전담 전문의인 호스피탈리스트다. 지난해 연말 진료과장회의에서 호스피탈리스트 도입의 필요성에 대해 이야기를 했고 컨센서스가 이뤄졌다. 중앙병상을 도입하면 전공의가 당직을 더 할 수밖에 없는데 호스피탈리스트를 통해 전공의의 부담을 덜어주자는 것이다. 이르면 올해 상반기 중으로 시작할 수 있을 것 같다.

Q. 병실 외 다른 분야의 문제점은 무엇인가

응급실은 200% 오버로딩이 돼 있다. 문제는 오버로딩이 돼 있어도 환자를 보낼 곳이 마땅하지 않다는 것이다. 응급실의 상시적인 적체를 어떻게 해결할지가 문제다.

수술실도 새벽 1시까지 수술을 할 정도로 100% 이상 가동하고 있다. 그럼에도 암 환자가 수술을 받으려면 어느 정도 시간이 걸린다. 반면 질환에 따라 달라 직접적인 비교는 어렵지만 삼성서울병원, 서울아산병원은 원스톱 치료를 제공하기 때문에 진단부터 치료까지 기간이 상대적으로 짧은 편이다. 그래서 서울대병원이 아닌 이들 병원에서 진료를 받으려는 환자들도 있다. 서울대병원도 암 환자가 조기에 수술을 받을 수 있도록 프로세스를 개선해야 한다. 현재는 문제 인식 단계로 향후 6개월이 해법을 시행하는 기간이 될 것이다.

이런 각종 문제들을 해결하기 위해 TFT를 가동한다. 프로세스 개선의 경우는 프로세스 혁신추진단을 구성했고 진료과나 부서에 제한 없이 참여해 운영될 예정이다. 현재 TFT 가동을 위한 결재만 남겨 놓은 상황이다.

Q. PI, QA, CS를 함께 관리할 때 장점은

세 업무는 따로 떨어져 있는 것이 아니다. 환자가 병을 갖고 병원에 오면 외래 진료를 받든 입원을 하든 최선의 진료를 받고 만족해야 한다. 결국 프로세스 안에서 돌아가도록 해야 한다. 한 데 모아놓으면 문제점을 파악하면서 환자안전과 질 관리를 함께할 수 있다.

Q. 의료의 질 향상에서 가장 중요한 것은

지금의 지표 관리는 평가만을 위한 것이라는 데 문제가 있다. 건강보험심사평가원이나 의료기관평가인증원 등이 진행하는 평가에서 서울대병원은 높은 점수를 받지만 환자들에게 직접 물어보면 병원이 불친절하다고 한다. 전반적으로 체감할 수 있는 만족도의 개선이 있어야 한다.

이를 위해 상시 점검체계를 확립해야 한다. 그동안 인증평가는 물론 자체적인 과제를 도출하는 QA 경진대회를 해왔다. 기존에는 1년에 한 번씩 했는데 이제는 연 2회로 확대하려고 한다. 정부에 QA 관련 정책 제안을 하는 방안도 구상 중이다. 그동안은 보건복지부에 끌려 다닌 면이 있다. QA가 무엇인지 병원에서 먼저 제시하고 정부 관계자를 설득해 정책화하는 일이 부족했다. 정부와 상호 피드백을 통해 기준들을 만들어 가겠다.

청년의사 신문, 2015.1.20

| 참고문헌 |

서창적·유한주·김희탁·김진화·임효창·김석은·조병찬(2008), 「국가품질상 경영시스템」, 한국표준협회미디어.

서창적·황혜미(2009), "업무프로세스 설계시 고객경험의 고려가 프로세스 성과, 서비스 품질 및 고객만족에 미치는 영향," 한국서비스경영학회지, 10(2), 105-132.

한석주·전동균·황혜미·양용훈(2006), 「고객개발전략: 고객과 고객접점에 대한 이해」, 한국생산성본부.

유시정(2014), 서비스경영, 법문사.

임명성·최성욱(2010), 서비스 프로세스의 측정을 위한 도구 개발에 대한 연구, 한국IT서비스학회지, 9(1)

Howells, J.(2006), "Intermediation and the role of intermediaries in innovation." *Research Policy*, No. 35, pp.715-728.

Johnston Robert, Clark Graham, and Shulver Michael (2012), *Service operations management*, Fourth Edition, Pearson.

Metters, R. and Marucheck, A.(2007), "Service Management-Academic Issues and Scholarly Reflections from Operations Management Researchers," *Decision Science*, Vol.38, No.2, pp.195-213.

Chapter

3

고객만족도 향상을 위한 서비스 품질관리

Case Study

삼성화재 서비스 품질관리

삼성화재는 '보험회사를 뛰어넘는 서비스 회사로 진화'를 전략으로 잡고, 새로운 상품과 서비스로 지속적인 변화를 이끌어온 회사다. 특히 고객과 시장의 의견을 반영해 의식·제도·서비스를 혁신하는 데 노력해 신뢰할 수 있는 기업 이미지를 구축해 왔다.

이런 노력 덕에 매출, 재무건전성, 고객만족도 등 기업 경영과 관련한 모든 부문에서 높은 평가를 받고 있다. 세계 최대 신용평가기관인 미국 S&P로부터 국내 민간기업 중 최고 등급인 A+를 8년 연속 획득했고, 보험사 전문 신용평가기관인 미국 A.M. Best사에서도 국내 보험사 중 최고 등급인 A+를 9년 연속 받았다. 특히 고객만족 경영 부문에서 한국서비스 품질지수(KS-SQI) 10년 연속 1위, 한국산업의 고객만족도(KCSI) 14년 연속 1위, 국가고객만족도(NCSI) 10년 연속 1위를 차지하는 등 금융업계 리딩 컴퍼니로서의 위치를 확고히 하고 있다.

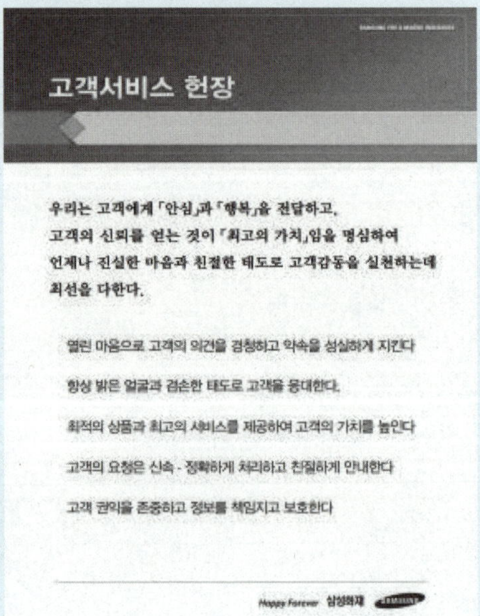

이와 같은 성과는 △시장과 고객의 니즈를 반영한 맞춤형 보험상품 개발, △잘 교육된 판매채널(Risk Consultant)을 통한 고객만족 판매제도 시행, △신속하고 정확한 보상서비스 제공, △삼성교통안전문화연구소와 방재연구소 등 자체 연구 인프라를 활용한 사고예방 활동 전개, △광범위한 고객불만 수집 등 '고객이 곧 업무의 기준'이라는 고객만족 경영을 추진한 결과다(한국경제신문, 2011.11.16).

기본품질 행동기준 수립 ▶ 부문별 KPI 선정 ▶ 교육 전파 ▶ CS실천 품질측정 ▶ 개선활동 F/Up

	행동강령	KPI
공통	• 전화통화는 밝고 경쾌하며, 신속·정확·친절하게 응대한다. • 고객불만은 1시간내 초기안내하고, 3일내 공정하게 해결한다.	전화응대친절도 VOC처리기일
영업	• 고객에게 적합한 보장내용과 보험료 수준을 제안한다. • 3대기본지키기는 반드시 준수하고, 청약 1주일내 증권을 전달한다. • 긴급정보, 미지급, 미납 관련사항은 최우선으로 안내하고, 모든 고객은 분기 1회 이상 터치한다.	철회/취소율 고객만족판매율 고객터치율
보상	• 배당즉시 안심콜을 시행하여 고객에게 안심을 제공한다. • 사고처리 절차와 제공되는 보상서비스에 대하여 충분히 안내한다. • 진행과정과 처리결과를 상세히 안내하여 고객신뢰를 제공한다.	안심콜신속성 초기조치 만족도 진행/결과 안내 만족도
지원	• 현장과 고객의 소리를 상품·서비스 개발에 적극 반영한다. • 정확한 정보와 신속한 의사결정으로 현장지원에 최선을 다한다. • 고객중심의 접점업무 간소화로 고객에게 최고의 편의를 제공한다.	신상품·서비스 만족도 ICSI 업무처리만족도

삼성화재는 2009년부터 新고객만족 헌장을 선포하고 접점별 서비스 품질 강화에 집중하였다. 접점별 기본 서비스 품질 표준화를 위해 직무별(영업, 보상, 지원) 행동 기준을 수립하고, 부문별 KPI를 선정하여 교육을 통해 기본품질의 강화를 목적으로 한다. 그리고 CS실천 품질 측정을 통해 지속적인 개선활동을 실시한다.

삼성화재에서는 서비스 품질관리를 위해 매월 CS모니터링을 실시한다. 영업은 직접 터치율, 순만족률 등을 통해 고객관리 만족도를 점검하고, 보상은 순만족률, 항목별 만족률, VOC현황 등을 파악하여 보상 만족도를 평가하고 있다. 영업 신계약, 자동차/장기 보상, 고장출동, 콜센터 이용고객을 대상으로 고객업무 서비스 품질에 대한 이행도를 On-line을 활용하여 상시 측정하고 있다. 또한 내부직원 만족도, 완전판매 모니터링, 접점별 웹서베이, 테마별 심층 인터뷰 등을 통해 고객이 원하는 서비스 품질 수준을 지속적으로 파악하여 품질관리 활동에 적극 반영하고 있다.

01 서비스 품질관리의 필요성

1.1 서비스 품질의 중요성

서비스 품질은 고객의 만족 그리고 고객의 행위, 타인들에 대한 평판 등과 연계되어 연구가 진행되어 왔다. 현대에 들어와서 서비스 품질이 중요하게 인식이 되고 있는 이유는 다음과 같은 측면들이 부각되기 때문이다.

첫째, 서비스 산업이 아직은 시스템적 품질향상 노력 측면에서 미약한 수준을 보이고 있으며, 둘째, 서비스 품질에 대한 고객들의 만족도가 낮은 것이 일반적이다. 셋째, 제조 기업들이 자사의 전반적 품질수준을 경쟁사와의 차별화의 수단으로서 서비스를 전략적으로 활용하고 있으며 마지막으로 공공 서비스 분야의 확대에 기인하고 있다. 서비스 품질에 대한 중요성이 확대됨으로써 서비스 품질의 성과에 상당한 관심을 가지게 되었다.

'품질'은 이제 제조업뿐만 아니라 서비스업에도 관리해야 할 중요한 요인이 되었다. 서비스는 고유한 특성으로 말미암아 객관적으로 품질을 평가하기 어렵다. 고객들은 지각된 위험을 회피하기 위해 자신의 주관적 판단에 의한 사용자 중심적인 평가를 할 수밖에 없다.

서비스 품질의 문제는 서비스 기업만의 유일한 관심사가 아닐 것이다. 많은 기업은 그들이 제공하는 것이 일부 유형적이고 또 다른 일부는 무형적인 서비스라는 것을 인식할 것이다. 이와 관련하여 쇼트택(Shostack)은 서비스와 같이 무형적 요소가 지배적일수록 고객의 관점에서 효과적으로 운영 및 관리되어야 한다고 주장하였다.

이러한 사용자 중심적인 품질정의는 많은 서비스기업의 경영자 및 연구자들의 연구에서도 그대로 반영되고 있는데, 서비스 품질 연구의 대가인 파라수라만(Parasuraman), 자이싸믈(Zeithaml)과 베리(Berry)(이하 PZB라 함) 이전의 서비스에 대한 연구를 검토하여 다음과 같은 3가지 제안을 하였다.

① 서비스 품질은 제품 품질보다 고객들이 평가하기에 어렵다.

② 서비스 품질의 지각은 실제 서비스성과에 대해 고객이 가지는 기대와 비교한 후 결정된다.

③ 품질의 평가는 서비스의 결과만으로 이루어지는 것이 아니라, 서비스전달과정도 함께 포함된다.

1.2 서비스 품질관리의 효과

미국 기업들을 대상으로 서비스 품질 향상의 효과를 파악했을 때, [그림 3-1]과 같이 8가지 차원의 성과를 기대할 수 있을 것이라는 결론이 나타났다. 이러한 연구를 통하여, 품질지향의 전략은 고객들의 만족과 기업에 대한 전반적인 이미지의 형성에 큰 영향력을 가지는 것으로 나타났다.

품질의 효익에 대한 고객들의 기대는 시장의 점유율 확대, 기업전반의 운영성과, 순매출액의 증가 등과 같은 재무적인 측면에 대하여 다양한 영향을 미친다고 볼 수 있다.

여기에서 품질에 대한 관심은 경쟁우위를 확보하기 위한 전략적인 차원이 된다. 일반적으로 고려할 수 있는 품질의 향상에 따른 기업수준의 성과를 볼 수 있

| 그림 3-1 | 서비스 품질의 향상에 따른 성과의 유형

- 고객 만족
- 기업의 전반적인 이미지 향상
- 종업원의 채용과 유지
- 원가 절감을 통한 효과적인 서비스 제공
- 시장의 점유율 증대
- 전체 직원들의 만족도 향상
- 전반적인 재무 성과
- 순 매출액의 증가

출처: M.I. Rapert, and B.M. Wren, "Service Quality As A Competitive Opportunity," *Journal of Service Marketing*, 1998.

| 그림 3-2 | 서비스 품질관리의 효과

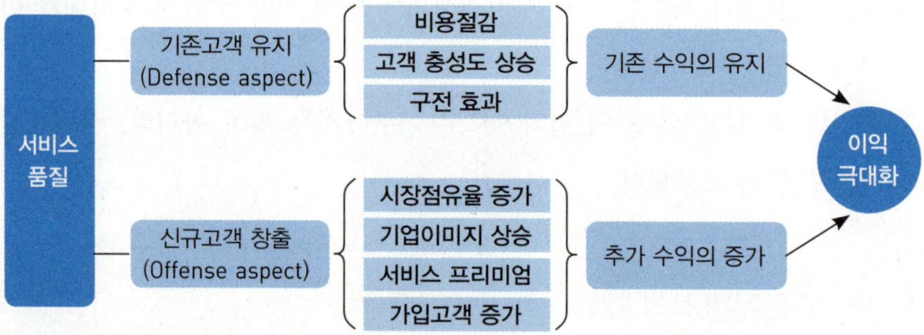

출처: 서비스 수익체인(Service Profit Chain), *Harvard Business Review*, 1994.

기 때문이다.

조직 내부의 서비스 프로세스와 품질관리 활동들을 통해 고객만족경영의 실현이 가능하다. 서비스 품질 개선의 혜택은 [그림 3-2]에서 보듯이 두 가지 형태로 나타난다. 첫 번째 효과는 기존 고객으로 하여금 서비스 품질을 기대 수준 이상으로 지각하게 하여 기존고객을 단골고객으로 만드는 것이다. 기존 고객을 유지하게 되면 비용절감뿐 아니라 고객충성도 상승과 긍정적 구전효과를 얻을 수 있으며 이를 통한 수익 유지가 가능해진다. 두 번째 효과는 기업으로 하여금 더 많은 신규고객을 확보할 수 있다는 점이다. 지속적인 서비스 품질관리 활동을 통해 시장 점유율 및 가입고객을 증가시킬 수 있고 최상급 서비스를 제공할 수 있으며 이를 통해 기업 이미지 상승이 가능해진다.

02 서비스 품질의 개념

2.1 서비스 품질에 대한 다양한 정의

루이스(Lewis)와 붐스(Booms)에 따르면 "서비스 품질은 제공된 서비스 수준이 고객의 기대에 얼마나 만족시키는가를 측정하는 것으로서, 고객의 기대수준을 충족시키는 것"을 의미한다. 알브레히트(Alberchť)는 서비스 품질을 총체적 관점에서 정의하고 있는데, 즉 제품이나 경험이 고객의 욕구를 충족시키고, 고객의 문제를 해결하며, 고객을 위하여 가치를 부가하는 정도에 관한 측정치로써 정의한다(이유재·라선아, 2010).

PZB는 지각된 서비스 품질을 특정 서비스의 우수성과 관련하여 갖는 개인의 전반적 판단 혹은 태도로 정의하였다. 전반적 서비스 품질에 대한 고객평가는 고객의 사전기대와 실제 경험(성과)수준과의 평가를 중심으로 [그림 3-3]과 같이 [경험(성과)-기대] 값의 수식으로 개념화하고 있다. 고객은 똑같은 서비스 경험을 하더라도 개인의 주관적인 서비스 기대 수준에 따라 만족여부가 결정된다.

그루누스(Grönroos)는 PZB와 같이 서비스 품질을 이상적 기대와 지각된 성과와의 차이로 정의하고 있지만 경험 이후에 이루어지는 기대측정은 타당성이 없음을 주장하고 있다. 기대된 서비스는 마케팅활동과 전통, 이념, 구전 등 외부적 영향요인에 의한 과거의 서비스 경험이나 지각에 의해 주로 영향을 받는다. 반면, 지각된 서비스는 전통적인 마케팅활동에 대해서는 제한된 영향을 받을 뿐이

| 그림 3-3 | 서비스 경험과 기대

서비스 경험(Performance)		서비스 기대(Expectation)	만족 수준
2	-	0	2 [감동]
2	-	2	0 [만족 or 보통]
2	-	3	-1 [불만족]

| 그림 3-4 | 지각된 서비스 품질 모형

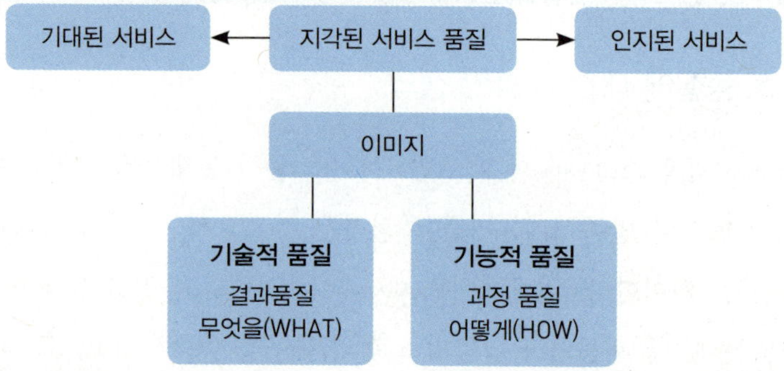

출처: Christian Grönroos, "A Service Quality Model and Its Marketing Implication," *European Journal of Marketing*, 1984.

며, 고객과 접점요원, 기술적 자원 및 다른 참여 고객들 간의 구매자-판매자 상호작용 과정이 더 중요한 영향을 미친다. 즉 품질은 단순한 느낌이나 신념, 가치, 관여도가 아니라 측정치로 반영되며, 반드시 주관적인 기준과 객관적인 기준을 포함한다는 것이다.

또한 그는 서비스 품질을 [그림 3-4]와 같이 기술적 품질과 기능적 품질의 두 가지 차원으로 구분하였다. 기술적 품질은 기업의 Know-How의 결과를 의미하는 것으로 기업이나 직원의 기술적 해결능력, 기계설비 등의 요소를 포함한다. 그러나 고객만족을 보장해주기 위해서는 기능적 품질이 요구된다. 기능적 품질은 고객과 직접 접촉하는 직원의 태도 및 행동, 고객 지향적인 기술적 자원, 지속적 고객접점능력, 기업의 내부관계 등의 구성요소를 포함하고 있다. 기능적 품질을 유발하는 고객-직원 상호작용이 전통적인 마케팅활동에 비해 중요하며, 서비스 품질을 창출하는 과정으로서 고객-직원의 상호작용은 가장 중요한 부분임을 제시하고 있다. 아래의 모형은 선각자적인 입장에서 지각된 서비스 품질의 본질을 보다 구체적으로 이해할 수 있는 개념적 틀을 제공했다는 데 그 의의가 있다.

이렇게 다양한 정의가 나타나는 이유는 서비스의 특징인 성과의 측정에 대한 부정확성에 근거를 하고 있다. 대부분의 서비스가 제품과 함께 패키지로 고객들에게 전달되고 있기 때문에 고객들은 서비스 부분만을 분류하여 측정을 하는데 어려움을 갖는다.

특히 고객은 서비스가 전달되는 경로라든지 과정품질(process quality)에 대해서 세부적인 지식을 보유하고 있지를 못하는 것이 또 다른 원인이다.

예를 들어 우리가 비행기를 타고 여행을 하게 되는 경우를 살펴보자. 사실상 항공서비스는 무엇보다도 안전운행이 최고의 본질적인 서비스이다. 고객들은 안전운행뿐만 아니라 제공되는 음식의 맛, 승무원의 친절도, 기내에서의 안락함 등을 총체적인 관점에서 서비스 품질을 인식하고 평가하게 된다.

가빈(Garvin)의 경우, 품질에 대한 다양한 접근 방법을 제시하였다. 우선 선험적 접근방법은 품질을 정신도 물질도 아닌 타고난 우월성을 의미하며 경험을 통해서만 알 수 있는 분석 불가능한 것으로 보는 것이다. 상품중심적 접근은 품질이 정밀하고 측정가능한 변수이며 완전한 객관성을 지니기 때문에 개인적 취향과 욕구, 선호는 무시될 수 있다.

또한 사용자 중심적 접근방법에서는 보는 눈에 따라 품질이 달라지며 최대한의 만족과 동일시된다고 하였다. 이러한 주관적이고 수요자 지향적인 관점은 고객의 다양한 욕구를 반영한 것이다. 제조 중심적 접근방법은 공급자 지향적인 공학적인 접근방법으로 품질을 요구에 대한 합치(conformance to requirement)로 정의된다. 마지막으로 가치 중심적 접근방법에서는 품질은 만족스러운 가격에서 적합성을 제공하는 상품이며 가치와 가격으로 정의된다고 하였다.

2.2 서비스 품질의 종합적 특성

다양하게 정의되어 있는 서비스 품질의 개념적 특성을 종합하면 다음과 같다.

첫째, 서비스 품질은 고객의 지각과 관련된 고객 지향적인 개념이다.

서비스 품질을 평가하는 객관적 측정치가 존재하지 않는 상황에서 서비스 품질을 측정하는 적절한 접근은 품질에 대한 고객의 지각을 측정하는 것이다. 가빈(Garvin)은 5개 범주, 즉 선험적 접근과 제품중심적 접근, 사용자 중심적 접근, 제조 중심적 접근, 마지막으로 가치 중심적 접근을 제시하였다. 이 5가지 관점 중 사용자 중심의 접근과 일치한다.

서비스 활동은 그 자체가 고객 지향적인 활동으로, 고객에 대한 평가가 가장 중요하다. 앞서가는 서비스기업에서는 고객지향뿐 아니라 한 차원 높은 가치 중심적인 접근을 시도하고 있다.

둘째, 서비스 품질은 기대와 수행의 비교에 의해 결정된다.

서비스 품질은 서비스에 대한 전반적인 우월성과 우수성을 나타내는 개념이다. 만족과 다른 개념이지만 태도와 유사한 개념으로 구체적인 속성이라기보다는 추상적이고 다차원적이다.

고객들은 서비스 품질을 기대와 수행의 비교를 통해 인식한다는 데에는 대부분의 학자들에 의해 동의가 이루어져 왔다. 즉 기대된 서비스와 지각된 서비스를 비교한 결과 서비스 품질이 인식되는데, 이것은 고객의 기대와 지각 사이에 있는 불일치의 정도와 방향이라고 볼수있다. 'Gap이론'이라고 하는 이유가 바로 여기에 있는 것이다.

여기서 지각이란 제공받은 서비스 혹은 경험한 서비스에 대한 고객의 믿음으로 정의된다.

그리고 기대란 고객들의 욕구, 즉 고객에게 서비스 기업이 제공해야만 한다고 느끼는 것으로 정의된다.

셋째, 서비스 품질은 서비스의 결과뿐만 아니라 과정에 대한 평가이다.

서비스 품질은 단지 서비스의 결과뿐만 아니라 서비스가 제공되는 과정까지도 고려되는 개념이다. 서비스는 무형성, 비분리성, 이질성, 동시성 등의 특징을 갖고 있기 때문에 서비스에 대한 선험적인 탐색이 어렵고 그 평가는 서비스 제공 시점의 상호작용과 구매 후 평가로서 이루어진다.

PZB는 서비스 품질은 기대와 수행의 비교이며 서비스 품질의 평가는 결과뿐만 아니라 서비스 제공과정의 평가에서 이루어지며 특히 서비스 제공자와 고객 간의 상호작용이 품질 평가에 있어서 중요시되어야 한다고 했다.

따라서 접점에서 직원이 동일한 서비스를 제공해도 한 사람은 높게, 한 사람은 낮게 인지하기 때문에 일관성이 없을 수 있다는 견해가 나오게 된다. 우리가 고객의 기대수준을 어느 정도라고 정해놓고, 그만큼의 서비스를 제공하기 위해 노력하기에는 '서비스 기대'가 갖는 무형적인 특성 때문에 일관성을 유지하기란 쉽지 않다.

고객의 욕구와 기대수준을 미리 파악하고 이에 맞는 서비스를 제공하는 것이 가장 바람직한 서비스라 할 수 있다. 또한 동일한 직원이라도 시간대별로 서비스 제공 품질에 차이가 있을 수 있다는 점을 고려해야 한다. 그래서 대부분의 서비스 기업은 서비스제공자의 품질을 향상시키는 다각적인 방안을 모색하고 있다(황혜미, 2011).

03 서비스 품질 모형

3.1 GAP(갭)모형

서비스 품질의 측정은 제품 품질과는 달리 불량률이나 내구성과 같은 객관적인 척도에 의한 측정이 어렵기 때문에 고객의 인식을 통해 측정하고 있다. 서비스 품질은 서비스가 내포하고 있는 동시성, 무형성, 변동성, 소멸성 등과 같은 특성을 고려하여 평가할 수 있기 때문에 고객이나 기업 모두 서비스에 대한 성과를 올바르게 측정하도록 도와준다.

PZB는 서비스 품질 문제점의 원인을 분석하는데 사용할 수 있는 [그림 3-5]

그림 3-5 GAP(갭)모형

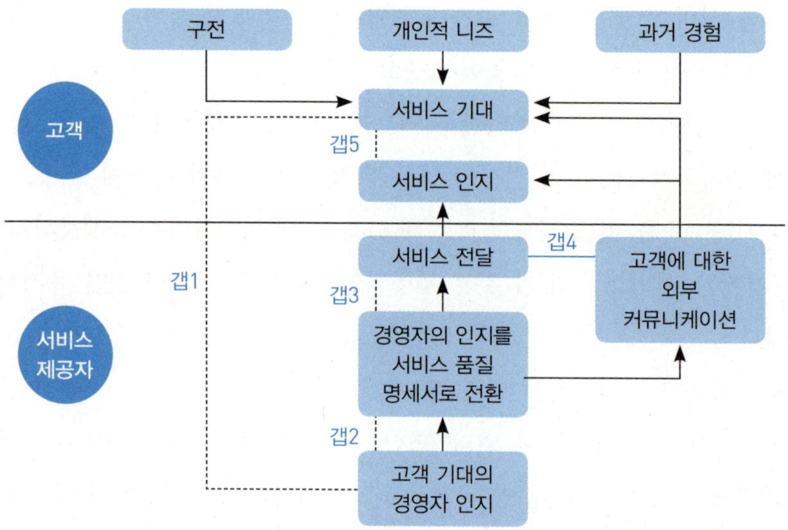

와 같이 GAP분석 모형을 개발하였다. 이 모형은 경영자들에게 서비스 품질을 어떻게 관리해야 하는지를 제시하고 있다.

GAP 1은 고객의 기대수준과 경영자 인식 간의 차이로 발생하는 것으로 고객이 우리 기업에 원하는 서비스를 제대로 파악하지 못하는 것이다. GAP 1의 발생 원인은 공급자 중심의 마케팅 활동, 적절하지 못한 상부로의 의사소통이 있다.

이를 해결하기 위한 관리방안은 〈표 3-1〉에서 제시하고 있다.

우선 고객의 세분화된 욕구를 파악하기 위한 정량적, 정성적 차원의 시장 조사가 실시되어야 한다. 서비스 기업이 제공하는 상품서비스에 대한 만족 여부, 재구매 의도와 추천지수 등 정량적 분석뿐 아니라 고객의 특성, 기호, 취향에 맞는 서비스 제공을 위해 불만족한 서비스의 세부항목 발굴, 고객이 기대하는 서비스에 대한 의견 등을 심층 분석해야 할 것이다.

또한 고객접점 직원과 경영자와의 원활한 커뮤니케이션을 활성화해야 한다. 서비스기업 경영진은 고객의 요구를 가장 많이 듣고 있는 접점 직원들과의 지속적인 소통을 통해 제공되는 서비스가 고객 요구에 부응하는지 여부를 계속 파악

| 표 3-1 | GAP(갭) 극복방안

GAP 1	세분화된 시장 조사의 시행, 상향적 커뮤니케이션 활성화
GAP 2	최고경영자의 리더십, 서비스 품질 목표 개발, 업무의 표준화
GAP 3	직원의 직무적합성 확보, 적합한 R&R 설정과 권한위임, 팀워크 형성
GAP 4	과잉/과대 약속 금지, 수평적 커뮤니케이션 강화
GAP 5	GAP 1, GAP 2, GAP 3, GAP 4 통합 품질관리

해야 한다.

GAP 2는 경영자 인식과 서비스 품질 규격 간의 차이에서 나타나는 것으로 고객의 기대하는 바를 알아도 기업의 운영절차나 체계로 원활히 바꾸지 못하지 못하는 어려움이 있다. GAP 2의 발생원인은 서비스 품질관리에 대한 경영층의 참여가 부족하고 목표 수준을 제대로 수립하지 못하여 적합하지 못한 과업을 실행하는데 있다.

이를 해결하기 위해서는 최고경영자의 품질 중심 리더십이 필요하다. 고객 중심의 품질철학을 갖춘 경영진의 헌신과 노력이 요구되는 것이다. 전 직원이 함께 실천할 수 있는 구체적인 서비스 품질 목표를 개발하고 이 목표에 부합하는 품질 규격의 표준화를 추진해야 한다.

GAP 3은 서비스 품질 규격과 서비스 전달 간의 차이에서 발생하는 것으로 고객이 기대하는 바를 알아도 직원이 서비스 절차를 제대로 수행하지 못하는 경우가 있다. GAP 3가 발생하는 원인은 부적절한 직원 선발과 배치, 훈련 부족이 있으며 역할이 모호하거나 상충되는 직무설계, 팀워크의 부족 등이 있다.

GAP 3을 극복하기 위해서는 접점 직무에 적합한 직원의 선발과 배치, 훈련 그리고 적절한 R&R(Role & Responsibility) 부여와 권한 위임이 필요하다. 이를 통해 서비스 제공 팀의 화합과 단결을 강화할 수 있다.

GAP 4는 고객에 대한 서비스 제공과 외부 의사소통 간의 차이에서 발생하는 것으로 고객이 과도한 기대 수준을 형성하게 되는 것을 말한다. GAP 4의 발생원인은 고객에게 깊은 인상을 주기 위해 실현 불가능한 마케팅 및 판촉활동을 하는 것이나 서비스기업의 접점이나 부서들 간의 정책과 절차의 차이로 기인한다. 새로 출시된 자동차 광고는 매체에서 볼 수 있지만, 실상 자동차 대리점에서 전시가 되지 않는 경우 고객은 실망하게 된다.

이를 해결하기 위해서는 실제 고객에게 제공하는 것보다 더 많은 것을 약속하면 안 되고 서비스를 기획하는 부서와 실제 제공하는 부서 간의 수평적 커뮤니케이션이 강화되어야 한다.

GAP 5는 서비스에 대한 고객의 기대와 인지의 차이에서 발생한다. GAP 5는 GAP 1+GAP 2+GAP3+GAP 4에 의해 나타나는 것이다. 서비스 품질이 좋고 나쁨에 대한 판단은 고객이 기대한 품질과 실제의 서비스 수행을 어떻게 인식했느냐에 달려있다. 이렇게 고객이 인지한 서비스 성과에 따라 서비스 품질 수준이 결정된다.

이를 해결하기 위해서는 GAP 1~GAP 4의 원인을 철저히 분석하고 GAP을 줄이기 위한 관리활동을 실행해야 할 것이다.

3.2 SERVQUAL(서브퀄) 모형

서비스 품질에 대한 개념적 정의는 보편적으로 Parasuraman, Zeithaml, Berry(1988)의 SERVQUAL 모형을 따르고 있다. SERVQUAL은 Service와 Quality를 합성한 말이다. 서비스 품질을 고객의 기대와 경험 사이의 불일치의 방향과 정도로 규정하면서 서비스 품질의 불일치 패러다임을 통해 설명하고 있다. PZB는 서비스 품질이 "태도"와 유사한 개념으로 서비스 상품 전체를 평가하는 것으로 파악하였다(이유재·라선아, 2010).

이들은 기대된 서비스와 실제 지각된 서비스 결과인 전체적 서비스 품질의 구조를 서비스 품질의 결정요인과 영향요인을 결합하여 [그림 3-6]과 같은 모형을 제시하였다.

고객의 기대형성에 영향을 미치는 핵심적 요인이 구전 커뮤니케이션, 개인적

| 그림 3-6 | 서비스 품질에 대한 고객의 평가모형

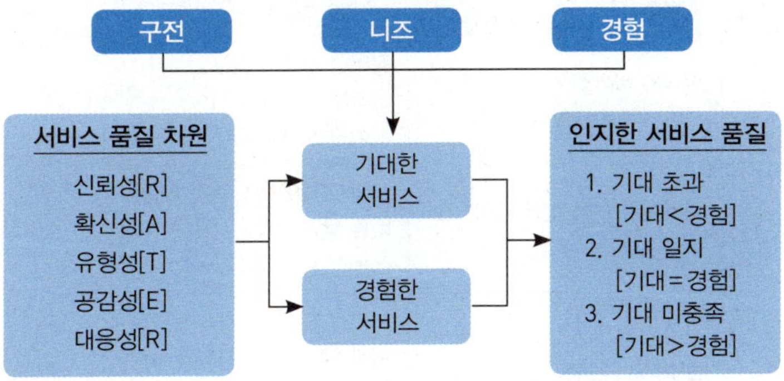

출처: Christian Grönroos, "A Service Quality Model and Its Marketing Implication," *European Journal of Marketing*, 1984.

욕구, 과거의 경험, 외적 커뮤니케이션 등임을 확인할 수 있으며, 서비스 품질을 평가하기 위해 고객이 사용하는 평가준거는 〈표 3-2〉에서 보듯이 10개의 일반적 차원으로 구성되어 있다.

SERVQUAL 척도를 만드는데 적용한 다양한 통계적인 분석결과는 원래의 10개 차원 간에 상당한 상호관련이 있음을 보여 주었다. 따라서, 상호관련성이 있는 부분을 통합 및 조정하여 〈표 3-3〉과 같이 5개의 차원으로 통합되었다. SERVQUAL 모형은 신뢰성(Reliability), 확신성(Assurance), 응답성(Responsiveness), 공감성(Empathy), 유형성(Tangibles)으로 구성되어 있으며, 서비스 품질의 인식과정은 5가지 차원의 성과들과 기대 간의 차이에 의해 결정되는 것이다.

고객의 서비스 품질 인지는 서비스를 받기 전 기대(ES: Expected Service)와 실제 서비스 경험(PS: Perceived Service)을 비교한 결과이다. 즉 서비스 품질은 고객의 기대충족 여부에 의해 판단된다. 기대 초과 시는 고객감동, 미충족 시는 수용불가 품질로 인지된다.

품질인지는 서비스 결과는 물론 서비스 과정에서도 도출된다. 고객입장에서는 서비스가 수행되는 방법 또한 서비스 품질의 주요 요인이 된다.

표 3-2 서비스 품질 10가지 차원

서비스 품질요인	개념	세부요소(예)
신뢰성 (Reliability)	약속한 서비스 시간의 준수, 서비스의 일관성과 신빙성	정확한 진료비 청구 올바른 기록의 유지 지정된 시간 내의 서비스수행
대응성 (Responsiveness)	서비스의 수행에 요구되는 준비성	서비스 착오시의 즉각 알림 빠른 응답 신속한 서비스의 제공
적임성 (Competence)	서비스 수행에 요구되는 숙련과 지식의 소요	서비스제공자의 지식과 숙련 서비스지원자의 지식과 숙련 조직의 연구능력
접근성 (Access)	고객들의 서비스 제공자에 대한 접촉 가능성	전화접근 가능성 전화대기시간 편리한 서비스이용시간 편리한 입지
친절도 (Courtesy)	고객 접촉자의 정중한 태도, 호의적인 배려, 친절도 수준	고객의 입장에 대한 배려 예의바름
의사소통 (Communication)	고객이 쉽게 이해할 수 있는 어휘의 사용 적극적이고 진지한 경청태도와 자세하고 친절한 설명태도	서비스(ex.병명) 자체의 설명 서비스비용의 설명 서비스와 비용의 관계에 대한 설명 고객들의 문제를 해결할 수 있다는 확신의 제공
안전성 (Security)	고객들의 위험, 전염(감염), 의심으로부터의 자유	육체적인 안전 물질적(금전적)인 안전 고객 비밀의 보장
확실성 (Credibility)	서비스제공자의 신뢰, 믿음, 정직의 제공	병원명 병원의 명성 서비스제공자의 인성
고객의 인지/이해 (Understands)	고객요구에 대한 이해의 노력 정도	고객의 특정 요구를 이해 개별적인 관심의 정도 단골(충성)고객의 인지
유형성 (Tangibility)	서비스의 물리적 증거	물리적 설비 직원의 외적인 모습 서비스제공에 사용되는 도구 및 장비, 서비스의 물리적 표현

| 표 3-3 | 서비스 품질의 5차원(RATER)

서비스 품질 10개 차원	SERVQUAL 차원	정의
유형성	유형성 (Tangibles)	물리적 시설, 장비, 직원 그리고 커뮤니케이션 자료의 모양새
신뢰성	신뢰성 (Reliability)	약속한 서비스를 믿을 수 있고 정확하게 수행할 수 있는 능력
대응성	대응성 (Responsiveness)	자발적으로 고객을 돕고, 신속한 서비스를 제공하려는 자세
능력 예절 신빙성 안전성	확신성 (Assurance)	직원의 지식, 예절, 그리고 신뢰와 자신감을 전달하는 능력
가용성 커뮤니케이션 고객이해	공감성 (Empathy)	고객에게 제공하려는 개별적 배려와 관심

출처: A. Parasuraman, V. A. Zeithaml and Leonard L. Berry, "Servqual: A Multiple-Item Scale for Measuring Consumer Perceptions of Service Quality," *Journal of Retailing*, Vol. 64, 1988, p.20.

서브퀄(SERVQUAL)의 목적은 조직의 서비스 품질의 강점과 약점을 발견하기 위한 분석적 방법론을 제공하는 것이다. 체계적이고 반복적인 과정을 통해 도출된 서비스 품질 차원과 항목들은 핵심평가 기준을 반영하고 서비스기업이나 산업전반에 적용될 수 있는 것으로 보았다.

Cronin(크로닌)과 Taylor(테일러)(1992)는 서비스 품질의 개념화 및 측정의 문제와 '서비스 품질 – 고객만족 – 구매의도'의 세 개념 간의 관계에 대한 연구를 하였다. 서비스 품질의 측정수단의 차원성, 신뢰성, 타당성을 검토하고 서비스 품질에 대한 개념을 측정하였으며, '서비스 품질 – 고객만족 – 구매의도' 라는 세 변수의 관련성 검증을 시도하였다.

이들은 폭넓은 이론적 고찰을 함과 동시에 실증연구를 병행하여 그들의 연구를 수행하였는데, 이전에 서비스 품질 측정에 유효한 측정도구로써 받아들여져 오던 PZB의 SERVQUAL의 타당성과 유용성을 부정하고, SERVPERF(서브퍼프)라는 대안적 서비스 품질 측정도구를 개발하였다. SERVPERF는 Service와 Perfor-

| 표 3-4 | **학자별 서비스 품질 차원**

구분	연구자	내용
2 차원	Grönroos(1983)	기술 품질, 기능 품질
	Berry et al.(1985)	결과 품질, 과정 품질
3 차원	Lehtinen & Lehtinen(1991)	물리적 품질, 상호작용 품질, 기업(이미지) 품질
	Karmarker(1993)	성과 품질, 적합 품질, 의사소통 품질
다항목	Parasuraman et al.(1985)	신뢰성, 유형성, 대응성, 확신성, 공감성
	Johnston et al.(1990)	접근, 심미, 관심/도움, 가용, 배려, 청결/단정, 편안, 몰입, 의사소통, 역량, 친절, 기능성, 친근, 유연성, 고결, 신뢰, 대응, 안전

mance를 합성한 말이다.

학자들이 4개 서비스산업을 대상으로 한 연구결과 SERVQUAL보다 SERVPERF가 산업별 특성에 덜 민감하게 반응하는 안정적 척도임을 발견하였다. 기대와 경험의 차이(gap) 점수를 이용하는 것보다 경험에 대한 지각만을 측정함으로써 서비스 품질을 평가하는 것이 더 타당하다는 결론을 내렸다. 즉 고객의 경험에서 각 항목마다의 기대를 엄격하게 분리해 평가하기는 어렵기 때문에 경험에 대한 평가만 하게 된 것이다.

〈표 3-4〉와 같이 학자별로 다양한 연구를 통해 서비스 품질의 항목을 세분화하였다.

Brady와 Cronin(2001)은 Rust와 Oliver(1994)의 3차원 모델과 Dabholkar 등(1996)의 서비스 품질 위계구조 모형을 받아들여, 세 차원으로 구성된 서비스 품질 위계구조 모형을 개발하였다. 그리고 각 차원을 상호작용 품질, 결과품질, 물리적 환경품질로 명명하였다.

상호작용품질을 고객과 서비스 종업원과의 대인적 관계의 품질로 정의하고, 서비스전달과정과 관련된 품질로서의 종업원의 태도와 행동에 관한 항목들로 측정하였다. 결과품질은 Gröroos(1982)의 '기술적 품질'과 유사한 개념으로, 본 연구에서는 서비스 전달과정이 끝난 후 결과적으로 남는 서비스 상품으로 정의하였

| 그림 3-7 | 서비스 품질 3차원 모형

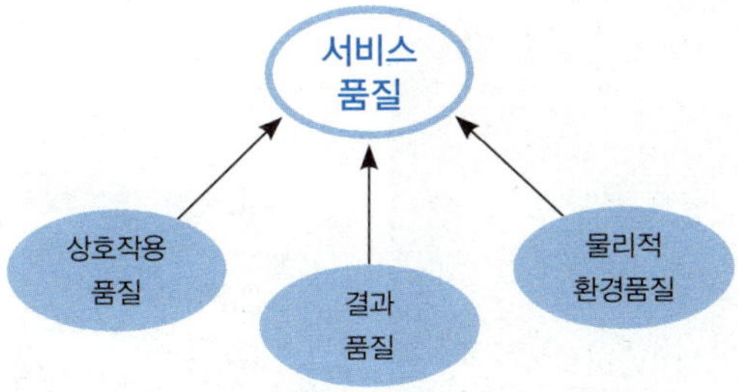

다. 물리적 환경품질은 서비스 전달의 배경이 되는 서비스 환경으로 정의하고, 물적 시설과 건물의 외관 등에 대한 품질을 포함하는 것으로 보았다.

〈표 3-5〉에서 보듯이 상호작용 품질은 SERVQUAL의 공감성, 확신성, 신뢰성을 의미하고, 물리적 환경 품질은 유형성을, 결과 품질은 대응성으로 설명할 수 있다.

| 표 3-5 | 3차원 품질 차원

품질차원	개념	SERVQUAL 모형과 비교
상호작용	고객과의 약속을 지키고 진심으로 고객을 위해 서비스를 제공하며 전문적 지식과 기술을 근거로 친절하고 배려하는 태도를 보임	공감성, 확신성, 신뢰성
물리적 환경	물리적 환경이 쾌적하며, 서비스 신청 및 이용과 관련된 제반 시설에 대한 접근이 용이함	유형성
결과	고객이 원하는 서비스를 즉각적으로 제공해 주는 것	대응성

[서비스 품질 5요소 항목별 기업사례]

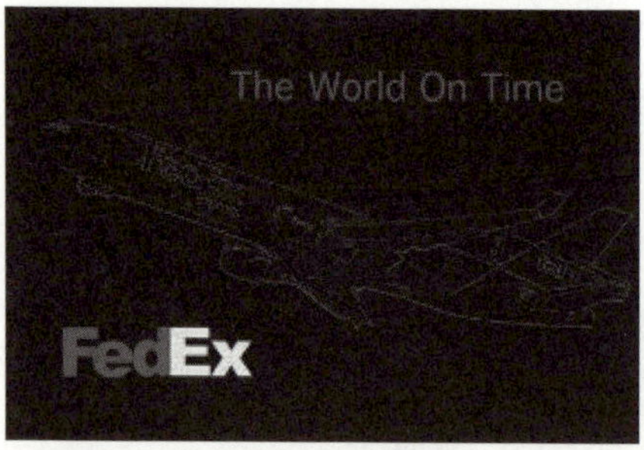

〈신뢰성〉 전 세계 On Time 배송

〈대응성〉 고객 제안 당일검토 및 피드백

〈확신성〉 고객과 함께 자료를 함께 보면서 전문가 답게 설명하는 직원의 모습

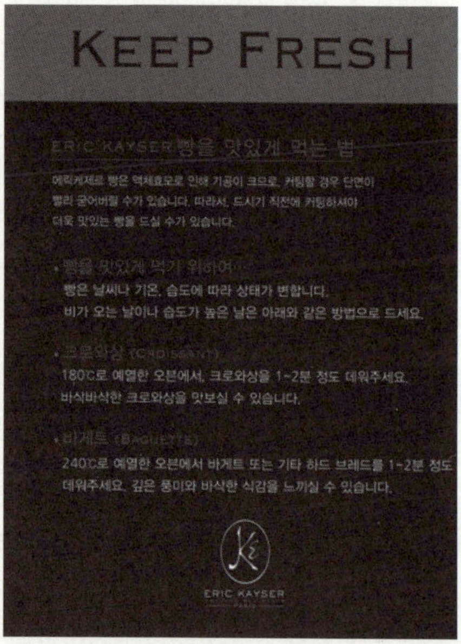

〈유형성〉 빵을 맛있게 먹는 법을 엽서형태로 제작하여 빵 포장 안에 담아줌

〈공감성〉 어린이 손님 눈높이에 맞춘 캐릭터 케이크 POP

:: 함께 만들어 봅시다

1. SERVQUAL 모형을 활용하여 서비스 품질 5가지 평가항목을 개발해 봅니다.

SERVQUAL 차원	평가항목
유형성	- 브랜드에 어울리는 유니폼을 착용하고 있다. - -
신뢰성	- - -
대응성	- - -
확신성	- - -
공감성	- - -

2. SERVQUAL(5가지 품질요소) 모형과 3차원 품질 모형의 공통점과 차이점을 살펴봅시다.

3. 서비스 품질 우수 사례를 찾아서 함께 이야기 나눠 봅시다.

3.3 서비스 품질과 고객만족, 재구매의도

고객에게 서비스 품질이 높게 지각될수록 거래관계에 대한 만족이 증가하고, 만족이 증가할수록 재구매(재방문)의도, 추천의향, 고객충성도가 높아진다. 고객만족(Customer Satisfaction)의 개념은 Cardozo(1965)에 의하여 처음 제시되었다. Oliver(1997)는 “고객 경험과 비교하여 사전에 가지고 있던 감정과 결합하여 발생하는 종합적인 심리상태” 또는 “고객이 지불한 대가에 대해 적절히 혹은 부적절히 보상되었다고 느끼는 인지적 상태”로 정의하였다.

Oliver는 품질이 고객만족에 영향을 주고 고객이 만족하면 고객충성도에 영향을 주게 되어 궁극적으로 기업의 이익을 높인다는 네 단계 프로세스 품질 → 만족 → 충성도 → 수익을 제시하였다. 서비스 품질과 고객만족은 상호 밀접한 관련성을 갖지만, 서로 분리되고 독특한 개념이라는 데 동의하고 있다. 이와 관련하여 Rust와 Oliver는 서비스관련 문헌에서 고객만족의 결정모형에 대해 다음과 같이 언급하였다.

“고객만족은 특정 서비스 사건에 대한 총괄적인 인지적이고 감성적인 반응이며, 때로는 장기적인 서비스 관계에 대한 반응이기도 하다. 그리고 만족, 혹은 불만족은 서비스 품질의 접촉을 경험하고 기대했던 것과 접촉한 것을 비교함으로써 생겨나는 것이다.”

그리고 Oliver는 만족이라고 하는 것은 단순히 만족만으로 제한되는 것이 아니고, 하나의 프로세스로 언급될 수 있다고 하였다.

서비스 품질과 고객만족을 구별하는 몇 가지 주요 요소를 다음과 같이 제시할 수 있다.

① 품질에 대한 기대는 이상적인 것 혹은 훌륭한 것에 대한 지각에 토대를 두지만, 만족에 대한 판단을 형성하는 데는 품질과 관계없는 수많은 논점들이 영향을 미친다.

② 품질에 대한 지각은 서비스나 공급자와 관련한 경험을 필요로 하지 않지

| 그림 3-8 | 지각된 서비스 품질과 고객만족의 관계

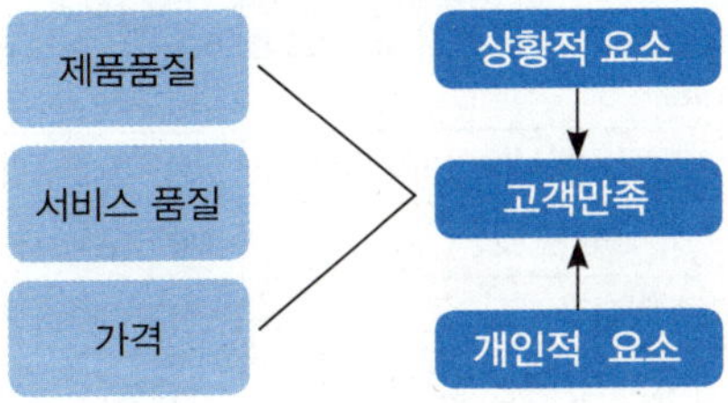

출처: Zeithaml and M. J. Bitner, *ServiceMarketing*, McGraw-HillCo.Inc., 1996, p.123.

만, 만족은 이를 필요로 한다.

③ 품질의 개념은 만족과 같이 구매 후 평가되는 사후결정의 개념이지만, 만족보다는 상황에 덜 영향을 받는 비교적 지속적이고 일반적인 개념이다.

따라서 서비스 관련 문헌들을 전체적으로 종합해 보면 서비스 품질과 고객만족은 고객 의사결정과정에서 동등하게 다루어져서 안 될 독특한 개념으로서의 위치에 있다고 할 수 있다. [그림 3-8]은 이러한 두 개념의 사이의 두드러진 차이점에 대해 잘 설명해 주고 있다.

즉 서비스 품질은 서비스의 다섯 가지(유형성, 신뢰성, 확신성, 대응성, 공감성) 측면에 대한 고객들의 지각을 반영하고 있고, 반대로 고객만족은 서비스 품질에 대한 지각뿐만 아니라 상황적인 요소와 개인적 요소에 의해 영향을 받는 등 훨씬 포괄적이라고 할 수 있다.

또한 서비스 품질과 고객만족을 구별 짓는 두드러진 특징을 살펴보면, 〈표 3-6〉과 같다. 즉 서비스 품질에 대한 지각은 특정한 서비스 공급자에 대한 경험이 없더라도 이루어질 수 있지만, 고객만족은 서비스 공급자에 대한 실제 접촉경험이 있는 후에만 나타날 수 있는 것이다.

결국 서비스 품질의 개념은 만족과 같이 구매 후 평가되는 사후결정(서비스접촉 후) 개념이지만, 만족보다는 상황에 덜 영향을 받는 비교적 지속적이고 일반적인 개념이라는 두드러진 차이점이 있다.

표 3-6 서비스 품질과 고객만족의 개념비교

개념 비교	서비스 품질	고객만족
경험의존성	필요치 않음	필요함
속성/측면	품질을 규명하는 특성들이 구체적임	제품이나 서비스의 모든 측면을 포함함
표준이 되는 기대	이상적인 것, 훌륭한 것	예측, 규범, 욕구 등
인지적/감성적	기본적으로 인지적	인지적 면과 감성적 면 모두 포함
개념상의 선행변수	외적인 단서(가격, 평판 및 다양한 커뮤니케이션 자료)	개념적인 결정요소(형평, 후회, 정서·감정, 불일치, 귀인)
시간적인 주안점	기본적으로 장기적	기본적으로 단기적
기대불일치 개념상의 차이	• 기대: 기업이 제공해야만 한다고 고객이 생각하는 성과/성능 • 성과: 고객이 지각하는 서비스의 성과/성능	• 기대: 기업이 제공할 것이라고 고객이 생각하는 성과/성능(확률적 개념) • 성과: 실제 혹은 객관적인 제품 및 서비스의 성과/성능

출처: L. R. Oliver, *Satisfaction; A Behavioral Perspective on the Consumer*, McGraw-Hill, Inc., 1996, p.177.

다만 고객만족과 서비스 품질의 개념은 고객의 기대와 경험을 비교한 것으로 혼돈되어 사용되기 쉽다. 고객만족은 상품과 서비스 이용에 대한 고객의 인지적, 감성적 평가이다. 서비스 품질은 "서비스 조직이나 제공되는 서비스의 상대적 우수성 또는 열등성에 대한 전반적인 인상"이라는 Parasuraman, Zeithaml과 Berry(1988)의 정의가 널리 받아들여지고 있다.

서비스 품질과 고객만족 간의 인과적 방향성에 대하여 이론적 불일치가 나타나고 있지만, 서비스 품질이 고객만족의 이론적 선행변수라는 주장이 타당한 것으로 보인다(Anderson and Sullivan 1993).

Woodside(1989) 등은 서비스 품질 지각, 고객만족 판단, 그리고 행동 의도 간의 관련성을 처음으로 살펴보았는데, 연구결과 고객만족이라는 개념은 서비스 품질 판단과 구매의도를 매개하는 변수라는 사실(서비스 품질→고객만족→행동의도)을 제시하였다.

반면 Bitner(1990)는 만족이 서비스 품질에 선행하며 그에 따라 행동의지가 나타나게 된다는 실증적인 결과(고객만족→서비스 품질→행동의도)를 제시하였다. 그리고 Cronin과 Taylor(1992)는 비순환적인 구조모형을 이용하여 앞서 언급한 두 가지 입장을 모두 검증해 보려는 시도를 하였다.

Dabholkar et al.(2000)은 서비스 품질, 고객만족 및 행동의도 간의 관계를 연구한 결과, 고객만족이 서비스 품질과 행동의도 간의 관계를 완전히 매개하는 모형(서비스 품질 → 고객만족 → 행동의도)이 가장 우수함을 입증하였다

지속적인 서비스 진단을 통한 코칭 활동을 통해 서비스 품질 제고 및 고객만족 극대화

CJ푸드빌 아카데미에서는 푸드빌 전 브랜드(빕스, 신규, 컨세션, 뚜레쥬르, 투썸)를 대상으로 현장 밀착형 CS코칭을 실시하여 서비스 품질 향상과 고객만족 증진을 도모하고 있다.

브랜드 담당자 책임 운영제로 진행하며 단기적이나 이슈성 활동이 아닌 체계적 현장 개선을 위해 3단계 프로세스로 실시하고 있다.

1단계 시작하는 CS코칭: 오픈 점포/리뉴얼 점포 CS교육 지원(오픈 전후1주일, 총 2주)

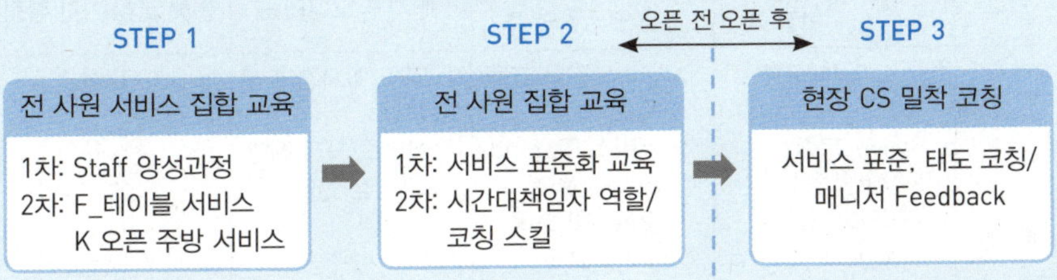

2단계 찾아가는 CS코칭: 서비스 지표에 따른 서비스 부진 점포 개선 활동, VOC불만多점포, 현장 요청(2h~8h)

구분	기준	진행 프로세스
VOC 불만 多 MS지수 취약그룹 점포 요청	브랜드별 최하위 1점포 브랜드별 취약 점포 요청 시 (팀장, 점장)	점포 Date 확인 (MS, VOC) → 서비스 진단 (교육팀 or 자가진단) → 현장 CS코칭 (2h~8h) / 2주

3단계 함께하는 CS코칭: 정기적인 현장 코칭 활동.전 점포 1회/年 이상 방문 목표(1점포당: 8h~16h)

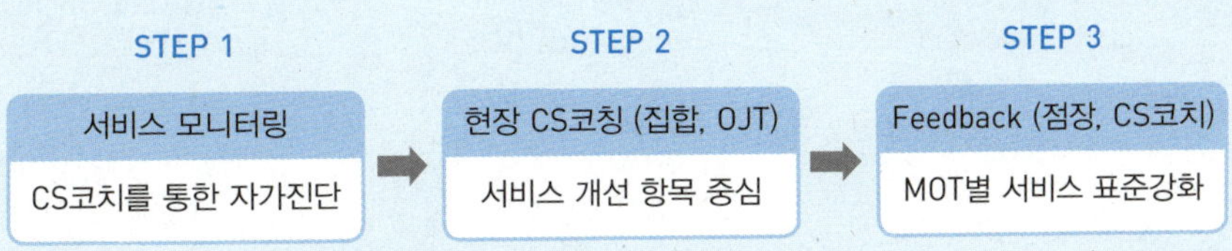

〈코칭 프로세스와 세부 실행사항〉

시작하는 CS코칭은 신규 오픈과 전면 리뉴얼 매장을 대상으로 하며, 서비스 조기 안정화와 서비스 리마인드를 목적으로 한다. 찾아가는 CS코칭은 불만 제기가 많은 점포를 대상으로 실시하며, 서비스 수준의 표준화, 평준화를 통한 서비스 품질 개선을 추진한다. 함께하는 CS코칭에서는 정기적 방문을 통해 서비스 품질 유지와 향상을 목적으로 한다.

구분	시작하는 CS		찾아가는 CS	함께하는 CS
기준	신규오픈	전면 리뉴얼 콘셉트 변경	불만 多 점포 팀(점포) 요청 MS 진단	정기 방문
목적	서비스 조기 안정화	서비스 Re-Design/ Remind	서비스 표준화/ 평준화/Boom-up	안정화된 서비스 품질 유지, 향상
코칭 진행 기간	8일 4일 3일 | 1일 한달 후	5일 2일 2일 | 1일 한달 후	1~3일 불만 多 점포는 차월에 사후 모니터링	1~2일 점포와 사전 미팅을 통해 코칭 기간 확정
前(전)	① FK 서비스기본 교육 • 용모, 복장 • 상황별 응대 • 불만고객응대 • 세일즈 ② 오픈키친 고객 응대서비스 교육 ③ 자점 훈련	① 서비스 강화 교육 • 용모, 복장 • 서비스 Remind • 세일즈/불만 • 오픈키친 교육 ② 정사원 교육 • 서비스 청사진 • 접점별 서비스 관리포인트 • 코칭 스킬	① BBS/조사결과 분석 ② 서비스 사전 진단 • 개선점 진단	① BBS 분석 ② 점장, 선임 미팅
中(중)	④ 현장 밀착 코칭	③ 현장 밀착 코칭	③ 진단 결과에 따른 교육(Staff/정사원) ④ 현장 밀착 코칭	③ 진단 결과에 따른 교육(Staff/정사원) ④ 현장 밀착 코칭
後(후)	⑤ 사후 모니터링/피드백	④ 사후 모니터링/피드백	⑤ 사후 모니터링/피드백	

출처: CJ푸드빌 아카데미

3.4 카노 모델(Kano Model)

고객은 제품이나 서비스의 여러 가지 세세한 부분에 대해서 불만을 가지고 있음에도 불구하고 어느 정도 충분한 경우에는 그것을 당연하다고 느끼고 다시 새로운 것에 대한 만족감을 느끼지 못하는 '한계효용의 법칙'을 따른다. 이런 상황을 설명하기 위해 카노는 품질에 대한 이원적인 인식방법의 모델을 제시하게 되었다. 만족하는 것 또는 불만족하는 것이라는 주관적 측면과 함께 물리적 충족 혹은 불충족이라는 객관적 측면을 함께 고려하여 모델로 만들었다.

카노 모델은 이원적 품질인식 방법인 Herzberg(허즈버그)의 H-M(Hygiene-Motivator)이론을 기반으로 탄생하였다. 카노는 동기(Motivator)를 매력적(Attractive) 품질로, 위생(Hygiene)을 당연적(Must-be) 품질로 정의하였다(이홍희, 2015).

[그림 3-9]에서 보듯이 고객만족 카노 모델은 고객 만족과 불만족, 기능의 충족과 불충족과의 관계를 통해 매력적 품질, 일원적 품질, 당연적 품질로 구분하였다.

| 그림 3-9 | 카노 모델

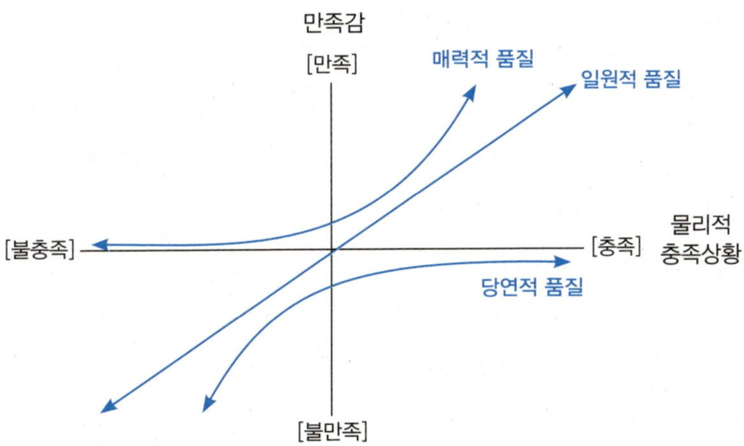

| 그림 3-10 | 캐리비안베이 베이코인

출처: 캐리비안베이 홈페이지

매력적 요소(Excitement factors)는 고객의 기대가 없기 때문에 매력 요소가 없더라도 불만이 발생하지 않는다. 그러나 매력 요소가 있게 되면 고객은 기쁨을 느끼고 감동하며 고객에게 새로운 가치를 제공하게 된다. 대표적인 예가 [그림 3-10]과 같은 에버랜드 캐리비안베이의 바코드 팔찌이다. 이것은 직원들이 고객을 행동을 관찰하다가 개발하게 된 것이다. 고객이 물놀이를 즐기다가 음식을 먹게 될 경우 지갑을 가지러 락커로 이동하는 불편함을 보게 되어 이를 제거하고자 도입된 것이다. 베이코인은 일정금액을 충전하여 캐리비안베이 내 대여소, 레스토랑, 선물숍 등에서 사용하는 선불제 요금시스템이다.

일원적 요소(Performance factors)의 경우 성과가 높은 경우에는 고객에게 만족을, 낮은 경우에는 불만족을 야기한다. 예를 들어 유통 매장에서 직원들이 고객응대를 잘하면 고객이 만족하여 재구매를 하지만, 직원이 고객응대를 제대로 하지 않으면 고객이 불만족하여 매장을 방문하지 않게 될 수 있다. 당연적 요소(Basic factors)는 충족되지 않을 경우 불만을 일으키는 최소한의 요구사항으로, 반드시 있어야만 만족하는(must-be) 품질요소에 해당된다. 예를 들어 호텔객실의 청결, 식

| 표 3-7 | 카노의 5가지 품질요소

매력적 품질요소	• 충족이 되면 만족을 주지만 충족이 되지 않더라도 하는 수 없다고 받아들이는 품질요소
일원적 품질요소	• 충족이 되면 만족, 충족되지 않으면 불만을 일으키는 품질요소
당연적 품질요소	• 최소한 마땅히 있을 것이라 생각되는 기본적인 품질요소로서, 충족이 되면 당연한 것으로 생각되기 때문에 별다른 만족감을 주지 못하는 반면, 충족이 되지 않으면 불만을 일으키는 요소
무관심 품질요소	• 충족되든 충족이 되지 않든 만족도 불만도 일으키지 않는 품질요소
역품질(Reverse Quality) 요소	• 충족이 되면 불만을 일으키고 충족이 되지 않으면 만족을 일으키는 품질요소

당의 위생 등이 해당된다.

카노는 고객의 만족도와 반응에 대한 인식이 시간이 지남에 따라 달라진다는 것을 발견, 이론화하여 정리했다. 오늘 사용자가 즐거움을 느끼는 기능은 시간이 지나면 당연시되는 기능이 된다. 매력적인 기능이었던 것이 나중에는 꼭 필요한 기능으로 변화하게 된다(이홍희, 2015).

〈표 3-7〉에서 보듯이 충족이 되던 충족이 안 되던, 고객에겐 전혀 관심이 없는 무관심 품질요소도 있다. 커피 매장에서 고객에게 다양한 경험 서비스를 제공하면 고객이 만족할 것이라 생각했지만, 실상 고객은 다양한 경험서비스는 관심이 없고 빠른 커피 주문과 신속한 커피 제공에 관심을 두는 경우 무관심 품질요소라 할 수 있다.

오히려 충족이 될수록 고객 불만이 발생하는 역품질 요소도 있다. 최근에는 매장에서 고객에게 친절하게 다가가 인사를 하고 안내하려 해도 고객이 불편하게 느끼는 경우가 종종 발생한다. 오히려 직원이 없는 장소에서 혼자 보는 것을 선호하는 고객들이 늘어가고 있다.

함께 이야기해 봅시다

1. 카노 모델의 5가지 요소를 서비스 조직이 제공하는 사례에서 찾아봅시다.

구분	사 례
매력적 품질요소	
일원적 품질요소	
당연적 품질요소	
무관심 품질요소	
역품질 요소	

2. 매력적 품질요소가 고객만족에는 어떤 영향을 줄 수 있을까요?

04 서비스 품질 개선방법

기업이 운영의 효율성을 높이기 위해서는 서비스 품질향상과 더불어 지속적인 개선활동이 수반되어야 하며, 이러한 지속적인 개선활동은 전사적인 품질관리를 통해 달성될 수 있다(Sila, 2007). 지금까지 살펴본 다양한 서비스 품질개념과 평가 등을 통해 서비스 품질을 측정하고, 이후 어떻게 개선해 나갈 것인가를 고려해야 한다. 지속적으로 전사적 품질관리를 시행한다는 것은 3년 이상이 되어야 하고(Ahire et al., 1996), 품질관리 실행 후 5년 정도 되어야 성과로 연결된다(Lemak and Reed, 1997).

서비스기업은 다음 5가지 방법을 활용하여 서비스 품질개선방안을 마련해야 할 것이다.

첫째, 고객의 기대를 관리한다.

우리를 찾아오는 고객 또는 찾아오리라고 기대되는 예비 고객의 사전기대를 파악하여, 이에 맞는 적절할 서비스를 제공하는 것이 효과적이다. 서비스아메리카의 저자인 칼 알브레이트는 '고객의 기대는 진화한다.'고 주장하였다. 1년 전의 고객의 기대와 현재의 기대는 다를 수밖에 없다. 높은 기대수준을 만족시키는 서비스를 경험한 고객은 더 낮은 수준의 기대만을 충족시키는 기업에 만족할 수 없는 것이다. 서비스기업은 지속적으로 발전하는 고객의 기대에 관심을 가지고 적극적으로 관리해야 한다.

둘째, 서비스 품질의 중요한 결정요소를 파악하라.

우리 기업이 서비스 품질 5가지 항목 중 어느 부분에서 잘 되고 있고, 또한 취약한지를 정확하게 파악하는 것이 중요하다. 무조건 취약한 부분만을 보완하는 것보다는 고객에게 가장 어필하기 좋은 서비스 품질 요소를 파악해야 한다. 장점 강화를 통한 고객과의 신뢰감을 구축하고 접점에서의 자신감을 확보한 후 부서별 및 접점별 평가를 통해 계속적인 학습과 피드백을 시행해야 한다.

셋째, 유형적 요소를 발굴하고 개발한다.

서비스라는 무형적 요소를 유형화시키려고 노력한다. 고객은 서비스제공 중 또는 이후에 유형화된 요소를 통해 쉽게 서비스 품질을 평가하려고 한다.

서비스 기업의 환경 및 설비뿐 아니라 직원의 용모복장, 고객에게 지급되는 서류 및 양식들, 안내표지판 등도 고려하여야 한다. 지나친 유형화로 인해 오히려 가독성이 떨어진다면 무의미한 활동이 되기 쉽다. 고객 관점에서 보기 편하고 해석하기 좋은 유형성 요소를 발굴하는 것이 필요하다.

넷째, 고객에게 서비스 내용을 알려준다.

고객에게 우리 서비스기업이 제공하는 다양한 서비스에 대한 지식과 정보를 전달 및 경험케 함으로써 고객의 지식을 증대시킬 수 있다. 서비스에 대한 충분한 지식이 있는 고객은 바람직한 의사결정을 내릴 수 있으며 이는 고객만족도 증가에 크게 도움이 될 것이다.

특히 고객이 빈번하게 물어보는 FAQ(Frequently asked questions)를 알아보기 쉽게 정리하여 안내문으로 만들면 고객은 서비스기업이 제공하는 서비스에 대한 정보를 정확하게 이해할 수 있게 된다. [그림 3 - 11]은 한 베이커리가 천안쌀로 만든

그림 3 - 11 고객에게 정보 제공하는 베이커리 매장

제품이라는 안내와 함께 빵 돌가마 모형을 보여주고 있다.

다섯째, 서비스 품질 평가 기준을 수립한다.

고객이 서비스 품질을 평가하고, 피드백할 수 있는 평가기준을 만들어 고객에게 제공하도록 한다. 그리하여, 지속적인 서비스평가를 통해 서비스 품질을 개선시켜 나가는 것이다. 고객들 중 서비스 평가단을 구성하여 반기별 또는 분기별 평가를 실시하는 것도 바람직하다. 정량적 조사를 통한 서비스 평가뿐 아니라 정성적 조사를 통한 고객 의견 수렴도 서비스 품질 향상에 큰 도움이 된다.

미국 플로리다 주의 어벤추라 병원(Aventura Hospital)의 실시간 환자 위치 추적시스템

- 어벤추라 병원은 환자 진료의 병목현상, 퇴원 수속 절차의 비효율성, 지나치게 긴 응급실 대기 시간 등으로 병원 서비스 저하는 물론 불필요한 비용 낭비가 발생해 전반적인 병원 운영에 어려움을 겪고 있던 상황
- 어벤추라 병원은 GE(General Electric)에서 개발한 의료용 위치추적 시스템 '애자일트랙(AgileTrac)'을 도입하고, 병원을 방문한 환자들과 병원 내에서 쓰이는 각종 의료기기들의 위치 정보를 종합적으로 파악할 수 있는 기반을 구축
- 병원에 입원한 환자 및 외래환자들에게 위치추적 센서가 탑재된 팔찌를 제공함으로써 의료진들이 환자의 위치를 실시간으로 확인하고 응급상황이 발생했을 시에도 보다 신속하게 대응할 수 있으며, 병원 내 의료장비에도 위치추적 센서를 부착해 치료에 필요한 장비들의 위치도 즉각적으로 확인 가능
- 또한 환자의 도착에서부터 진료 정보를 종합적으로 확인할 수 있기 때문에 퇴원 수속 절차를 간소화하고, 응급실 침대의 위치와 침대의 공석 상황 등을 파악하는데도 활용되어 환자 대기시간도 단축
- 어벤추라 병원은 '애자일트랙' 시스템을 통해 9개월 동안 불필요한 입원 시간을 3,156시간 단축시켜 407개의 병실을 추가로 운영하고 32만 8,000달러(약 3억 6,100만원)의 비용을 감축
- 아울러 응급실 대기시간을 68%, 외래환자의 경우 방문에서 퇴원까지의 시간을 약 30분가량 단축시켜 환자 순환율 및 서비스 품질 향상을 달성

출처: 헬스케어(Health Care) 산업, 사물인터넷 도입 사례 확산, www.kisa.or.kr(2014)

SKT, 한국서비스 품질지수(KS-SQI) 23년 연속 1위

SK텔레콤은 한국표준협회가 주관하는 2022년 한국서비스 품질지수(KS-SQI) 이동통신부문에서 23년 연속 1위를 차지했다고 밝혔다.

KS-SQI는 한국표준협회가 국내 기업의 제품과 서비스를 이용해 본 고객을 대상으로 서비스 품질을 전문성, 진정성, 적극성, 사회적 가치 등 8개 영역으로 구분한 후 영역별 만족도를 측정해 계량화한 지표다. 한국표준협회와 서울대학교 경영연구소가 공동 개발해 2000년부터 조사를 시작했으며, 국내 서비스산업 품질 수준을 나타내는 대표적 고객만족도 지표로 인정받고 있다.

한국서비스 품질지수 조사 시작 이후 한번도 1위를 놓치지 않고 연속 1위를 유지한 기업은 SK텔레콤이 유일하다.

SK텔레콤은 "SK ICT패밀리사가 서비스 전 영역에서 1위를 차지할 수 있었던 배경은 AI 등 최첨단 ICT 기술을 활용한 고객 경험 혁신과 끊임없는 서비스 품질 개선 노력이 인정받은 것으로 보인다."고 분석했다.

실제로 SK텔레콤은 따뜻한 기술로 고객의 불편을 바로잡고, 모바일 환경에서 고객에게 좀 더 도움이 되는 서비스를 제공하겠다는 의지를 담은 IT기술들을 선보이고 있다. 대표적인 서비스는 지난 5월 오픈 베타를 시작한 성장형 인공지능 서비스 'A.'(에이닷)이다.

SKT의 'AI 서비스 컴퍼니' 콘셉트가 고스란히 담긴 에이닷은 고객의 한정된 시간이 더 소중한 일에 쓰여야 한다는 생각으로 설계된 AI비서 서비스다. 일정관리, 전화걸기, 문자메시지 발송 등 사용자가 스마트폰을 사용하며 겪는 번거로운 일을 대신 처리해 주고, 음악과 영상 등을 취향에 맞게 추천하고 재생까지 해준다.

또한 SK텔레콤은 지난해 7월 누구나 쉽고 간편하게 메타버스 세상을 즐길 수 있도록 메타버스 플랫폼 '이프랜드(Ifrand)'를 출시하며 국내 메타버스 시장 성장을 주도하고 있다. 이프랜드는 현재 오리지널 콘텐츠들을 통해 앱 다운로드 750만 건을 돌파하며 대한민국 대표 메타버스 플랫폼으로 자리매김했다.

홍승태 SK텔레콤 고객가치혁신담당은 "KS-SQI 23년 연속 1위 달성은 고객에게 최고 품질의 서비스를 제공하고자 노력해 온 부분을 인정받은 성과"라며 "앞으로도 고객의 신뢰를 바탕으로 진정성 있는 고객가치혁신을 지속하겠다."고 밝혔다.

한편 SK텔레콤뿐만 아니라 SK텔레콤을 포함한 SK ICT패밀리 5개사는 지난해에 이어 올해 조사에서도 관련 6개 부문에서 모두 1위를 차지했다.

SK브로드밴드는 초고속인터넷과 IPTV 서비스 부문에서 각각 8년 연속, 4년 연속 1위를 달성했다. SK텔링크는 국제전화 부문에서 14년 연속 1위, 11번가는 e커머스 부문에서 15년 연속 1위, SK쉴더스는 무인경비 부문에서 지난해에 이어 올해도 1위를 기록했다.

출처: 시사위크(http://www.sisaweek.com)

| 참고문헌 |

이유재·라선아(2010), 한국기업의 서비스 품질평가제도 변천과정, 서울대학교출판부.

이홍희(2015), Kano 모델을 활용한 특급 호텔의 만족요인 연구, 서비스경영학회지, 제16권 제4호, pp.122-137.

황혜미(2011), 고객만족경영 지속성의 핵심요인과 성과에 대한 연구, 서강대학교 LSOM 박사학위논문.

한국표준협회, http://www.ksa.or.kr

Anderson, E. W. and Sullivan, M. W., "The Antecedents and Consequences of Customer Satisfaction for Firms," *Marketing Science*, Vol.12, No.2, 1993, pp.125-142.

Ahire, S. L., D.Y., Golhar, and M. A. Waller, "Development and validation of TQM implementation constructs," *DecisionScience*, Vol.27, No.1, 1996, pp.23-56.

Christian Grönroos, "A Service Quality Model and Its Marketing Implication," *European Journal of Marketing*, 1984.

Dabholkar, P. A., Shepherd, C. D. and Thorpe, D. I., "A Comprehensive Framework for Service Quality an Investigation of Critical Conceptual and Measurement Issues through a Longitudinal Study," *Journal of Retailing*, Vol.76, No.2, 2000, pp.139-173.

Oliver, L. R., *Satisfaction; A Behavioral Perspective on the Consumer*, McGraw-Hill,Inc., 1996, p.177.

Parasuraman, A., Zeithaml, V. A., and Berry, L. L., "A Conceptual Model of Service Quality and its Implications for Future Research," *Journal of Marketing*, Vol. 49, 1985, p51.

Parasuraman, A., Zeithaml, V. A., and Berry, L. L., "SERVQUAL: A Multiple-Item Scale for Measuring Consumer Perceptions of Service Quality," *Journal of Retailing*, Vol.64, No.1, 1998, pp.12-40.

Reed, R., D. J. Lemak, and N. P. Mero, "Total quality management and sustainable competitive advantage," *Journal of Quality Management*, Vol.5, No.1, 2000, pp.5-26.

Sila, I., "Examining the effects of contextual factors on TQM and performance through the lens of organizational theories: An empirical study," *Journal of Operations Management*, Vol.25, No.1, 2007, pp.83-109.

Chapter 4

고객지향적인 서비스 조직의 운영관리

Case Study

김영진의 '집대성'-마스타자동차 장기봉 대표 인터뷰

자동차 애프터마켓 시장에서 '차량 종합관리 서비스'라는 개념을 처음 도입한 장기봉 대표는 자동차 소비시장의 변화에 유연하게 대응하며 운전자들에 자동차 서비스에 대한 만족을 이끌어 내고 있다. 'Triple C'라는 경영 철학을 전면에 내세워 새로운 시장과 영역을 개척했다.

▶ 장기봉 대표 / 마스타자동차

저희가 창의력이라고 해서 사전의 보니 creative라는 단어가 있었습니다. 그리고 우리가 남다른 시각으로 봐야겠다라는 생각이 들었습니다. 두 번째는 생각에 머물러서는 안되겠다라고 생각이 들었습니다. 일단은 우리가 도전해야겠다. 실천해야겠다. 우리가 도전이란 말로 challenge로 앞은 우리가 잘 안 보이지만 앞서 나가자는 뜻이고 그렇게 우리가 도전해나가는 과정에서 우리가 고객들의 신뢰를 얻어야 한다. 신용을 쌓아야 한다. 고객들에게 믿음을 줘야 하고 저희가 credit이라는 단어를 찾게 됐습니다.

1986년 설립 이래 마스타자동차는 전 임직원들은 24시간 365일 고객과 함께하는 동반자로서의 역할을 수행해왔습니다. 회사 경영 초기, 한 명의 고객이라도 놓치지 않기 위해 숙식을 회사에서 보낸 기억이 아직도 새록새록 남아있습니다. 저는 그 당시에는 100일 작전을 했습니다. 회사에 2층 침대가 있었습니다. 그래서 먹고 자면서 밤에 전화받았습니다. 돈도 없었고, 젊은 직원들이 졸려서 전화를 못 받으면 안 돼서 그때 그런 기억이 남아있습니다. 특히 고객 신뢰와 사회공헌을 성실히 수행할 수 있는 품질 경영에 대한 비전과 신념은 확고했습니다.

소비자 수요에 맞춘 합리적인 서비스와 안정적인 네트워크 관리에 중점을 뒀습니다. 그 결과 한국서비스대상 8년 연속 대상을 비롯해 한국표준협회 최고경영자상, 동탑산업훈장 등을 수상해 더욱 빛을 발했습니다. 저희가 상을 수상하면서 그 일 년에 한 번씩 3개월 동안 준비합니다. 교수님들이 여러분들이 오십니다. 저분들이 평가하는 것은 소비자분들께서 생각하시는 것들하고 포함해서 다 면적으로 있습니다. 저는 이 상에 도전하는 것은 항상 저희를 점검하고자 하는 뜻이 큽니다. 저희를 주신 때는 거의 간신히 점수를 넘어서 주시는 것 같습니다. 저희가 준비할 때 초심을 잃지 않으려고 기본에 충실하려고 노력하고 있습니다. 사실 앞으로 자랑할 수 있도록 노력하겠습니다.

해외 시장의 개척을 통해 또 다른 시작을 준비하고 있습니다. 이제는 개발도상국인, 우리보다 30년, 40년 전의 모습을 하고 있는 동남아 10개국이 굉장히 기회의 땅입니다. 저희가 경제가 좋지 않은 부분에 대해서는 저희가 눈높이를 맞춰서 극복해 나가려고 하고 있습니다. 미래에 대한 부분은 저희가 개척하고자 준비하고 있습니다.

출처: CMB대전방송 홈페이지

01 서비스 리더십(Service Leadership)과 지속적 실행

1.1 서비스 리더십

서비스 리더십은 기존의 고객만족경영에 대한 최고경영자의 관심과 열정에서 확장하여 최고경영자를 포함한 경영진들이 고객만족경영 실현을 위한 비전과 목표를 수립하고, 서비스 전략, 서비스 프로세스 및 품질관리에 대한 실행 의지가 중간 관리자들을 통해 직원에게 전파하는 것을 의미한다(황혜미, 2011).

서비스 전략 수립과 전략 과제 선정, 서비스 실행력 관리 등은 Top-down 방식의 고객지향적 조직 구축을 위한 활동이므로 여느 전략보다도 경영진의 확고한

의지와 추진력이 필요하다. 조직 내 모든 임직원이 서비스 경쟁력 강화를 위한 활동과 성과를 중요시 하는 조직문화를 구축해야 한다.

경영 그루 중의 그루인 톰 피터스(Tom Peters)는 40여 년 이상 현장의 엄격한 관찰을 기반으로 탁월함, 즉 엑설런스(excellence)에 대해 연구해 왔다. 엑설런스를 갖춘 리더와 기업이 되기 위해서는 지금까지 경제와 경영을 주도하던 성과주의, 숫자에 목숨을 거는 행위 등의 한계를 지적한다. 탁월한 기업이 되기 위해서는 기존의 가치관으로는 지속 가능한 발전이 불가능하다는 것이다. 즉 톰 피터스는 경영은 '하드한 것(수치·계획·조직도)'이 아닌 '소프트한 것(사람·관계·문화)'에 초점을 맞춰야 한다고 주장한다.

톰 피터스는 위기일수록 리더가 얼마나 많이 그리고 얼마나 변함없이 직원을 배려해야 하는지에 대해 강조한다. 중·장기 투자, 특히 직원과 혁신에 대한 투자를 아끼지 않은 기업의 2001~2015년의 기록을 보면 그렇지 않은 기업보다 회사 매출이 평균 47% 높았다. 순이익은 36%, 경제적 이윤은 81%, 평균시가 총액 58%, 평균 일자리 창출은 무려 132% 더 높았다는 것을 알 수 있다(한경비즈니스, 2022).

서비스 리더십은 2001년 삼성 에버랜드 서비스아카데미에서 수년 동안 현장에서 실천해온 실증적 성과를 바탕으로 독특한 서비스리더십 모델을 개발한 것부터 시작되었다. 서비스 리더십은 직원의 만족을 만들어내는 바람직한 리더의 행동이며, 서비스신념, 서비스태도, 서비스능력과 같은 3가지 요소로 정의하였다(이용석, 2002). 서비스 신념(Service Concept)은 서비스 리더십의 기초를 세워주는 철학과 전체가 공유하는 비전, 그리고 이를 위해 현재를 어떻게 개선할 것인가 하는 변화 혁신으로 설명한다. 서비스 태도(Service Attitude)는 고객과 파트너십을 형성하기 위해 갖추어야 할 열정, 애정, 신뢰를 의미한다. 마지막으로 서비스 능력(Service Skill)은 고객의 요구를 파악하고, 이를 충족시키기 위해 필요한 개발 능력, 관리 운영능력, 인간관계 형성 및 개선 능력을 의미한다.

하지만 서비스를 전략보다는 전술로 생각하는 기업의 풍토로 인해 리더십에 대한 연구는 미흡한 편이다. 기존의 리더십 이론 중 서비스의 특성을 반영한 이론을 대입하는 경우가 많기 때문에, 리더십 이론 중 가장 대표적인 이론인 변혁적 리더십과 거래적 리더십을 활용하여 서비스 리더십에 적용하고자 한다. 변혁적 리더십은 조직 구성원들이 개인적 이해관계를 초월하여 고차원 욕구를 갖도록 함으로써 가치 있는 결과를 창출하도록 동기부여시키는 과정의 리더십이다. 비전 제시를 통해 사명감과 자긍심을 심어주고 존경과 신뢰를 받는 카리스마와 개별적 지도와 조언을 해주는 개별적 배려, 부하들의 지적 능력과 합리성을 자극하는 지적 자극 등의 특성을 갖는다(정연웅 외, 2014).

거래적 리더십은 구성원들에게 조직의 목적을 달성하도록 유도하는 리더십을 말한다. 리더가 구성원들에게 책정한 기대수준에 도달하면 그에 따른 보상을 주는 조건적 보상과 구성원이 자기 의무를 불이행하거나 기대 수준에 미달했을 때 관리하는 특성을 갖는다.

정연웅 외(2014)는 호텔기업의 조직문화, 기업가정신, 리더십과 조직의 유효성(조직몰입, 직무만족, 이직 의사 등)과의 관계를 실증 분석하였다. 변혁적 리더십은 직원의 조직 몰입과 직무 만족에 직접적인 영향을 주는 것으로 나타났다.

리더십에 대한 주요 연구결과를 정리하면 다음과 같다. 최고경영진의 리더십은 전사적인 품질경영 활동을 실행하는 조직의 분위기와 문화를 지속적으로 관리하는 것으로 측정하고 있으며, 많은 시간을 품질경영 활동에 할애해야 한다(Ugboro and Obeng, 2000). 리더십은 시스템의 측정, 분석 및 지식경영, 전략, 기능 및 인적자원 중심, 프로세스관리 등 모든 구성요소의 동인(driver)이고, 모든 구성요인이 조직 운영 성과에 유의미한 영향을 미친다(Badri et al., 2006). 리더십, 정보, 분석은 조직의 성과에 유의미한 영향을 주며, 인적자원 개발과 프로세스 관리는 고객만족에 긍정적인 영향을 미친다(Meyer and Collier, 2001).

황혜미(2011)는 서비스 리더십 측정항목에 대한 탐색적 요인분석 결과, 경영진의 열정, 경영진의 솔선수범, 서비스 전략 방향 설정, 관리자(직원) 참여 독려, 고객만족 활동(성과) 중시와 같은 5가지 요소로 도출되었다. 고객만족경영 실행을

| 그림 4-1 | 서비스리더의 역할

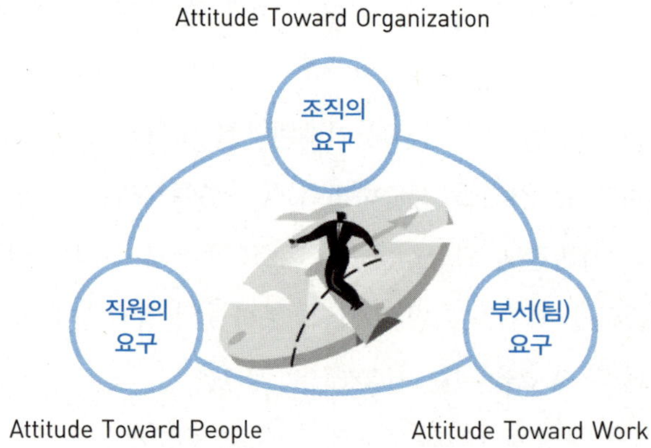

위해서는 리더십, 고객만족도조사, 인적자원관리 등이 독립적으로 운영되는 것보다는 최고경영자의 리더십, 고객지향의 인적자원관리, 서비스평가 시스템, 그리고 문제해결 능력을 갖춘 팀워크가 함께 통합적으로 관리되어야 함을 2차 요인분석을 통해 확인하였다.

서비스리더의 중요한 역할은 [그림 4-1]과 같이 조직이 지향하는 비전을 수립하고 서비스 목표를 달성하는 조직의 요구, 이 목표를 달성하기 위해 효율적으로 관리해야 하는 부서 및 팀의 요구, 그리고 고객에게 성공적으로 서비스를 제공하는 직원들의 요구를 도출하여 이 요구들을 해결할 수 있어야 한다. 특히 직원들의 개별적인 요구를 수용하고 해결해 줄 수 있어야 서비스의 실행력을 강화할 수 있을 것이다.

1.2 지속적 실행

고객중심의 서비스경영 시스템 구축을 위해서는 다음 〈표 4-1〉과 같은 4가지 활동이 필요할 것이다. CS 전담부서의 구축 및 운영, 프로세스 개선활동, 중간관리자의 몰입, 전담부서의 활동, 지속적 관리가 이루어져야 한다.

| 표 4-1 | 고객만족경영(CSM) 지속성 강화를 위한 4가지 요소

구분	조작적 정의	측정항목
전담부서 활동	• 고객만족경영을 달성하려면 현장 개선활동의 강화가 필요함(김준호, 2008) • 고객의 요구를 경청하고 조직 구성원 간의 커뮤니케이션을 통한 피드백은 서비스성과 개선의 지름길임(김계수, 2001)	CS팀의 활동 VOC팀의 활동 CS교육팀의 활동
프로세스 개선	• 프로세스 개선을 촉진하기 위해 개인별 개선제도 활성화가 바람직함(서창적 외, 2008) • 고객이 표현하거나 표현하지 않았던 욕구를 프로세스 개선에 활용함(Bou-Llusar et al., 2009)	기존제도의 개선활동 팀원들의 적극적인 자기 점검 활동 아이디어 제안 권장 지속적인 아이디어 제안
중간관리자 몰입	• 중간관리자들이 이끌어 가는 고객지향적인 품질 프로그램의 실행과 직원들의 적극적인 참여, 내부 프로세스에 대한 이해는 성공적인 기업의 조건임(Garvin, 1991) • 중간관리자들의 핵심역량은 직무상의 신뢰성, 문제해결능력, 책임감, 자원 활용능력, 팀 운영 능력, 변화도입이 있으며, 전략적 및 운영적 성과에 영향을 줌(Khandwalla, 2004)	회사의 CSM 이해 직원들의 CSM 활동 촉진 CSM 활동에 적극참여 지속적인 CS 실천 노력
지속가능성	지속적으로 전사적 품질관리를 시행한다는 것은 3년 이상이 되어야 하고(Ahire et al., 1996), 품질관리 실행 후 5년 정도 되어야 성과로 연결됨(Lemak and Reed, 1997)	5년간 CSM 지속적 실천 향후 CSM 추진계획 수립

출처: 황혜미(2011), 고객만족경영 지속성의 핵심요인과 성과에 대한 연구, 서강대학교 LSOM 박사학위논문.

서비스기업들은 고객중심의 경영을 표방하고 다양한 CS 실천 활동을 하지만, 조직 내부의 시스템 구축, 인적자원 실행력 부족 등으로 경영진이 원하는 성과로 나타내기까지는 많은 시간이 소요된다. 이런 정성적인 노력의 효과를 보기 전에 고객만족 활동을 중단해버리는 안타까운 경우가 종종 발생한다.

1년 정도 전사적으로 고객만족경영 활동을 하다가 멈춘 후 2~3년 후에 다시 고객만족도를 증진하기 위한 노력을 하려면 처음 시작했던 활동부터 다시 해야 하기 때문에 자원의 낭비, 직원과 경영진의 시간적 노력의 허비, 기회비용 등이 발생한다.

고객만족경영은 전 조직원의 참여에 의해 이루어진다. 이를 위해 조직의 자생력 있는 CSM(Customer Satisfaction Management) 추진을 이끌어가는 핵심 추진요원들을 구성해야 한다(김준호, 2008). 최고경영자와 고위간부로 구성된 고객만족 추진

조직은 조직 내에서 중요한 메시지를 조직 구성원들에게 보낸다. CSM 추진에 따른 변화에 대한 저항을 줄이고 고객만족 마인드를 확산시키는 등 폭넓은 활동을 전개해야 한다.

CSM 실현을 위해서는 전담조직의 구성을 통해 추진력 확보를 위한 구심점을 마련하는 것이 필요하며, 이 전담조직에 중간관리자급 이상의 적극적 참여가 CSM의 확산과 전파를 가능하게 할 것이다.

CS 혁신활동이 활성화된 기업은 프로세스 개선활동, 개인 및 팀 차원의 적극적인 아이디어 제안활동 등을 지속적으로 유지함으로써 프로세스 관리가 가능하다. 프로세스는 시스템적으로 디자인되고 관리되는지, 고객과 이해관계자의 만족을 위해 개선되고 있는지, 제품과 서비스가 고객니즈를 토대로 디자인되는지, 고객관계는 관리되고 발전되고 있는지, 프로세스의 향상여부로 효과성을 평가하고 있다(이유재·라선아, 2006).

조직의 상호 연관된 여러 프로세스들이 합리적이고 조화롭게 연계되어 시스템적으로 관리될 때 조직의 목표가 효과적으로 달성할 수 있다. 프로세스에 대한 지속적인 개선과 혁신을 통해서만이 고객만족을 지속적으로 향상시키고 경쟁우위를 확보·유지할 수 있을 것이다(MAP자문교수단, 2005).

기업에서 CS 활동을 유지 및 관리하기 위해서는 변화나 혁신의 중추적인 역할을 담당하는 중간관리자들의 몰입과 참여가 중요하다. 이들은 경영진과 직원들 사이에서 상호 원활한 커뮤니케이션을 가능하게 하는 중간 매개 역할을 적극적으로 수행하고, 본인이 직접 서비스 프로세스와 품질관리에 동참함으로써 많은 직원들의 실천을 이끌어 낼 수 있다. 중간관리자들이 팀 내에서 직원들을 독려하면서 고객중심의 서비스경영 실천을 위한 장애요인을 파악하고 제거하는 활동을 지속해야 한다.

02 고객만족도 평가 및 관리

서비스기업, 공기관/공기업, 종합병원은 〈표 4-2〉와 같이 고객만족도 평가를 통해 현재의 서비스 수준을 점검하고 고객/시민/환자들의 피드백을 받아 지속적인 개선활동을 하고 있다. 서비스평가 항목을 제대로 이해하고 각 기관 주체가 지향해야 할 서비스 전략을 수립하고 비즈니스 환경 및 고객의 기대 변화에 따라 주기적으로 서비스 전략을 재정립하고 있다.

KS-SQI(Korean Standard Service Quality Index)는 첫째, 국민행복을 위한 고품질 서비스 요구의 증가에 부응하고 급속한 세계화에 따른 선진 서비스 접촉 기회가 증대함에 따라 한국 실정에 맞는 서비스 품질 측정방안의 도입에 대한 니즈에 대응하여 개발된 서비스 품질평가 모형이다. KS-SQI는 대한민국 서비스 산업과 고객특성을 반영하여 한국표준협회와 서울대학교 경영연구소가 개발한 조사 모델이고, 다양한 방법의 분석을 통하여 기업의 서비스 품질 향상을 위한 전략적 지표로 활용될 수 있다(한국표준협회 홈페이지).

둘째, 대한민국 서비스 산업의 전반적 품질수준 측정과 소비자가 체감하는 서비스 품질관리를 통한 고객만족 경영 성과 향상을 목적으로 한다. 2000년 첫 서비스 품질평가 모형이 개발된 이후, 급변하는 경영환경과 패러다임의 변화, 디지털 트랜스포메이션(Digital transformation) 기반의 서비스 진화, 사회적 가치의 중요성 증가라는 변화를 반영하여 지속가능한 서비스 품질 측정이 가능한 새로운 버

| 표 4-2 | 기업/공기관/병원별 고객만족도 평가

구분	고객만족도 지표	실시 기관
서비스 기업	• KS-SQI(Korean Standard Service Quality Index) • NCSI(National Customer Satisfaction Index)	• 한국표준협회 • 한국생산성본부
공공기관/지방공기업	• PCSI(Public-service Customer Satisfaction Index) • PSI(Public Satisfaction Index)	• 기획재정부 • 지방공기업평가원
종합병원	환자경험평가(300병상 이상, 입원 환자 대상)	건강보험 심사평가원

전의 KS-SQI 3.0 서비스 품질 평가 모형이 2021년 재정립되었다(이유재 교수 Lab, www.youjae.com).

셋째, KS-SQI 모델은 [그림 4-2]와 같이 시대의 흐름과 고객 니즈의 변화에 따라 서비스 결과 품질, 서비스 상호작용 품질, 서비스 환경 품질, 사회적 품질의 4가지 영역과 관련된 총 8개 차원으로 구성되었다. 서비스 결과 품질은 정확성, 전문성을 측정하고, 서비스 상호작용 품질은 진정성, 친절성, 적극성을 평가한다. 그리고 사회적 환경 품질은 이용 편리성과 외형성을, 사회적 품질은 사회적 가치 지향성을 측정한다.

PCSI(Public-Service Customer Satisfaction Index)는 첫째, '공공서비스 고객만족도지수 모델'로 공공부문 고객만족도를 측정하는 대표적 현장 실천 모델이다. PCSI는 사회품질요인, 사회적 만족, 사회 성과를 요소별로 세분화하며 공공부문 고객만족도의 정교한 측정을 목적으로 한다. 공공기관 고객만족도 조사는 「공공기관의 운

그림 4-2 KS-SQI 모델

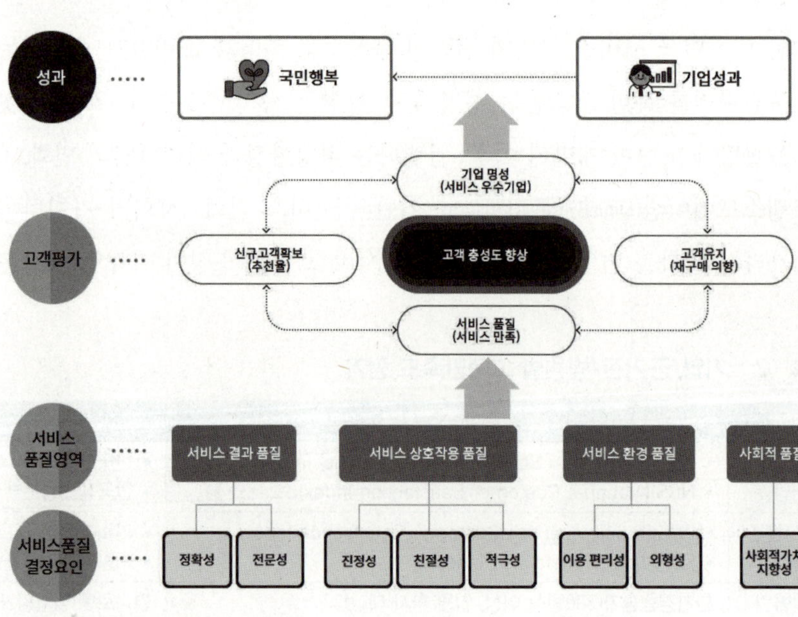

출처: 한국표준협회 홈페이지(KS-SQI모델)

영에 관한 법률」에 따라 공공기관이 제공하는 서비스 품질의 향상을 위해 서비스를 제공받은 고객을 대상으로 매년 설문조사를 실시한다.

기획재정부는 평가 대상 공공기관* 선정을 선정하고, 한국조세재정연구원이 고객정의·조사대상 사업 선정한다. 그리고 한국능률협회컨설팅, 한국생산성본부 등이 조사 관리를 수행하고 평가 결과를 검증·분석하며, 한국갤럽, 한국리서치 등이 현장·전화조사를 수행한다.

둘째, PCSI 모형은 [그림 4-3]과 같은 구조로 만족지수를 실제 경영에 활용할 수 있도록 고객만족의 인과관계를 보여주는 세 개의 하위 모형으로 개발되었다. 즉, 고객만족에 영향을 미치는 선행요인 모형, 고객만족 모형, 성과 모형으로 구성된 일련의 논리적 흐름을 갖는다.

셋째, 서비스 품질은 〈표 4-3〉과 같이 상품품질, 전달품질, 환경품질, 사회품질 등 4개 차원으로 구성되며, 각 차원은 각기 3개의 하위요소로 구성된다. 서비스 상품품질은 서비스 자체의 품질로, 그 하위 요소는 편익성, 전문성, 혁신성이다. 전달품질은 서비스 전달 과정에서 이용자가 서비스 제공자나 제공 수단을 사용한 경험과 관련된 품질로, 그 하위 요소는 대응성, 지원성, 공감성이다. 환경품질은 서비스 제공시설 및 환경과 관련된 품질로, 쾌적성, 편리성, 심미성이 하

*** 공공기관**

공공기관(公共機關)은 개인의 이익(사익)이 아니라 공적인 이익(공익)을 목적으로 하는 정부 관련 단체 또는 기관을 말한다. 넓은 의미로는 행정부(청와대, 행정각부/처/청 및 그 소속기관), 입법·사법부(국회, 법원 및 그 소속/산하/유관기관), 지방자치행정기관(시도·시군구청 및 그 소속기관, 읍면동사무소 등), 더 나아가 사립학교, 사립병원, 사립박물관, 사립도서관, 민간사회복지법인 등 공공성을 띤 사무나 기능을 수행하는 사립(민간)기관까지도 전부 '공공기관'이라 부르는 경우가 있다. 일반적으로는 '공공기관의 정보공개에 관한 법률'에서 지칭하는 공공기관의 범위가 광의의 공공기관의 의미를 내포하고 있다.

좁은 의미의 공공기관, 즉 학술적 또는 법률적 의미의 공공기관을 다루도록 한다. 공기업, 지방공기업, 준정부기관, 기타공공기관, 금융감독원, 한국은행, KBS(한국방송공사), EBS(한국교육방송공사) 등을 모두 포괄하는 개념이다.

출처: 나무위키

그림 4-3 PCSI 모형의 기본구조

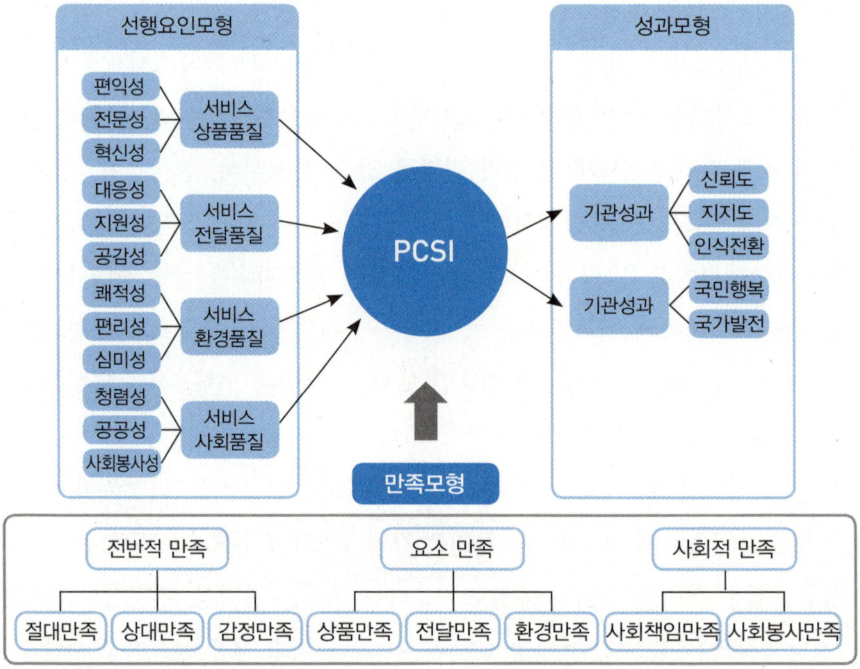

출처: 권나현·표순희·이정연(2018), 공공기관 고객만족지수(PCSI) 모형을 적용한 도서관 고객만족도 측정, 한국문헌정보학회지, 52(1), pp.313-340.

위 요소이다. 사회품질은 서비스의 공공성 측면의 품질로, 청렴성, 공공성, 사회봉사성이 하위 요소이다

넷째, 만족 모형은 고객 만족 수준을 평가하는 모형으로 만족지수를 측정한다. 측정 요소는 전반적 만족, 요소 만족, 사회적 만족의 3개 차원과 8개의 하위 항목으로 구성된다. 전반적 만족은 절대만족, 상대만족, 감정만족이고, 요소 만족은 상품만족, 전달만족, 환경만족으로 측정하며, 사회적 만족은 사회책임만족과 사회봉사만족으로 구성된다.

서비스 품질이 높아지면 고객만족이 높아지고 이는 다시 기관에 대한 충성도를 높여 결과적으로 기관성과를 높인다. 성과모형은 조직의 궁극적인 사명의 달성과 관련이 있으며, 기관성과와 사회성과로 구성된다. 기관성과는 조직의 서비

| 표 4-3 | PCSI 모형의 내용

모형	차원	구성 요소	개념
선행 요인 모형	상품품질 (서비스 내용)	편익성	해당 기관의 서비스 자체가 이용자에게 제공하는 혜택 및 가치의 정도와 적절성
		전문성	서비스를 제공하기 위한 능력의 보유 정도
		혁신성	이용자를 위한 새로운 아이디어 또는 프로그램 기획 정도
	전달품질 (서비스 전달)	대응성	이용자를 응대하는 직원 및 시스템, 절차의 수준 인적, 시스템적 대응
		지원성	서비스에 대한 정보 제공 활동 서비스 사후 관리의 정도
		공감성	고객을 이해하고 배려하는 정서적 태도 및 행동의 정도
	환경품질 (서비스 환경)	쾌적성	서비스 제공 환경과 시설의 쾌적하고 청결 정도
		편리성	서비스 제공환경과 시설의 편리한(편안하고 이용하기 좋은) 정도
		심미성	서비스 환경과 온라인, 오프라인 시설의 아름답고 단정한 정도
	사회품질	청렴성	업무처리의 투명성, 도덕성 및 공정성 정도
		공익성	기관의 본질적 역할이 공공의 이익에 도움되는 정도
		사회봉사성	사회의 이익과 복지를 위한 사회 환원과 사회봉사 활동의 정도
만족 모형	전반적 만족	절대만족	서비스를 이용하고 난 후의 전반적인 만족도
		상대만족	서비스에 대한 이용자의 기대대비 결과 및 투입대비 결과에 대한 만족도
		감정만족	서비스를 이용한 후 느끼는 이용자의 감정적 만족도
	요소 만족	상품만족	핵심 서비스 및 서비스 상품에 대한 이용자의 만족도
		전달만족	서비스 제공 과정 전반의 인적, 제도적 측면의 만족도
		환경만족	서비스 시설 및 환경에 대한 만족도
	사회적 만족	사회책임만족	공공기관으로서 본질적인 역할에 대한 만족
		사회봉사민족	공공기관으로서 사회환원 및 사회봉사에 대한 만족도
성과 모형	기관성과	신뢰도	해당 기관의 정책 또는 활동에 대해 신뢰하는 정도
		지지도	해당 기관의 정책 또는 활동에 대해 지지하는 정도
		인식전환	해당 기관의 평판과 이미지의 개선정도
	사회성과	국민행복	서비스가 국민의 삶과 행복에 기여하는 정도
		국가발전	서비스가 국가 및 사회 발전에 기여하는 정도

스가 시민의 기관에 대한 신뢰, 지지, 인식전환에 미치는 영향을 측정한다. 사회성과는 국민행복과 국가와 사회발전에 기여하는 영향을 측정한다(권나현 외, 2018).

[그림 4-4]의 PSI(Public Satisfaction Index) 모형은 첫째, 지방공기업* 경영평가지표의 특성을 고려하여 기존 고객만족도 평가모델의 문제점을 보완하여 정교하게

*** 지방공기업**

지방공기업(地方公企業 / Local Public Enterprise)은 지방자치단체가 직접 설치·경영하거나, 법인을 설립하여 경영하는 기업을 말한다. 1969년 제정된 지방공기업법에 따라 지정, 관리된다. 지방공기업은 다음의 사업을 하는 기업이어야 한다.

1. 수도사업(마을상수도사업은 제외)
2. 공업용수도사업
3. 궤도사업(도시철도사업 포함)
4. 자동차운송사업
5. 지방도로사업(유료도로사업만 해당)
6. 하수도사업
7. 주택사업
8. 토지개발사업
9. 민간인의 경영 참여가 어려운 사업으로서 주민복리의 증진에 이바지할 수 있고, 지역경제의 활성화나 지역개발의 촉진에 이바지할 수 있다고 인정되는 사업체육시설업
10. 관광사업(카지노는 제외)

출처: 나무위키

그림 4-4 PSI 모형 개요

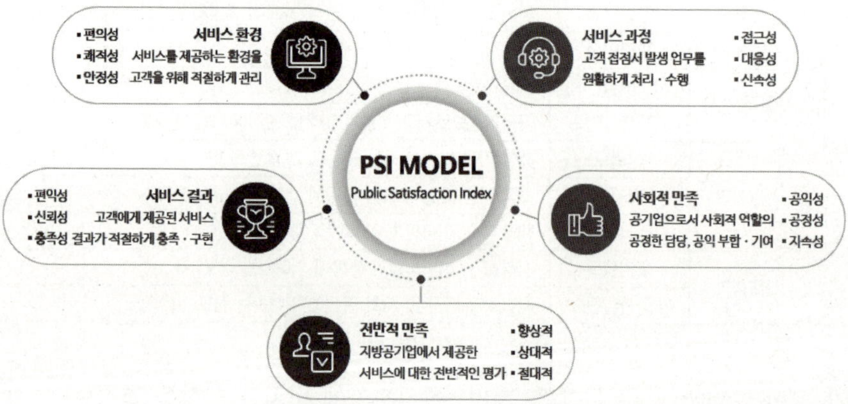

출처: 지방공기업평가원 홈페이지

만든 모델이다. 기존의 만족도지표 산정에서는 객관성이 다소 결여된 가중치를 배정하고 있으나, 차원별 가중치를 좀 더 합리적이고 객관적인 방식으로 배정하는 방안을 모색하였다. 지방공기업의 특성상 고객만족에 서비스 품질 요소를 반영할 필요가 있다(지방공기업평가원 홈페이지).

둘째, 서비스 환경, 서비스 과정, 서비스 결과, 사회적 만족, 전반적 만족 등 5가지 차원을 평가한다. 서비스 환경의 편의성, 쾌적성, 안정성을, 서비스 과정의 접근성, 대응성, 신속성을, 서비스 결과의 편익성, 신뢰성, 충족성을, 사회적 만족의 공익성, 공정성, 지속성을 평가한다. 마지막으로 전반적 만족에 대한 상대적, 절대적 평가, 향상 정도를 실시한다.

셋째, 지방공기업의 고객만족도 수준을 측정하여 경영평가에 반영한다. 서비스 이용 주민들의 만족·불만족 요인을 분석하여 Feed back(피드백)함으로써 고객중심 서비스경영을 구현하고자 하는 것이다.

[그림 4-5]는 서울대병원에서 퇴원하는 환자들에게 완쾌를 기원하는 마음을 담은 편지와 환자경험평가에 대한 안내문을 제공하는 것이다. 환자가 퇴원한 후 병원에서의 만족여부를 평가하는 전화를 받았을 때, 어떤 내용으로 물어보는지 인지해야 환자경험평가 설문에 적절한 답변을 할 수 있다. 항목이 많고 복잡하기 때문에 병원에서는 환자들에게 사전 정보를 제공하는 것이다.

환자경험평가는 〈표 4-4〉와 같이 환자 개인의 필요와 선호, 가치에 상응하는

| 그림 4-5 | 서울대병원 퇴원환자에게 제공하는 환자경험평가 안내문

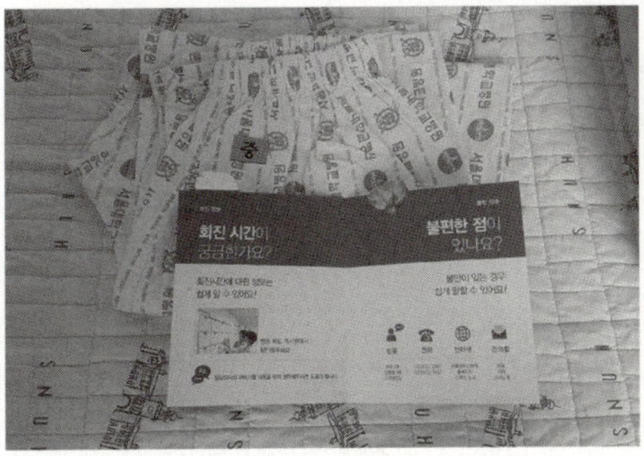

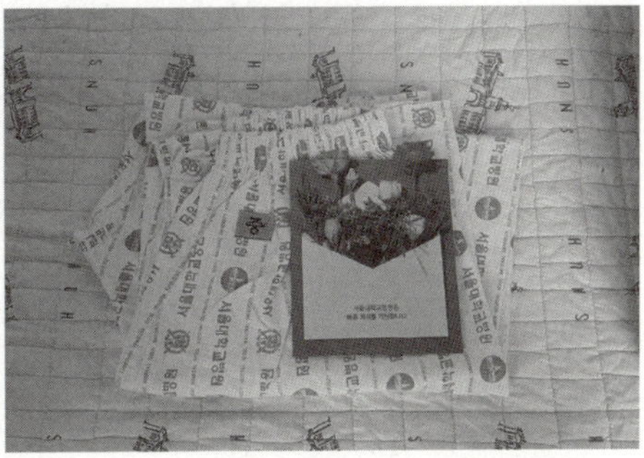

진료를 제공하는지를 확인하기 위해 환자가 직접 경험한 내용바탕으로 의료 질을 평가하는 것이다. 의료 질 향상을 증진하기 위해 의료소비자 관점에서 입원경험이 있는 환자가 간호 영역, 의사영역, 투약 및 치료과정, 병원환경, 환자권리보장, 전반적 평가를 실시한다(건강보험심사평가원 홈페이지).

표 4-4 환자경험평가 항목

<table>
<tr><th>구분</th><th>평가영역</th><th>번호</th><th>문항 내용</th><th>비고</th></tr>
<tr><td rowspan="19">입원경험</td><td rowspan="4">1. 간호사 영역</td><td>1</td><td>존중/예의</td><td rowspan="12">4점 척도</td></tr>
<tr><td>2</td><td>경청</td></tr>
<tr><td>3</td><td>병원생활 설명</td></tr>
<tr><td>4</td><td>도움 요구 관련 처리 노력</td></tr>
<tr><td rowspan="4">2. 의사 영역</td><td>5</td><td>존중/예의</td></tr>
<tr><td>6</td><td>경청</td></tr>
<tr><td>7</td><td>의사와 만나 이야기할 기회</td></tr>
<tr><td>8</td><td>회진시간 관련 정보 제공</td></tr>
<tr><td rowspan="5">3. 투약 및 치료과정</td><td>9</td><td>투약/검사/처치 관련 이유 설명</td></tr>
<tr><td>10</td><td>두약/검사/처치 관련 부작용 설명</td></tr>
<tr><td>11</td><td>통증 조절 노력</td></tr>
<tr><td>12</td><td>질환에 대한 위로와 공감</td></tr>
<tr><td>13</td><td>퇴원 후 주의사항 및 치료계획 정보 제공</td><td>2점 척도</td></tr>
<tr><td rowspan="2">4. 병원환경</td><td>14</td><td>깨끗한 환경</td><td rowspan="6">4점 척도</td></tr>
<tr><td>15</td><td>안전한 환경</td></tr>
<tr><td rowspan="4">5. 환자권리보장</td><td>16</td><td>공평한 대우</td></tr>
<tr><td>17</td><td>불만 제기의 용이성</td></tr>
<tr><td>18</td><td>치료 결정 과정 참여 기회</td></tr>
<tr><td>19</td><td>신체 노출 등 수치감 관련 배려</td></tr>
<tr><td colspan="2" rowspan="2">6. 전반적 평가</td><td>20</td><td>입원경험 종합 평가</td><td rowspan="2">11점 척도</td></tr>
<tr><td>21</td><td>타인 추천여부</td></tr>
<tr><td colspan="2" rowspan="3">개인 특성</td><td>22</td><td>입원경로(응급실 경유 여부)</td><td rowspan="3">보정 변수 검토</td></tr>
<tr><td>23</td><td>주관적 건강수준</td></tr>
<tr><td>24</td><td>교육수준</td></tr>
</table>

출처: 건강보험심사평가원 홈페이지

정기적인 고객만족도 측정과 객관적이고 공정한 평가, 통계적 기법을 활용한 분석, 그리고 가장 중요한 항목은 고객만족도 조사결과를 모든 임직원이 공유하여 개선에 활용하는 것이다. 즉 단순히 고객만족도조사 차원에서 그치는 것이 아니라 고객만족도 결과 공유와 결과에 따른 개선활동이 서비스 평가시스템을 효과적으로 운영하는 방법일 것이다(황혜미, 2011).

고객만족도조사는 고객만족을 목적으로 한 시스템으로 고객과의 지속적인 관계를 형성하는 요인들을 확인하고 모니터하는 것에서 출발한다. 고객만족도 조사결과는 전략적인 관점에서 개선책을 찾아주는 데 용이하게 활용된다(신완선 외, 2009). CSM에 대한 구체적인 전략 수립이 원활하게 이루어지기 위해서는 만족도 결과에 대한 공유를 기반으로 전사적인 개선활동이 중·장기적으로 실시되어야 할 것이다.

:: 함께 이야기해 봅시다

1. 서비스기업의 최고경영자가 갖추어야 할 핵심역량은 무엇일까요?

2. 서비스기업이 고객만족도조사 및 평가 체계를 구축하기 위해 조직의 운영시스템 및 조직문화는 어떤 준비를 해야 할까요?

03 통합 지원서비스 관리

3.1 통합 지원서비스 모델

황혜미와 이돈희(2022)는 고객에게 서비스가 제공되기 이전부터 시작하여 제공된 이후까지의 고객경험을 긍정적으로 강화하기 위한 '통합 지원서비스 모델 프레임워크'를 개발하였다. 이 모델은 서비스기업의 리더 및 관리자들이 고객지향적인 관점에서 고객경험 강화 및 고객가치 창출 방안에 대한 질적 향상과 운영방안을 개발하는 데 활용될 것이다.

[그림 4-6]의 통합 지원서비스 모델은 서비스 프로세스상에서 필수적으로 실행되어야 할 활동들을 세분화하였다. 이러한 점에서 업종별 특성을 고려해서 체계적으로 고객가치 창출을 위한 통합 지원서비스 관리를 통해 서비스 차별화를 구현할 수 있다. 판매 전 단계인 서치활동에서 고객에게 서비스 보증에 대한 안내를 전달할 때, 고객의 보증획득 절차의 수월성에 중점을 두어야 하고, 서비스 실패예방 및 회복관리에서는 기존에 불만 VOC(Voice of Customer) 분석에 초점을 두었던 것에서 만족 VOC(Voice of Customer) 분석을 강화해야 한다. 기업은 고객에게 만족감을 주는 요소를 파악하여 장점을 강화하는 것이 고객 불만을 개선하는 것보다 고객의 긍정적인 경험을 유도할 수 있다.

또한 비대면 서비스의 경우 시스템에 의존하여 고객의 편리한 이용에 대해 소홀할 수 있으므로 고객이 비대면 서비스를 이용할 때 투입하는 시간적, 비용적 노력을 찾아내야 한다. 판매 후 고객 구매 후기를 다양한 채널을 통해 수집하고

그림 4-6 통합 지원서비스 모델

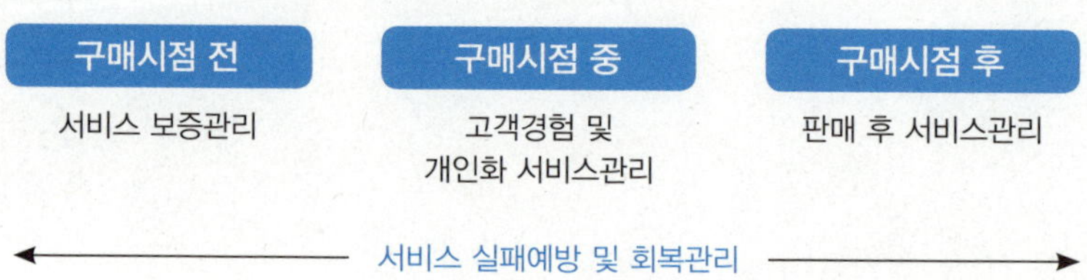

| 표 4-5 | 고객가치 창출을 위한 통합 지원서비스 모델 세부 활동

통합 지원서비스 활동		세부 활동
구매시점 전: 서비스 제공 전 활동	서비스 보증	서비스 보증에 대한 안내 및 정보제공
		효율적인 서비스 보증 프로세스 관리
		보증획득 절차의 수월성
구매시점 중: 서비스 제공 중	서비스 실패예방 및 회복관리	VOC(만족, 불만) 분석
		공정한 불만 처리 및 문제해결(과정, 결과)
		follow up 프로그램(문자 서비스 등)
	고객경험관리	구매 후기 및 리뷰 관리
		서비스 이용 방법 안내 및 교육
		비대면 서비스 제공(홈페이지 FAQ 등)
	개인화 서비스관리	고객 성향 및 유형 데이터 분석
		맞춤형 서비스 제공
		개인화된 커뮤니케이션 진행
구매시점 이후: 서비스 제공 후 활동	구매 후 서비스관리	판매 후 실시간 고객관리(배송 업데이트 등)방안
		구매 후기에 대한 피드백 제공
		지속적인 고객관리(프로모션, 할인, 쿠폰 프로그램 활동)

이에 대한 피드백을 제공함으로써 고객과 신뢰를 구축하며, 발생할 수 있는 불만을 사전에 제거할 수 있다.

3.2 구매시점 전: 서비스 보증관리

고객가치 창출을 위해 구매시점 전에 필요한 사항에 대한 항목 중 서비스 보증을 새롭게 개발한 사례를 통해 왜 판매시점 전에 서비스 보증관리 및 개발이 필요한지를 살펴보고자 한다. 특히 유통시장에서는 온라인 플랫폼이 활성화되고 있어 온-오프라인 모두를 고려한 서비스 보증 개발이 필요하다.

유아동 의류 및 용품 판매업체인 아가방앤컴퍼니는 2020~2021년 동안 매장 운영관리 매뉴얼을 최근 고객의 트렌드와 니즈를 반영하여 재정비하였다. 홍보, 마케팅, 유통, 고객상담센터 리더들이 모여 서비스 제공 프로세스를 재정립하였는데, 가장 어려움을 겪은 것은 서비스 보증관련 업무를 수행하는 고객상담센터의 업무 범위, 권한, 외부협력 업체들과의 관계 등을 설정하는 것이었다. 품질보증서에 품질보증 기간이 명시되어 있으나, 고객이나 직원의 실수, 시스템의 오류, 상품 유통 및 보관상의 문제 등으로 보증 기간 표시가 없거나 분실된 경우도 발생할 수 있다. 이러한 점을 대비하기 위한 구체적인 대응지침을 정리하고, 수입 중단이나 제품 생산 중단 등으로 보유기간 내 유모차, 유아용품 등의 부품이 없는 경우에 대한 교환, 환불 기준도 명확히 제시되어야 한다.

서비스 보증정책은 고객이 상품과 서비스를 안심하고 편하게 이용할 수 있게 하고, 문제 발생 시 어떻게 대처해야 하는지 정확히 알 수 있다. 또한 이러한 서비스 보증제도를 통해 고객은 기업에 대한 신뢰감이 생기고 충성도가 높아지게 된다.

〈표 4-6〉은 판매시점 전에 고객이 제품구매로부터 발생 가능한 상황을 사전에 파악하여 서비스 보증에 대한 소비자 피해보상 기준 사례를 요약한 것이다.

서비스기업의 서비스 보증에 대한 절차나 기준을 재정립한 후, 상황에 따른 고객응대 방법 및 안내문구(announcement) 등에 대해서도 기준을 구축할 필요가 있다. 이는 고객에게 일관성 있는 서비스를 제공할 수 있을 뿐만 아니라 담당직원의 업무효율성을 높일 수 있다.

표 4-6 | 소비자 피해보상 기준

구분	세부 내용
품질보증 기간	• 품질보증 기간은 품질 보증서에 표시된 기간을 기준으로 함 • 표시가 없는 경우에는 유사제품을 기준으로 하되, 불가능한 경우에는 1년으로 산정함 • 부품 보유기간은 내용 연수에 해당되는 기간으로 함
감가 상각비	• 감가상각비=(사용연수/ 내용연수)×구입가 • 내용연수: 상품의 통상적인 수명을 의미, 품목마다 소비자 피해규정에 정해져 있음
보유기간 이내 부품이 없는 경우	• 품질보증 기간 이내에는 제품 교환 또는 구입가 환불: ① 정상적인 사용 중에 하자 발생한 경우 ② 유상 수리에 해당하는 금액징수 후 제품 교환 • 소비자 부주의로 인한 하자는 정액 감가상각한 금액에 10% 가산하여 환불: ① 품질보증 기간 이후에는 정액 감가상각한 금액에 10% 가산하여 환불 ② 최고한도: 구입가

| 표 4-7 | 고객상담센터 상황별 표준 안내문구

구 분	표준 응대 멘트
품질보증 기간 내	• 상품으로 불편 끼치게 되어 정말 죄송합니다. 가까운 매장으로 A/S 접수를 부탁드리겠습니다. A/S 소요 기간은 15일 이상 30일 이내입니다.
품질보증 기간 후	• 상품 품번을 알려주시면 A/S 진행이 가능한 상품인지 확인해 드리도록 하겠습니다. • 해당 상품은 0000년도 출시상품으로 품질보증 기간이 지나 수선이 불가합니다. 도움을 드리지 못해 정말 죄송합니다.
직수입 상품	[A/S가 불가한 경우] 상품 번호를 알려주시면 A/S 진행이 가능한 상품인지 확인해 드리도록 하겠습니다. 고객님 죄송합니다. 해당 상품은 직수입 상품으로 수선이 불가합니다. [품질보증 기간 내 상품의 불량인 경우] 번거로우시겠지만, 고객님께서 가까운 매장으로 의뢰해 주시면 본사 심의팀에서 확인 후 해당 매장으로 결과안내를 드리고 있습니다. 제가 000점으로 고객님 상품정보를 전달해 놓겠습니다 [고객과실인 경우] 고객님, 제품 불량 외 취급 부주의에 의한 상품 훼손은 수선이 불가합니다. 도움을 드리지 못하여 정말 죄송합니다.

〈표 4-7〉은 서비스 보증 관련 문의를 해결하기 위한 상황별 표준 안내문구 사례를 요약한 것이다. 품질보증 기간 내, 품질보증 기간 후, 그리고 직수입 상품 상황에 맞게 정리하였고, 특히 직수입 상품과 같이 상황이 다양할 경우 확인 절차를 거쳐 정확한 정보를 고객에게 제공하는 것이 중요하다.

3.3 서비스 실패 예방 및 회복관리

3.3.1 VOC 개념과 관리

VOC(Voice Of Customer)는 기업의 경영 활동에 있어서 고객이 기업의 서비스에 반응하는 다양한 커뮤니케이션을 의미한다. 기업의 경영활동에 있어서 고객이 기업에게 제시하는 메시지로서 각종 문의, 불만, 칭찬, 제안 등의 정보를 포함한다. VOC를 구성하고 있는 데이터는 주로 고객 상담기록, 고객지원 게시판 등을 통해 접수되며, 최근에는 블로그, 트위터, 커뮤니티 사이트의 다양한 채널을 통해 확보가 가능한 제품, 서비스의 반응 등의 데이터를 포괄적으로 포함한다(황혜미 외, 2019).

고객의 소리(VOC)는 고객의 서비스에 대한 인식, 불만, 칭찬, 제안의 제시하는 창구의 역할을 한다. 고객의 소리는 고객이 생각하는 서비스 수준의 기준이 되기 때문에 서비스 설계, 제공 과정, 서비스 보증의 기능으로 활용할 수 있다.

고객중심의 사고를 실현하기 위해서는 VOC시스템의 구축과 활용이 필요하다. 조직의 불만처리 프로세스는 조직이 가지고 있는 문제점을 쉽게 발견할 수 있게 도와주며 조직의 시각을 고객중심적인 시각이 되도록 유지시켜 준다. 불만고객 관련 정보는 조직 내외의 관련부서에 적절히 전파하고 개선활동에 사용되어야 한다(서창적 외, 2008).

미국품질관리협회(American Society of Quality; ASQ) 품질 용어집에 따르면 고객의 소리(VOC)는 "제품이나 서비스에 대한 고객의 표현된 요구 사항 및 기대"로 정의된다. 고객의 소리는 고객관련 정보를 획득하는 조직의 프로세스이다. 고객의 소리 프로세스는 언급되거나 언급되지 않은 또는 예상되는 고객의 요구조건, 니즈 및 욕구를 획득하는데 있어 전향적이며 지속적으로 혁신적인 것이어야 한다. 고객의 소리를 관리하는 목적은 고객 충성도를 얻고 적절히 고객관계를 구축하기 위한 것이다.

VOC는 고객의 요구와 기대의 변화를 파악할 수 있다. 고객과의 커뮤니케이션 관점에서 마케팅과 영업은 주로 기업의 메시지를 고객에게 전달하는 역할을 맡는다. 반면, VOC는 고객의 메시지를 기업에게 전달하는 역할을 담당한다. 서비스에 대한 고객의 반응이 VOC라는 형태로 접수되므로 VOC는 단편적인 대응 수준을 넘어 기업의 지식으로 취급하고, 이를 조직 내의 다양한 부서에서 적용하기 위해서 체계적으로 관리해야 한다.

3.3.2 VOC의 유형

VOC는 고객의 구매와 관계 결정에 영향을 주는 설문조사 자료, 포커스그룹에서 발견한 자료, 웹 기반의 자료, 보증자료, 불만일지 및 현장보고서, 기타 자료와 정보를 수집하고 통합하는 것을 포함한다(신완선 외, 2009).

① 제안형 VOC와 만족형 VOC

제안형 VOC는 제품과 서비스의 성능이나 외관, 고객 서비스 등에 대한 고객의 개선의견과 문의를 포함하며 이를 반영하여 새로운 제품이나 서비스 개발에 적용 가능이다. 만족형 VOC는 고객이 만족한 경우나 불만족한 경우에 대한 의사표현으로 이에 대한 신속한 대응으로 불만족을 만족으로 전환시키고, 불만이 재발되지 않도록 구조적으로 해결함으로써 고객이탈을 방지한다. 고객 상담부서에 접수된 후에 제안 형태로 전환되어 제품이나 서비스 개선에 반영한다.

② 고객 VOC와 직원 VOC

고객 VOC는 고객이 기업에 직접 의견을 제기하는 VOC를 의미하며, 제안형 VOC와 만족형 VOC의 내용을 모두 포함한다. 사내 직원의 VOC는 직원들이 상품이나 서비스 개선을 위해 제기하는 VOC를 의미하며, 직원들이 고객의 입장에서 제안 위주의 VOC를 제기하는 것이다.

③ 내부 VOC와 외부 VOC

내부 VOC는 고객이 기업의 내부 경로로 직접 접수하는 VOC를 의미한다. 외부 VOC는 기업의 외부환경에서 유포되고 확산되는 VOC로 고객이 VOC를 기업으로 접수시키는 것이 아니라 언론사, 소비자단체, 경쟁사, 동호회, 관련 사이트, 인터넷, 구전 등 외부경로를 통해 형성된다.

④ VOC 채널

고객접점 현장에서 고객이 직접 불만을 제기하기도 하지만 전화, 게시판, 이메일, SNS, 챗봇 등을 통해 고객이 VOC 담당 혹은 관련 직무담당 부서로 문서와 문자 형태로 제기한다.

[그림 4-7] 서비스표준화 사례집은 고객 VOC 중 지속적으로 발생하는 불만사례를 수집하여, 불만의 원인을 분석하고 해결책을 제시한 내용을 정리한 것이다.

그림 4-7 VOC 분석 및 활용 사례

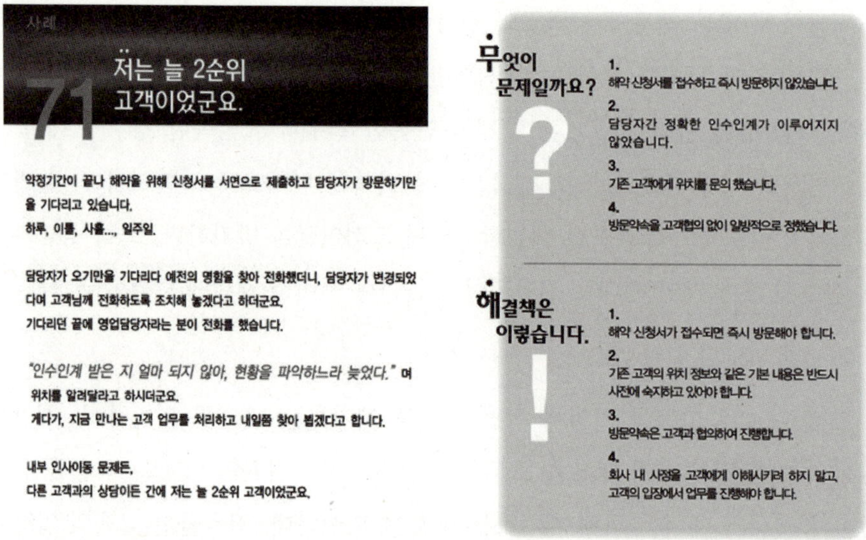

출처: SK쉴더스(前, ADT캡스) 서비스표준화 사례집 중 발췌

3.3.3 VOC의 활용 방향과 관리 프로세스

VOC를 수집하여 분석한 후 어떻게 활용하는지가 중요하다. 서비스기업은 VOC 관리를 통해 고객이 원하는 서비스가 무엇인지, 어떤 서비스에 만족하고 불만족하는지 알아야 서비스 자원(물리적 환경, 제도, 인력 등)을 효율적으로 관리할 수 있다. 또한 고객의 제안 및 아이디어 VOC는 기업의 새로운 서비스 개발에 도움을 줄 수 있으며, 고객과 기업의 수평적인 소통 채널을 강화할 수 있을 것이다.

말콤볼드리지(Malcolm Baldrige) 모델*에서는 VOC 활용방법에 대한 방향성 설정과 실행에 대해 다음과 같은 평가 요소를 제시하고 있다(신완선 외, 2009).

① 고객의 주요 요구 사항, 니즈 및 변화하는 기대(제품과 서비스의 특징 포함)와 고객의 구매 의사결정에 대한 이들의 상대적 중요성을 결정하기 위해 고객의 소리를 어떻게 활용하는가?

② 고객, 고객집단 및 세분시장에 따라 고객의 소리를 듣는 방법이 어떻게 다른가?

③ 시장과 매출 정보, 고객충성도와 고객유지 자료, 고객권유 자료, 고객획득/이탈 분석, 불만자료가 포함된 현재 및 과거의 고객관련 지식과 피드백을 제품과 서비스 계획, 마케팅, 업무 시스템과 프로세스 개선 및 신규 사업 개발에 어떻게 활용하는가?

④ 고객 중심적이고 고객의 니즈와 욕구를 더욱 충족시키며 혁신 기회를 규명하기 위해서 고객의 소리와 피드백을 어떻게 활용하는가?

⑤ 시장의 변화와 같은 사업의 요구 및 방향에 맞추어 고객의 소리를 청취하고 학습하는 방법을 어떻게 개선하고 유지하는가?

체계적인 VOC 관리 프로세스는 VOC에 대한 발생 원인을 파악하게 하고, 개선사항을 도출해냄으로써 조직내부의 업무 프로세스 개선에 도움을 준다. VOC 데이터베이스를 정기적으로 확인하고, VOC 접수 및 처리현황에 대한 통계 및 유형분석을 수행한다. 정기 VOC 관리보고서를 작성하여 관련된 각 부서에 이를 전달함으로써 향후 개선된 프로세스를 구축할 수 있도록 지원한다. 가장 일반적인 VOC 관리 프로세스는 〈표 4-8〉과 같다.

*** 말콤볼드리지(Malcolm Baldrige) 모델**

「국가품질개선법」에 의거하여, 1987년 8월 레이건 대통령이 「말콤볼드리지 국가품질증진법」(Malcolm Baldrige National Quality Improvement Act)법안에 서명을 함으로써 이루어졌다. MB상은 1988년 제조부분에서 모토롤라, 웨스팅 하우스의 핵연료사업부, 중소기업 부문에서는 글로브금속의 3개 업체를 최초의 수상기업으로 선정한 이래 매년 미국 내 전 산업분야의 최우수 기업을 선정하여 수여해 오고 있다.

우리나라에서는 한국표준협회가 말콤볼드리지 모델을 국가품질상에 접목하여 경영품질이 우수 기업을 평가 및 선정하고 있다. MB모델은 [1. 리더십, 2. 전략기획, 3. 고객과 시장중시, 4. 측정, 분석 및 지식경영, 5. 인적자원 중시, 6. 프로세스 관리, 7. 경영성과] 7가지 범주로 구성되어 있다. 우수한 경영품질을 유지하기 위해서는 '1. 리더십 ~6. 프로세스 관리'가 체계적으로 실행되어야 하며, 6가지가 시스템적으로 관리된다면 결과적으로 경영성과는 높아진다.

표 4-8 VOC 관리 프로세스

구분	진행 내용
VOC 접수	고객의 소리가 기업에 접수
VOC 등록/분류	접수된 VOC를 내부 분류체계에 맞도록 등록
처리부서 할당	접수된 VOC를 해결할 담당부서 지정
담당자 배분	담당 부서 내 VOC 처리 담당자 지정
VOC 처리	접수된 VOC에 대한 신속한 해결책 강구
처리결과 등록	VOC 처리결과를 담당자가 데이터베이스에 등록
처리결과 통보	VOC 처리결과를 접수부서에 통보
만족여부 확인	VOC 처리결과를 고객에게 알리고 만족여부 확인
VOC 정기분석	VOC의 통계 및 발생 원인에 대해 정기적인 분석 수행
개선사항 공유	VOC의 원인 제거와 업무 프로세스의 개선을 위해 관련 부서에 VOC 지식을 공유

㉠ 접수

고객이 다양한 형태의 VOC를 제기하는 것으로부터 시작한다. 고객과 상호작용이 발생하는 모든 접점에서 VOC가 발생할 수 있으며, 기업은 각 유통경로에서 고객의 소리를 효과적으로 수집할 수 있는 시스템적, 업무적 체계를 구축해야 한다.

㉡ VOC 등록 및 분류와 담당자 배분

- 접수된 VOC는 내부 분류체계와 일치하도록 등록 및 분류한다.
- 접수된 VOC의 신속한 처리를 위해 적절한 담당 부서와 처리 담당자를 지정한다.
- 고객불만과 클레임에 의한 보상처리와 같은 일반적인 문제는 클레임 전담 처리팀에 할당되고, 해당고객과의 분쟁을 해결한다. 특정한 기술적 문제해결을 요하는 불만사항이나 서비스 요청은 그 문제점을 해결해 줄 수 있는 관련 부서에 통보한다.

㉢ VOC 처리와 결과 전달

- VOC 처리업무를 할당받은 직원이 자신에게 주어진 임무를 완수한다.

- 내부 VOC 데이터베이스에 처리결과를 등록한다.
- VOC 접수 최초 부서에 처리결과를 통보한다.

㉣ 처리결과 전달 및 고객 만족여부 확인

- VOC를 제기한 고객에게 제기된 VOC에 대한 처리 결과 전달 및 만족여부 확인한다.
- 일정한 시간이 지난 후 처리 결과에 대한 만족도를 재확인하는 해피콜 같은 방법을 수행한다.

㉤ VOC 정기분석 및 개선사항 공유

- 일정 기간을 지정하여 VOC 결과를 분석하고 VOC 발생 원인을 철저히 찾아낸다. VOC 발생 원인을 제거함과 동시에 업무프로세스 개선을 위해 VOC 관련 정보를 유관부서와 공유한다.

3.3.4 VOC 관리 우수사례

종합유선방송 서비스업체인 LG헬로비전(舊, CJ헬로비전)은 2015~2017년 동안 방송설치, A/S, 철거 기사의 서비스 행동 표준화를 위해 서비스 프로세스별로 발생하는 만족 VOC와 불만 VOC를 분석하고, 서비스 제공 단계별 세부 기준을 마련하였다. 서비스 접점 특성상 고객 집에 방송설치 기사가 직접 방문하기 때문에 서비스 수준을 평가하고 모니터링하는 데에는 한계가 있다. 또한 서비스 실패가 발생했을 때 정확한 원인을 파악하기 어렵고 문제해결 후 고객의 만족여부를 알아내기도 쉽지 않다. 따라서 서비스 제공 프로세스를 최대한 세분화하고 단계별 고객의 만족 VOC와 불만 VOC를 수집하여 구체적인 고객불만 예방 및 회복관리 활동 시행이 필요하다.

〈표 4-9〉에서는 접수 및 방문을 확인하는 단계에서부터 마무리/퇴실 단계별 만족, 불만족 VOC를 분류하고 실제 고객이 이용하면서 응답해 주었던 만족 및 불만족 VOC를 요약한 것인데, 이러한 사례는 서비스 강화활동 및 서비스 개선 활동을 위한 중요한 근거 자원이 될 수 있다.

| 표 4-9 | 서비스 실패예방 및 회복관리를 위한 프로세스별 만족 및 불만 VOC

구분	만족 VOC	불만족 VOC
접수 및 방문확인	• 정중하고 친절한 응대 • 상담원이 성의있게 접수를 받아줌	• 서비스 신청접수 예정시간/절차 • 대기 시간 오래 걸림 • 서비스 시간 확대 필요 • 주말/ 휴일 서비스 받기 어려움
방문 직전 점검/입실	• 예의바른 태도 • 입실하면서 신발, 도구를 가지런히 놓아두며 깔끔하게 처리하는 것이 신뢰할 만함	• 밝고 친절한 첫인상 희망 • 무표정한 인사, 밝은 표정 부족 • 여성기사 희망 • 설치기사 방문시 여자 설치기사 동행 필요
작업전 서비스 확인	• 친절한 안내/설명 • 어디가 잘못되었는지 이해하기 쉽게 자세히 설명해줌	• 사과표현 부재 • 문제점만을 물어보는 것이 아쉬움 • 작업관련 사전정보 전달 미흡 • 작업시간, 작업 경로 설명 필요
A/S작업	• 문제 해결에 대한 자세한 설명 • 작업 후 깔끔한 정리 및 처리	• 뒷정리 미흡 • 작업 후 쓰레기 방치
마무리/ 퇴실	• 명함전달 및 친절함 • 문의 사항은 언제든지 연락 달라고 해서 책임감이 느껴짐	• 끝인사 부재 • 명함 미전달 및 이로 인해 AS 고객센터 재연락 필요
복장/태도	• 신뢰를 주는 인상 • 믿음을 주는 목소리 • 태도와 말투가 공손함	• 형식적인 태도와 표정 • 빠른 응대 필요 • 부드러운 목소리 톤 필요 • 청결한 상태 희망 • 담배 냄새

출처: LG헬로비전(舊, CJ헬로비전) 서비스 프로세스 별 만족 및 불만족 VOC분석 자료 중 발췌

고객 불만을 제거할 수 있는 서비스 프로세스를 설계해서 담당 업무별 행동에 대한 지침도 필요하다. 〈표 4-10〉은 〈표 4-9〉의 프로세스별 관리 포인트에 관한 사례이다. 서비스를 제공하기 위해 사전에 점검해야 할 항목 중 고객 부재 시 방문이나 갑작스러운 방문에 대한 고객 불만을 줄이기 위해 방문 전 확인 단계를 강화할 것으로 개선하였다. 작업 후에는 관련 사항에 대해 안내 단계를 필수 프로세스로 추가하여 고객에게 반드시 작업 결과에 대한 정보를 제공할 수 있도록 하였다. 즉, 서비스 제공 프로세스에서 구매시점 이전과 이후에 대한 관리를 강화하면 고객의 불만을 줄이고 고객만족도를 높이는 효과를 얻을 수 있다.

서비스기업은 업무 및 서비스 매뉴얼을 개발할 때 고객접점에서 실패가 예상되

| 표 4-10 | 서비스 프로세스별 관리 포인트

서비스 제공 프로세스	고객응대 지침
방문 전 확인	• 방문 시간을 정확히 확인하여 고객을 안심하게 한다.
방문	• 정중하게 인사하고 소속과 이름을 밝힌다.
작업 전 안내	• 설치: 신청 서비스를 확인하고 설치방법을 안내한다. • AS: AS 발생에 대한 사과 후, 작업 안내를 한다. • 철거: 해지 내용을 고객과 확인한다.
작업	• 작업을 완벽히 마치고 뒷정리를 깨끗하게 한다.
작업 후 안내	• 설치: 계약 내용과 기능을 안내하고 정중히 끝인사를 한다. • AS: 작업종료 상태를 안내하고 정중히 끝인사를 한다. • 철거: 철거 완료를 안내하고 정중히 끝인사를 한다.

는 상황을 발굴하여 고객에게 꼭 전달해야 할 멘트 및 행동지침을 명시해 놓음으로써 고객불만을 줄이고 제공하는 서비스에 대한 신뢰 및 안심을 확보할 수 있다.

〈표 4-11〉은 프랜차이즈 미용실과 자동차 정비에서 고객 불만이 가장 많은 것 중 하나의 사례를 각각 요약한 것이다. 미용실에서 빈번한 불만 사항 중 하나는 '염색 후 물 빠짐 현상'에 관한 것이다. 고객이 염색 후 뜨거운 물로 머리를 헹구게 되면 당연히 물 빠짐이 발생하기 때문에 헤어디자이너는 염색 후 '찬물로 샴푸하라'는 안내 멘트를 제공하여 고객의 실수를 예방하여 불만 요소를 사전에 제거할 수 있다.

또한 자동차 정비의 경우 '브레이크 패드'를 교체한 후 정비사가 특별한 설명 없이 고객을 집으로 돌아가게 하였을 경우, 며칠 후 고객 불만 전화가 오는 경우

| 표 4-11 | 고객실수 예방 화법

프랜차이즈 미용실 서비스 매뉴얼 中	자동차 정비 서비스 매뉴얼 中
[염색 후] • 고객님, 염색하시고 난 후에는 며칠간은 물 빠짐이 있을 수 있습니다. • 되도록 찬물로 샴푸해 주시고 트리트먼트도 꼼꼼히 해주시면 좋습니다.	[브레이크 패드 교체 후] • 오늘 교환한 부품은 타이어 안쪽의 디스크를 잡아 차량을 정지하게 하는 역할을 하는 브레이크 패드입니다. • 교체 후 2-3일은 밀릴 수 있습니다. 디스크와 패드가 자리잡는 시간이니 안심하시고 운행시 앞차와 충분한 안전거리를 유지하면서 운행하십시오.

출처: 박승철헤어스튜디오 & 한국GM 서비스 매뉴얼 개발 사례 중 발췌

가 종종 발생한다. 그 이유는 브레이크 패드 정비 후 2~3일 정도는 브레이크를 밟아도 차가 밀리는 듯한 느낌이 드는데, 고객은 이를 정비 불량으로 여긴다는 것이다. 이런 고객불만을 제거하기 위해 정비사가 브레이크 패드 교체 후 고객이 인지할 수 있는 불편감을 사전에 안내하여 고객 불만을 최소화할 수 있는 것이다.

3.4 개인화 서비스관리

SPC그룹은 2018년 1년 동안 파리바게뜨, 파리크라상, 던킨도너츠, 파스꾸찌 등 핵심 브랜드를 중심으로 전사적인 고객경험혁신 활동을 시행하였다. 교육팀, 마케팅팀, 정보시스템 관리팀, 그리고 매장 우수 직원들로 구성된 T/F(Task Force)를 만들어 1년간 고객경험을 증진시킬 다양한 아이디어를 수집하고 고객의 반응과 피드백을 받아 서비스 개선 및 신서비스 개발에 주력하였다. 가장 고민했던 사안 중 하나가 파리바게뜨 매장에 로봇도입 여부를 결정하는 것이었다. 로봇이 매장에 어떤 형태로 있어야 할지, 어떤 역할을 해야 할지 등을 판단하기 위해 고객을 대상으로 기술수용도를 조사하였다. 로봇 활용에 대한 의사결정을 위해 실제 매장을 이용하는 고객에게 기술수용도에 대한 정량 및 정성평가를 실시하였다. 정량 평가는 SPC그룹 앱인 해피앱을 통해 정량 데이터를 수집하였고, 정성평가는 대학생과 주부 그룹 심층 인터뷰를 실시하였다.

〈표 4-12〉는 다볼카르(Dabholkar)와 Bagozzi(바고찌)(2002)의 연구를 기반으로 파리바게뜨 매장 로봇도입 여부를 위한 기술수용도 조사항목으로 고객의 라이프스타일, 상호작용, 사용성, 로봇행동, 로봇인지력, 즐거움과 같이 6개 요소로 구분하여 질문지를 구성하였다.

〈표 4-13〉은 대학생과 주부 그룹을 대상으로 기술수용도 6개 요소에 대한 인터뷰 분석결과 중 대학생과 주부 그룹 간 니즈의 차이점 일부를 요약한 것이다. 예를 들어, 로봇의 제어방식에서 대학생 그룹은 고객 명령에만 움직이길 희망했

| 표 4-12 | 기술 수용도 조사 항목

분류	질문 내용
라이프 스타일 (User Life Style)	새로운 물건이나 제품에 대해서 긍정적으로 받아들이고, 구입하는가?
	AI로봇에 대해서 관심이 있는가?
	AI로봇하면 어떤 이미지가 떠오르는가?
상호작용 (Interaction)	일반 직원 이외에 AI로봇 직원이 매장에 있는 것에 대해 어떻게 생각하는가?
	일반 직원과 AI로봇 직원의 차이는 무엇이라고 생각하는가?
	AI로봇 직원이 어떤 역할을 해주면 좋겠는가?
사용성 (Usability)	AI로봇을 떠올리면 어떤 일을 해 줄 것 같은가?
	매장에 로봇직원이 있으면 어떤 형태로 있는 것이 좋을까?
	로봇직원은 어떤 형식의 인터페이스를 가지고 있으면 좋을까?
	사용함에 있어 바라는 점이 있는가?
로봇행동 (Motion)	로봇직원의 움직임이 어느 정도까지 허용되었으면 하는가?
	명령에만 움직이는 것이 좋은가? 자유롭게 움직이는 것이 좋은가?
로봇인지력 (Intelligent)	로봇직원은 어느 정도 수준의 지능과 반응을 보였으면 하는가?
	시즌별로 메뉴를 추천해주거나 빵의 칼로리 등을 알려주는 것에 대해서 어떻게 생각하는가?
즐거움 (Enjoyment)	로봇직원과 만나는 일이 즐거울 것 같은가?
	메뉴(커피)를 주문하는 동안 재미있을 것 같은가?
	로봇직원을 통해 새로운 정보를 획득하는 것이 흥미롭게 느껴질까?

| 표 4-13 | 대학생 vs 주부의 니즈

구분		대학생 그룹	주부 그룹
로봇 행동	움직임	고객을 방해하지 않는 적은 움직임	시각적 효과를 위한 퍼포먼스와 로봇 전용공간 확보
	제어방식	고객의 명령에만 움직임: • 1인 고객은 로봇직원과 상호작용 불필요 • 2인 이상은 호기심 유발과 자연스러운 대화가능	고객 명령 없이도 자유롭게 움직임: • 1인 고객을 위한 감정적 파트너 • 재미있는 유머 제공
로봇 인지력	정보처리 능력	빅테이터를 활용한 구매촉진	사람처럼 느껴지는 신속한 반응
	정보의 종류	개별화된 추천 정보 및 할인, 이벤트 안내	결제시간 단축 및 할인, 이벤트 정보 제공

고, 주부 그룹은 고객 명령 없이도 자유롭게 움직이며 1인 고객을 위한 감정적 파트너이면서도 재미있는 유머를 제공했으면 좋겠다는 요구가 있었다. 이와 같이 고객별 니즈 분석을 통해 서비스를 개발하여 맞춤형 서비스를 제공한다면 고객의 만족도는 상승할 것이고, 고객의 이탈을 줄일 수 있을 것이다.

이태원 맥심플랜트의 고객커피 취향 찾기 안내문

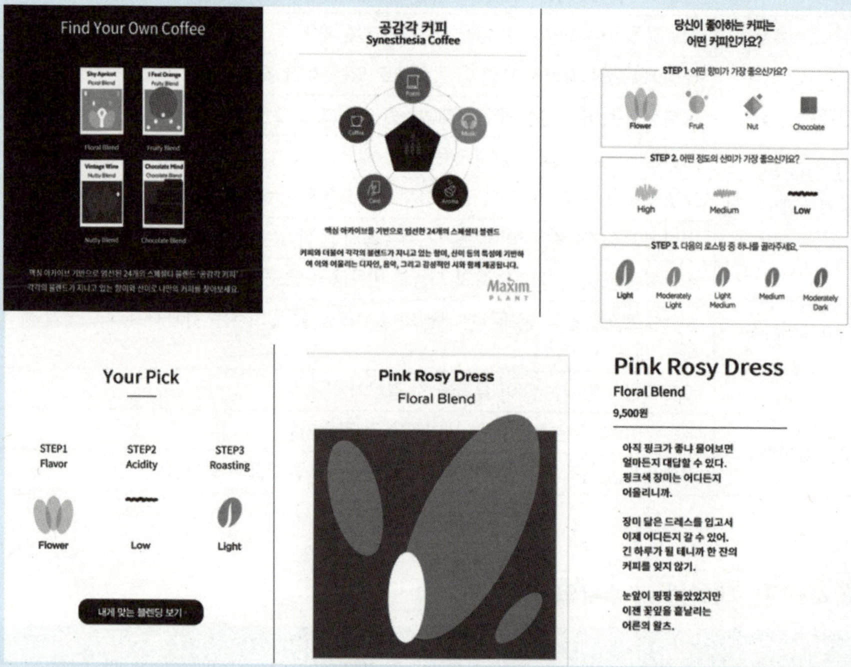

3.5 구매 후 서비스관리

3.5.1 서비스 실패(Service Failure)

고객만족경영 체제를 효과적으로 운영하더라도 제품이나 서비스 전달이 100% 만족스러울 수 없다. 서비스 실패를 정확히 이해하고 서비스 회복전략을 적극적으로 구사하는 것이 필요하다. 서비스 실패는 고객의 사전 기대보다 심각하게 기대에 못 미치는 서비스 결과를 경험하는 것이고, 고객이 서비스를 구매하거나 소비할 때 기대된 성과, 효용을 기업이 제공하지 못하는 것이다. 서비스 과정이나 결과에 대하여 부정적인 경험을 한 고객은 서비스기업에 대해 좋지 않은 감정을 갖게 되고(Heskett, Sasser and Hart), 고객이 기업과의 경험에서 서비스와 관련된 실수 및 문제가 발생하는 것이다(Maxham). 서비스 성과가 고객의 인지된 인내영역 이하로 떨어진 상태이다(Parasuraman, Berry and Zeithaml).

서비스 실패의 유형은 다음과 같이 크게 3가지로 구분할 수 있다.

㉠ 기업의 정책 및 직원이 반응하는 방법과 관련된 실패

- 기업의 정책에 대해 고객이 불공정하거나 부당하다고 인식하게 되는 정책적 실패를 의미
- 서비스가 지연되거나 서비스에의 접근이 안 되는 시스템적 실패
- 재고가 없는 경우, 보관 및 예약의 실수, 잘못된 정보의 제공 등으로 인한 실패

㉡ 고객의 필요나 요구와 관련된 실패

- 고객이 요청하는 특별주문과 관련된 실패를 의미
- 개인적인 서비스의 영역이므로 고객이 어느 정도는 허용이 가능한 실패

㉢ 직원의 부주의로 발생하는 실패

- 가격, 마일리지 적립 등을 잘못 부과하는 실패
- 고객에 대한 직원의 무관심이나 불친절, 무례한 태도 등으로 인한 실패

3.5.2 서비스 회복(Service Recovery)

서비스 제공에 있어서 서비스 실패가 필연적이라고는 하지만 서비스기업은 서비스 실패에 대한 회복방안과 절차를 갖추어야 한다. 서비스기업에서는 서비스 실패에 대응하여 회복하기 위한 행동을 취하며 이를 서비스 회복활동이라고 한다(Grönroos, 1988; Johnston, 1995; Smith and Karwan, 2010). 서비스 회복은 서비스기업이 서비스 실패로 인하여 잃어버린 고객의 신뢰를 서비스 실패가 일어나기 이전

의 상태 또는 그 이상으로 복원하고자 하는 노력이다.

효과적인 서비스 회복 노력은 고객-기업 간 관계를 위기에서 구하고 거래관계를 보다 공고히 하는 계기가 될 수 있다. 서비스 실패를 경험한 고객은 자신이 투입한 노력과 기업의 회복노력을 통한 결과를 비교함으로써 자신과 기업의 교환관계가 공정한지를 판단하게 된다.

서비스기업은 불만족한 고객들이 불평을 할 수 있도록 장려하고 공정한 프로세스와 성과를 제공하는 포괄적 서비스 회복 시스템을 개발해야 한다. 효과적인 서비스 회복 전략을 통하여 서비스 실패 초기에 고객이 가질 수 있는 기업에 대한 부정적인 이미지를 감소시키고 잠재고객에게 기업의 긍정적 구전을 전달하여 최소한의 부정적 구전을 전하는 것을 방지해야 한다.

서비스 회복 전략은 다음과 같다. 첫째, 고객의 불만을 미리 알아내라. 상품이나 서비스 전달이 실패할 것으로 예상될 경우, 고객들이 직접 불만을 제기할 때까지 기다리지 말고 먼저 적극적으로 불만요인을 발굴하고 체계화해야 한다.

둘째, 서비스 회복의 초기 대응은 신속하고도 감성적으로 해야 한다. 실제 불만을 제기하는 고객들은 이미 인내의 단계를 지나고 있기 때문에 불만을 제기하는 고객에 대해 기업은 신속한 반응을 보여야 한다. 서비스 실패 후 처음으로 고객을 만나는 순간에는 고객의 입장을 이해하고 공감하는 감성적 접근이 필요하다. 첫 대면에 실망한 고객은 자신의 불만과 사후 처리과정상의 불만을 주위 사람들에게 끊임없이 전파하여 확대시킨다.

셋째, 접수된 불만은 공정하게 처리한다. 첫 대면을 성공적으로 진행했다 하더라도 공정한 대응에 실패하면 고객의 불만은 다시 증폭된다. 서비스 회복 이론의 대가인 스티븐(Stephen) 교수의 연구에 따르면, 서비스 회복의 공정성은 고객의 만족도에 직접적인 영향을 미친다고 한다. 고객이 제기하는 불만을 체계적으로 정리하고 이에 따른 회사 내부방침, 자원투입의 수준을 연계시켜 고객서비스의 최전선에 뛰고 있는 직원에게 명확히 알려줘야 한다.

넷째, 차별화된 불만관리를 실시해야 한다. 공정하게 불만을 처리하여도 고객의 성향이 상이하기 때문에 완전히 불만을 없애기는 어렵다. 서비스 회복 과정을 획일적으로 관리하지 말고 전략적으로 차별화해야 한다. 고객의 만족도와 충성도에 그룹을 분류하고 고객 집단의 특성을 분석하여 회복 과정에 반영한다. 집단별로 차별화된 서비스 회복과정은 내부자원의 효율적인 운영과 서비스 회복의 효과성을 높일 수 있다.

다섯째, 고객 불만은 서비스 혁신의 기회로 삼아야 한다. 서비스 회복활동의 실질적인 성공은 고객 불만을 체계적인 분석을 통해 제품이나 서비스의 기획, 설계, 생산과 같은 비즈니스 프로세스상의 혁신으로 연계될 때 비로소 완성된다.

서비스 회복 3단계는 사전 서비스 회복, 제공시점 서비스의 회복, 사후 서비스의 회복이다.

사전 서비스 회복은 서비스 실패가 시작되어 서비스 직원이 실패를 인식할 때까지를 말한다. 이 시기는 매우 짧을 수도 장기적으로 지속될 수도 있다. 고객은 이 단계에서 서비스 회복에 대한 기대를 공식화한다.

제공시점 서비스의 회복은 서비스 직원이 실패를 인지하고 고객에게 구체적인 서비스 회복 행동을 실행하는 단계이다. 이 단계에서는 즉각적인 서비스 제공과 고객에 대한 정당한 보상에 초점을 두고 있다. 사후 서비스의 회복은 고객에게 구체적이고 정당한 서비스 회복 노력이 수행된 후 부족한 부분이 있다면 추가적으로 심리적·유형적 보상을 실행하는 시기이다.

자동차, 가전제품 등은 판매 이후 서비스관리가 기존 제품 이용에 대한 만족도를 높이고 고객충성도를 강화할 수 있으므로 서비스기업은 다양한 방법을 활용하여 고객충성도 관리에 적극적인 것이 일반적이다. 제품이 고장 난 후 A/S를 실시하는 것뿐만 아니라 아파트 입주 전·후 일정 기간 무상점검 서비스를 실시하고 고객의 의견을 듣고 반영하는 관리 프로세스를 구축해야 할 것이다.

3.5.3 공정성이론(Justice theory)

서비스 실패를 회복하기 위해서는 결과도 중요하지만 처리 과정이 투명성과 공정성이 확보되지 않으면 더 큰 불만으로 번지는 경우가 있다. 고객이 서비스 회복 과정에서 인식하게 되는 공정성은 세 가지 차원, 즉 절차 공정성, 상호작용 공정성, 분배 공정성이다.

첫째, 절차 공정성(procedural justice)은 서비스 실패를 극복하기 위해 거치는 여러 단계의 절차와 과정에 대하여 고객이 공정하다고 인식하는 것을 말한다. 이는 서비스 회복 과정에서 나타난 기업의 정책과 규정이 공정한가를 나타내는 개념으로 시스템의 유연성과 회복과정에서 고객이 들인 노력에 대한 고려가 포함된다. 절차 공정성의 차원은 대기시간, 유연성 등이 있고, 이것은 문제를 처리하는 속도와 관련이 깊다. 물론 빠르게 문제를 해결해주면 회복이 빨라지겠지만, 문제의 안건에 따라 지연이 발생하는 경우는 반드시 고객에게 지연 사유와 언제까지 가능할지 안내하고, 중간 중간 진행사항에 대한 정보를 고객에게 제공해야 한다.

둘째, 상호작용 공정성(interactional justice)은 서비스 실패 상황을 복구하는 과정에서 고객이 접점 직원과의 인간적인 상호작용 속에서 공정하게 대접받았다고 평가하는 정도이다.

결과를 전달하는데 있어 대인관계의 행동을 다루는 것을 의미한다. 접점에 있는 담당직원이 고객에 대하는 태도와 관련된 공정성을 말한다. 서비스 회복 유형 중 사과를 포함한 회복이 진행될 때 상호작용 공정성에 대한 인식은 더욱 높아지는 것으로 확인되었다. 직원들이 최선을 다해 해결하는 모습을 보면 고객도 상황을 이해하려고 노력할 것이다.

셋째, 분배 공정성(distributive justice)은 기업의 서비스 회복 노력 전반에 대하여 개인이 받은 결과물 측면에서 얼마나 공정한가에 관한 개념이다. 서비스 제공기업이 약속한 서비스를 제대로 고객에게 제공하는지에 관한 공정성 차원으로 서비스 실

*** 접점 직원이 불만고객 응대시 주의해야 할 대화**

- 무책임: 제 담당이 아니라서요.
- 무관심: 처리 중인 걸로 알고 있는데요.
- 무의지: 제가 결정하는 게 아니라서요.

패가 발생할 경우 경제적인 보상을 해당 고객에게 충분히 제공해주는가를 말한다. 분배 공정성의 인식은 할인, 무료 제공, 환불, 쿠폰 등과 같은 보상(compensation)의 배분을 포함하며, 이러한 보상은 분배 공정성에 긍정적인 영향을 미친다.

| 그림 4-8 | 음식점 사장님의 현명한 댓글

배달의 민족 고객이 남긴 항의 리뷰./온라인커뮤니티

배달의 민족 고객의 항의 리뷰에 남긴 사장님 사과문./온라인커뮤니티

- ▲ 잘못을 인정한 점
- ▲ 진심 어린 사과를 한 점
- ▲ 재발 방지 대책을 세운 점
- ▲ 합당한 보상을 약속한 점

:: 함께 이야기해 봅시다

1. 여러분이 경험한 서비스 실패 사례를 찾아보고, 기분 나쁜 이유를 공유해 봅시다.

2. 조직이 성공적인 서비스 회복관리를 수행하기 위해 어떤 요소는 갖추어야 할까요? (예, 시스템, 제도, 직원 교육 등)

3.5.4 구매 후 서비스 관리 우수사례

건강보험심사평가원에서는 300병상 이상의 종합병원을 대상으로 환자경험평가를 실시한다. 병동에 입원했던 환자에게 퇴원한 후 병원 이용 경험에 대한 만족 여부를 물어보고, 이 결과를 기반으로 간호, 의사, 원무, 검사 등 부서별 서비스 개선 및 병원 환경 개선, 관련 제도 및 정책을 수립하고 있다. 그래서 병원에서는 환자경험 평가에 대비하기 위해 실제 병동에 입원한 환자나 퇴원 환자를 대상으로 고객 인터뷰 및 관찰을 시행하여 구체적인 관리 포인트를 마련하고 있다.

〈표 4-14〉는 전남대학병원이 서비스운영 전문가 자문 및 컨설팅을 통해 환자와 보호자들의 병동 생활 및 퇴원 후 외래 방문에 대한 솔직한 의견과 제안 사항 등에 관한 일부 사례를 정리한 것이다. 환자 인터뷰를 통해 환자경험 평가 항목별 고객 의견 및 피드백을 청취한다. 진료서비스, 투약 및 치료과정, 병원환경, 환자권리보장 등의 항목에 맞게 환자, 보호자 인터뷰 결과를 기반으로 직원 교육자료 개발, 환자경험관리 대비 지침서 발간, 회진 프로세스 개선 및 회진 알람시스템 도입 등 서비스 제공(판매) 후 서비스관리를 개선하였다.

병원 임직원들이 모두 환자경험 관리에 관심을 갖고 서비스 개선 활동에 참여하기 위해서는 환자 및 보호자의 기대와 요구사항을 정확히 파악하는 것이 가장 중요하다. 특히 환자들이 경험하는 어려움은 직접 물어보지 않으면 제대로 이해할 수 없기 때문에 병원에서는 시간과 노력을 투자해서 고객의 세분화된 니즈를 발굴해야 할 것이다.

〈표 4-14〉에 요약된 환자(고객)경험을 중심으로 환자에게 제공해야 할 핵심 서비스를 단계별 대화와 행동 포인트별로 구체적인 개선방안을 구축하였다. 예를 들어, 의료 접점직원들은 존중과 예의를 전달하는 방법, 환자가 이해하기 쉽게 설명하는 스킬(기술), 환자실수 예방을 위한 주의사항 안내, 공평하게 대우받고 있다고 느낄 수 있는 언어/비언어적 표현 방법 등을 체득해야 할 것이다.

외래 및 입원 상담 및 수속 프로세스, 검사 전·중·후 프로세스에 맞게 적용할

| 표 4-14 | 환자경험평가 항목별 환자(보호자) 인터뷰 결과

구 분	항 목	인터뷰 결과
진료 서비스: 의사	존중/예의	• 환자입장에서 환자의 상태 파악 시 좀 천천히 했으면 좋겠음 • 간호사보다 의사에게 존중받을 수 있는 서비스가 가장 중요함
	경청	• 뇌졸증으로 응급실에 내원했을 때 판단이 느리고 제대로 말을 할 수 없는 상태였음 • 의사의 질문이 너무 빨랐음. 대답을 할 수 없는 상황에서 계속 질문을 하니까 답답하고 힘들었음
	의사와 대화할 기회	• 회진 시간이 너무 짧아 궁금한 점이 있어도 물어보지 못함 • 의료진이 바쁠 때는 질문할 기회도 주지 않고 빨리 가버려 서운함
	회진 시간 관련 정보 제공	• 언제 회진하러 오는지 모르기 때문에 회진을 올 때까지 무조건 자리에서 기다리고 있어야 함 • 아무데도 가지 못하고 기다려야 하는 번거로움이 있음
투약 및 업무 처리 과정	투약/검사/처치 전 설명	• 당일 검사나 처치하는 항목을 미리 안내해 주면 좋을 것 같음. 예를 들어, 갑자기 와서 어떤 이유로 혈액검사를 하는지 설명 없이, 간호사가 '피 검사 있네요, 뽑을게요'라고 이야기함
	질환에 대한 위로와 공감	• 의사 선생님들은 하고 싶은 말만 하시는 것 같음. 예를 들어, 불편한 부분을 호소하더라도 그 부분에 대한 별다른 설명 없이 수술이 잘 되었다고만 하시니 소통이 잘 안 되는 느낌임
	퇴원 후 주의사항 및 치료 계획 정보제공	• 퇴원수속 시간이 오래 걸리는 점이 불만임 • 환자관리는 잘되고 있는 편이지만 보호자에 대한 관리가 아쉬움. 예를 들어, 병간호하면서 지치기 마련인데 빠른 외래 진료도 안 되고 약 처방도 안 돼서 불편함

수 있는 표준 지침서를 개발하여 활용하면, 환자와 보호자는 지속적으로 관리를 받고 있다는 것을 인지하게 되어 고객의 충성도는 높아질 것이다.

〈표 4-15〉는 전남대학병원이 환자경험평가를 대비하여 개발한 항목별 표준 지침서의 사례 중 일부 내용이다. 고객접점 직원들의 상황별 대처와 문제해결 능력을 높이기 위해서 중요 MOT(Moment of truth)별 표준대화와 행동 포인트를 정리하였다. 환자가 수술 후 금식 해제 및 관리가 필요한 상황에 간호사가 꼭 해야 할 행동이나 주의해야 할 사항을 행동 포인트를 정리한다. 환자의 상황을 고려하여 공감표현을 하고, 정확한 정보 제공을 하는 것이 중요하다. 환자가 실수하기 쉬운 상황도 미리 안내하고, 환자 상태를 확인하는 질문도 필요하다. 이러한 표준 지침서는 의료서비스 품질 향상 및 환자 만족도 향상에 적극 활용되고 있다.

표 4-15 환자경험평가 대비 항목별 표준 지침서: 수술 후 금식해제 및 관리(예)

대화	행동포인트
• 000님, 수술 잘 마치고 오셨어요? 많이 힘드셨지요? 000님의 상태에 관해 확인해 보겠습니다. • 식사는 0시간이 지나면 드실 수 있습니다.(금식 관련 푯말을 보여주며) 지금 시간이 0시이니 0시부터 식사 가능합니다.	• 금식의 이유를 설명하고 해제 시간을 설명한다.
• 수술 후 주의사항에 대해 말씀드리겠습니다. 수술 직후에는 넘어질 수 있어서 먼저 양쪽 난간을 올리겠습니다. 수술 부위 한 번만 상태 먼저 확인해 볼게요. • 어지럼증은 없으세요? 천천히 조금 누워서 회복 취하셔야 합니다. 환자분 상태 측정을 위해서 체온 먼저 재겠습니다. • 혹시 불편한 점이 있으시면 바로 담당 간호사에게 알려주십시오. 담당의사와 상의하여 조치해 드리겠습니다.	• 회복 자세 및 배액관에 대해 알기 쉽게 설명하고 주의사항을 지킬 수 있도록 한다. • 불편함이나 이상 증상이 있으면 간호사에게 이야기할 수 있도록 격려한다.

서울성모병원 제2회 서비스 디자인경진대회 개최

- 환자중심적 서비스 디자인, 서비스개발, 환경개선 등 사례 발표 -

서울성모병원 서비스 디자인경진대회가 2017년 2월 14일(화) 병원 본관 대강당에서 개최되었습니다.

2015년 한국서비스경영학회와 한국표준협회 개최 '서비스 디자인 경진대회' 대상을 수상했던 서울성모병원은 2016년부터 내부적으로 매년 서비스 디자인 경진대회를 열고 있습니다.

2회째 진행한 본 대회는 각 5명으로 구성된 팀들이 가상의 주식회사를 만들어 일궈낸 환자중심 서비스 디자인 프로세스와 서비스 개발, 환경 개선 등 우수한 사례를 시상하는 대회입니다.

이번 대회에는 서비스별로 채혈실 ㈜한울, 응급의료센터 ㈜매니아, 병동 ㈜이메이트 3개 팀이 참여했으며, 1등은 응급의료센터를 서비스 디자인한 ㈜매니아 팀이 수상하였습니다.

환자가 가장 많고 개선이 필요한 '경증응급실'을 포커스하여, 환자가 응급실에 들어올 때부터 나갈 때까지의 과정 절차화, 응급실 과밀도와 혼잡도에 대한정보 제공, 진동벨 활용 등의 서비스를 디자인하여 극찬을 받았습니다.

승기배 서울성모병원장은 "참가팀들의 퀄리티가 하드웨어적으로도 소프트웨어적으로도 크게 향상됐다."며 "도출된 아이디어를 최대한 반영할 수 있도록 검토하겠다. 앞으로도 환자 중심 마인드로 전 교직원들이 서비스 디자인 측면에서 노력하길 바란다."고 말했습니다.

출처: 서울성모병원 홈페이지(https://www.cmcseoul.or.kr)

| 참고문헌 |

권나현·표순희·이정연(2018), 공공기관 고객만족지수(PCSI) 모형을 적용한 도서관 고객만족도 측정, 한국문헌정보학회지, 52(1), pp.313-340.

김준호(2008),「고객만족경영」, 무역경영사.

서창적·유한주·김희탁·김진화·임효창·김석은·조병찬(2008),「국가품질상 경영시스템」, 한국표준협회.

신완선 외(2009),「MB모델 워크북」, 고즈윈.

이용석(2002), 서비스리더십이 외식기업의 경영성과에 미치는 영향에 관한 연구, 경기대학교 서비스경영전문대학원 석사학위 논문.

정연웅·이인석·장석원(2014), 서비스조직의 조직문화와 인적자원요소가 조직유효성에 미치는 영향: 호텔종사의 팔로워십 매개효과, 한국서비스경영학회지, 15(3), pp.35-63.

황혜미·이돈희(2022), 지속적인 고객가치 창출을 위한 통합지원서비스 모델 프레임웍 개발, 서비스경영학회지, 23(3), pp.101-128.

황혜미(2011), 고객만족경영 지속성의 핵심요인과 성과에 대한 연구, 서강대학교 LSOM 박사학위논문.

황혜미·박종익(2019), CS리더스관리사 기본서, 영진닷컴.

MAP자문교수단(2005),「말콤볼드리지 성공법칙」, 김영사

건강보험 심사평가원 홈페이지(https://www.hira.or.kr)

한국표준협회 홈페이지(https://www.ksa.or.kr)

Badri, M. A., Selim. H., K. Alshare, K., Grandon, E. F., Younis, H., and Adsulla, M.(2006), "The Baldrige Education Criteria for Performance Excellence Framework. Empirical Test and Validation," *Internal Journal of Quality and Reliability Management*, Vol.23, No.9, pp.1118-1157.

Dabholkar, P. A. and Bagozzi, R. P.(2002), An attitudinal model of technology based self-service: Moderating effects of consumer traits and situational factors, *Journal of the Academy of Marketing Science*, 30(3), pp.184-201.

Meyer, S. M. and Collier, D. A.(2001),"An Empirical Test of the Casual Relationships in the Baldrige Health Care Pilot Criteria," *Journal of Operations Management*, Vol.19, pp.403-425.

Ugboro, I. O. and Obeng, K.(2000), "Top Management Leadership, Employee Empowerment, Job Satisfaction, and Customer Satisfaction in TQM Organizations: An Empirical Study," *Journal of Quality Management*, Vol.5, pp.247-272.

Chapter

5

직원 역량강화를 위한 서비스 인적자원관리

Case Study

'고객 접점' 핵심 인재에게 맡겨라

이유재 서울대 석좌교수의 '유'익하고 '재'미있는 경영 인사이트

대다수 기업이 충분한 교육훈련 없이 일선 직원을 활용한다. 교육훈련을 하더라도 대상이 주로 본사 직원들이다. 안내데스크, 매장, 고객센터 등 일선에서 고객을 대하는 직원들은 소홀히 하는 경향이 있다. 단순 업무를 반복적으로 수행하다 보면 직원의 사기는 저하된다. '내가 이런 일이나 하려고 그렇게 고생하며 여기 왔나'라는 의문이 드는 순간, 업무에 대한 긍지나 열의는 사라진다.

사람의 감정은 전염된다. 일선 직원이 불만을 품으면 그 감정이 고객에게 고스란히 전달된다. 당연히 고객이 체감하는 경험이 나빠진다. 기업의 매출이나 이익은 낮아질 수밖에 없다. 결국 직원에게 제공할 수 있는 임금이 낮아지고 좋은 인력을 확보하기는 더 어렵게 된다. 이직한 직원들의 자리를 채워야 하기 때문에 직원 채용에 많은 시간이나 노력을 들일 수도 없다. 이렇게 채용한 직원들에 대해 교육훈련도 제대로 못하고 바로 빈 자리를 채워야 한다.

01 서비스 인력과 서비스 모니터링

1.1 서비스 인력관리의 중요성

서비스기업은 고객에게 서비스를 전달하는 무수히 많은 접점(MOT: Moment of truth, 이하 MOT)을 갖고 있으며, 서비스는 무형성, 이질성, 동시성, 소멸성과 같은 독특한 특성을 지니고 있어 서비스 전달 과정을 체계적으로 관리하고 운영하여야 고객을 만족시킬 수 있다. 특히 이질성은 동일한 서비스일지라도 서비스를 제

단순 직무를 수행하는 직원이 성과가 우수하면 타 부서가 스카우트하거나 승진을 한다. 다른 직원들은 그 자리에 남아 고객을 응대하며 단순 업무를 수행한다. 이들은 동일한 직무를 낮은 사기와 보상으로 수행하면서, 적대적인 감정을 갖게 되고 표출하게 된다. 이것이 고객과의 관계를 악화시키고 고객 경험을 악화시킨다.

많은 기업에서 발생하는 이런 현상을 '일선 직원 확보의 악순환'이라고 한다. 단순 직무 수행 → 직원 사기저하와 높은 이직률 → 고객 경험 악화 → 고객 이탈 → 매출과 이익 감소 → 낮은 임금 → 단순 직무 설계 → 채용 노력 최소화 → 훈련 최소화 → 단순 직무 수행의 악순환이다.

직원들에게 쌓인 분노나 적대감을 누구에게 풀까? 그 직원은 자신이 대하는 고객에게 적대감을 표출하게 될 것이다. 기업이 낮은 성과를 보이는 직원을 방치한 피해를 고객이 떠안게 되는 것이다. 이런 현상을 비유적으로 표현해 '떠돌이 안내직 증후군(shuffling receptionist syndrome)'이라고 한다.

출처: 한경 CMO Insight(2022년 9월 23일자), https://www.hankyung.com

공받는 고객에 따라서 제공된 서비스 품질이나 성과에 대한의 평가가 다를 수 있기 때문에 서비스 표준화를 통해 일관성 있는 서비스 프로세스를 설계하는 것이 중요하다(유한주 외, 2019).

서비스기업의 성공 잣대가 되는 서비스 품질의 향상이 기업의 비즈니스 전략이라면 접점 직원이 이에 맞는 역량을 갖추어야 하는 것이다. 서비스 접점에서의 성공여부는 고객의 요구가 충족되거나 초과되는 범위에 따라 결정되며, 서비스 조직은 만족한 고객에 의해 지속가능경영이 가능한 것이다(이슬기·황혜미, 2018).

이미 다수의 연구에서 서비스 접점 직원의 뛰어난 직무역량은 조직 내·외부적으로 긍정적인 영향을 미치는 것으로 나타났다. Chapman과 Lovell(2006)은 서비스 접점 직원의 높은 직무역량은 제공자가 전달하는 서비스에 대하여 높은 몰입을 보임을 입증했고 서창적과 황혜미(2008)는 서비스 접점직원의 역량이 노동생산성과 서비스 품질에 긍정적인 영향을 미침을 보여줬다. 박근영(2018)은 기존의 연구에서 더 나아가 서비스 접점에서 발휘하는 직원의 역량에 의해서 고객의 만족도와 재방문율을 높일 수 있음을 보여줬다.

고객과 상호작용이 일어나는 접점에서는 서비스를 전달하는 직원별 서비스 능력 및 역량에 대한 편차가 발생하고, 전달과정에서 고객의 특성이나 상황(T.P.O: Time, Place, Occasion)에 따라 개별화된 응대가 필요하다. 서비스기업은 고객응대 표준 매뉴얼을 개발하여 직원들이 일관된 서비스를 제공하도록 매뉴얼 내용을 교육시킨다. 서비스 프로세스를 효과적으로 운영하고 가시적으로 관리하기 위해서는 고객응대 시 직원이 지켜야 할 서비스 행동 및 대화에 기준을 만들고, 이를 기반으로 접점 직원 서비스 평가를 실시한다.

서비스기업들은 서비스 매뉴얼을 통해 접점직원의 서비스제공 범위와 제공프로세스 순서를 제시하고 업무수행에 따른 책임을 명시한다. 접점직원은 문서화된 매뉴얼을 통하여 직무능력을 키우고 정보를 공유하며, 기업은 매뉴얼을 통해 숙련된 인력을 확보하고 부서이동에 따른 손실을 줄일 수는 이점이 있다(서창적·이보라, 2013).

무엇보다 중요한 것은 접점 직원들이 서비스조직에 대한 브랜드 로열티(loyalty)를 갖고 고객을 응대하게 되면 고객들도 해당 브랜드에 대한 관심이 생기고 매장에 재방문하게 된다. 반대로 고객이 '왜 이렇게 택배비가 비싸요'라고 말했는데, 직원이 '그럼, 가격이 싼 택배회사를 이용하세요'라고 일침을 놓는다면 고객은 해당 직원과 기업에 대한 실망을 하게 될 것이다.

1.2 서비스 모니터링

서비스 수준에 대한 측정은 고객만족도조사(CSI), 순수고객추천지수(NPS: Net Promotor Score)* 등이 있다. 그러나 이러한 측정방식은 접점 직원의 태도에 대한 측정이 아닌 고객의 만족정도를 측정하거나 기업의 서비스 품질에 대한 조사이기에 직원들의 행동에 대한 측정은 불가능하다. 물론 고객만족도 조사 항목에도 대면, 비대면 상호작용 품질을 측정하는 항목이 있으나 전체 평가항목에 비해 비중이 낮으며, 고객응대 중 어떤 부분이 부족하고 어떤 것을 개선해야 할 파악하기 어렵기 때문에 서비스기업에서는 내, 외부 서비스 모니터링을 실시하여 매장별, 부서 및 개인별 서비스 장·단점을 진단하고 있다.

고객만족도조사(CSI)는 서비스 전달과정에 대한 평가를 하고 있으나 전반적인 서비스 프로세스 평가를 다 반영할 수는 없다. 또한 고객만족도 조사는 주관적인 평가를 할 수밖에 없는 형태를 지니고 있으며 측정방법도 리커드(Likert) 척도를 사용하여 고객들이 평가를 하는 것이기에 편차가 발생한다(김우삼 외, 2003).

서비스 모니터링은 서비스 콘셉트와 서비스 매뉴얼과 연계되어야 한다. 즉 서비스기업이 지향하는 서비스 방향과 서비스 표준이 담긴 매뉴얼 내용을 직원들이 고객응대 시 적극 활용하는지 점검하고 피드백함으로써 접점의 서비스 품질 수준을 향상시킬 수 있다. 서비스 콘셉트는 매뉴얼에 고객응대 행동 포인트와 대화 표현으로 구현되어야 한다. 이렇게 서비스 콘셉트와 매뉴얼이 일관성이 있어야 서비스 모니터링을 받는 직원들도 평가에 대한 신뢰감을 느낄 수 있다.

일부의 모니터링은 서비스 부진 점포나 부진 직원을 발굴하는데 초점을 두어 서비스 수준을 하향 평준화시키는 경우가 종종 있다. 평가하는 요원이나 평가를 받는 직원들도 모니터링에 대한 불신과 불만이 쌓이고 평가 결과에 대한 신뢰성마저 잃어버리게 된다. 서비스 모니터링과 평가는 직원들이 서비스 표준 매뉴얼

*** NPS(Net Promotor Score), 순수고객추천지수**

'추천의향'이라는 단 하나의 문항으로 고객 로열티를 측정하는 방법이다. 추천 의향 문항을 11점 척도로 측정하여 추천고객비율에서 비추천고객비율을 빼서 NPS를 산출한다. NPS는 추천의향을 높임으로써 반복 구매(Repeat Purchase)또는 추천(Referral)을 일으키고, 이 두 가지를 통해 궁극적으로 기업의 성장을 달성하고자 한다. GE와 마이크로소프트 등 세계적 기업들이 NPS를 성과지표로 도입하면서 산업계에 점차 확산되었다.

출처: [네이버 지식백과] NPS(매일경제, 매경닷컴)

그림 5-1 서비스 모니터링의 목적

1. 조직 전반의 품질 향상
2. 고객의 정확한 요구 발굴
3. 서비스 프로세스의 효과성 파악
4. 서비스 혁신이나 개선의 근거 제공
5. 교육의 필요성 인식 및 교육 효과성 확인
6. 직원 역량 개발을 위한 맞춤형 코칭 실시

을 충분히 습득하고 활용하는 단계에 시행하는 것이 적합하며 서비스 트렌드와 고객 니즈 변화에 따라 평가 항목도 계속 수정 및 보완해야 한다.

서비스 모니터링의 목적은 다음 [그림 5-1]과 같다. 조직 전반의 서비스 품질 향상을 위해 지속적으로 실시해야 하며, 모니터링 실시를 통해 변화하고 진화하는 고객의 니즈를 발굴할 수 있다. 서비스기업에 제공하는 서비스 프로세스의 문제점 및 개선점을 도출 할 수 있고, 타 접점과 차별화할 수 있는 서비스 혁신 아이디어를 찾아 낼 수 있다. 예를 들어 파리바게뜨 매장에 고객이 들어서면 고객은 빵을 고르는데 관심을 기울이지만, 서비스 매뉴얼에는 직원들의 고객맞이 인사와 안내를 하라는 지침이 있었다. 모니터링을 통해 고객관찰을 지속한 결과, 오히려 맞이 단계에 응대를 잘하는 것보다는 고객 문의시 상품 추천이나 결제과정에서의 상호작용의 중요성을 인지하게 되었다. 그래서 파리바게뜨는 직원의 맞이 인사 대신 문이 열림과 동시에 기계음 인사말이 나오는 장치를 부착하였고, 직원들은 고객응대에 집중 응대하도록 서비스 현장을 개선하였다.

서비스 모니터링은 〈표 5-1〉과 같이 기업 내부의 서비스 코치나 강사가 시행하는 것과 외부 고객의 시각으로 전문가 평가를 실시하는 것으로 구분된다. 내부 평가는 적은 비용에 직무에 대한 이해도가 높은 관리자들이 평가하여 평가 결과를 수집하고 분석하기 용이하지만, 평가의 신뢰성과 공정성을 확보하는데 어려움이 있다. 그래서 외부 전문가들의 평가를 통해 모니터링 평가 항목을 개발하고 기업에 최적화된 평가와 피드백을 실시한다. 평가 결과에 따라 부족한 부분에 대

| 표 5-1 | 외부, 내부 모니터링 비교

구분	외부	내부
장점	• 신속한 모니터링 실시와 피드백 • 고객 관점의 평가가 가능 • 시장에서 우리의 현수준 파악에 유리	• 현장감(핵심가치) 있는 모니터링 운영 • 전사적인 공유와 확산이 유리함 • 실시간 모니터링이 가능
단점	• 현실을 반영하지 못한 평가 • 평가를 위한 서비스 발생 우려 → 눈치 보면서 하는 서비스 • 비용이 많이 발생	• 객관성 및 공정성 확보의 어려움 • 평가원의 인지편차가 발생 • 시간이 오래 걸림 → 준비/운영/평가의 사전·사후 단계

한 교육을 실시하고, 부서별 및 개인별 코칭을 통해 서비스 역량을 함양할 수 있도록 한다.

서비스 평가항목을 개발할 때 〈표 5-2〉와 같이 고려해야 할 사항이 있다. 우선 직원들의 전반적인 응대 프로세스 전부를 평가할 수 있어야 한다. 고객응대 상황에 일부분만 담게 되면 항목으로의 대표성이 떨어진다. 평가 기준도 누구나 인정할 수 있는 객관성을 확보해야 하기 때문에 전문가와 기업 내부의 관리자가 평가항목을 공동 개발하는 경우가 많아지고 있다. 또한 평가 도구가 측정하고자 하는 현상을 일관성 있게 측정해야 하기 때문에 분기 또는 반기별 일정 기간을 정해, 동일한 항목으로 평가한다.

측정하고자 하는 평가내용이 접점에서 발생하는 고객응대에 해당하기 때문에 타당성을 확보하기는 어렵지 않다. 다만 일부 극단적인 불만사항이나 악성고객

| 표 5-2 | 모니터링 항목 개발 시 고려해야 할 사항

구분	내용
대표성	직원의 전반적인 응대 태도를 모두 평가할 수 있어야 함
객관성	평가기준은 누구나 인정할 수 있는 객관성이 확보되어야 함
차별성	업무에 따라 서로 다른 스킬이 필요하기 때문에 그 내용을 반영해야 함
신뢰성	평가도구가 측정하고자 하는 현상을 일관성 있게 측정해야 함
타당성	측정하고자 하는 모니터링 평가내용이 실제에 가깝게 정확히 측정해야 함
유용성	모니터링 결과가 고객에게 유의미한 영향을 주어야 함. 기업의 고객만족도 증진, 수익성 확보에 유용하게 활용할 정보임

응대에 해당하는 것은 담지 않도록 한다. 마지막으로 모니터링 결과가 고객 서비스 향상에 유의미한 영향을 주어야 한다. 부족한 부분을 바로바로 개선해서 고객이 서비스가 개선되고 있다고 느끼는 것이 중요하다. 서비스 모니터링 평가 결과는 서비스 표준 이행 수준을 파악하는데 그치는 것이 아니라 향후 서비스 개선을 위한 교육 방향, 직원들의 동기부여 방법, 제도 및 프로세스 개선 방안 등에 활용할 수 있어야 할 것이다.

〈표 5-3〉은 세일즈 전문 매장의 서비스 모니터링 평가항목 개발 예시이다. 고객맞이, 니즈파악, 상품제시 및 설명, 결제 및 상품전달과 같이 4단계 프로세

표 5-3 세일즈 매장 서비스 모니터링 평가항목개발 사례

구분		배점	평가내용 및 기준	
고객맞이	용모 복장	20	유니폼에 어울리는 머리모양과	
	대기 자세		바른 자세로 올바른 00에서	고객맞이 서비스가 만족스러울 수 있는 대표성이 있는 행동과 말
	첫인사		고객과 눈을 맞추며 가벼운	
	신속 응대		하던 일을 멈추고 고객을	
니즈파악	요구 확인	15	고객의 원하는 상품을 정확하게	
	눈맞춤		고객과 대화하면서 Eye contact를	
	신속성		신속하면서도 안정감 있게	
상품제시설명	표준 대화	35	MOT 서비스 표준용어를	
	전문성		상품의 특징과 장점 혜택에 대해	
	의뢰형		긍정적이고 공손한 의뢰형을 사용하며	
	상품 추천		고객이 선택하기 쉽도록 상황에	
	밝은 음성		적극적이고 성의 있는 음성을	
	적극성		고객이 직접 상품을 시연하고 착용해볼 수	
	제시 자세		정중한 자세로 고객이 보기 쉽게	
결제상품전달	정확성	20	고객이 구매하려는 상품의 가격과 수량	
	수수 자세		두 손으로 카드와 신분증을 주고	의미가 간결하고 정확하게 전달되는 단순한 항목
	결제 확인		고객에게 결제영수증을 자세하게 설명해	
	수수 자세		고객이 잡기 쉽게 포장된 상품을 정중한	
감동포인트	고객과 진정성 있게 소통하고 있다.			

스로 구분하였고, 상품제시 및 설명 항목(35점)의 배점이 가장 높은 것을 확인할 수 있다. 고객맞이 단계에서 고객이 만족스러울 수 있는 항목만을 발췌하여 항목을 구성하였다. 평가내용 한 개당 기준이 2개를 넘지 않도록 단순하게 항목을 구성해야 한다. 지나치게 많은 것을 평가하려하면 오히려 평가의 객관성 확보가 어려워질 수 있다.

다음 〈표 5-4〉는 서비스 모니터링 평가항목 개발 사례이다. 서비스 이미지,

| 표 5-4 | 접점직원 모니터링 평가표 개발 사례

◈ 해당부서: ◈ 모니터 요원: ◈ 조사기간: 월 일 시 분

분류	평가항목	평가기준	배점	직원 1	직원 2	직원 3	직원 4	직원 5
서비스 이미지	용모/복장	복장(유니폼 유니화)과 용모(헤어, 화장상태)가 단정하다.	5					
		복장과 용모 중 한 가지 항목이 불량하다.	3					
		복장과 용모 모두 불량하다.	1					
	신분증 착용	신분증을 바르게 패용하고 알아보기가 쉽다.	5					
		신분증을 패용하였으나, 주머니 등에 넣어져 있어 알아보기 어렵다.	3					
		신분증을 패용하지 않았다.	1					
근무 자세	근무태도	바른 대기자세와 근무태도를 유지한다(음식물섭취, 잡담, 핸드폰사용 등).	5					
		대기자세가 바르지 않거나 근무태도가 미흡한 모습이 1~2회 관찰된다.	3					
		대기자세가 바르지 않거나 근무태도가 미흡한 모습이 3회 이상 관찰된다.	1					
	응대 태도	고객의 문의·요청에 신속히 반응하고, 도움을 주려는 자세(설명, 대안제시 등)를 보인다.	5					
		고객의 문의·요청에 대답없이 사무적으로 도움을 주거나 소극적으로 응대한다.	3					
		고객의 문의·요청에 반응이 없고, 도움을 주려는 의지가 없다.	1					
서비스 표현	인사	고객과 눈맞춤을 하며 인사한다.	5					
		고객을 보지 않거나 성의없게 인사한다.	3					
		고객을 보지 않고, 인사를 전혀 하지 않는다.	1					
	언어 표현	고객과의 대화 시 정중한 호칭(00님 등)과 존댓말을 사용한다.	5					
		정중하지 못한 호칭을 사용하거나, 존댓말을 사용하지 않는 모습이 1~2회 관찰된다.	3					
		정중하지 못한 호칭을 사용하거나, 존댓말을 사용하지 않는 모습이 3회 이상 관찰된다.	1					
	물건 수수	고객과 물건을 주고받을 때, 두 손으로 주고받는다.	5					
		고객과 물건을 주고받을 때, 한손으로 주고받는 모습이 1~2회 관찰된다.	3					
		고객과 물건을 주고받을 때, 한손으로 주고받는 모습이 3회 이상 관찰된다.	1					
	방향 지시	고객에게 방향을 안내할 때 손가락을 가지런히 모아 방향을 가리킨다.	5					
		고객에게 방향을 안내할 때, 손가락질이나 볼펜끝으로 방향을 가리킨다.	3					
		고객에게 방향을 안내할 때, 턱짓이나 말로만 방향을 가리킨다.	1					

근무자세, 서비스 표현에 대한 측정하고 있다. 예전에는 서비스 이미지 중심으로 평가가 진행되었다면 최근에는 서비스 표현, 커뮤니케이션 능력에 대한 평가가 중요한 비중을 차지하고 있다. 서비스 이미지 평가항목은 용모/복장과 신분증 착용 2가지이다. 반면 서비스표현은 인사, 언어표현, 물건수수, 방향지시 등 4가지 항목으로 평가하고 있다. 커뮤니케이션 역량이 중요할 경우, 언어표현뿐 아니라 경청, 공감, 질문, 상담에 대한 내용도 평가 기준에 포함한다.

평가한 모니터링 요원의 이름을 적는 실명제로 평가의 신뢰감을 높인다. 평가방법은 배점은 5,3,1점으로 배점 간격을 균등하게 하였고, 직원 1~2명의 응대만 평가하는 것이 아니라 부서별 5명을 평가하여 가장 낮은 점수와 높은 점수를 제외한 3명의 평균으로 점수를 매긴다. 근무 직원이 1~2명일 경우는 해당 직원 모두를 평가하도록 한다.

모니터링 실시 전 모니터링 요원에게 5,3,1점의 기준에 대해 설명하고 3점이나 1점을 주게 될 경우는 감점의 이유를 정확하게 적도록 하여 부서 및 개인별로 개선이 필요한 부분이 어떤 항목인지 정확히 파악할 수 있도록 한다. 또한 감점에 대한 사유도 상세히 작성하지만, 우수 직원을 발굴하여 칭찬 사례를 기록하기도 하고, 부서별 우수 응대 사례를 장점 및 감동 포인트에 정리하여 부서 및 개인별 강점을 확인할 수 있게 된다.

접점 서비스 진단 도구는 [그림 5-2]와 같이 다양한 방법을 활용할 수 있다. 첫째, 고객 요구 분석, 내부 실행역량 분석, 전문가 분석, 서비스 분석도구 활용 4가지로 분류하였다. 둘째, 다양하고 세분화된 고객의 요구를 파악하기 위해서는 VOC(Voice of customer)의 유형 및 패턴을 분석하는 것이 가장 유용하다. 이외 타깃 고객 대상으로 심층인터뷰를 실시하여 고객의 취향, 기호, 성향 등을 파악하며, 교육이나 워크숍을 통해 고객의 긍정경험을 향상시켜줄 터치 포인트, 매력품질 발굴을 실시할 수 있다.

셋째, 무엇보다도 내부 실행력이 높지 않다면 서비스를 평가하고 피드백하는 문화를 만들 수 없다. 해당 기업이 추구하는 서비스 전략(콘셉트, 비전 등)을 파악하

| 그림 5-2 | 접점 서비스 진단 도구

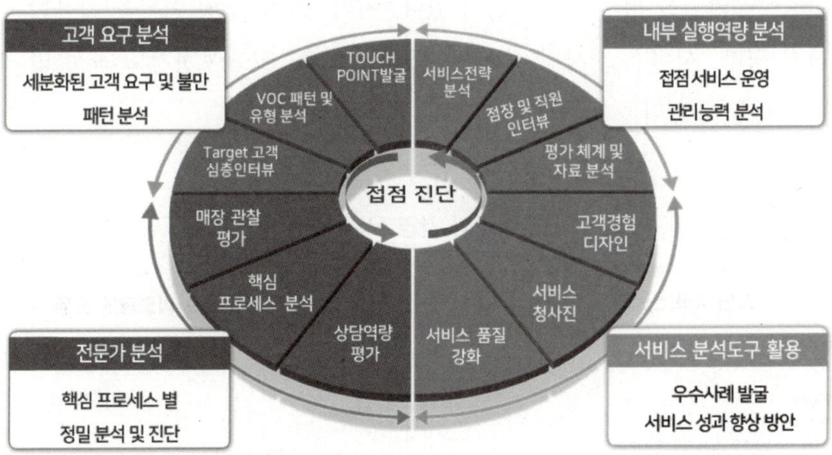

고 매장 관리자, 직원 인터뷰를 실시하여 서비스 역량 강화를 위한 내부 실행역량을 분석한다.

넷째, 기존에 기업이 보유한 평가체계 및 관련 활동 등 관련 자료를 점검한다.

| 그림 5-3 | VOC 분석을 통한 교육포인트 도출 사례

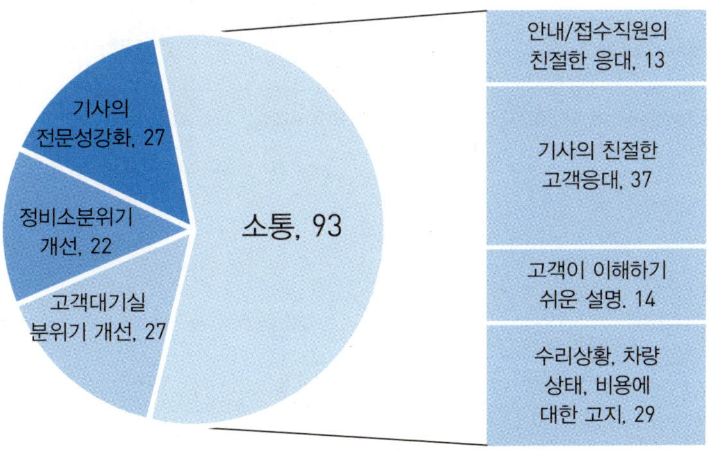

출처: 한국GM VOC 분석 사례 중 발췌(복수응답)

전문가분석은 매장에 직접 방문해서 관찰하거나 핵심 프로세스를 분석하고, 직원들의 상담역량을 평가하는 방법이 있다. 이외 서비스경영 이론을 활용한 서비스 품질 평가, 서비스 청사진 작성 및 개선점 도출, 고객여정지도 작성 및 개선 이슈 발굴 등이 있다.

고객중심 경영 우수 사례

시민 서비스평가단 운영

□ **추진목적**

○ 시민이 실질적으로 체감하는 평가 시스템 운영 및 시민의견 적극 반영

□ **추진내용**

○ 평가기간: 2021. 2. ~ 12.

○ 추진부서: 노외주차처, 수정도서관, 중원도서관

※ 탄천, 성남, 국민체육센터 등 코로나19 지속으로 고객참여 위원회 미추진

○ 운영현황

구분	합계	노외주차처	수정도서관	중원도서관
운영인원	28명	22명	3명	3명
운영횟수	24회	11회	6회	7회
평가대상	-	건우공영주차장 등 15개소	수정도서관	중원도서관
평균점수	8.81점	8.15점	9.55점	8.74점
우수사례	101건	70건	10건	21건
계획반영 및 개선	109건	103건	2건	4건

○ 우수사례

- (노외): 직원친절, 장마철 습한 상태인데 청소가 비교적 잘되어 있음 등 70건
- (수정): 청결, 노후시설 유지보수가 잘 되고 있음 등 10건
- (중원): 1층 로비공간 활용 및 다양한 북큐레이션 전시 등 21건

○ 경영계획 반영 및 개선

- (노외): 공영주차장 우기대비 출입구 물 흐름 방지턱 마련 필요 등 103건
- (수정): 재개발로 저녁에 조금 무섭다 등 2건
- (중원): 온라인 프로그램 운영 등 4건

□ **기대효과**

○ 시민 눈높이에 맞춘 서비스 품질 평가 및 개선으로 고객중심 경영문화 정착

시민과 함께하는 씨앗제안 운영

□ **추진목적**

○ 시민 경영참여 확대를 통한 시민 주도형 고객서비스 질적 향상 도모

□ **추진내용**

○ 추진기간: 2021. 1. ~ 12.

○ 시민 아이디어 및 직원 제안 접수실적

시민 아이디어	직원제안	제안심사위원회 부의
72건	246건	17건

○ 심사결과

시민 아이디어 시상	격려상	직원 채택 제안	비 고
14건	7건	10건	직원채택 제안 (3등급 1명, 5등급 9명)

○ 직원 채택 제안

연번	부서	채택 제안
1	정보전략실	· 업무용 QR코드 생성관리 프로그램 자체개발
2	시설관리처	· 지하차도(터널) 시선유도등 자체제작
3	성남종합운동장	· SDC SPORT CURATOR
4	노상주차처	· 노상주차장 실시간 결제
5	노외주차처	· 모란다목적공영주차장 내 전기분전함 조명 설치
6	상가관리처	· 잠깐 맡겨! 안전하게 지켜줄게, 지하상가 창고 단기임대 서비스
7	감사실	· 한눈에 보는 전자 통합 규정집
8	수정도서관	· 방화문 조명 점등 확인 창(아크릴 봉) 설치
9	성남종합운동장	· 공문서 용량을 줄여 서버 부하를 감소함으로써 온실가스 감축에 기여
10	국민체육센터	· 장애인전용 가족탈의실 설치

□ **기대효과**

○ 시민이 주도하는 사회적 가치 실현 및 대내·외 신뢰도 제고

출처: 성남시도시개발공사 홈페이지(2022년), 고객중심경영 우수 사례집

02 서비스 역량과 교육과정 개발

2.1 서비스 역량

고객과 직접적으로 상호작용하는 서비스접점의 경우 다수의 연구결과에서 기업의 경영성과와 밀접한 관련이 있음을 보여준다. 이수진 등(2017)은 의료서비스 접점을 무기술형 서비스접점(대면접촉형)과 화면접촉형으로 구분하여 고객경험만족에 미치는 영향에 대한 연구를 진행한 결과 무기술형 서비스접점인 대면접촉형 서비스접점이 고객경험만족에 긍정적인 영향을 미침을 보여줬다. 이는 대면서비스 특성상 고객이 자신이 해결하고자 하는 문제를 해결함으로써 실질적으로 훨씬 더 만족도 높은 경험을 한다는 것으로 해석될 수 있다.

서비스접점의 커뮤니케이션에 대한 연구를 실시한 김맹진(2015)의 경우, 접점직원의 커뮤니케이션을 언어적, 비언어적으로 구분됨을 증명함과 동시에 2가지 커뮤니케이션 모두 고객만족, 신뢰형성에 유의한 영향을 미치는 것으로 나타났다. 이처럼 서비스 기업의 경영성과로 대표되는 고객만족과 직결되는 서비스접점에서의 상호작용은 서비스제공자에 의해서 좌우된다 해도 과언이 아니다.

HRD(Human Resource Development, 인적자원개발) 용어사전에 따르면 역량은 특정한 상황이나 직무에서 준거에 따른 효과적이고 우수한 수행의 원인이 되는 개인의 내재적인 특성으로 개인이 성공적인 수행을 위하여 개별적으로 결합해서 사용하는 어떤 특징을 의미한다. 여기에는 지식, 기능, 사고유형, 정신자세, 사고방식 등이 포함된다. 또 역량을 조직환경 속에서 탁월하고 효과적으로 업무를 수행해 낼 수 있는 조직원의 행동 특성이나 효과적 수행자와 비효과적 수행자를 분별하는 특별하고 일관된 행동동기, 특질, 기능 심지어는 우수한 인재의 벤치마크(bench mark)로 보기도 한다.

실제로 서비스제공자의 역량이 기업의 신뢰와 관계유지의도에 미치는 영향을 검증한 전종선(2018)은 서비스제공자의 역량을 기술적 전문성과 문제해결능력으

로 구분하여 살펴본 결과, 서비스제공자의 역량은 신뢰와 관계유지의도에 영향을 미치는 것으로 나타났다. 이는 표면적으로 드러나는 역량(기술적 전문성)과 드러나지 않는 역량(문제해결능력) 모두를 관리할 필요가 있음을 시사한다.

고객접점을 효과적으로 잘 관리하기 위해서는 고객의 기대, 요구, 마음상태를 파악하는 것이 중요하다. 상황별로 고객의 마음 상태를 파악하고, 그 기대와 요구를 고려하여 해결방안을 모색한다. 이슬기·황혜미(2018)는 대면서비스 접점직원의 역량지표 개발연구에서 직원들은 효과적인 고객응대를 위해 〈표 5-5〉와 같이 자기관리, 감정조절 능력, 고객 지향성을 갖추어야 할 뿐 아니라 의사소통 능력, 상황대처 능력, 신뢰형성 능력이 필요하다고 주장하였다.

대면서비스 접점 직원의 역량 지표를 살펴보면, 접점 관리자에게 필요한 서비스 역량은 〈표 5-6〉과 같이 리더십, 인간관계 팀워크, 기능적 팀워크 3개로 구분된다. 먼저 리더십은 조직이 추구하는 목표를 달성하기 위해 동료 직원들과 소통하고, 서로를 인정하고 격려하며 함께 문제를 해결하는 역량이다. 일에 대해 적극적으로 질문하고 대응하는 것도 중요한 행동지표이다.

팀워크 역량은 크게 2개로 구분할 수 있는데, 상호 신뢰를 바탕으로 원활한 대인관계를 형성할 수 있는 인간관계 팀워크와 목표를 공유하고 상호 협업을 통해 성과를 만들어내는 기능적 팀워크이다. 실제 서비스 접점에서는 인간관계 팀워

| 표 5-5 | 서비스 직원 역량별 정의 및 행동지표

역량	구분	내용
감정 조절 능력	정의	고객 응대 시 일어나는 상황들 속에서 긍정적인 측면을 바탕으로 부정적 감정을 개선하고 자신, 타인의 기분상태를 파악하는 능력
	행동 지표	1. 기분 나쁜 일이 있으면, 우선 왜 기분이 안 좋은지 이유를 알기 위해 노력한다. 2. 고객과의 안 좋은 일이 있어도 빨리 기분을 전환하려 노력한다. 3. 본인의 기분 상태를 스스로 파악할 수 있다. 4. 화를 내거나 당황하는 사람들을 보면 왜 그런지 알 수 있다. 5. 나는 안 좋은 일이 있을 때, 단순히 운이 없는 것으로 돌린다.
대인 관계 능력	정의	상대방의 감정, 행동에 대한 공감하고 정서적인 이해를 함으로써 다른 사람과 효과적으로 협력하거나 활동할 수 있는 능력
	행동 지표	1. 의견이 일치하지 못할 때 조정하는 것에 능숙하다. 2. 다른 사람의 감정을 잘 이해한다. 3. 상대방이 자신의 문제에 대해 이야기할 수 있도록 그 사람에 말을 관심을 갖고 듣는다. 4. 의견 차이로 인해 기분이 불쾌하더라도 상대방 의견이 타당하다면 인정할 수 있다. 5. 나는 타인이 나에게 원하는 것이 무엇인지 빨리 파악한다.
고객 지향성	정의	고객의 입장에서 욕구를 충분히 파악하고 이해함으로써 고객이 지속적으로 보다 나온 가치를 얻을 수 있도록 노력하는 태도
	행동 지표	1. 고객이 원하는 서비스가 무엇인지 알기 위해 노력한다. 2. 고객이 원하는 서비스에 신속히 응대하려고 노력한다. 3. 고객의 의견을 경청하려고 노력한다. 4. 고객에게 문제가 생겼을 때 해결하기 위해 노력한다. 5. 고객의 요구를 이해하기 위해 노력한다.
의사 소통 능력	정의	다른 사람과의 관계에서 효과적으로 의사소통하여 상호작용할 수 있는 능력
	행동 지표	1. 다른 사람의 입장에서 말할 수 있다. 2. 가까운 사람들에게 감정적으로 휩쓸리지 않고 확고하게 내 생각을 전달할 수 있다. 3. 상대방이 요구하는 바를 쉽게 알아차린다. 4. 다른 사람의 말을 잘 알아듣고 있음을 맞장구나 고개를 끄덕이는 것으로 나타낸다. 5. 나는 상황에 맞게 공감표현을 할 수 있다.
상황 대처 능력	정의	고객과 만나는 모든 접점에서 발생하는 의도하지 않은 상황에 대하여 극복할 수 있는 능력
	행동 지표	1. 고객과 문제가 발생할 경우 원인을 파악하고 대책을 세운다. 2. 고객의 연령대에 맞추어 대응한다. 3. 고객의 요구사항을 파악하기 위해 질문을 한다. 4. 고객의 무리한 요구에 적절히 공감하고 대안을 찾는다. 5. 상황을 개선하기 위한 방법을 생각하고 구체적인 계획을 세운다.
신뢰 형성 능력	정의	정확한 업무처리를 통해 고객에게 믿음을 심어줄 수 있는 능력
	행동 지표	1. 불만처리 과정을 고객과 공유한다. 2. 대기 및 처리시간 등이 지연될 경우 고객에게 이유를 설명한다. 3. 고객이 문제를 제기하면 즉시 관심을 보이고 문제를 해결한다. 4. 업무처리에 소요되는 시간을 고객에게 명확하게 말해준다. 5. 업무 수행과 관련된 지식, 기술을 습득하려는 노력을 많이 한다.

출처: 이슬기·황혜미(2018), 대면서비스 접점직원의 역량지표 개발에 대한 탐색적 연구, 한국서비스경영학회지, 19(4), pp.59~179.

표 5-6 접점 관리자 역량

리더십	정의	서비스 조직을 이끌어 가는 리더(관리자)가 조직이 추구하는 목표를 성공적으로 달성하기 위해서 가져야 할 기본적인 덕목
	행동 지표	1. 남들이 본인에게 아이디어나 조언을 구하는 일을 즐긴다. 2. 다른 사람들을 잘 격려한다는 이야기를 듣는 편이다. 3. 다른 사람의 업적과 성과를 인정하는 것을 중요시한다. 4. 조직의 동료가 안고 있는 문제는 곧 나의 문제이다. 5. 사람들이 하는 일에 대해 적극적으로 질문하는 것은 좋은 습관이라고 생각한다.
팀워크 (인간 관계)	정의	조직구성원 개개인이 상호신뢰를 토대로 관심을 갖고 소통하고 교류할 수 있게 하는 능력
	행동 지표	1. 팀원들이 처한 상황과 입장을 이해하기 위해 노력한다. 2. 팀원들의 말과 행동을 이해하기 위해 노력한다. 3. 팀원들을 차별하지 않고 동등하게 대한다. 4. 팀원들을 무시하지 않고 존중한다. 5. 팀원들에게 항상 관심을 가지고 있다.
팀워크 (기능적)	정의	조직구성원 개개인이 자신의 과업을 뛰어나게 수행할 수 있는 책임감과 능력을 갖춘 상태에서 목표를 공유하고 상호의존을 통해 유기적으로 협조하여 목표달성을 할 수 있도록 하는 능력
	행동 지표	1. 팀원들과 업무에 대한 정보와 아이디어를 교환한다. 2. 팀원들의 업무 수행을 돕고 격려한다. 3. 팀의 문제 해결을 위해 노력한다. 4. 팀원들과 공동의 목표와 사명을 공유한다. 5. 팀원들의 업무수행을 관찰하고 실수를 수정해준다.

크와 기능적 팀워크 2개를 완벽하게 보유한 관리자를 찾기는 어렵다. 인간관계가 좋으면 다소 성과가 떨어지고, 대인 관계가 부족하지만 업무 성과를 잘 내기 때문에 본인이 부족한 영역을 찾아내어 보완하고 향상시키는 것이 중요하다.

2.2 서비스 교육과정 개발

서비스기업의 생산성이나 성과는 우수한 노동력의 확보로부터 시작된다. 이를 위해서는 인적자원의 계획, 직무분석에 의한 인적자원의 수요 파악, 인적자원의 모집과 선발 등 충원이 이루어져야 한다. 충원 이후에는 신규로 채용한 인적자원에 대한 교육훈련과 새로운 환경에 대한 적응 및 성장이 필요하다(김영택 외, 2016).

서비스기업에서 실시하는 교육은 직무, 직급별로 다양하다. 서비스 프로세스별 기준을 정립하고 고객응대 행동 및 멘트를 표준화하고 실시하는 '서비스 표준

| 그림 5-4 | 보안경비 조직의 서비스 표준화 체계

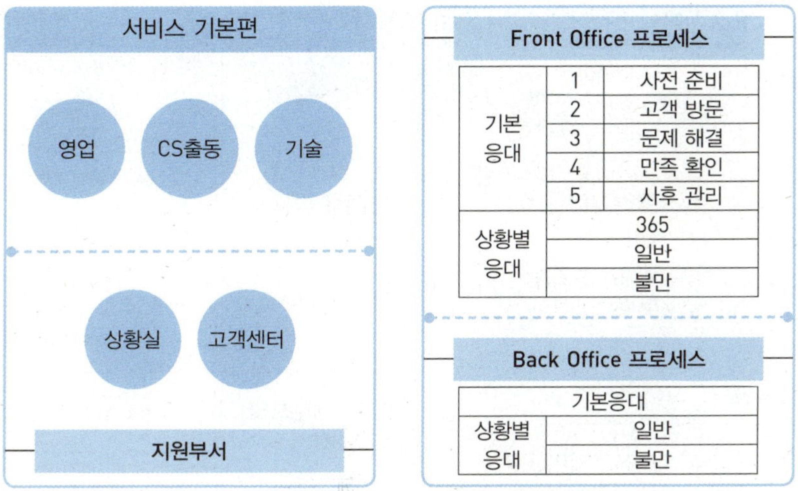

화' 교육이 대표적이다.

표준화는 무조건 매뉴얼대로만 말하라고 교육하는 것이 아니라 매뉴얼은 공통적으로 꼭 기억해야 할 지침서 수준이고, 매뉴얼보다 더 효과적으로 고객응대를 할 수 있도록 훈련을 시키는 것이다.

[그림 5-4]는 보안경비 기업의 서비스 표준화 프레임(frame)이다. 접점 부서인 영업, 출동, 기술(설치, A/S, 철거)과 후방 부서는 상황실(출동 직원 관리부서), 고객센터(고객 콜 접수), 지원부서로 구분하고 각 사업부별로 수행해야 할 서비스 기본 응대를 발굴하여 교육 과정을 개발한다. 접점 부서의 서비스 프로세스를 사전준비, 고객방문, 문제해결, 만족확인, 사후관리 5단계로 구조화하고, 상황별 응대는 가장 빈번히 고객과 마주치는 365코너(은행 ATM기 관리), 일반적인 문의사항, 고객불만 상황으로 구분하였다.

지원부서의 경우는 고객과 대면하지 않고 후방에서 전화 업무하는 것이 대부분이기 때문에 일반 문의 및 상담, 불만 상황별 응대로 구분하였다. 이렇게 접점에서 발생하는 패턴을 체계화하고 각 상황별로 대처해야 할 솔루션을 직원들에게 교육함으로써 접점 직원들의 문제해결 역량을 향상시키고 고객만족을 달성할

그림 5-5 롯데캐논코리아 과장승진자 과정 - 서비스경영 자격

	1일차 09:00~18:00	2일차 09:00~18:00	3일차 09:00~18:00
09:00~	오리엔테이션	C-5. 고객만족경영 (CSM) 전략	B-2. 고객관계 관리(CRM) (2)
10:00~	C-1. 서비스 산업 개론		B-3. VOC 분석/관리 및 컴플레인 처리
11:00~	C-2. 서비스 프로세스 설계 및 품질관리(1)	A-1/2. 비즈니스매너·에티켓/이미지메이킹	
12:00~	점심식사	점심식사	점심식사
13:00~	C-2. 서비스 프로세스 설계 및 품질관리 (2)	A-3/4. 고객 심리의 이해 및 커뮤니케이션	B-5. 코칭/교육 훈련 및 멘토링/동기부여
14:00~	C-3. 서비스 공급 및 수요관리		
15:00~		B-1. 서비스 세일즈 및 고객상담	Wrap up & 문제풀이
16:00~	C-4. 서비스 인적자원관리 (HRM)		평가 실시
17:00~		B-2. 고객관계 관리(CRM) (1)	

A모듈 - 비즈니스 커뮤니케이션 B모듈 - 서비스 마케팅·세일즈 C모듈 - 서비스 운영전략

수 있는 것이다.

서비스기업에서 가장 시간과 노력을 들여 교육하는 그룹이 바로 관리자들이다. 중간관리자들이 이끌어가는 고객지향적인 품질 프로그램 실행과 직원들의 적극적인 참여가 기업의 성과를 높이는데 중요하고, 중간관리자들의 핵심역량은 문제해결능력, 책임감, 자원 활용능력, 팀 운영 능력, 변화 도입 등이 있으며, 서비스 프로세스 운영 성과에 영향을 준다(Khandwalla, 2004).

[그림 5-5]는 롯데캐논코리아에서 과장 승진자를 대상으로 실시하는 서비스경영 자격 프로그램이다. 3일 동안 서비스 산업 이론, 서비스 프로세스 설계 및 품질관리, 서비스 인적자원관리, 서비스 세일즈 및 고객상담, 고객관계관리, 코칭/ 교육훈련 및 멘토링 등에 대한 교육을 받고 평가 시험을 본다. 일정 점수 이상의 사람에게 과장 승진 자격을 부여한다.

서비스기업에서 관리자를 서비스 프로세스 및 품질 전문가로 육성하기 위해 다양한 프로그램을 도입하여 활용하고 있다. 〈표 5-7〉과 같이 최신 서비스 트

| 표 5-7 | 서비스 전문가 육성과정 프로그램 예시

모듈	세부 내용	방법
신서비스 개발(NSD) 전략	• 서비스혁신시대 신서비스개발(NSD)의 개념 • 신서비스개발(NSD)의 중요성과 효과 • 신서비스개발 유형별 사례 • 서비스 디자인을 적용한 신서비스개발 방법	강의 Q&A
신서비스 개발(NSD) 프로세스	• 신서비스 개발 프로세스별 주요 활동: 기획-분석-개발-실행 • 고객 참여를 통한 요구 분석 및 니즈 탐색 • 개발 아이디어 도출 및 적용 • 서비스 테스팅 방법 및 대상선정 • 고객 피드백 이후 재실행 • 성공적인 신서비스 개발을 위한 운영방안: 성공요인 및 리더의 역할	강의 실습 피드백
직원경험 관리	• 고객경험관리 VS 직원경험관리 균형 • 감정노동 보호 적용 및 활용 • 서비스직원 역량 진단 및 분석 • 직원 경험관리 현업 활용 방안	강의 진단 토의
서비스 관리방안	• 서비스의 주요 특성 • 특성별 관리방안 및 타 기업 사례 • 서비스 트렌드 및 주요 이슈: MZ 세대, 슈퍼 시니어 이해	강의 사례소개
서비스 프로세스 관리	• 서비스 프로세스의 개념과 중요성 • 구매시점 전 대기관리 방안 • 구매시점 접점관리 방안 • 구매시점 후 사후관리 방안	강의 실습 피드백
서비스 품질 관리기법	• 서비스 품질 5가지 요소 • 서비스 품질 활성화 방안 • 서비스 평가지표 개선 및 발굴 • 서비스 현장코칭 기법: 성과향상을 위한 노하우	강의 실습 피드백
서비스 디자인	• 고객경험의 중요성과 개념 • 서비스 디자인 프로세스 • 서비스 콘셉트 및 전략 개발 • 우수 사례 공유 및 활용방안 모색	강의 액션플랜

렌드인 신서비스개발(New Service Development) 전략, 신서비스 개발 프로세스, 직원 경험관리를 학습하고, 접점관리 방법인 서비스 프로세스 및 품질관리, 서비스 디자인을 교육하여 현업에 활용할 수 있도록 한다.

접점 직원의 업무 특성상 교육장에서 집합교육을 실시하기 어렵고, 반복적인 학습을 지속하기도 힘들기 때문에 동영상을 제작하여 직원들이 손쉽게 핸드폰에

| 그림 5-6 | 한국GM A/S 본부 서비스 동영상 개발 사례

1 월	2 월	3 월	4 월	5 월	6 월
자기주도적 CS를 위한 마인드 셋	❶ 서비스 예약	❷ 고객맞이	타 업종 최상의 CS 우수 사례	❸ 고객요구접수	❹ 수리전 설명
7 월	**8 월**	**9 월**	**10 월**	**11 월**	**12 월**
❺ 수리 상담	진화하는 고객을 위한 CS트렌드	❻ 추가작업 승인	❼ 차량 인도	❽ 지속적 관리	최고의 CS를 실천하는 직원/센터

정비 프로세스 <Training Base: 각 5분>	CS 정보제공 <Facilitating/Coaching: 각 5분>

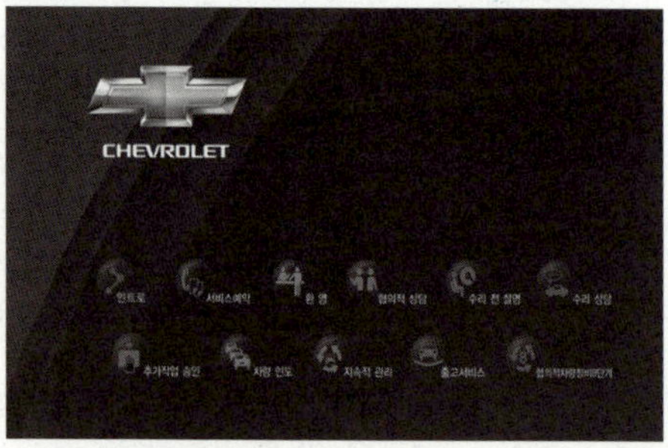

서 교육 내용을 확인할 수 있다. [그림 5-6]은 한국 GM A/S 정비사들을 위한 동영상 개발 사례이다. 1~12월 매달 테마를 정해 5분 정도의 영상을 보며 서비스 마인드를 갖추고 본인의 행동을 점검할 수 있게 하는 것이다. 영상 콘텐츠를 통해 정비 프로세스 8단계(서비스 예약-고객맞이-고객요구 접수-수리전 설명-수리 상담-추가작업 승인-차량 인도-지속적 관리)를 체득할 수 있게 한다. 마음가짐을 변화할 수 있는 내용이나 타 업종 CS 우수사례, 고객만족 트렌드, 우수 직원이나 센터 사례 등을 공유할 수 있도록 구성한다.

[그림 5-7]의 자동차 세일즈맨의 고객응대 역량강화 요소 도출과정을 살펴보면, 고객만족(CS)지표 분석을 통해 지속적 관심과 관리, 업무 처리 신속성, 정확한 약속이행, 용모/복장 단정 4개 항목을 발굴하고, 현장 니즈 분석을 통해 신뢰형성, 고객배려 자세, 커뮤니케이션 기법, 비전제시 및 동기부여의 필요성이 있음을 알 수 있다. 결과적으로 자동차 세일즈맨의 교육과정은 동기부여, 고객배려 마인드, 커뮤니케이션 스킬, 신뢰형성, 이미지메이킹 역량을 강화하는 프로그램으로 설계해야 한다.

마지막으로 서비스 아카데미를 구축하여 접점 사업본부 전반의 교육 체계를 정립하는 경우이다. 기업마다 서비스 아카데미를 설계하고 운영하는 사례는 차이가 있는데, 가장 정통성 있는 방법은 각 사업부별 담당자의 직무분석을 통해 직무 수행에 필요한 서비스 지식(Knowledge), 기술(Skill), 태도(Attitude)를 도출하여

| 그림 5-7 | 자동차 세일즈맨의 고객응대 역량강화 요소

CS지표 분석

- 지속적인 관심/관리(K, S)
- 업무처리 신속성(S)
- 정확한 약속이행(A)
- 용모/복장 단정(A, S)

현장 Needs

- 신뢰형성(A, S)
- 고객배려 자세(A)
- 커뮤니케이션 기법(K, S)
- 비전제시/동기부여(A)

→

고객응대 역량강화 요소

- "동기부여"(K)
- "고객배려 마인드"(A)
- "커뮤니케이션 스킬"(S)
- "신뢰형성"(K)
- "이미지메이킹"(S)

※ Knowledge(지식)/Skill(기법)/Attitude(태도 마인드)

| 그림 5-8 | 삼성화재 애니카 서비스 아카데미 구축 사례

핵심 주제 / CS전문가상	Mind Set 서비스 파워 & 서비스 혁신	Delight 서비스 관계 & 서비스 경험	Communication 서비스 대화 & 서비스 감성	Action Up 서비스 플러스 & 서비스 액션	Attitude 서비스 이미지 & 서비스 태도

사업부		콜	네트워크	손해사정	지원
Lv.3(심화)	현장에서 CS교육을 전파코칭하는 마스터 (Master)	Step 2. 접점 서비스 전문가 과정 M1. 성과를 높이는 코칭 리더십 [4H] M2. 협업강화를 위한 조회운영 [2H] M3. 서비스 개선클리닉 [2H]			
		Step 1. 서비스 운영전문가 과정 M1. 서비스 전략과 경험관리 [4H] M2. 서비스 프로세스와 품질관리 [4H]			
Lv.2(향상)	CS 솔루션을 도출하고 응용하는 전문가 (Expert)	프로 상담사 역량 Jump Up [4H]	MOT개선 W/S [4H]	협상력을 높이는 설득 커뮤니케이션 [4H]	협상력을 높이는 설득 커뮤니케이션 [4H]
		공통 3. 관계관리를 위한 클레임 리커버리 스킬 [4H]			
		공통 2. 고객유형에 맞는 맞춤상담스킬 [4H]			
		공통 1. 행복한 자기경영 [4H]			
Lv.1(기본)	CS를 현장에서 적용하는 실무자 (Practitioner)	GREAT 공통 기본 [CS기본과정]	M1. 고객중심 서비스마인드와 MOT [4H] M2. 프로서비스맨의 이미지 파워 [4H] M3. 서비스 커뮤니케이션 스킬 [4H]		

이러한 K,S,A 를 함양할 수 있는 교육 프로그램을 개발하는 것이다.

[그림 5-8]을 보면 CS전문가 상을 Level 1(기본) 실무자, Level 2(향상) 전문가, Level 3(심화) 마스터 3개 단계로 구분하고, 서비스 교육의 핵심 주제는 마인드 세트(서비스 파워와 혁신), 딜라이트(서비스관계와 경험), 커뮤니케이션(서비스 대화와 감성), 액션 업(서비스플러스와 액션), 애티튜드(서비스 이미지와 태도) 5개로 구성하였다. 그리고 콜, 네트웍, 손해사정, 지원 사업부별 서비스교육과정을 체계적으로 설계 및 개발한 사례이다.

서비스 조직 내부 소통활성화를 위한 약속

정확하게 업무하기	• 업무 프로세스를 효과적으로 관리합니다. • 약속된 시간에 맞춰 업무를 처리합니다.
결과 공유하기	• 업무를 처리하고 나면 반드시 결과를 보고합니다. • 문제 발생시 결과에 따른 후속조치를 공유합니다.
신속하게 연락하기	• 신속한 대응이 서비스 품질의 중요한 요소입니다. • 연락은 내용전달뿐만 아니라 타이밍도 중요합니다.
서로 배려하기	• 최고의 서비스를 위해 동료 간의 배려가 필요합니다. • 동료애는 직원들 간의 신뢰감 형성에 도움이 됩니다.
즐겁게 일하기	• 자발적으로 하는 일은 더 즐겁습니다. • 내가 하는 일이 가치 있는 일임을 인식합니다.

03 감정노동 직원관리

접점 직원들은 고객과 만나는 순간에 고객의 기분상태를 파악하고 고객이 처해진 상황을 고려해 가면서 응대를 해야 한다. 불쾌한 고객을 만나 화가 나더라도 참아가며 고객에게 친절하게 설명해야 하고 욕설을 듣더라도 한 귀로 듣고 한 귀로 흘려버리라는 교육을 받으며 직원 개인의 감정을 소비하며 일하는 경우가 많다.

서비스업 내의 노동 형태는 다양하지만, 노동집약적 서비스의 경우에는 대면 접촉을 통하여 생산과 소비가 발생하고 고객이 직·간접적으로 생산과정에 관여하는 등 새로운 인적 요소가 개입한다. 이러한 서비스 노동의 특성을 잘 설명하고 있는 개념이 감정노동(emotional labor)인데, 1983년에 Hochschild(혹쉴드)의 저서 〈관리된 마음(*The Managed Heart*)〉에서 제안된 이후에 학계와 업계로부터 큰 관심을 모으고 있다(김민주, 2020).

혹쉴드는 감정노동이란 '상대방인 소비자가 친절함과 보살핌을 느낄 수 있도록 노동자의 표정을 관리하고, 실제 감정과는 다른(조직이 요구하는) 감정을 표현하는 등 자신의 감정을 관리해야 하는 노동'이라고 설명한다(이혜인, 2020).

감정노동은 과업 측면이 아닌 관계 측면에서 노동을 정의한 최초의 사례이며, 정신노동과 육체노동이라는 노동에 대한 이분법 범주로는 규명할 수 없는 새로운 성격의 노동을 개념화한 것이다. 감정노동에 관한 연구는 항공승무원, 호텔종업원, 판매직 등 관광과 유통분야 종사자들을 대상으로 시작되어 의사, 사회복지사, 간호사, 교사, 연예인, 텔레마케터 등 다양한 직종을 대상으로 시도되고 있다.

감정노동의 강도가 심해지고 접점 직원들의 스트레스가 높아지면서 감정의 부조화*로 인해 자기 소외를 경험하게 되고 우울감을 느끼거나, 정신적으로 고통

*** 감정 부조화**

자신이 느끼는 감정과 업무를 수행하면서 요구되는 감정이 서로 충돌하는 현상이다. 감정이 서로 충돌하는 경우 실제 감정을 의도적으로 억누르고 상대방이 기대하는 감정으로 표현하는 행위이다.

을 겪어 탈진상태가 될 수 있으며 자살 충동이나 외상 후 스트레스 장애가 발생한다. 이런 상태가 지속되면 당연히 직무 만족도는 떨어지고 조직관점에서는 생산성 감소와 이직률 증가라는 문제에 직면하게 된다. 서비스기업은 이런 문제점들이 단지 직원들의 교육으로 해결될 것이 아니라 제도나 정책적으로 감정노동을 관리해야 할 필요성을 인식하게 되었다.

2018년 3월 국회 환경노동위원회 회의에서 고객의 폭언, 폭행 등으로 고통 받는 감정노동자를 보호하는 산업안전보건법 개정안이 통과되었고, 2018년 10월 18일 고객응대 근로자 보호법이 시행되었다. 주요 내용은 첫째, 고객응대 근로자가 폭언 등으로 인해 건강장해가 발생하지 않도록 하는 예방조치, 둘째, 고객응대 근로자가 폭언 등으로 인해 건강장해가 발생하거나, 발생 우려 시 사후조치를 한다. 셋째, 고객응대 근로자가 두 번째 조치를 요구할 수 있고, 이로 인해 해고 등 불리한 처우 금지이다.

이혜인(2020)은 고객응대 근로자 보호제도가 직무만족에 긍정적인 영향을 주는 것을 검증하였다. 이는 고객응대 근로자 보호제도가 잘 실행될수록 근로자들이 직무 만족이 높아지는 것을 의미한다. [그림 5-9]와 같이 직원을 배려하는 문구 및 포스터를 보며 '조직이 나를 보호해 주는구나'라는 느낌을 받을 수 있다. 이전에는 감정노동이 직원이 감당해야 할 책임이었다면, 이제는 고객의 갑질이나 무례함으로부터 보호받을 권리가 생긴 것이다.

고객응대 근로자 보호제도가 법으로 제정되고 기업에서도 접점 직원을 보호하기 위한 다양한 프로그램을 마련하고 실행하고 있지만, 근본적으로 감정노동이란 고객에게 서비스를 제공하는 상황에서 발생할 수밖에 없다. 따라서 직원들이 인지하는 감정노동에 대한 수준이나 범위를 파악하고 적극적으로 감정노동에 대처하는 방안을 마련해야 할 것이다.

김민주(2020)는 국내에서 발표된 21개 연구논문을 검토하여 감정노동 척도를 개발하였다. 접점 직원이 경험하는 다양한 차원의 감정을 세분화한 것이다. 감정노동 측정문항을 발굴하여 척도 순화과정을 통해 〈표 5-8〉과 같이 '감정억압',

| 그림 5-9 | 폭언 등 예방을 위한 안내 문구

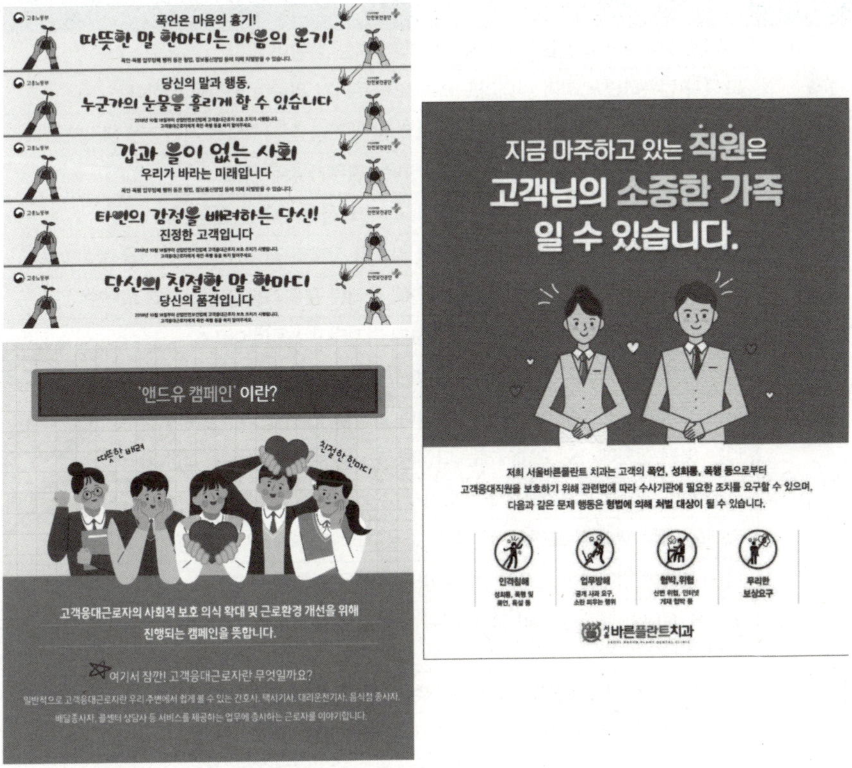

'사전 감정 작업', '감정 표현 노력', '감정 생성 및 변형노력' 등을 채택하였다.

감정억압(emotion suppression)은 감정노동의 핵심을 이루는 감정 작업임을 확인할 수 있었고 감정표현 이전의 감정 억제 단계에서 감정노동자들은 대고객 서비스 제공을 위하여 가장 어려운 의도적 노력을 기울이고 있음을 인지하게 되었다. 감정표현은 감정을 전달하는 행위인데, 이 과정에서 보편적 기대(의례적 환대)를 넘어서는 감정 표현도 적지 않을 것이다.

서비스기업에서는 감정노동자 보호를 위한 다각적인 조치를 마련하여 직원들이 안심하고 근무할 수 있는 환경을 조성해야 하며 고객과 만나는 것을 직원들이 즐길 수 있도록 동기부여하는 노력을 지속해야 할 것이다. 직원들의 감정노동의

표 5-8 감정노동 측정 척도

구분	측정문항
감정억압	고객을 상대하다보면 실제 감정을 억눌러야 하는 상황이 많다.
	고객과 접촉하면서 화가 나더라도 스스로 다독이기 위하여 최선을 다한다.
	내 감정을 억누르면서 고객에게 감추려고 할 때마다 정서적으로 지친다는 생각이 든다.
	고객이 화를 낼 경우 무시하면서 털어버리는 경우가 자주 있다.
	일하는 도중에 싫은 내색을 하지 않으려고 내 표정에 주의를 집중한다.
사전 감정작업	나는 긍정적인 감정을 유지하기 위하여 일하기 전부터 감정과 몸 컨디션을 조절한다.
	나는 서비스 접점에서 일하는 동료들 간에 유쾌한 분위기를 조성하려고 노력한다.
	나는 고객과 접촉하기 전에 마음을 편하게 가지려고 노력한다.
	나는 고객과 접촉하기 전에 나의 기분과 표정을 점검한다.
감정표현 노력	나는 고객에게 친절함을 전달하기 위하여 과장된 웃음을 짓는 경우가 많다.
	나는 어떤 상황에서도 고객에게는 다정한 표정을 보여 주려고 노력한다.
	긍정적인 감정을 지속적으로 표현하면서 고객을 대하는 일은 상당한 노력을 필요로 한다.
	고객을 대할 때 내가 표현하는 감정이 나로부터 분리되어 있다는 생각이 자주 든다.
	나는 고객이 기대하는 감정을 전달하려고 최선을 다한다.
감정 경험 및 변형 노력	고객을 상대할 때 긍정적인 감정을 유지하려고 좋은 기억을 떠올리거나 주의를 다른 데로 돌리는 경우가 많다.
	고객과 접촉하며 일할 때, 긍정적인 감정을 생성시키려고 노력한다.
	고객의 기대에 부응하기 위하여 내 실제 감정을 변형하려고 노력한다.
	내가 고객에게 표현해야 하는 감정을 실제로 느끼려고 최선을 다한다.

출처: 김민주(2020), 감정노동의 척도개발, 경영컨설팅연구, 20(3), pp.51－70.

수준을 파악하여 힘들어하는 상황을 줄이거나 제거하는 것도 필요하다. 직원들 스스로도 감정을 주체적으로 인식하고 감정억압이나 사전 감정 작업 과정을 슬기롭게 적응해 가고, 교육 및 학습을 통해 감정표현 노력과 감정 생성 및 변형을 통해 적극적으로 감정을 관리할 수 있도록 해야 한다.

이제는 고객경험도 중요하지만 서비스를 제공하는 주체인, 직원의 경험도 중요해지고 있다. 직원 경험(Employee Experience, 이하 EX)은 에어비앤비가 업계 최초로 HR 최고책임자를 Chief Employee Experience Officer(CEEO)로 명명하고, 전 세계 수많은 기업에서 인사담당자의 직함에 EX라는 용어를 사용하고 있다. 2017

년 딜로이트 컨설팅의 보고서에 따르면 HR 글로벌 트렌드에 EX가 한자리를 차지하고 있고, EX를 주제로 한 대형 콘퍼런스나 집회, 행사들도 꾸준히 늘어나고 있다(장영균, 2019).

직원 경험 극대화를 위해서는 수평적 조직문화와 리더의 소프트 역량(존중과 소통)이 필요하다. 직원 경험설계를 위한 3가지 원칙은 다음과 같다.

첫째, 직원들의 경험 자체에 대한 깊은 이해가 필요하고, 직원들의 경험 행동을 설명하는 다양한 인식론적, 생리학적, 심리학적 이론을 발굴해야 한다. 이를 통해 경험 행위의 본질과 행위의 추동 원리들을 이해할 수 있다.

둘째, 직원생애주기 관점으로 접근해야 한다. 조직은 목표 중심적으로 사고하는 반면, 개별 직원들은 순간적인 경험 중심적으로 사고해야 한다. 입사에서 퇴사까지 직원의 생애주기 전반에 걸친 총체적 경험설계가 필요한 것이다.

셋째, 경험설계는 철저히 Bottom-Up 접근법에 입각해야 한다. 경험관리 관점에서 조직 구성원의 실제 애로사항과 니즈를 샅샅이 구석까지 살피고 조사하여 이를 해결하는 HR(Human Resource) 제도를 설계해야 할 것이다.

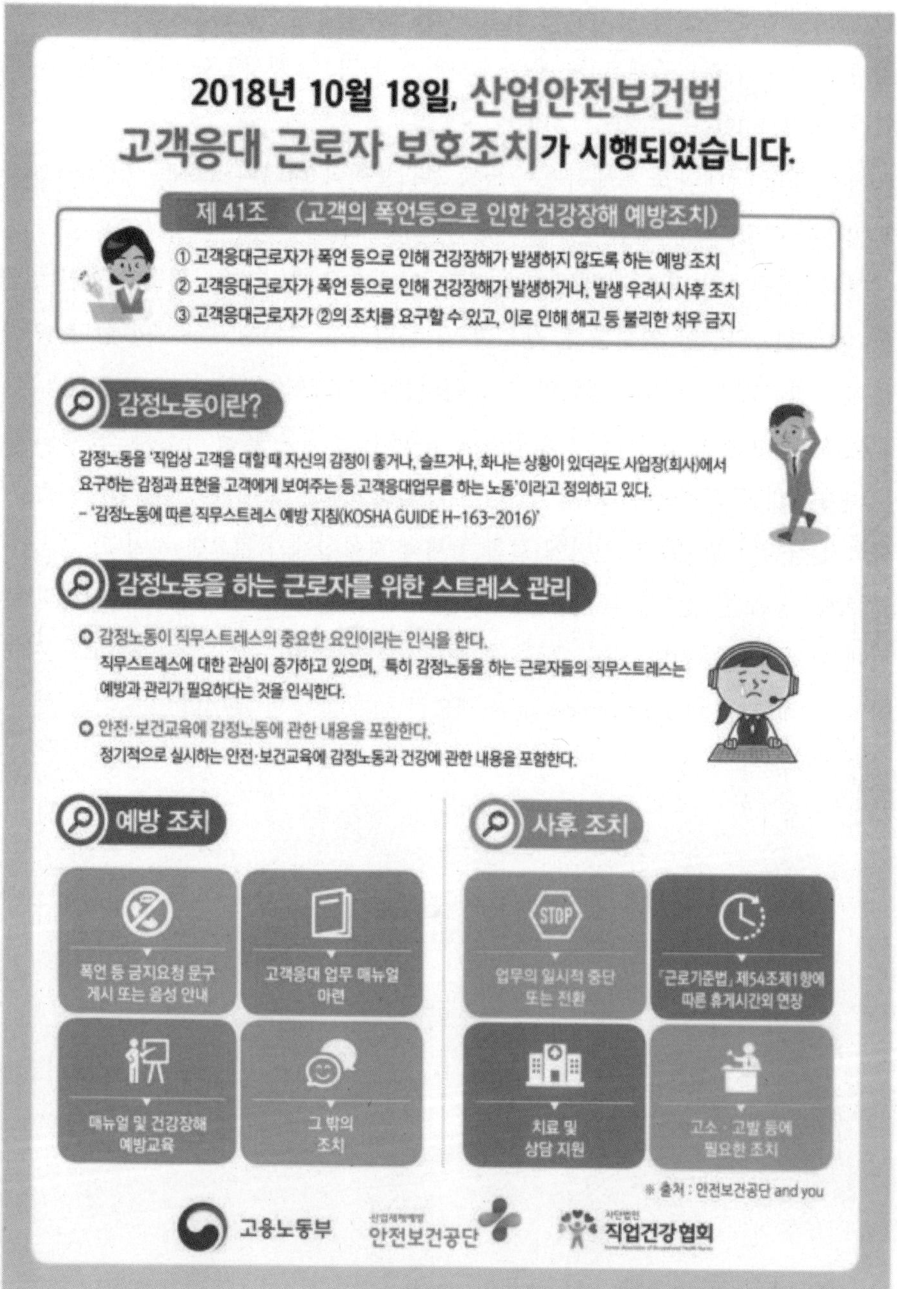
2018년 10월 18일, 산업안전보건법
고객응대 근로자 보호조치가 시행되었습니다.
제 41조 (고객의 폭언등으로 인한 건강장해 예방조치)
① 고객응대근로자가 폭언 등으로 인해 건강장해가 발생하지 않도록 하는 예방 조치
② 고객응대근로자가 폭언 등으로 인해 건강장해가 발생하거나, 발생 우려시 사후 조치
③ 고객응대근로자가 ②의 조치를 요구할 수 있고, 이로 인해 해고 등 불리한 처우 금지
감정노동이란?
감정노동을 '직업상 고객을 대할 때 자신의 감정이 좋거나, 슬프거나, 화나는 상황이 있더라도 사업장(회사)에서 요구하는 감정과 표현을 고객에게 보여주는 등 고객응대업무를 하는 노동'이라고 정의하고 있다.
- '감정노동에 따른 직무스트레스 예방 지침(KOSHA GUIDE H-163-2016)'
감정노동을 하는 근로자를 위한 스트레스 관리
감정노동이 직무스트레스의 중요한 요인이라는 인식을 한다.
직무스트레스에 대한 관심이 증가하고 있으며, 특히 감정노동을 하는 근로자들의 직무스트레스는 예방과 관리가 필요하다는 것을 인식한다.
안전·보건교육에 감정노동에 관한 내용을 포함한다.
정기적으로 실시하는 안전·보건교육에 감정노동과 건강에 관한 내용을 포함한다.
예방 조치
폭언 등 금지요청 문구 게시 또는 음성 안내
고객응대 업무 매뉴얼 마련
매뉴얼 및 건강장해 예방교육
그 밖의 조치
사후 조치
STOP
업무의 일시적 중단 또는 전환
「근로기준법」 제54조제1항에 따른 휴게시간의 연장
치료 및 상담 지원
고소 · 고발 등에 필요한 조치
※ 출처 : 안전보건공단 and you
고용노동부
안전보건공단
직업건강협회

콜센터 상담원에게 듣는 '감정노동자 보호법'

안전보건공단의 블로그에 따르면, 우리나라의 감정노동자는 약 700만 명에 달한다고 합니다. 여기서 감정노동자는 물건을 판매하거나 서비스를 제공하는 과정에서 발생하는 '감정노동'을 하는 근로자를 뜻합니다. 대표적인 감정노동자는 콜센터 상담원이며, 호텔 및 음식점 종사자, 백화점 및 마트 종사자, 승무원 등 서비스를 제공하는 직군의 대부분은 감정노동자입니다.

감정노동자는 '감정'을 서비스하니, 스트레스에 더욱 취약합니다. 안전보건공단의 블로그에 따르면, 감정노동자의 스트레스 조사 결과는 충격적입니다. 인간이 받을 수 있는 가장 높은 수준의 스트레스 위험이, 일반인보다 6배 넘는다고 합니다. 특히 여성의 경우 이런 스트레스가 우울증으로 발전할 가능성이 2배나 높았습니다.

감정노동자의 대표 직군인 콜센터 상담원의 삶도 그렇습니다. 감정노동에 지쳐 스스로 목숨을 끊거나, 우울증으로 인해 일상생활에 어려움을 겪는다는 보도가 자주 나왔습니다. 이에 감정노동자를 보호해야겠다는 움직임이 일어났고, 고용노동부는 '감정노동자 보호법'을 입안하게 됩니다.

감정노동자 보호법은 2018년 4월 17일에 제정된 산업안전보건법상 감정노동 관련 사업주 의무사항이 신설된 것을 뜻하는데요. 산업안전보건법의 개정안이지만, 편의상 '감정노동자 보호법'이라고 불리고 있습니다. 이는 고객의 폭언이나 갑질 등으로 고통받는 감정노동자를 위한 법이기 때문입니다.

감정노동자 보호법을 좀 자세히 살펴보면, 감정노동자 보호법은 '감정노동자의 안전한 근로환경을 위해 사업자가 책임과 의무를 다해야 한다.'는 것이 포괄적인 의미입니다. 따라서 감정노동자 보호법 시행 이후 총 3가지 의무를 가지게 되었는데요. 의무는 다음과 같습니다.

첫 번째, 고객이 노동자에게 폭언 등을 하지 않도록 요청하는 문구 게시 또는 음성을 안내해야 한다.

두 번째, 고객과의 문제 상황 발생 시 대처법을 포함한 고객응대업무 매뉴얼을 만들어야 한다.

세 번째, 근로자가 피해를 입었을 경우 업무의 일시적 중단 또는 전환, 휴게시간 연장을 비롯해 적극적으로 지원해야 한다.

따라서 콜센터에 문의사항이 있어 전화 연결을 하면, 상담원 안내 전에 "산업안전 보건법 개정에 따라 상담원에게 폭언, 욕설 시 상담이 중단되며 고발될 수 있습니다."라는 안내멘트가 나오고 있습니다.

2018년 10월 18일부터 시행된 감정노동자 보호법. 어느덧 3년 가까이 흘렀는데요. 그렇다면, 실제 현장에서 느끼는 감정노동자 보호법은 어떨까요? 정말 효과가 있을까요? 더 자세한 이야기, 현장의 이야기를 전해주기 위해 콜센터 근로자 3명과 각각 인터뷰를 진행했습니다. 기사에서는 편의상 A군, B군, C군으로 지칭하겠습니다.

산업안전보건법 개정안, 감정노동자 보호법

Q. 감정노동을 어떻게 느끼고 계신가요?

A. 콜센터 업무에서 자연스럽게 느끼고 있습니다. 콜센터가 전화로 진행되다 보니, 웃지 않는다고 오해하는 경우도 있는데, 저희는 밝은 목소리와 친절한 안내를 위해 웃는 연습을 항상 하고, 웃고 있습니다. 업무시간에는 늘 웃어야 한다는 점에서 감정노동을 느끼고 있는 것 같아요. 〈A군〉

A. 출근부터 퇴근까지는 감정노동의 연속이지 않을까 싶어요. 보통 직장인들도 상사의 눈치를 볼 때 감정노동을 한다고 하잖아요. 저희는 그거에 더불어 상담 고객의 눈치까지 보니까, 감정노동을 항상 겪는 것 같아요. 〈B군〉

Q. 감정노동자 보호법에 대해서는 알고 계신가요?

A. 회사에서 감정노동자 보호법에 대해 알려줬어요. 콜센터 상담원은 적게는 3일, 많게는 2주까지 교육을 받는데, 교육 과정에서 감정노동자 보호법과 함께 욕설이나 폭언하는 고객은 어떻게 처리해야 하는지 알려주면서 인지하게 됐어요. 〈C군〉

A. 감정노동자 보호법은 상담을 통해 알게 되요. 상담 전에 안내멘트가 나가잖아요. 산업안전보건법 개정에 따라서 감정노동자 보호법이 시행되고 있다고. 〈B군〉

Q. 감정노동자 보호법이 효과를 거두고 있나요?

A. 아예 폭언이나 욕설이 없는 고객은 없지만, 필터링이 된다고 해야 할까요? 선배들의 이야기를 들어보면, 과거에는 훨씬 더 심했다고 해요. 감정노동자 보호법 덕분에, 욕설은 거의 없는 거 같아요. 〈A군〉

A. 좀 힘든 민원이라고 해야 할까요? 악성 민원을 상담하고 나면 진이 빠지거든요. 한 30분씩 전화를 해야 하니까. 그럴 때마다 팀장이 잠시 쉬고 오라고, 충분히 쉬고 오라고 말할 때, 그것도 감정노동자 보호법 때문이니까. 그럴 때 좀 많이 느끼는 것 같아요. 〈C군〉

짧은 인터뷰였지만, 감정노동자 보호법 시행 이전과 이후가 달라졌다는데요. 특히 A군은 "필터링"에 주목했습니다. 감정노동자 보호법 시행 이후 필터링 등으로 인해 악성 민원이 많이 줄어들었다고 밝혔습니다.

감정노동자 보호법 시행 3년, 일방적인 노동자나 소비자는 없습니다. 우리는 모두 노동자이면서 동시에 소비자입니다. 부당한 행위를 할 권리는 아무에게도 없습니다. 감정노동자가 항상 소비자를 존중하는 만큼 감정노동자를 존중해주세요.

출처: 콜센터 상담원에게 듣는 '감정노동자 보호법' 작성자 고용노동부(2021.7.29.)

| 참고문헌 |

김맹진(2015), 서비스접점 커뮤니케이션이 고객만족에 미치는 영향과 신뢰의 매개효과, 외식경영학회, 18(4), pp.89-108.

김민주(2020), 감정노동의 척도개발, 경영컨설팅연구, 20(3), pp.51-70.

김영택·고창헌·박윤주·서자원·양지혜·유시정·차현수·한혜숙(2016), 서비스경영의 이해, 법문사.

김우삼·양한철·김준호·차현수(2003), 서비스모니터링 체크리스트에 대한 연구, 한국서비스경영학회지, 4(3), pp.43-66.

박근영(2018), 문화관광해설사의 해설역량이 관광객 방문 만족과 재방문에 미치는 영향-대전 시티투어 방문객을 중심으로, 관광레저연구, 30(3), pp.281-298

서창적·이보라(2012), 서비스기업 접점 직원의 매뉴얼 실행수준에 영향을 미치는 요인에 관한 연구, 한국서비스경영학회 추계학술발표대회, pp.81-104.

서창적·황혜미(2008), 서비스 접점직원의 역량이 노동생산성 및 서비스 품질 에 미치는 영향, 한국생산관리학회지, 19(4), pp.3-29.

유한주 외(2019), 품질경영, 생능출판사.

이수진·이상식·이돈희(2017), 의료서비스접점과 고객경험만족이 재방문 의도에 미치는 영향에 관한 연구, 서비스경영학회지, 18(2), pp.113-140.

이슬기·황혜미(2018), 대면서비스 접점직원의 역량지표 개발에 대한 탐색적 연구, 한국서비스경영학회지, 19(4), pp.59~79.

이혜인(2020), 고객응대 근로자 보호제도가 서비스기업의 근로자 직무만족에 미치는 영향: 긍정심리자본의 매개효과를 중심으로, 서강대학교 경영전문대학원 글로벌서비스경영학과 석사학위 논문.

장영균(2019), 직원경험을 극대화화라, 월간 HRD.

전종선(2018), 서비스제공자의 역량이 기업의 신뢰와 관계유지의도에 미치는 영향, 경기대학교 관광전문대학원, 석사학위논문

콜센터 상담원에게 듣는 '감정노동자 보호법', 고용노동부 공식 블로그https://blog.naver.com/molab_suda(2021.7.29.)

한경 CMO Insight(2022년 9월 23일자), https://www.hankyung.com

Chapman, J. A. and Lovell, G.(2006), The competency model of hospitality service: why it doesn't deliver, *International Journal of Contemporary Hospitality Management*, 18(1), pp.78-88

Khandwalla N. P.(2004), "Competencies for Senior Manager Roles," *VIKALPA*, Vol.29, No.4, pp.11-24.

Chapter

6

고객가치를 높이는 서비스 디자인

Case Study

파라다이스호텔 서비스 디자인

파라다이스호텔 전경

'파라다이스호텔 부산'(http://busan.paradisehotel.co.kr)은 부산 최고의 호텔로 잘 알려져 있다. 본관의 새로운 인테리어와 호텔로서는 보기 드문 바닷가 테라스, 그리고 옥외수영장과 함께 있는 노천온천, 바다가 한눈에 들어오는 실내 온천사우나, 이탈리아, 중국 현지로부터 온 유명 쉐프의 감칠맛 나는 요리를 서빙 받는 최고의 경험 등, 파라다이스 호텔의 서비스는 말 그대로 파라다이스였다. 성공적인 서비스 디자인을 위해 먼저 Shadowing(쉐도잉)*을 실시하였다.

최근 비즈니스 환경의 변화로 인하여 파라다이스 고객의 지형도가 서서히 변하고 있다.

외국인 이용자의 국적은 보다 다양해지면서 비즈니스 고객 수요가 증가하고 내국인 이용자 또한 지속적으로 증가하고 있는 추세이다. 내국인 이용자 중 다수는 인터넷을 통하여 호텔의 정보를 찾고 비교하고 예약하는 인터넷 세대가 큰 비

* Shadowing이란 고객의 입장에서 서비스를 경험하여 보는 것으로 경험전문가에 의해 이루어지고 고객과 서비스의 접점인 Touch point에 대한 가설적 정의와 Journey map 분석의 frame을 만드는데 사용되는 일종의 전문가 평가 기법이다. Usability의 전문가 평가와의 차이점은 Lab에서 Checklist를 통하여 이루어지는 것이 아니라 고객이 경험하는 실제 환경(Context)에서 오감을 통하여 경험하며 분석한다는 차이가 있다.

중을 차지한다. 파라다이스호텔은 On line(온라인) 고객 경험 설계를 위한 새로운 프로젝트를 추진하였다.

처음에는 단순한 웹사이트를 개편하는 프로젝트로서 시작되었으나 임직원 대상의 초기 Biz Goal 인터뷰를 진행한 후, 프로젝트 실행자인 팀인터페이스는 단순한 사이트 리뉴얼로는 해결할 수 없는 고객의 Unmet needs(결핍)가 있을 것이라고 판단하여 On line과 Off line을 아우르는 서비스 디자인 프로젝트로 방향을 결정하였다. 일련의 과정을 통하여 발견한 주요 문제는 아래와 같다.

Pain Point

1. 고객은 호텔사이트의 URL에서부터 시작하지 못한다.

고객은 자기가 주로 사용하는 인터넷 포털에 "부산호텔", "해운대호텔" 등의 단어로 검색을 한다. 그때 첫 번째 검색 결과로 올라온 여행사 사이트(광고스폰서 사이트)를 방문하게 된다.

2. 고객은 결제 이전에 다양한 가격 정보에 노출된다.

고객은 여행사 사이트의 결제 이전에 호텔사이트를 직접 방문하고 객실의 분위기를 살피기 위해 호텔이 제공하는 자세한 사진을 참고한다. 이때 호텔의 일반요금을 보고 높은 금액에 놀라서 여행사 사이트에서 예약할 결심을 하게 된다. 패키지상품을 찾아보면 한눈에 호텔을 비교할 수 없고 어디로 들어가야 하는지 찾지 못하는 경우가 많다.

3. 호텔사이트의 세부정보가 한눈에 파악되지 않는다.

고객은 호텔사이트에서 패키지와 특전 등의 세부정보를 확인하려고 하지만 특별한 혜택이나 가격이 눈에 띄지 않아 다시 여행사로 가서 예약하는 경우가 많다.

4. 가격에 큰 차이가 없다면 가급적 호텔사이트를 이용한다.

호텔사이트를 통해 예약해본 고객의 경우, 가격만 동일하거나 유사하다면 호텔사이트를 선호하였다. 왜냐하면, 이용 빈도가 높은 고객은 Check in 고객과 예약 고객이 다른 경우나 예약 내용의 변경 및 취소가 있을 경우 온라인 여행사가 중간에 끼어 있으면 2~3번에 걸쳐 확인하는 불편함을 겪어 보았기 때문이다.

5. 몰라서 이용하지 못하는 서비스가 많다.

이그제큐티브 룸에 포함된 서비스나 헬스장 이용을 위한 운동복 대여서비스 등 서비스는 훌륭하나 방문 중에 "몰라서" 이용하지 못한 서비스가 꽤 많았다. 호텔이용 고객들은 출발 전에 바빠서 이런 정보들을 꼼꼼하게 챙겨 보지 못하는 경우가 많았고, 호텔 룸에 비치된 안내 책자도 자세히 읽지 않았다.

6. 부산의 관광명소를 들러 KTX나 공항을 이용하려고 해도 2박3일 가족의 짐이 담긴 큰 여행가방이 부담스러웠다.

이러한 고객의 Pain point를 임직원과 Co-Creative Workshop을 진행하여 해결 아이디어를 찾아보고, 서비스 디자인 전문가들이 Insight를 가지고 완성하여 '7 Heaven'이라는 Paradise 호텔 부산만의 새로운 7가지 '천국'서비스가 탄생하였다.

7 Heaven Services

첫 번째 Heaven: 온라인 예약화면에 모든 정보를 ….

예약단계에서 필요한 객실의 이미지와 패키지 정보를 한 화면에 일목요연하게 보여줌으로써 불필요한 페이지 이동을 최소화하고 인터넷 예약 사이트의 가격과 비슷한 가격의 패키지가 호텔에 있음에도 고객이 이를 알 수 없어 포기하던 것을 없애도록 예약 UI를 개선하였다.

두 번째 Heaven: Pick up 서비스

공항에 간혹 보이는 Pick up 서비스를 KTX에도 확대하여 파라다이스 고객에게 부산역부터 파라다이스 호텔 부산까지의 Premium 서비스를 느낄 수 있도록 하였다. Co-creative workshop에서 직원들은 KTX 특실과 모범택시를 연계한 VIP Pick up 서비스와 KTX 일반실과 리무진 버스를 연계한 이코노미 서비스를 만들어 낸 것이다.

세 번째 Heaven: 모바일 여행정보

모바일 인터넷 페이지에 E-concierge를 소개하여 호텔주변 관광정보와 부산의 권역별 관광 정보를 제공하고 머무는 동안의 여정을 호텔 도착 전에 미리 계획할 수 있도록 하였다.

네 번째 Heaven: 이용정보 알림 서비스

Reception에서 고객의 호텔방문 경험에 따라 적절한 안내문을 제공하여 패키지 내 포함된 특전을 100% 활용할 수 있도록 정보를 다시 일깨워주고 업그레이드 서비스에 대한 안내도 함께 하여 Check-in 전 선택할 수 있도록 하였다

다섯 번째 Heaven: 조깅 서비스

운동화와 운동복을 지참하지 못한 고객에게 해운대의 환상적인 조깅코스를 이용할 수 있는 조깅화 대여 서비스를 새롭게 디자인하였다. 이 서비스에는 자신의 취향에 맞는 곡들이 playlist가 제공되는 mp3 대여와 온천 사우나이용권도 선택할 수 있다.

여섯 번째 Heaven: 라운지 서비스

성수기 조기 체크아웃 이후 교통시간까지 시간이 남은 고객을 위한 라운지를 설치, 운영하여 체크아웃으로 단절되는 서비스가 아닌 호텔에서 집까지 이어지는 서비스를 만들었다

Case Study

일곱 번째 Heaven: 택배 서비스

체크아웃은 12시 KTX 및 항공편으로 서울까지 가는 시간은 세 시간 남짓 약간의 욕심만 부리면 한곳 정도의 부산관광을 더 할 수 있지만 여행 가방이 부담스러웠던 고객을 위해 부산역이나 공항까지 택배이용 서비스를 제공하였다.

출처: http://servicedesign.tistory.com

01 서비스 디자인의 대두

1.1 서비스 디자인의 중요성

이제는 '서비스'를 파는 시대에서 '경험'을 파는 시대로 진화하고 있다. Pine과 Gilmore(1998)는 서비스 경제시대에 많은 기업들이 단지 상품을 잘 팔기 위해 경험을 이용하였으나 차별화된 경제적 가치를 제공하기 위해서는 견고한 경험설계가 이루어져야 한다고 주장하였다. 갈수록 심화되는 글로벌 비즈니스 경제에서 고객경험 관리가 경쟁우위를 다질 수 있는 수단으로 인식되고 있기 때문이다. 고객경험 관리를 부가적인 업무가 아닌 일상 업무와 연관하여 인지하는 것이 중요하며, 기업의 가치사슬 전체에 걸쳐 관리되어야 한다.

서비스기업은 우수한 제품과 서비스를 벤치마킹하여 유사한 제품 및 서비스를 제공하는 기존의 틀을 벗어나서 고객들이 다시 찾아오고 싶게 만들고 타인에게 자세히 이야기하고 싶어지는 기억에 남을 만한 서비스를 창출해야 한다. 고객 지향적 설계를 통해 개별적인 경험을 전달하는 것이다.

즉 기업들은 '고객 경험'을 개발, 혹은 연출해야 하는 것이다. 긍정적인 경험은 고객의 기억에 남을 뿐 아니라 오랜 시간에 걸쳐 서비스 제공자와 교류를 갖게 함으로써 고객 충성도를 증가시키기 때문이다. 특히, 고객과 서비스 제공자의 접촉빈도가 높은 경쟁적인 서비스일수록 서비스 설계의 주요 요소를 활용한 고객감동 달성이 더욱 중요하다.

서비스 디자인은 서비스기업이 성장하고 서비스업에 종사하는 인력도 많아지며 고객의 요구에 맞는 전달 시스템을 개발하게 되면서 고객에게 제공하는 서비스 내용을 보다 체계적이고 효율적으로 디자인하는 방법이 필요하다는 공감대가 형성되면서 시작되었다.

1.2 서비스 디자인의 유래

서비스 디자인은 서비스의 무형적 특성을 극복하려는 목적으로 사용되었고 서비스를 개발하는 기업에서 디자인의 유형적 특성이 강조되었다. 무형의 서비스를 시각화, 유형화함으로써 고객이 본질적인 서비스를 제대로 인식하게 하는데 도움을 주었다. 이러한 과정에서 디자이너의 참여가 활발해지면서 2000년대 초반 영국의 디자인협회(Design Council)를 중심으로 서비스 디자인에 대한 연구가 시작되었다.

2004~2007년까지 영국 디자인협회에서 '디자인을 통한 사회문제 해결'에 주목하기 시작했고, 2007년 이후 'Dott 07'이라는 프로젝트를 영국 전역에 확대하였다. 예산규모는 1,400만 파운드였으며 질병 예방 및 관리, 에너지 절감, 학습능률 향상, 시민 참여의식 향상, 교통문제, 노령화 등 각 분야에서 디자인 역할에 대해 실험하였다. 이 때 교통, 교육, 보건 등의 공공 서비스 산업에 적용하는 디자인을 서비스 디자인이라고 불렀다.

지금은 공공 서비스를 넘어 기업을 포함한 모든 서비스 부분에서 요구하는 디자인의 개념으로 확장되었다. 유럽과 미국의 선도 디자인 기업을 중심으로 서비스 디자인을 자신들의 사업 차별화 전략으로 활용하기 시작했고, 혁신적 서비스 개선을 필요로 하는 글로벌 기업의 프로젝트를 위주로 수행하며 서비스 디자인

그림 6-1 BOA(Bank of America)의 저축상품 개발

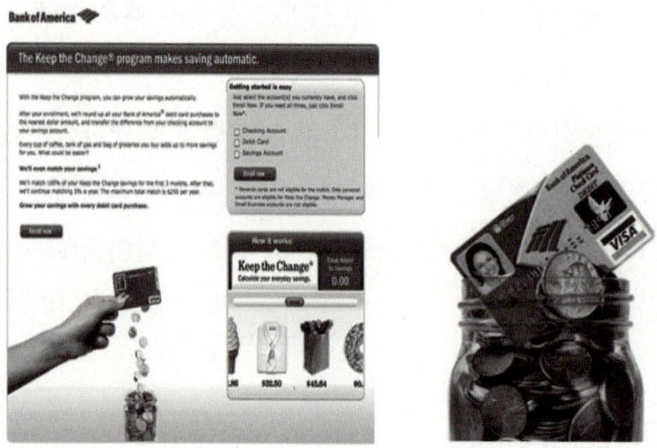

이 확산되었다.

특히 미국의 디자인 전문회사인 IDEO(아이데오)가 개발한 새로운 개념의 저축예금 서비스가 관심을 얻기 시작했다. [그림 6-1]에서 보듯이 2005년 고객사(Client)인 뱅크오브아메리카(Bank of America)는 '잔돈은 가지세요(Keep the Change)'라는 금융 상품을 출시하였다. 체크카드로 지불하는 물건 값의 거스름돈을 저축 계좌로 바로 입금해 주는 방식의 서비스였다. 커피 한잔에 3.45달러라고 가정하면, 고객 계좌에서 4달러가 인출되어 이 중 3.45달러는 커피숍으로, 나머지 0.55달러는 고객의 저축 계좌로 보내진다. 또한 고객이 물건을 구입하면 결제대금 중 은행이 달러 단위 이하의 거스름돈을 추가로 고객에게 준다는 획기적인 발상이었던 것이다. 물론 고객에게 무한 혜택을 주는 어려움이 있기 때문에 100% 매칭하는 것은 서비스 개시 후 3개월까지로 한정하였다. 그럼에도 불구하고 2005년 첫 해 250만 명의 신규 고객을 확보하였고 2006년 비즈니스 위크지에 '사회 경제적 영향을 미친 최고 서비스'로 선정되었다.

서비스 디자인이라는 말은 서비스경영에서 물리적 환경, 분위기, 인테리어 등을 의미하는 '서비스 스케이프(Servicescape)' 또는 각종 유형화된 서비스 요소를 일컫는 '물리적 증거(Physical Evidence)'와 비슷한 의미로 사용되고 있다. 학자들의 연

구에 따르면, 물리적 환경이 서비스 품질에 직접적인 영향을 미치며 고객의 긍정적 행동의도에 영향을 준다고 한다.

고객이 어떤 감정을 느끼거나 지식을 획득하기 위해 우선 경험을 창출하는 환경 속에 들어와야 한다. 참여는 개인적 수준(적극적 혹은 소극적 고객참여)과 환경적 수준(몰입 혹은 흡수) 두 가지 경로를 통해 이루어진다. 서비스 환경에서 맥락(Context)은 고객이 서비스와 자신이 그 환경에서 교류하는 모든 것을 소비하는 장소와 관련된다.

비트너(Bitner)는 맥락을 'Servicescape'라고 하였고, 환경적 차원, 감각적 요소, 직원과 고객과의 상호작용 등을 고려해야 함을 강조했다. 고객이 매장을 선택할 때 외적인 분위기를 고려해서 방문하는 경우가 많다. 특히 매장의 시설 배치, 온도, 조명, 음악, POP 등의 물리적 환경은 구매 결정에 영향을 준다.

컬럼비아대학교의 베른드 슈미트(Bernd Schmitt) 교수와 조지타운 대학교의 알렉스 시몬스(Alex Simmons) 교수 등이 도입한 미학적 마케팅(marketing aesthetics)이나 체험 마케팅(Experiential marketing) 등에서 서비스 디자인과 유사한 개념을 강조했고, 이러한 연구들이 서비스 디자인에 대한 개념적 접근을 가능하게 했다.

서비스 디자인은 학문적으로 아직 연구나 이론 정립이 활발하지 않은 상태이다. 기업 실무자들이 업무 목적에 맞게 서비스 디자인 개념을 조금씩 정립하여 적용하고 있는 실정이다. 일부 서비스 우수기업에서는 서비스 개선 및 혁신이란 주제로 서비스 디자인을 접목하여 서비스 성과를 높이는 방법론으로 활용하기도 한다.

한편 우리나라는 서비스기업보다는 공공 및 의료 분야에서 먼저 서비스 디자인을 도입하여 활용하고 있다. 임산부 전용 의자, 피아노 계단 등 다양한 디자인 결과물을 경험하고 있다. 그러나 지나치게 외형적 환경이나 설비 도입에만 초점을 두게 되면 실행 부서 간 갈등이 발생하여 원활한 디자인 진행이 어렵게 되기도 한다. 서비스 조직에서 서비스 디자인의 중요성과 의미를 충분히 이해하고 공유되어야 성공적인 디자인 도입이 가능하다.

02 서비스 디자인의 개념

2.1 서비스 디자인의 정의

서비스 디자인에 대한 개념은 '10명에게 물어보면 11개 이상 정의가 나온다.'고 할 만큼 다양하게 이해되고 있다. 여러 가지 정의를 간략히 정리해 보면, 서비스 디자인(Service Design)이란 고객이 서비스를 순차적으로 이용하면서 경험하게 되는 서비스의 가치를 모든 이해 관계자가 협력하여 디자인함으로써, 서비스의 내용을 구체화하고 고객에게 더 매력적인 경험을 제공하여 서비스 가치를 향상시키기 위한 일련의 활동이다. 제조에 서비스를 접목하거나 신 서비스 모델을 개발하여 새로운 부가가치를 창출하는 것을 말한다. 이런 창출활동을 통해 고객의 생각과 행동을 변화시키고 경험을 향상시키는데 사용되고 있는 것이 바로 서비스 디자인이다.

제품의 질이 상향평준화된 이후 제품의 차별화를 부각시키기 위해 등장한 개념으로, 1991년 미하엘 에를호프(Michael Erlthoff) 쾰른 국제 디자인스쿨 교수에 의해 명명되었다. 고객이 프로세스를 경험하면서 느낀 경험과 감성을 세부적으로 분석해 이들에게 필요한 맞춤형 서비스를 제공함으로써 고객이 긍정적 경험을 갖도록 할 수 있다.

서비스 디자인은 서비스를 디자인 방법론으로 개발하는 분야로서, 서비스를 구성하는 유·무형의 요소를 통합적으로 기획하는 역할이다. 즉, 전체 서비스 내용을 종합적으로 바라보는 기획마인드와 고객친화적인 디자인적 사고를 결합시키는 것이다. 고객 중심의 사고에 익숙한 디자이너의 감성과, 서비스를 하나의 상품으로 냉철하게 바라보고 설계하는 기획적인 마인드가 결합되는 것이 가장 이상적이다.

〈표 6-1〉과 같이 기존의 디자인은 제품 등 특정 대상물을 실제화하는 역할(커뮤니케이션 디자인, 제품 디자인, 환경 디자인 등)을 하고, 서비스 디자인은 서비스를 구성

| 표 6-1 | 기존 디자인 VS 서비스 디자인

구분	기존개념	서비스 디자인의 차별점
서비스 개발 방법으로서	• 서비스 사이언스, 서비스 엔지니어링 서비스경영, 서비스 마케팅 등 • 생산성과 효율성 향상에 초점을 두는 공급자 중심의 개발방법	• 감성, 심리, 경험에 집중하여 서비스를 기획하는 수요자 중심의 개발방법
디자인 방법으로서	• 커뮤니케이션 디자인, 제품디자인, 환경디자인 등 • 제품 등 특정 대상물을 실제화하는 역할	• 서비스를 구성하는 유·무형의 요소를 통합적으로 기획하고 계획하는 역할

출처: 의료서비스 수요자 중심 혁신전략, 서비스 디자인 윤성원, 2014.

하는 유·무형의 요소를 통합적으로 기획하고 개발하는 역할을 한다(윤성원, 2014). 서비스 디자인은 무형의 경험을 시각화해 유형의 요소로 만들어 주는 과정, 고객의 욕구를 이해하고 충족시키는 방법을 찾는 과정, 서비스 최접점에 있는 직원들에게 새로운 역할을 부여하는 과정까지 포괄하는 개념이다.

영국의 리브워크(Live Work)나 엔진(Engine), 미국의 아이데오(IDEO), 컨티늄(Continuum), 피어인사이트(Peer Insight) 등의 디자인 전문회사에서 서비스 디자인의 개념을 정립하여 컨설팅을 통해 서비스 디자인을 기업 실무에 적용하고 있다. 서비스 디자인에 대한 다양한 정의를 〈표 6-2〉와 같이 정리하였다.

영국의 디자인협회와 2011년 11월 한국에 설립된 서비스 디자인협회는 서비스 디자인에 대해 다음과 같이 정의 내렸다. 영국디자인협회(www.designcouncil.org.uk)에서는 서비스 디자인이란 유용하고, 사용 가능하고, 효과적이고, 효율적이며, 매력적인 서비스를 만들기 위한 모든 것이라고 하였다.

서비스 디자인협회(www.servicedesign.or.kr)에서는 서비스 디자인은 고객이 서비스를 통해 경험하는 모든 유·무형의 요소(사람, 사물, 행동, 감성, 공간, 커뮤니케이션, 도식 등)에 영향을 미치는 모든 경로(프로세스, 시스템, 인터랙션, 감성 로드맵)에 대해 고객중심의 맥락적인 리서치 방법을 활용해 이해관계자(Stakeholder) 간의 잠재된 요구를 포착하고, 이를 창의적이고 다학제적(Consilience)·협력적인 디자인 방법을 통해 실체화(Embodiment)함으로써 고객 및 서비스 제공자에게 효과적이고 효율적이

표 6-2 서비스 디자인에 대한 정의

사전	위키피디아	서비스 디자인은 서비스 제공자와 고객, 고객경험 사이에 질을 높이기 위해 사람과 인프라, 커뮤니케이션 또한 서비스를 구성하는 물질적인 것을 계획하는 행동
책	서비스 디자인시대	고객이 무형의 서비스를 구체적으로 경험하고 평가할 수 있도록 고객과 서비스가 접촉하는 모든 경로의 유·무형의 요소를 창조하는 것
학계	서비스 디자인 네트워크	유용하고 편리하며 바람직한, 효율적이고 효과적인 서비스 창출을 목적으로 하는 • 고객경험에 초점을 둔, 서비스 이용품질을 핵심가치로 추구하는 인간중심적 접근방식 • 전략, 시스템, 프로세스, 접점의 통합적 디자인을 고려한 전체론적 접근방식 • 사용자지향적인 다학제적 접근, 지속적 학습을 통합한 체계적, 반복적 프로세스
	인터랙션디자인 코펜하겐 연구소	서비스 디자인은 신흥 현장 경험을 통해 무형 및 유형 매체의 조합을 사용하여 좋은 생각을 창출하는 것
기업	리브워크	고객이 다양한 경험을 할 수 있도록 시간의 흐름에 따라 사람들이 다다르게 되는 다양한 터치포인트를 디자인하는 것
	피어인사이트	서비스 혁신을 위해 커뮤니케이션, 공간, 행동, 사람, 사물, 도식 등 서비스를 이루는 유·무형의 요소를 총체적으로 배열하고 리서치에 근거해 디자인하는 것
	디자인싱커스	창조적인 프로세스와 방법을 이용 서비스 제공자와 최종사용자 간의 상호작용을 디자인하고 조정하는 것
	엔진서비스 디자인	훌륭한 서비스를 개발해 제공하도록 돕는 전문 분야로 서비스 디자인 프로젝트는 환경, 커뮤니케이션 제품 등 디자인의 여러 분야를 포괄해 고객이 서비스를 쉽고 만족스럽고 효율적으로 누릴 수 있도록 각 요소를 개발하는 것

며 매력적인 서비스 경험을 향상시키는 방법 및 분야로 정의하였다.

국내외 서비스 디자인에 대한 이론적 연구와 실무적 접근은 경영, 디자인, 산업공학, 서비스 사이언스 등 다양한 분야에서 이루어지고 있기 때문에 각자의 영역에 맞는 다양한 정의가 내려지고 있지만 공통적으로 강조하는 키워드는 유사하다고 볼 수 있다.

서비스 디자인에 대한 다양한 정의를 요약하자면, 서비스 디자인은 고객의 긍정적 경험을 가장 강조하고 있으며 창조적인 아이디어와 효과적인 도구를 활용하는 통합적 접근방식을 통해 서비스 혁신과 고객 가치 발굴에 적합한 유·무형의 요소를 개발하는 활동(프로세스)이라고 할 수 있다.

또한 〈표 6-3〉을 보면 경영 컨설팅, 서비스 디자인, 경험 디자인 간 차이점을 살펴볼 수 있다. 기존의 경영 컨설팅이 기업 중심의 논리적 방식과 프로세스 표준화, 효율화를 중시한다면, 서비스 디자인과 경험 디자인은 고객 중심의 디자인 사고* 방식으로 잠재 고객의 니즈를 발견하는데 초점을 둔다. 서비스 디자인보다 경험 디자인은 보다 더 고객 관점의 접근방식으로 정량, 정성의 논리적 근거가 있는 성과를 얻고자 한다.

| 표 6-3 | 서비스 디자인, 경영 컨설팅, 경험 디자인 간 차이점 비교

구분	경영 컨설팅	서비스 디자인	경험 디자인
Focus	기업 중심	기업-고객 중심	고객 중심
Perspective	경영 자원의 선택과 집중을 통한 경쟁우위 확보, 프로세스 효율화, 표준화	고객의 잠재 니즈 발견, 이해관계자의 욕구 발견, 표준화	고객의 잠재 니즈 발견, 고객 경험 향상
Methods	3C 분석 5 Forces Model, BPR Business Process Reengineenng), 6 sigma 등	고객 관찰, 스토리보드, 퍼소나, 고객여정 매핑, 서비스 블루 프린팅 등	고객 관찰, 스토리보드, 퍼소나, 유저빌러티 테스트, 포커스그룹 인터뷰 등
Thinking	논리적 사고 (Logical Thinking)	디자인 사고 (Design Thinking)	디자인 사고 (Design Thinking)
Output	보고서(Report)의 적용을 위해서는 추가 개발 필요	시각화된 보고서(Report) 즉시 적용 가능한 결과	정량/정성의 논리적 근거가 있는 디자인 결과물
Company	McKinsey, Boston Consulting Group, Accenture 등	IDEO, Engine, Livel works, Design thinkers 등	COPPER U, Adaptive path, PXD 등

출처: 엔진 서비스 디자인워크숍 참가 결과 보고서(한수련, 2010) 내용 중 수정

*** 디자인 사고(Design Thinking)**

고객 관점에서의 관찰, 분석을 통해 해결방안을 지속적으로 도출하여 향상 및 개선해 나가는 접근방식

구분	Business thinking	Design thinking
관점	공급자	고객
문제정의	Analysis Survey Interview	Ethnography Observation
Communication 수단	Excel & power point	대면 접촉
해결방안을 도출하는 방법/과정	최고의 답 인증	반복 시도(더 나은 해답) Rapid prototyping
주 활동 장소	회의실	현장
사고 모형	분석적	분석과 직관

출처: 리팅이 외(2014), 스탠퍼드 대학의 디자인 씽킹 강의노트, 인서트

03 고객경험관리와 디자인

고객경험관리는 고객의 생각과 느낌을 파악하는데 중점을 두고 매장 방문, 구입, 구입 후 이용 등 서비스 제공단계별로 고객이 무엇을 느끼는지를 알아내고 이를 토대로 고객의 경험 데이터를 구축하는 것이다. 기업은 서비스 조직에 대한 고객의 총체적인 경험이 강조하고 있으며, 가능한 긍정적 경험을 늘리고 부정적 경험을 줄일 수 있는 운영방안을 모색하고 있다.

LG경제연구소에서는 [그림 6-2]와 같이 고객경험관리의 4가지 포인트를 다음과 같이 제시하고 있다. 고객경험과정 분석, 차별적 경험 디자인, 고객의 피드백 반영, 일관되고 통합된 경험 제공의 4단계를 통한 체계적인 경험관리를 강조한다. 이를 통해 단순히 제품의 가치만 고객에게 전달되기보다는 고객이 제품을 오감으로써 느끼고 이 제품을 통해 기쁨을 얻는 제품이나 서비스만이 기업에게

| 그림 6-2 | 고객경험관리 프로세스

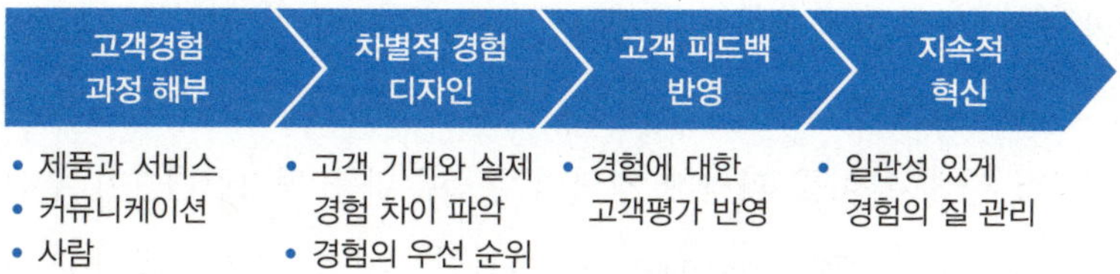

이윤을 창출해 냄을 알 수 있다.

1) 고객경험과정의 해부

먼저 서비스기업이 고객경험관리를 수행하기 위해서는 고객이 체험하는 경험을 철저하게 이해해야 한다. 고객의 경험은 3가지로 이루어져 있다. 첫째는 제품과 서비스 자체, 둘째는 커뮤니케이션, 셋째는 사람이다. 기업은 이러한 경험의 3차원을 바탕으로 구매 전 과정에서 고객 접점을 파악해 목표 고객의 경험 요소들을 정확히 정의해야 한다.

META TREND 연구소에서는 고객의 숨겨진 욕구(Implicit/Unarticulated needs)와 표출된 욕구(explicit/Articulated needs)를 분석할 때 적합한 방법을 [그림 6-3]과 같이 제시하고 있다. 잠재적인 요구(Latent needs)는 고객도 인지하지 못하는 경우가 많기 때문에 관찰기법으로, 표출되거나 결핍된 욕구(unmet needs)는 질문이나 인터뷰 기법을 통해 도출한다.

| 그림 6-3 | 고객 요구 분석기법

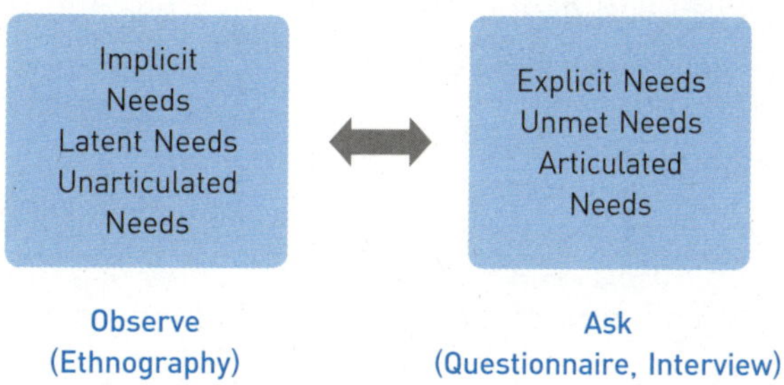

2) 차별적 경험 디자인

고객의 경험 세계를 정확히 분석했다면 경쟁사 대비 차별화된 경험을 창조해야 한다. 이를 실현하기 위해 경험의 3가지 차원에서 고객 접점별로 고객의 기대와 실제 경험 간의 차이를 파악해 경험의 우선순위를 평가한다. 이 우선순위를 바탕으로 USE(Unique Selling Experience), 즉 독특한 서비스 경험의 조합을 구성해야 한다.

힐튼호텔의 경우 자사와 만나는 수천 가지의 접촉점을 재분석하여 고객의 선호와 요구사항, 중요도에 근거해 단계별로 프로세스를 재설계하였다. 이전에 고객 DB(Database)만으로 움직이던 시스템을 완전히 바꾼 것이다. 객실 디자인이나 욕실 설계, 가구배치부터 호텔 브랜드 광고와 광고의 메시지도 통합적으로 디자인하였다. 이 과정을 통해 고객만족도를 75%, 첫 고객 재이용률을 10% 높일 수 있었다.

〈표 6-4〉에서 보듯이, 고객경험관리는 고객 관계가치 개선을 위한 CRM(Customer Relationship Management, 고객관계관리)과 달리 차별화된 만족경험을 통한 고객 로열티 강화에 초점을 둔다. CRM은 거래 행동 데이터 분석에 초점을 두어 기업

| 표 6-4 | CRM과 CEM 비교

	CRM	CEM
추구목표	고객관계 기회의 개선	차별화된 만족 경험을 통한 고객 로열티 강화
방향성	Inside Out 전략 (기업 → 고객)	Outside In 전략 (고객 → 기업)
프로세스	기업 내부의 프로세스 개선	고객의 경험 프로세스 개선
데이터 분석	거래 행동 데이터 분석 위주	고객의 태도 데이터 분석 위주
가치제안	이성적 가치에 소주	감성적 가치에 소주
분석방법론	OLAP(On-line Analytical Processing), 마이닝	Market Research
데이터 수집	거래 데이터	VOC, Survey, FGI 관찰

출처: www.dongabiz.com

내부 프로세스 개선을 추구하며, CEM(Customer Experience Management, 고객경험관리)은 고객의 태도를 분석 및 관찰하여 고객의 경험 프로세스를 개선하는 것이다.

3) 고객 피드백 반영

기업은 고객의 의견과 경험에 대한 평가를 적극 반영하여 서비스 경험에 대한 실효성과 매력도를 증가시켜야 한다. 이러한 과정은 고객의 공감대를 이끌어 낼 수 있다. 고객의 경험과 기대를 분석하여 차별화된 디자인을 설계했으면 반드시 고객의 반응이 어떤지 확인하는 것이 중요하다. 대부분의 서비스기업이 서비스를 제공하는 운영자 중심의 설계를 만들어내기 때문에 고객이 어떻게 받아들이는지, 불편한 사항은 없는지, 더 개선해야 할 항목은 없는지를 끊임없이 찾아내야 한다.

Giese와 Cote(2000)는 고객만족에 대한 개념을 새로운 관점에서 재정리하였다. 고객만족 연구자들의 연구를 재분류하여 정의하였고, 서로 다른 만족에 대한 정의 속에서 공통적인 요인을 발췌하였다. 실험한 결과 3가지 요소를 확인하였다. ① 고객만족은 반응(emotional or cognitive response)이다. ② 반응은 독특한 데에 초점(기대, 고객경험 등)을 둔다. ③ 반응은 특별한 시간(구매 후, 선택 후, 축적된 경험이 있

| 그림 6-4 | 하남 스타필드의 고객참여 설계

〈일렉트로마트의 블루투스 스피커 체험〉 〈메가박스의 어린이 전용 영화관〉

은 후)에 발생한다고 주장하였다. 고객의 반응은 일반적으로 비슷한 패턴을 보이고 있으며, 고객만족은 반응, 초점, 시간으로 구성된다. [그림 6-4]에서 보듯이 하남 스타필드의 가전 전문 매장인 일렉트로마트에서는 고객에게 블루투스 스피커 체험공간을 제공하고 있다. 정면에서 손가락으로 버튼을 가리키면 음악이 재생되고 일시 정지하는 즐거움을 경험할 수 있다. 또한 어린이 전용 영화관을 오픈하여 아이들이 좋아할 만한 영화를 상영하고 있다. 쇼핑에 참여하기를 꺼려하는 젊은 남성과 장시간 매장 체류에 어려움이 될 수 있는 어린이의 공간을 설계함으로써 온가족 쇼핑&문화 체험이라는 가치 경험을 고객에게 제공하고 있는 것이다.

4) 일관되고 통합된 경험의 제공

서비스 기업은 고객에게 3가지(제품과 서비스, 커뮤니케이션, 사람) 차원에서의 통합된 경험과 일관된 가치를 전달할 수 있도록 노력해야 한다. 고객경험은 구매 이전, 구매 중, 구매 이후 단계로 세분화할 수 있다. 첫째, 구매 이전 단계에서는 고객에게 제품과 서비스가 무엇인가를 알려주고 고객의 기대를 관리한다. 이 단계에서는 고객들에게 제품과 서비스를 어떻게 알릴지에 대한 세부적인 계획 수립이 필요하다. 둘째, 구매 중 단계는 고객으로 하여금 왜 해당 제품과 서비스

> "Higher Perceived **usage frequency** may also enhance consumer' perceived idiosyncratic fit with a product, which promotes **positive responses** to marketing offers"
> "Perceiving usage experiences **as less varied** can **improve postpurchase evaluation** by increasing how **frequently consumers think they use the product**"
>
> – Journal of Marketing Research(ANER SELA, 2016)
>
> 자주 발생하는 상황에서의 잦은 좋은 경험은
> 고객이 서비스에 적응됨으로써 긍정적인 만족도를 향상시키며
> 또한, 재구매율을 향상시킨다.

를 구매해야 하는지 명확한 구매 이유를 제시하는 단계로, 구매 과정의 고객 경험을 강조해야 한다. 특히 고객 관여도가 높은 접점에서는 능동적인 고객 체험이 만족에 중요한 영향을 미칠 것이다. 셋째, 구매 이후 단계는 사용하면서 불편했던 점이나 기대에 미치지 못했던 사항을 발굴하여 고객 경험 개선에 반영해야 할 것이다.

04 서비스 디자인 방법론

서비스 디자인은 눈에 보이지 않는 서비스 요소를 효율적이고 효과적으로 변화시켜 고객이 경험하는 서비스의 질을 향상 시키는 분야이다. 무형의 서비스를 알기 쉽게, 피부에 와닿게 형상화해서 고객들의 서비스 만족도를 높여줄 수 있는 디자인 방법을 활용해야 한다.

4.1 서비스 디자인의 특징

Design Wales*는 서비스 디자인의 특징을 4가지로 정리했다.

첫째, 고객의 요구를 발견하는 디자인 리서치 부문이 중점을 둔다. 기존의 전

*** Design Wales 소개**

- 건물, 장소 및 공공 영역에서 좋은 디자인의 우수성을 중요시하고 향상시키는 데 기여하기 위한 네트워크
- 영국 웨일즈의 시골, 마을, 도시를 형성하는 건축, 도시, 경관 디자인 분야의 전문가들과 협력을 통하여 디자인 지침을 개발하고 새로이 융합시킴
- 디자인 위원회를 통해 도시계획 및 재생, 에너지, 인프라 부문에 있어 전문가, 지방정부 관계자, 클라이언트 주체들 간의 네트워크를 구축하고자 함
- 디자인 분야의 전문적인 인재들을 양성하며 이들의 전문지식을 웨일즈 지역에 널리 활용하고자 함

통적인 디자인 프로젝트와 비교해 볼 때 전체 프로젝트에 있어 리서치 부분에 많은 예산과 인적자원을 투입한다.

서비스기업에서는 직원 모니터링에 치우쳤던 기존에 평가 방식의 변화가 일어나고 있다. 고객의 요구를 발굴하기 위해 고객 관찰 및 모니터링을 함으로써 접촉점에서의 고객의 행동, 표현 방식에 관심을 기울이고 있다.

둘째, 공동 개발(Co-Creation)에 의한 문제해결이다. 일반적으로 Co-Creation이라고 하면 다학제의 문제해결 전문가가 함께 협업을 하는 것을 연상하기 쉽지만, 서비스 디자인기업의 다양한 이해관계자가 공동 참여하여 문제를 새로운 시각으로 정의하고 해결책을 찾는다는 측면이라고 이해하는 것이 더 적절하다. 실상 서비스 디자인을 위해 만들어진 팀은 결과적으로 여러 분야의 전문가가 모이게 된다.

메이요 클리닉 혁신센터에는 20명의 디자이너를 포함, 60여 명의 직원이 근무하고 있다. 이들은 의료경영 전문가, 그래픽 디자이너, 제품 디자이너, 통계학자, 인류학자 등 다양한 경험을 가진 사람들로 이루어져 있다. 혁신센터에서는 서비스 디자인 방법을 활용하여 환자 중심의 병원을 만들기 위해 고객의 pain point(페인 포인트)를 지속적으로 발굴하고 개선점을 찾고 있다.

셋째, 고객이 이해하기 편리한 시각화가 강조된다. 서비스 과정을 다양하면서도 창의적인 방법을 사용하여 시각적으로 표현한다. 예를 들어 서비스 수행 절차를 만화, 일러스트, 사진으로 표현한 스토리보드, 또는 연기자의 역할극(Role playing)으로 이루어진 영상, 심지어 실제 연기 등으로 여러 가지 방법이 사용된다. 바로 완성도 높은 결과물이 나오는 것이 아니라 경험 프로토타입(Proto type)을 통해 고객 반응을 살펴보고, 가능한 많은 감각적 경험 방법을 반복적으로 실행한다는 점이 특징이다.

청담 SSG 푸드마켓 정육점에서는 고객과 고기 썰어내는 크기에 대한 합의를 쉽게 하고자 나무 토막을 이용하여 고객이 자주 찾는 고기 크기 샘플을 만들었다. 고객과 편리하게 소통할 수 있는 유용한 도구를 활용하는 것이다.

넷째, 이해관계자의 '경험'을 다룬다는 점이다. 서비스 공급자와 고객의 경험을 분석하고 잠재 욕구를 이해할 수 있는 방법을 사용한다. 서비스 제공자 측의 다양한 이해관계자(내부 경영진, 직원, 협력업체 등)들의 요구를 분석하고 적용하는 것을 중시한다.

즉 서비스 디자인은 고객 경험을 위한 유용한 도구이면서 동시에 서비스를 제공하는 이해관계자들의 입장을 고려한다. 접점 직원이 서비스 디자인의 이점을 충분히 느끼고 고객 서비스 제공에 직접 접목하는 것이 가장 중요하다.

서비스 디자인의 가장 큰 매력 중 하나는 내부 직원의 경험에 초점을 둔다는 것이다. 내부 서비스 프로세스상에서 발생할 수 있는 장애요인을 찾아내서 제거하는 것이 외부 고객경험 설계 못지않게 중요한 개선 이슈로 등장하고 있다. 내부 이해관계자들 간의 협업은 성공적인 서비스 제공을 가능하게 한다. 내부 프로세스상에서 발생할 수 있는 병목점(Bottle-neck)을 찾아 개선 또는 제거함으로써 소통 증진방법을 디자인하는 것이 필요하다.

[그림 6-5]는 서비스 디자인 특징 4가지를 간략하게 요약 정리하였다. 서비스 디자인은 고객의 욕구를 리서치 하여 다양한 이해관계자들과 함께 공동 참여를 통해 시각화하고 구체화함으로써 고객경험 가치를 극대화하는 것이다.

| 그림 6-5 | 서비스 디자인 특징

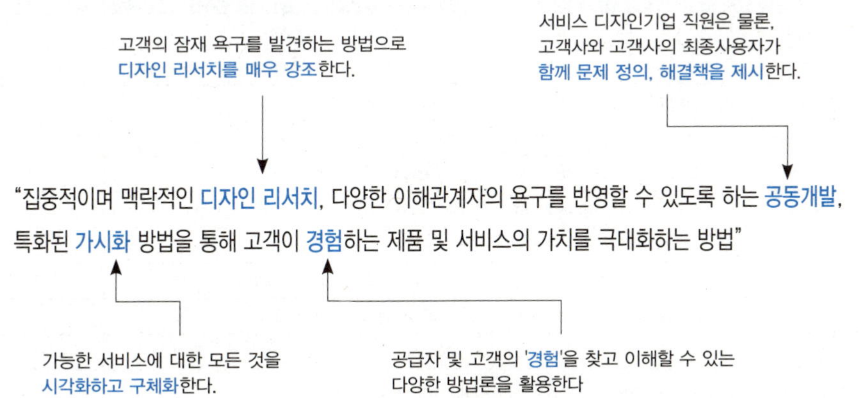

4.2 서비스 디자인 프로세스

서비스 디자인 방법이 기업 혁신도구 활용됨에 따라 여러 학자들은 서비스 디자인 프로세스를 체계적으로 세분화함으로써 성공적인 도입과 전파에 앞장서고 있다. <표 6-5>에서 살펴보듯이 서비스 디자인 도입 1단계는 발견, 관찰, 요구 파악, 이해로 이루어지고, 2단계는 1단계 조사를 통한 아이디어 발굴, 콘셉트화, 개념 정립, 종합화(Synthesize)를 진행한다. 3단계에서는 정리된 개념을 실제 구현하기 위한 설계, 개발, 시제품화(Prototype)를 실행하고, 4단계는 구체화되어 완성된 서비스를 고객에게 전달한다. 5~6단계는 전달된 서비스에 대한 고객평가를 통해 수정 및 보완이 된다.

이들 중 대표적인 서비스 디자인의 프로세스는 4D의 4단계로 구성된 더블 다이아몬드 모델이다. [그림 6-6]과 같이 더블 다이아몬드 디자인 프로세스 모델(The Double Diamond Design Process Model)은 발견(Discover), 정의(Define), 개발(Develop), 전달(Deliver)의 4단계로 구성된다(Design Council, 2015).

첫 번째, 발견(Discover) 단계에서는 개선 또는 혁신해야 할 문제를 찾아낸다. 발산적 사고를 통해 고객이나 이해관계자들의 기대와 경험을 세부적으로 분석,

| 표 6-5 | 서비스 디자인 프로세스

	1단계	2단계	3단계	4단계	5단계	6단계
Design Council	Discover	Define	Develop	Deliver		
Live Work	Insight	Ideas	Prototype	Delivery	Specifying	
Engine	Identify	Build	Measure			
Design Thinkers	Discovering	Concepting	Designing	Building	Implementation	
SNOOK	Discover	Definition	Design	Delivery		
IDEO	Observation	Brainstorming	Rapid Prototyping	Refining	Implementation	
SEREN	Discover	Synthesize	Design	Specify		
Peer insight	Needs finding	Synthesize	Development	Implementation		
team Interface	Discovering	Concepting	Prototyping	Specifying	Testing	
Moritz	Understanding	Thinking	Generating	Filtering	Explaining	Realizing

출처: 유민호(2010), 서비스 디자인 사례연구, 커뮤니케이션디자인학 연구

| 그림 6-6 | 더블 다이아몬드 디자인 프로세스와 각 단계별 주요 방법

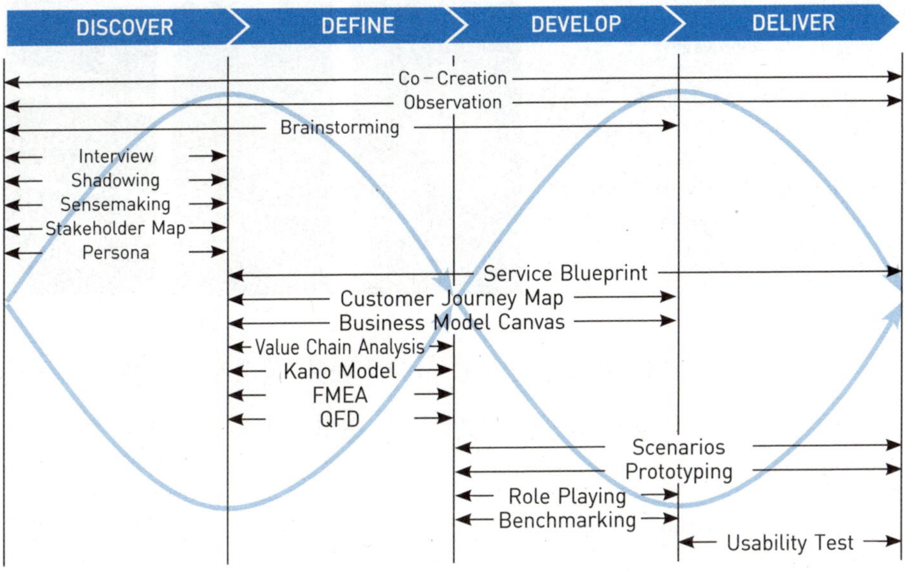

관찰하여 제공하는 서비스 프로세스상의 Gain & Pain point를 발굴한다.

이 단계에서는 주로 관찰조사 및 심층 인터뷰 기법들이 사용된다. 대표적인 방법론으로는 공동 창작(Co-Creation), 관찰(Observation), 브레인스토밍(Brainstorming), 인터뷰(Interview), 쉐도잉(Shadowing), 센스 메이킹(Sensemaking), 이해관계자 맵(Stakeholder Map), 페르소나(Persona) 등이 있다. 서비스 대상을 이해하고, 숨겨진 니즈를 발견하는 단계로써 서비스 디자인의 전략 및 방향을 제시할 수 있는 서비스 증거를 수집한다. [그림 6-7]과 같이 활용도가 높은 쉐도잉(Shadowing)은 고객의 행동을 꼼꼼히 관찰하고 기록하는 것으로 고객이 경험하는 제반 프로세스 및 환경 등을 사진 및 비디오 촬영을 통해 정리한다.

센스메이킹(Sensemaking)은 현상학(Phenomennology) 방식에 입각한 분석으로 고객이 우리가 제공하는 서비스를 어떻게 경험하고 인식하는지를 연구하는 방법이다. 운영자 관점이 아닌 고객이 느낄 수 있는 기분이나 감정을 중시한다. 예를 들어 최근에 화장품 로드숍에 들어가면 고객을 밀착해서 따라다니지 않고 어느

그림 6-7 **쉐도잉 사례**

조사 내용

- 고객의 행동특성을 관찰/기록
- 고객과 관계된 모든 대상을 중심으로 관찰/기록
- 고객이 사용하는 제품, 공간, 서비스를 제공하는 모든 이해관계자 등 고객과 관계된 모든 이슈사항을 체크

정도 테스트하고 구경할 수 있는 충분한 시간을 준다. 고객에 대한 빠른 접근과 설명을 부담스러워하는 고객이 많아짐에 따라 직원들의 접근 방식도 변화하게 되는 것이다.

두 번째, 정의(Define) 단계에서는 개선 및 혁신의 방향을 잡는 단계로 수렴적 사고 과정을 통해 우선순위를 매기고 발굴된 문제와 숨겨진 니즈를 정리한다. 다양한 방법을 통해 수집된 정보를 분석하여 전반적인 패턴과 주제를 선정하게 된다.

정의 단계에서는 문제 원인 분석과 문제 분석 그리고 프로세스 분석 기법 등이 사용될 수 있다. 대표적인 방법론으로는 공동 창작(Co-Creation), 관찰(Observation), 브레인스토밍(Brainstorming), 서비스 청사진(Service Blueprint), 고객여정지도(Customer Journey Map), 비즈니스 모델 캔버스(Business Model Canvas), 가치 사슬 분석(Value Chain Analysis), 카노 모델(Kano Model), FMEA(Failure Mode and Effect Analysis), 품질 기능 전개(QFD, Quality Function Deployment) 등이 있다.

[그림 6-8]과 같이 활용도가 높은 고객여정지도는 서비스 프로세스상에서 고객의 경험을 세부적으로 도출해 냄으로써 고객이 겪게 되는 즐겁거나 기분 나쁜 경험들을 정리하는 도구이다. 즐거운 경험은 보다 강화해야 할 것이고 기분 나쁜 경험은 제거하거나 해결 가능한 대안을 찾아야 한다.

세 번째, 개발(Develop) 단계는 2단계(Define)에서 도출된 다양한 아이디어를 결

| 그림 6-8 | 고객여정지도

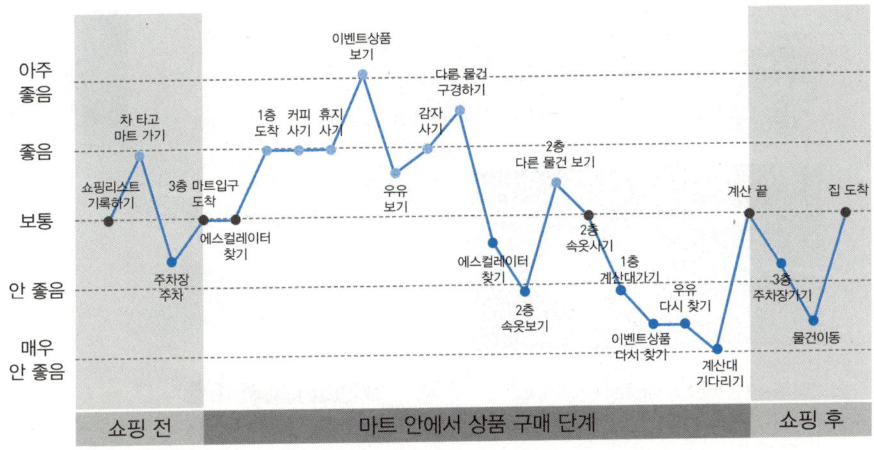

집하고 최적화시켜 시제품화(Prototype)하는 단계이다. 서비스 콘셉트를 개발하고 테스트 과정을 통해 아이디어를 향상시키는 단계이다.

대표적인 방법은 공동 창작(Co-Creation), 관찰(Observation), 브레인스토밍(Brainstorming), 서비스 청사진(Service Blueprint), 고객여정지도(Customer Journey Map), 비즈니스 모델 캔버스(Business Model Canvas), 시나리오(Scenarios), 프로토타입(Prototype), 역할극(Role Playing), 벤치마킹(Benchmarking) 등이 있다.

마지막 전달(Deliver) 단계에서는 제작된 결과물을 테스트하고 실행 가능성을 평가한다. 서비스 운영자들을 위한 가이드라인을 마련하여 일관된 서비스 원칙에 따라 실행될 수 있도록 전달해야 한다.

대표적인 방법론으로는 공동 창작(Co-Creation), 관찰(Observation), 서비스 청사진(Service Blueprint), 시나리오(Scenarios), 프로토타입(Prototype), 사용성 테스트(Usability test) 등이 있다. 결정된 서비스 실행방법을 고객이 알아보기 편하고 이해하기 쉽게 시각화 및 구체화하여 표준화한다. 표준화 진행 프로세스를 상세히 기록하고 체계화시켜 서비스 조직 전체가 공유하는 것이 중요하다. 또한 내부 및 외부 고객 피드백을 통해 디자인 도구 개발의 완성도를 높일 수 있다.

그림 6-9 서비스 디자인 핵심 아이디어

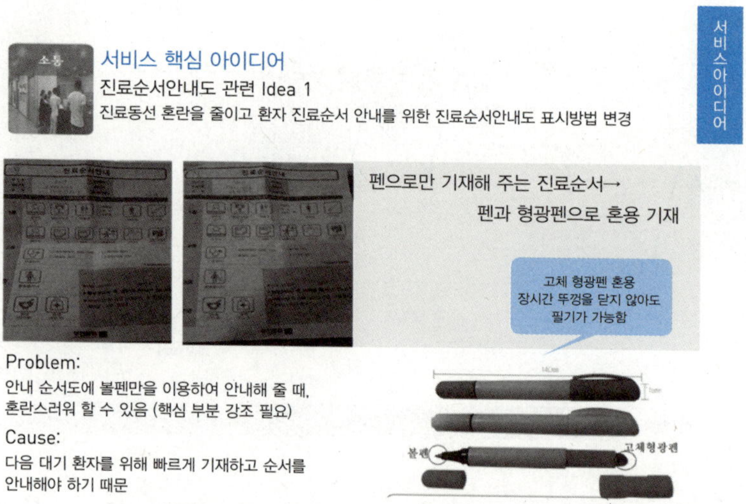

출처: 의료서비스 디자인혁신 사례집 발췌

그림 6-10 사용성 테스트

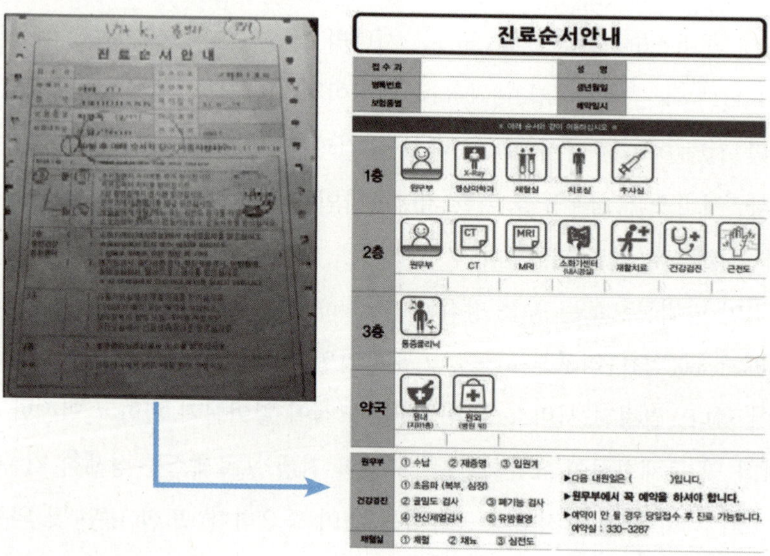

출처: 의료서비스 디자인혁신 사례집 발췌

[그림 6-10]에서 보듯이 알아보기 어려운 병원 진료 순서 안내가 픽토그램을 활용해 시각화, 구체화함으로써 가독성 있는 문서로 바뀔 수 있는 것이다.

서비스 디자인 프로세스는 최적의 결과가 도출될 때까지 발견, 정의, 개발, 전달 과정을 끊임없이 반복한다. 또한, 서비스 디자인 프로세스는 비분리적인 특징을 보인다. 서비스 디자인은 4단계의 과정으로 나눠져 있는 것처럼 보이지만, 각 프로세스는 하나의 유기체로 작용하여 끊임없이 상호작용을 하는 것이다.

[그림 6-11]과 같이 A백화점의 서비스 디자인 사례를 살펴보면, 서비스 이용 문제점 중 상대적으로 적은 비용을 투입하여 짧은 시간 안에 고객의 불만을 해결하고 만족도를 높일 수 있도록 서비스 콘셉트를 '유모차 동반 고객의 경험 개선'을 실행하였다. 이를 구현 위해 2가지 프로토타입을 개발하였는데, 첫 번째는 '편리한 유모차 대여 및 반납', 두 번째는 '유모차 전용 엘리베이터 운영'이다(이경선 외, 2015).

| 그림 6-11 | A백화점의 서비스 디자인 사례

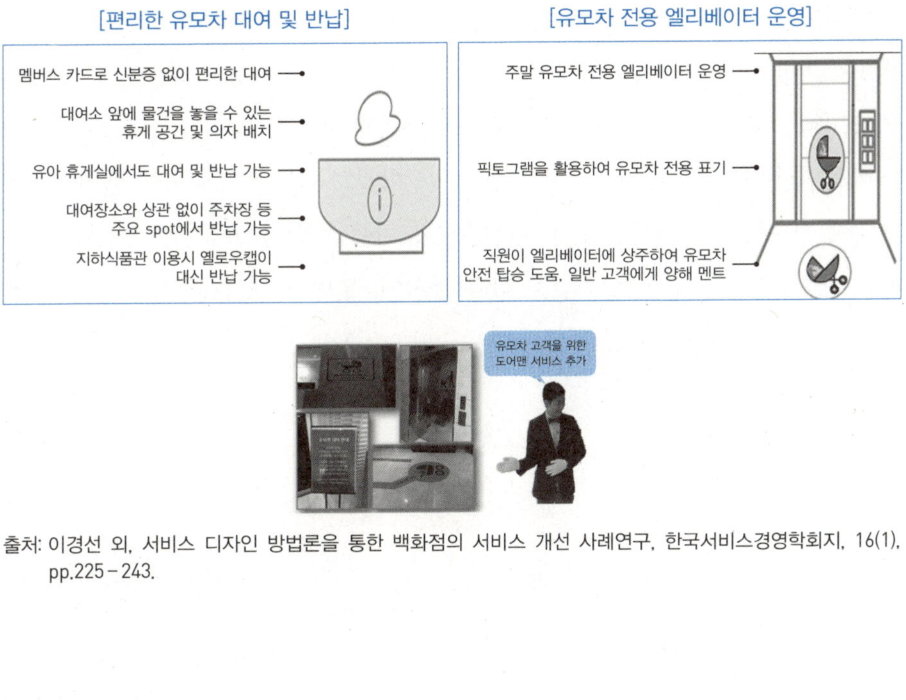

출처: 이경선 외, 서비스 디자인 방법론을 통한 백화점의 서비스 개선 사례연구, 한국서비스경영학회지, 16(1), pp.225-243.

대여 방식 변경

유모차를 대여하기 위한 신분증을 대여소에 맡기는 것이었다. 신분증을 미처 가지고 오지 못한 고객들은 대여를 하지 못해서 결국 백화점을 이용하지 못한 채 떠나기도 하였고, 신분증을 맡기더라도 개인정보 보호에 대한 부분을 신뢰할 수 없는 상태였다. 이 문제를 해결하기 위하여 신분증 대신 A백화점의 멤버스 카드를 제출하여 대여가 가능하도록 개선하였다.

반납 장소의 확장

유모차와 관련된 경험 중에서 가장 많은 불만을 차지하고 있던 부분이 '대여했던 장소에서 반납'이라는 점이었다. 이 문제를 해결하기 위해서 주요 Spot에서 반납이 가능하도록 위치를 선정하였다. 이에 유아휴게실, 주차장, 식품 매장에서 유모차를 반납할 수 있도록 변경하였고, 식품 매장에서는 이미 서비스 중인 '옐로우캡' 직원이 유모차를 대신 반납할 수 있도록 하였다.

주말 유모차 전용 엘리베이터 운영

고객들이 집중적으로 방문하는 주말에는 유모차 전용 엘리베이터를 선정하여 별도로 운영하기로 하였다. 예를 들어, 엘리베이터가 3개 정도 있는 구간 중 1개의 엘리베이터를 유모차 동반 고객들만 이용하도록 하는 것이다. 픽토그램(Pictogram)을 활용하여 유모차 전용 엘리베이터를 확실히 표기하고 직원이 엘리베이터 부근에 상주하여 관리하였다. 직원들은 유모차를 동반한 고객들이 안전히 탑승하고 내릴 수 있도록 돕는 역할을 함과 동시에, 일반 고객들에게는 이 서비스에 대해 양해를 구하는 멘트를 하였다.

05 서비스 디자인 활용

5.1 서비스 디자인 유형

서비스 디자인 활성화를 위해서는 공급을 표준화하는 전략에서 벗어나 공급의 다양화(맞춤형 서비스상품), 수요의 다양화(컨설팅 서비스), 수요의 표준화(고객관리 서비스) 전략으로의 확장이 필요하다. 서비스 디자인의 실행 유형을 분석해 보면 [그림 6-12]와 같이 행위유도, 가치경험 제공, 시각화 3가지로 구분할 수 있다.

첫째, 행위유도 디자인은 고객의 입장과 상황, 욕구를 고려하여 그에 따른 디자인 전략을 적용시키는 것이다. 고객이 서비스를 이용하면서 어떤 행동을 선택할지에 대한 기준점을 제시해 준다. 물론 선택은 고객의 몫이지만 선택하는 사람이 많아지면 자연스럽게 행동의 변화를 가져온다.

그림 6-12 | 서비스 디자인 유형

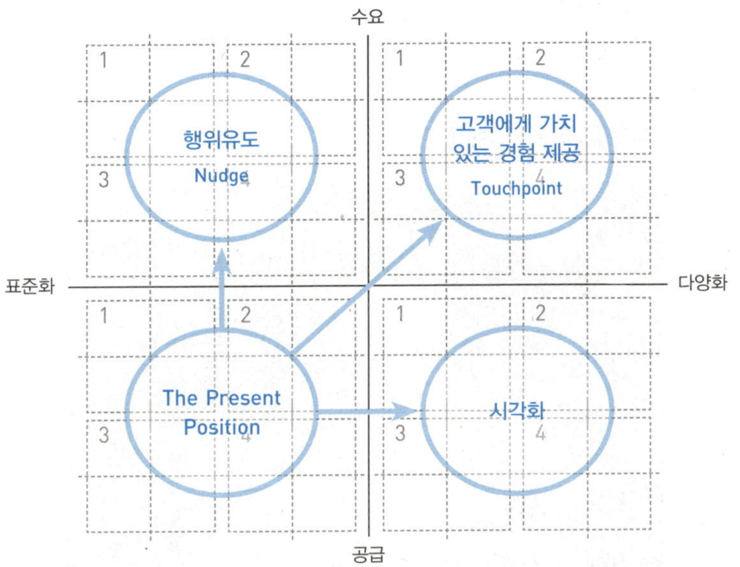

출처: 김계임, 국내 중소기업 비즈니스를 위한 서비스 디자인 전략, 한국산업기술대학교 산업기술·경영대학원, 2013

어느 순간부터 음식점을 가면 맞이해주는 직원은 없고 점포 입구에 대기 작성표만 있는 경우가 많다. 고객이 직접 이름, 인원수를 작성함으로써 직원을 문 앞에 대기시킬 필요가 없어지고 인원수를 보고 바로 좌석 배치 및 안내에 바로 활용할 수 있다. 지하철의 피아노 계단을 이용함으로써 에스컬레이터에 붐비는 인원을 분산시킬 수 있으며 고객 개개인의 건강을 챙길 수 있게 된다. 계단마다 칼로리 소모량을 써 놓음으로써 사람들을 조금 더 걷게 만들고 있는 것이다.

경복궁역에 가면 [그림 6-13]처럼 기부 계단이 있다. 경복궁역 지하 2층에 설치된 총 31칸의 건강계단에는 태극문양을 입혀 종로의 전통·역사성을 표현했다. 특히 계단을 밟으면 가야금 음원소리가 함께 들릴 수 있도록 청각적인 요소도 더해 건강과 함께 색다른 재미를 느낄 수 있도록 조성했다. 1구간(15칸) 계단을 오를 때는 칸마다 짧은 가야금 배경음을 들을 수 있으며, 2구간(16칸)에서는 한 칸을 밟기 시작했을 때 아리랑, 도라지, 로망스 등의 음원을 재생해 흥미를 더했다. 기부금은 한 사람이 계단을 끝까지 걸을 때마다 10원씩 적립되며 벽면에 설치된 기부 카운터 전광판으로 적립현황을 볼 수 있다(시정일보, http://www.sijung.co.kr).

그림 6-13 경복궁역 기부 계단

| 그림 6 - 14 | 면담 준비 질문지

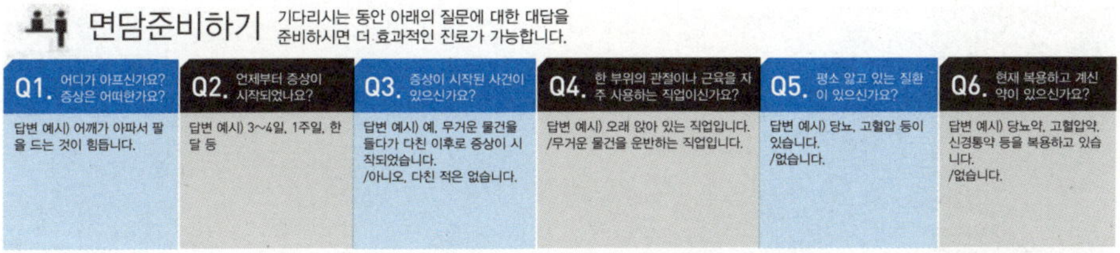

이러한 행위유도 디자인이 병원에도 적극 활용되고 있다. 병원에 가면 언제나 대기시간에 대한 불만이 가득하다. 환자의 대기시간에 대한 효과적인 관리를 통해 고객의 체감만족을 높일 뿐 아니라 진료의 질이 개선될 수 있다.

[그림 6-14]에서 보듯이 환자가 병원에서 기다리는 동안 의사와 면담할 내용이나 답변을 미리 생각해 놓음으로써 원활한 진료가 가능하게 된다. 보통 아픈 증상에 대한 빈도나 아프게 된 계기를 잘 기억하기 어렵기 때문에 생각할 시간을 갖고 고객 스스로 답변을 정리하면 적합한 처방을 받을 수 있다.

둘째, 서비스기업이 고객에게 새로운 가치를 제공하게 되면 고객은 이를 눈여겨보게 되고, 주변 사람들에게 자신의 경험을 말하게 된다. 이때 고객이 중요하게 생각하는 경험의 터치 포인트(Touch Point)를 발굴하여 디자인 한다면 고객의 불편함이 해소될 뿐만 아니라 서비스에 대한 충성도도 당연히 높아지게 될 것이다.

가치경험의 대표적인 사례는 은행의 디자인 혁신에서 찾아볼 수 있다. 독일의 도이치 은행(Deutsche Bank)은 우량은행으로 유명했지만, 학생들과 비직장인들을 대상으로 한 실적이 좋지 않았다. 이에 문제점을 찾아내서 서비스를 새롭게 만들기 위한 노력을 했다. 먼저 학생·비직장인 인터뷰를 하고 고객여정지도를 그려본 결과 은행에 대한 불만을 도출할 수 있었다. 즉 은행은 지루하고 재미가 없으며 학생들 또는 비직장인이 필요로 하는 서비스는 은행이 제공하고 있는 서비스와는 다른 것이 있었다. 또한 소통하는 채널과 방식의 차이점을 알아내었다.

은행 업무를 보는 창구는 보이지 않고 고객의 취향에 맞도록 다양한 분위기로

| 그림 6 - 15 | 시각화 사례

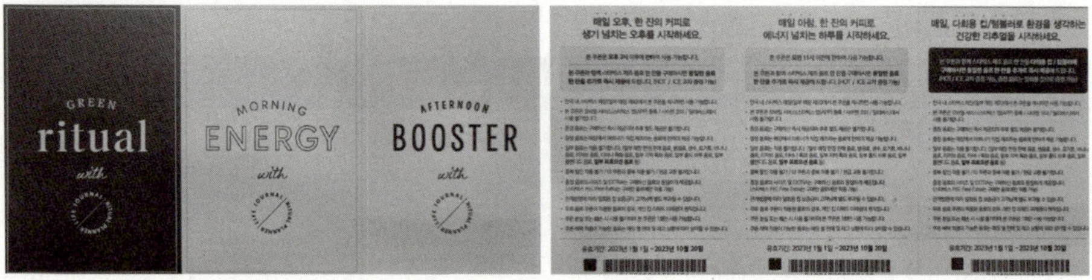

앞면 뒷면

꾸며진 상담실이나 모던한 카페로 탈바꿈하였다. 부모들이 은행 일을 보는 동안, 은행 측이 고용한 보모가 아이들을 돌봐주는 어린이 코너도 마련되었다. 제품이 바뀌는 트렌드 숍이 있어 쇼핑 장소가 되기도 하고, 다양한 메뉴를 선보이는 카페테리아는 약속 장소로도 활용되고 있다. 금융상품을 고객들에게 좀 더 친근한 이미지를 줄 수 있도록 깜찍한 양철 박스에 넣어져 진열되어 있다.

마지막으로 시각화는 공급자가 다양한 수요자를 생각하면서 서비스의 무형적 측면을 시각화시킴으로써 수요자들의 정보인식과 이해를 돕는 것이다. 시각적인 정보를 제공하는 것은 고객이 서비스 프로세스를 사전에 확인하고 기대치를 조절하며 상호작용을 하는 것이다. 'Look and Feel'은 고객이 서비스에 대한 긍정적 경험을 가질 수 있도록 여러 가지 시각적 설명을 제공하여 서비스를 사용할 수 있도록 돕는 것이다.

시각화 사례는 우리가 흔히 접하는 아파트 관리비 고지서, 약국 처방전, 백화점 안내도 등이 있으며, [그림 6 - 15]에서 보는 것처럼 스타벅스 다이어리에 담겨있는 1+1 쿠폰이다.

5.2 서비스 디자인 도입 방안

영국 디자인 웨일즈는 서비스 디자인 도입을 위해 다음과 같이 6가지 방안을 제시하였다.

첫째, 서비스 비전 및 전략을 개발한다.

둘째, 고객의 관심에 집중한다.

셋째, 새로운 서비스를 디자인한다.

넷째, 내부의 프로세스를 개발한다.

다섯째, 향상된 경험을 창출한다.

여섯째, 브랜드를 창출 및 유지한다.

첫째, 서비스 비전 및 전략을 개발하는 것은 서비스기업이 제공하는 가치가 직원들 개개인에게 내재화되어 고객에게 긍정의 경험으로 전달되는 것을 의미한다. 실제로 서비스기업의 적합한 서비스 비전과 전략을 보유하지 않은 경우가 많기 때문에 디자인 방법론을 활용하여 고객의 기대를 분석하고 그 기대에 부합할 만한 우리의 서비스 전략을 도출해 내기도 한다. 가장 놓치기 쉽지만 서비스경영 체계 수립을 위해 반드시 선행되어야 할 목표이다.

둘째, 고객에 대한 집중은 경영진, 이해관계자, 그리고 외부 고객이 원하는 핵심 사항을 찾아내고 고객에 대한 새로운 인식을 함으로써 이를 활용할 방법을 개발하는 것이다.

어는 순간부터인가 편의점에서 도시락 판매를 함으로써 고객이 점심에 이용하는 빈도가 높아졌고 매출은 크게 향상되었다. 불황기에 직장인들은 점심 한 끼의 비용에 대한 고민을 한다. 편의점들은 고객이 식사비를 줄일 수 있고 시간도 절감될 수 있는 방법을 찾는다는 것을 알아챈 것이다. 고객에 대한 끊임없는 탐구와 연구는 새로운 서비스를 창출하며, 이러한 신서비스는 기업 매출 증진과 고객 충성도 확보에 기여하게 된다.

셋째, 새로운 서비스 디자인을 실행함으로써 고객이 원하는 경험 가치를 제공한다. 서비스를 혁신하기 위해서 내부 팀, 고객이 함께 작업한다. 작업을 통해 아이디어를 도출하고 모형을 만들어 새로운 서비스를 구체화, 시각화하는 것이다.

삼성전자 디지털프라자가 '체험' 중심의 고객 응대 시스템을 도입했다. 매장에 오직 고객 체험만을 돕는 전담 인력을 배치하고 직원들이 방문객을 첫 응대하는 인사말까지 '체험' 중심으로 만들었다.

스마트폰 매장 내에 '체험 매니저'를 배치하여 고객이 매장에서 자유롭게 제품을 만져 보고 부가 기능을 배울 수 있도록 돕는다. 사용법 안내는 필수이고, 액세서리 제안 및 구매를 유도한다. TV와 스마트폰을 연결하는 스마트뷰 기능을 활용한다. 매장 방문 고객 모두가 최신폰 주요 기능을 배울 수 있도록 했다. 디지털프라자는 휴대폰을 사고파는 공간이 아니라 휴대폰에 대해 배우고 사용법을 공유하는 공간으로 변화하고 있다.

넷째, 고객 지향적인 내부의 프로세스를 개발하는 것이다. 서비스 프로세스 상에서 고객이 가장 중시하는 경험이 무엇인지 찾아내야 한다. 긍정 경험의 강화와 부정 경험의 제거를 통해 고객이 각각이 프로세스별로 느낄 수 있는 체험을 최대한 세분화해서 분류해야 한다.

서비스 프로토타이핑을 먼저 실시해 봄으로써 새로운 서비스 출시 후 발생할 수 있는 리스크(Risk)를 관리할 수 있다. 고객의 선호를 미리 파악해 봄으로써 순조로운 서비스 도입이 가능하게 된다. 운영자 중심의 프로세스를 고객 중심의 프로세스로 혁신하기까지는 많은 시간과 비용이 투자된다. 특히 접점 직원이 고객에게 최적화된 서비스를 제공하기 위해서는 조직구조의 변화와 개발이 선행되어야 한다.

다섯째, 보다 향상된 경험을 만들어 내는 것이다. 조직의 모든 접점에 걸쳐 고객의 경험을 측정해하고 사업 전체에 걸쳐 적용이 가능한 서비스 가치와 원칙을 개발해야 한다. 고객을 응대하는 직원들이 고객이 갖게 될 경험을 고려하고 디자인하며, 이러한 고객 경험을 향상시킬 수 있도록 접점과 후방 직원의 협력이 선행되어야 한다.

고객에게 초점을 맞추면서 서비스를 제공하게 되는 접점과 후방직원들의 경험도 고려해야 한다. 고객에게는 편리하지만 직원들이 지속적으로 서비스를 제공하기 불편하거나 어려운 사항을 찾아내어 서비스에 대한 조정 및 수정이 병행한다.

또한 고객이 피드백을 제공하고 참여할 수 있는 기회를 설계해야 한다. 고객이 체험한 서비스에 대한 피드백이 반영되어야 완성도 높은 서비스 설계를 구현할 수 있는 것이다.

마지막 여섯째, 브랜드를 창출하며 유지해야 한다. 고객경험을 융합한 서비스 브랜드를 개발하고, 효과적인 전달도구를 활용하여 고객에게 제공해야 할 것이다.

따라서, 서비스 디자인은 고객의 긍정 경험을 창출할 수 있는 고객 중심의 설계가 가장 중요하며, 서비스 디자인을 제공할 수 있는 서비스 조직원들의 경험 또한 고려 대상이 된다. 직원들도 서비스를 제공하기 편리하고 즐겁게 설계되어야 한다는 것이다. 이러한 다각적인 노력은 결국 지속적 서비스 개선 및 혁신에 이를 수 있게 한다. 서비스 디자인은 서비스 혁신에 가장 유용한 도구이다.

:: 함께 이야기 나눠 봅시다

1. 서비스 디자인의 가장 큰 장점은 무엇일까요?

   - 서비스 제공자 관점

   - 서비스 수혜자 관점

2. 성공적인 서비스 디자인 실행 요소는 무엇일까요?

3. 일상생활 속에서 서비스 디자인이 필요한 곳은 어디이며, 어떻게 설계해야 할 까요?

| 참고문헌 |

김나경·최정환(2008), "고객경험관리의 문제점과 개선포인트," LG Business Insight, pp.31-41.

김서영(2015), 서비스 디자인 방법론을 통한 백화점의 서비스 개선 사례 연구, 한국서비스경영학회.

김수욱·김승철·김희탁, 성백서(2007), 「서비스 운영관리」, 한경사.

김형모 외(2015), 고객경험 개선을 위한 의료 서비스 디자인 연구, 커뮤니케이션디자인학연구, 제52호.

리팅이·스신위· 황즈옌·황칭웨이(2014), 스탠퍼드 대학의 디자인 씽킹 강의노트, 인서트.

서비스경영연구회 역. 지속가능시대의 서비스경영, 한경사.

안혜신·정희정·김흥찬(2012), 은행의 서비스 디자인 개선 사례 연구, 한국디자인문화학회.

윤성원(2014), 의료서비스 수요자 중심 혁신전략, 서비스 디자인.

이경선·김연성·최정일·김서영(2015), 서비스 디자인 방법론을 통한 백화점의 서비스 개선 사례연구, 한국서비스경영학회지, 16(1), pp.225-243.

최정일·김연성·유한주·장정빈·황조혜(2016), 서비스경영 4.0, 문우사.

표현명·이원식(2012), 서비스 디자인 이노베이션, 안그라픽스.

한국디자인진흥원(2010), 서비스 디자인 동향과 정책방향, pp.10~19.

한수련(2010), 엔진 서비스 디자인 워크숍 참가 결과 보고서.

황혜미(2011), 지속적 고객만족경영의 핵심요인, 서강대학교 경영대학원 박사학위 논문.

Design Wales, Design for service, 2008.

Giese, J. L. and Cote, J. A.(2000), "Defining Consumer Satisfaction," *Academy of Marketing Science Review*, Vol.2000, No.1, pp.1-24.

Pine and Gilmore(1998), *Experience Economy*, Boston, MA: Havard Business School Press.

http://www. dongabiz.com

http://www.servicedesign.or.kr

http://cafe.naver.com/usable

http://www.servdes.org

http://www.designcouncil.org.uk/servicedesign

http://www.servicedesigntoolkit.org

http://www.servicedesigntools.org

Chapter 7

서비스 커뮤니케이션 실무

Case Study

공손성의 요구 뒤에 숨은 일상의 갑질

문법을 훼손해도 좋으니 공손성을 유지하라고 요구한 사람은 누구인가? 그건 다름 아닌 서비스를 받는 사람들, 즉 상점이나 병원 이용자들이다. 서비스 이용자들이 서비스 제공자들로 하여금 비문법적인 문장을 만들어 쓰게 하고, 비문법적임을 뻔히 알면서도 어쩔 수 없이 그런 말을 쓰도록 무언의 혹은 유언의 압력을 넣어 왔던 것이다.

결국 공손성이 문법성을 이기도록 문법을 파괴하게 만들고 문법을 파괴한 표현이 세력을 넓히게 한 사람이 어쩌면 서비스 제공자인 '그들이' 아니라 서비스 이용자인 '우리'였을지도 모른다. "아메리카노 나왔습니다" 혹은 "들어와 주세요"에 만족하지 못한 '우리'가 '그들'에게 "아메리카노 나오셨습니다" 혹은 "들어오실게요"라는 문법에 맞지 않는 어색한 말을 만들게 했고, 또 그 사용을 넓혀가게 한 것일지도 모른다.

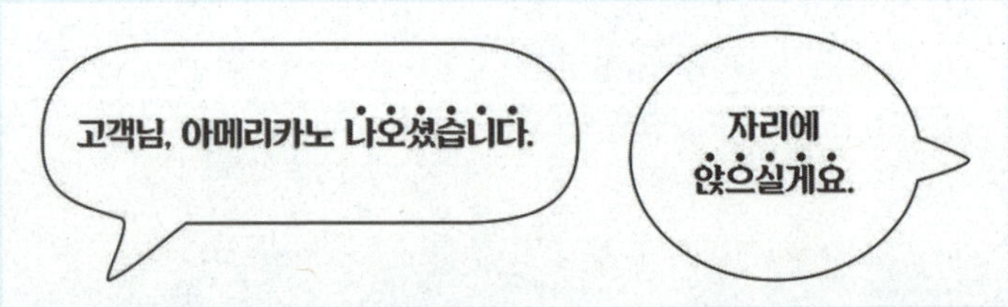

출처: 신지영(2021), 신지영 교수의 언어의 높이뛰기, 인푸루엔셜

01 서비스 커뮤니케이션 이해

1.1 서비스 대화의 중요성과 개념

고객접점에서 직원들이 지나치게 사과 멘트를 자주 사용하게 되면, 직원 스스로의 자존감도 떨어지게 되고 이 표현을 듣는 고객도 진심을 전달 받기 어렵다. 서비스기업에서는 직원의 잘못 여부와 상관없이 무조건 사과하라고 일방적으로 지시해왔기 때문에 직원들은 습관적으로 '죄송하구요', '죄송한데요', '죄송하다니까요.' 등과 같이 건성으로 말하게 된다.

접점 직원들의 지나친 공감 표현이 고객을 불편하게 만든 사례도 있다. "고객님, 제가 아주 충분히 고객님 마음이 이해가 됩니다. 저라도 많이 화가 났을 거예요.", "고객님, 많이 당황하셨죠. 어떻게 이런 일이 일어날 수 있는지… 너무 놀라셨지요." 등 공감 표현을 과장되고 다양하게 사용하게 된다. 서비스 매니저와 경력자들은 큰 문제가 없지만 신입 직원이 이러한 문장을 사용하게 되면 어색하고 형식적인 멘트로 기억에 남게 된다.

특히 가장 주의해야 할 점은 상품이나 서비스 가격에 대해 사과해서는 안 되는 것이다. 가격은 서비스기업의 브랜드 가치인데, 가격이 비싸서 죄송하다는 표현을 자주하는 직원들의 자아존중감은 점점 낮아질 것이다.

사과표현이 적합하지 않은 예시

"죄송하지만 성함이 어떻게 되세요?" → "실례지만 성함이 어떻게 되세요?"
"죄송합니다. 가격 할인이 안 됩니다."→ "아쉽게도 가격 할인이 적용되지 않습니다."

서비스 직원들이 사용하기 좋고, 듣는 고객도 기분 좋으려면 〈표 7-1〉과 같이 가장 많이 사용하는 사과와 공감표현의 개선이 필요하다. 우선 사과 표현의 경우는 직원의 실수와 잘못인 경우만 사용하는 게 중요하다. 회사의 제도나 시스템적 문제에 대해서는 적절한 공감 표현이 적합하고, 사과해야 할 상황이 아닌

| 표 7-1 | 사과 vs 공감 표현 개선예시

구분	기존	개선
사과의 표현	죄송하지만 죄송하구요 죄송한데요 죄송하다니까요	- 불편을 드려 죄송합니다. - 번거롭게 해 드려 죄송합니다.
공감의 표현	어머~ 많이 놀라셨죠. 어쩜, 많이 당황하셨죠. 저라도 충분히 그랬을 거 같아요. 고객님, O로션을 발랐더니 피부에 트러블이 났다는 말씀이십니까?	(충분한 경청 후) 네~ 고객님 그러셨어요(불편하셨겠어요). 제가 확인해 드리겠습니다.

경우 사과 표현을 지양하도록 해야 한다. 특히 가격과 같이 정책적인 부분에 대해서 사과하는 것은 상품을 판매하는 직원 입장에서 적절하지 않다.

지나치게 과한 공감보다는 고객을 말을 끝까지 듣고 난 후 공감의 표현을 사용하며 함께 상황을 파악하는 것이 중요하다. 이때 고객의 불만은 반복 및 복창하면 더 기분이 나쁠 수 있기 때문에 조심해서 사용하도록 한다. 예를 들어 직원이 '고객님, OO제품을 사용했는데 피부에 트러블이 나서 반품을 원하신다는 말씀이시죠?'라고 고객의 불만을 복창하기보다는 '고객님, 그러셨어요(불편하셨지요). 제가 확인해드리겠습니다'라고 고객의 상황에 공감하고 문제를 해결하는 방법을 제시하는 것이 효과적이다.

서비스 대화 한마디 한마디에 직원의 기분이나 감정이 고객에게 전달되고, 고객은 기분좋게 매장에 왔다가 직원의 소통 방식에 따라 기분이 나빠질 수도 있고, 기분이 안 좋게 매장에 왔지만 직원의 따스한 표정과 대화 표현에 기분이 좋아질 수도 있다.

커뮤니케이션은 라틴어 '커뮤니케어(communicare: 나누다)'에서 유래되었으며, 영어로 '커뮤니케이션(communication)'은 서로 생각이나 느낌의 정보를 주고받는 일, 말이나 글, 그 밖의 소리, 표정, 몸짓 따위를 의미한다. 따라서 커뮤니케이션은 사람과 사람이 의미 공유를 위해 의도적으로 행하는 상호작용적인 과정, 즉 쌍방간의 의사소통을 말한다.

서비스 커뮤니케이션은 이러한 양방향 소통이 서비스를 제공하는 과정에서 고객과 직원 사이에 발생하는 것을 의미한다. 고객접점에 키오스크와 무인 로봇이 등장하여 다소 소통이 줄어들긴 했으나 고객과 접촉하는 유통 매장, 음식점, 카페, 동네 의원, 주민센터 등등 많은 접점에서 직원들은 고객에게 정보를 제공하고 공감 및 질문을 하는 등 다양한 소통 방법을 사용하고 있다.

서비스 종사자가 상대의 마음에 공감하고 어떻게 표현해 내는지는 커뮤니케이션 능력에 따라 좌우된다. 정보 전달과 의사소통이 정확하게 이루어지게 함으로써 서비스 직원 스스로 상호 응집력을 높여 사기가 향상되고 근로의욕이 높아지게 되어 이것이 모두 개인의 긍정심리자본*으로 쌓이게 된다(박성아 외, 2020).

고객의 긍정경험을 강화하고 부정경험을 최소화하는 직원들의 행동과 대화법을 학습하는 것이 필요하다. 이는 고객과의 접촉빈도가 높은 서비스접점에서는 직원의 문제해결 및 커뮤니케이션 능력이 서비스 품질의 수준을 결정하기 때문이다. 고객이 서비스 기업과 직원을 평가하고 느낄 수 있는 순간을 찾아내어 고객에게 해야 꼭 해야 할 행동과 대화의 기준을 마련하고, 직원들은 이 지침을 이행하게 된다(이슬기·황혜미, 2018).

서비스 커뮤니케이션은 기업이 추구하는 서비스 가치를 전달하는 유용한 도구

*** 긍정심리자본**

인간 심리의 긍정적인 측면을 과학적으로 연구하는 긍정심리학의 영향으로 2000년대 초 등장한 개념으로 네브래스카경영대학 석좌교수인 루당스(F. Luthans)가 처음 제안하였다. 개인이 발전을 추구하는 긍정적인 심리상태(positive psychological state)를 일컫는 용어로서 구체적으로는 자기효능감(self-efficacy), 낙관주의(optimism), 희망(hope), 회복탄력성(resiliency)이라는 네 가지 하위요인이 지니고 있는 수용력의 범위를 초월하는 하나의 상위개념이다. 심리적 자본(Psychological Capital)은 두 가지 형태의 자본, 즉 개인이 지닌 지식, 역량, 스킬 등에 초점을 두는 인적 자본(human capital)과 사회적 관계 및 네트워크 등에 초점을 두는 사회적 자본(social capital)을 상호의존적으로 연결시켜서 이 두 자본을 최대한으로 활용할 수 있게 만들어 주는 자본이다. 자신이 향후 어떻게 변화하고 발전할 것인지를 사색하게 함으로써 리더십 개발과 영향력 행사의 기초를 다지는 자본이다.

출처: 네이버 지식백과

ㅣ그림 7-1ㅣ 에뛰드의 서비스 가치와 행동원칙

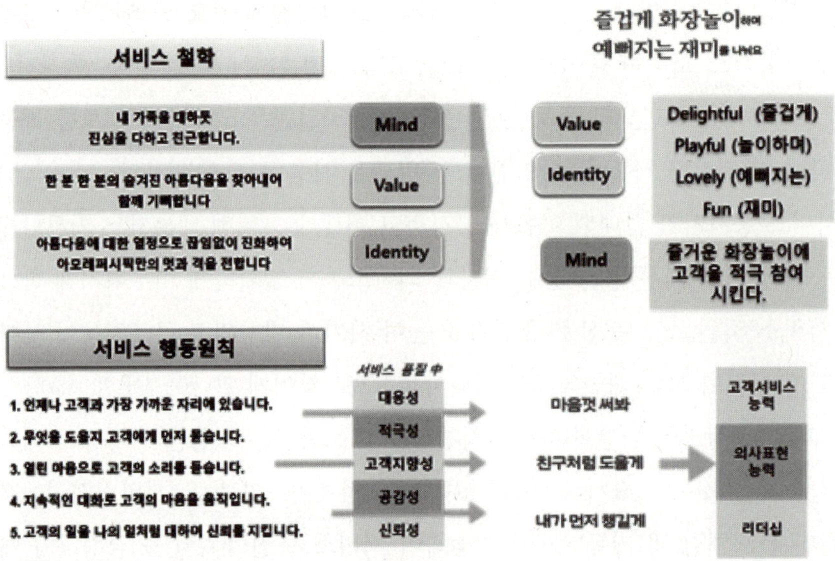

출처: 에뛰드 서비스 가치 수립 자문 사례

이다. [그림 7-1]을 살펴보면 왼쪽은 아모레퍼시픽의 서비스 철학과 서비스 행동원칙이고, 오른쪽은 아모레퍼시픽의 브랜드 중 하나인 에뛰드의 서비스 가치와 행동원칙이다. 에뛰는 즐겁게 화장놀이하며 예뻐지는 재미를 나누는 것을 고객 가치로 정하고, 접점에서는 고객에게 '마음껏 써봐', '친구처럼 도울게', '내가 먼저 챙길게'와 같이 쉽고 친근한 고객응대 원칙을 수립하였다. 고객접점에서는 이러한 고객가치와 행동원칙에 맞는 서비스 대화를 구현하도록 한다.

1.2 서비스 화법

성공적 서비스 화법을 구사하기 위해서는 효과적인 말하기 방법과 고객의 말을 성의 있게 듣는 스킬이 필요하다. 먼저 효과적으로 말하는 6가지 방법을 살펴보자.

첫째, 한마디라도 신경 써서 말한다. 조사 하나를 다르게 사용함으로써 상대방의 느낌에 큰 차이를 줄 수 있다. '오늘 넥타이도 참 잘 어울리네요.'보다는 '오늘 넥타이는 참 잘 어울리네요.'가 더 칭찬해 주는 느낌을 준다.

둘째, 완전한 문장으로 정중하게 표현한다. 문장이 제대로 끝나는 것이 아니라 말이 중간에 잘린듯한 느낌을 주는 단어를 많이 사용하는 것을 '반토막 말(잠시만, 뭐 하시게요, 왜요 등)'이라 한다. 말끝은 항상 분명히 맺도록 하며, 정중한 말을 사용한다.

셋째, 한정어 사용을 줄이고 완곡한 표현을 사용한다. '절대 안 됩니다.' '바빠 죽겠어' 등의 한정어(단정적인 말)를 자주 쓰면 부정적인 느낌을 준다. '어려울 것 같습니다.' '곤란합니다.' 등으로 말하면 고객은 조금 더 편하게 수용할 수 있다. 완곡한 표현을 하고 난 후 'OO하면 가능합니다' 등의 대안을 제시하면 효과적이다.

넷째, 상황에 맞는 적절한 경어를 사용한다. 상대를 높이는 존대어와 자신을 낮추는 겸양어를 바르게 사용한다. 고객 앞에서 우리 직원은 높이고 고객을 낮추는 말의 사용을 지양해야 한다.

> ㉠ "주치의 선생님을 만나 뵙고 말씀 드리시겠습니까?"
> → "주치의 선생님을 만나 보시고 말씀하시겠습니까?"
> ㉠ "직원에게 여쭈어 보십시오."
> → "직원에게 물어 보십시오." 또는 "직원에게 확인해 보십시오."

다섯째, 지시, 명령형의 말보다는 의뢰, 권유형 표현을 사용한다. 아무리 공손히 말해도 명령형은 일방적인 느낌을 준다. 의뢰 또는 권유형 문장을 사용하여 고객이 선택한다는 인상을 주도록 한다. 의뢰형이나 권유형의 표현은 고객이 존중받는다는 느낌을 준다. 단, 규정이나 규칙, 치료나 처방과 같이 꼭 실행되어야 할 사항에 대해서는 명령형을 사용하되, 표정이나 행동이 고압적이지 않게 주의한다.

> ㉮ 작성해 주십시오(명령형) → 작성해 주시겠습니까? (의뢰형)
> (예외) 주사 놓아 드릴까요? → 주사 놓아 드리겠습니다.

여섯째, 부정형보다는 긍정형의 문장을 사용한다. '질문 없지요?', '궁금한 거 없지요?'보다는 '질문 있어요?', '궁금한 점 있는지요?'라고 표현한다. 부정적으로 표현하면 상대방은 말하거나 참여할 기회를 놓치게 된다. 부정형보다는 긍정형의 표현을 사용하여 일방적 소통이 아닌 쌍방형 소통이 되도록 한다.

효과적인 말하기 못지않게 중요한 것이 잘 듣는 것이다. 고객의 말을 적극적으로 경청하기 위해서는 첫째, '1, 2, 3'기법을 사용한다. 대화의 1, 2, 3기법이란 1분 동안은 내가 말하고, 2분 동안은 상대방의 이야기를 들으며, 그동안 3번은 맞장구를 치는 것을 의미한다.

맞장구란 "네, 그렇습니까?"라고 동의를 표시하거나 "네, 그래서 어떻게 되었나요?" 하고 계속적인 관심을 표명하는 것 그리고 "예, 많이 불편하셨지요."와 같이 상대방의 감정에 주의를 기울이는 것을 말한다. 또한 상대방의 말을 요약해서 "예, OO에 대한 말씀이시군요." 등으로 되묻는 방법도 좋은 맞장구이다.

둘째, 상대방이 말할 때 끼어들지 않도록 주의한다. 말을 끝까지 경청한 후 '이런 부분에 대해 다시 한 번 설명해 주십시오.', '마지막 말씀을 조금 더 자세히 설명해 주셨으면 합니다.'와 같이 표현한다. 대화 중간에 끼어들어야 할 경우라면 '실례지만 관련된 정보를 덧붙이겠습니다.', '말씀중에 죄송합니다. 잠시 의견 드려도 될까요?' 등의 말로 정중하게 말한다.

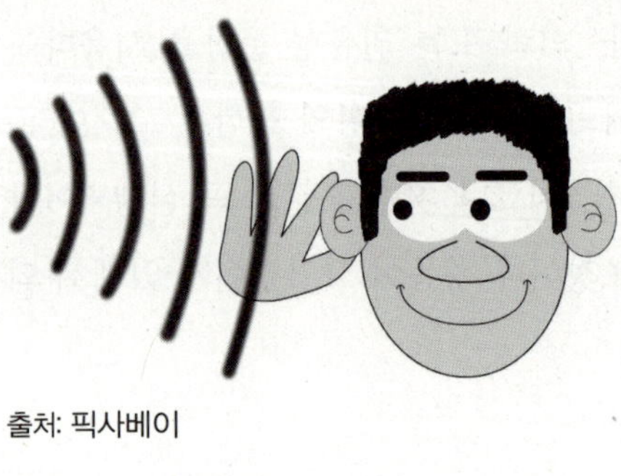
출처: 픽사베이

셋째, 내 의견을 말할 때 상대방의 표현을 사용한다. 상대방의 이야기가 끝나면 그의 말을 일부 반복하거나 간단히 정리하여 말한다. 내가 상대방의 이야기를 잘 들었다는 것이 입증될 뿐만 아니라 자연스럽게 본인 의견을 말할 수도 있게 된다. "선생님의 말씀대로~", "앞서 말하신 바와 같이~"라고 말한 후 내 의견을 제안한다.

효과적으로 말하는 방법과 듣는 방법을 토대로 서비스 대화의 원칙은 다음 5가지 사항을 고려해야 한다.

첫째, 신속한 반응(Quick Response)을 한다.

고객의 질문이나 요구에 빠르게 반응하는 것이 가장 중요하다. 고객이 'OO을 알고 싶은데요.'라고 말하면 '잠시만요.' '기다리세요.'라고 막연하고 퉁명스럽게 답변하는 것이 아니라 '네, 바로 확인해 드리겠습니다.'라고 표현하며 적극성을 보여준다.

둘째, 직원의 의지, 의욕을 표현한다.

- 서비스를 제공하는 직원은 기꺼이 해드리겠다는 의지나 의욕이 표현해야 한다.
- 해결이 안 되더라도 양해를 표현하거나 대안을 마련해 준다. 고객의 요구에 빠른 답변이 어려운 경우라면 '끝나는 대로 알려드리겠습니다.', 'OO분 후에 가능합니다.', '어렵겠는데요. 혹시 다른 방법이 있는지 알아보겠습니다.' 성의있게 말한다.

셋째, 적절한 쿠션용어를 사용한다.

고객에게 부탁하거나 양해를 구해야 할 때 완충작용을 할 수 있는 말을 앞에 먼저 사용함으로써 상대방이 받는 부담감을 줄일 수 있으며, 고객은 기분 좋게 응할 수 있다.

㉠ 다시 나오셔야 해요 → 번거로우시겠지만, 다시 한 번 들러주시겠어요?
알아봐 주시겠어요? → 바쁘시겠지만, 한번 확인해 주시겠습니까?

넷째, 바람직한 표준 대화를 사용한다.

〈표 7-2〉에서 보듯이 내 입장보다는 상대방의 입장을 고려하여 대화한다.

표 7-2 바람직한 대화표현

바람직하지 않은 표현	바람직한 표현
우리 회사	• 외부고객에게: 저희 회사 • 회사 내부에서: 우리 회사
어떻게 오셨어요?	어서 오십시오(안녕하십니까?) 어떤 일로 오셨습니까? 무엇을 도와드릴까요? 어떻게 도와드릴까요?
누구신데요?	실례지만 성함이 어떻게 되십니까? 실례지만 어디시라고 전해드릴까요?
잠깐만요.	바로 확인해 드리겠습니다. 바로 처리해 드리겠습니다. 바로 연결해 드리겠습니다. * 확인해 드리겠습니다. 10분 정도 소요됩니다.
이쪽으로 오세요.	제가 안내해 드리겠습니다.
잘 모르겠는데요.	제가 확인하고 알려드리겠습니다. 담당자를 안내해 드리겠습니다.
지금은 바쁩니다.	OO분 후에 가능합니다. 끝나는 대로 가겠습니다.
그건 안 됩니다.	어렵습니다. 곤란합니다. OO하면 가능합니다.
그럴 리가 없는데요.	네, 그러세요. 확인하고 말씀드리겠습니다.
죄송하구요.	불편을 드려 죄송합니다. 번거롭게 해드려 죄송합니다.

㉠ '어떻게 오셨어요?'라는 표현은 상대방에게 텃세를 나타내거나 교통편을 물어볼 때 사용하므로 고객 응대시 사용하지 않는다. 먼저 용건을 물어보기보다는 환영의 인사를 하고 용건을 확인한다.

㉡ 상대방이 본인 이름을 말하지 않더라도 상대방을 예우하는 정중한 표현을 쓴다. 상사의 고객일 경우는 '실례지만 어디시라고 전해드릴까요?'라고 조심스럽게 접근한다.

㉢ '이쪽', '저쪽'이라는 표현은 상대방에게 일방적으로 지시한다는 느낌을 준다. 가능한 내가 말의 주인이 되는 느낌을 줄 수 있는 'I-Statement(나 중심 전달법)'를 사용한다.

- '제가 안내해 드릴게요.', '제가 자세히 설명 드리겠습니다.'라는 표현이 효과적이다.

ⓔ 잘 모르는 사항이지만 직접 본인이 확인할 수 있다면 '확인해보겠습니다.'라고 말한다. 본인 업무가 아니거나 모르는 사항일 경우는 담당자를 안내한다. 필요시 담당자의 이름, 연락처까지 알려준다.

ⓜ 바쁜 업무 중에 상사나 고객이 부른다면 가능한 대안을 제시한다. 시간 예측이 가능하면 'O분 후에 가능합니다.'라고 말하고 시간 예측이 어렵다면 '끝나는 대로(마무리하는 대로) 가겠습니다.'라고 답변한다.

ⓑ 전문가들이 가장 많이 사용하는 말이 '그럴 리가 없는데요.'이다. 이는 자신의 실수를 인정하지 못하는 태도이기도 하다. 누구의 잘못인지를 따지기보다는 어떤 문제가 있는지를 확인하는 것이 먼저이다.

ⓢ 사과를 할 때 '죄송하구요.', '죄송하지만~', '죄송한데요.' 등의 표현은 진심을 전달하지 못하고 변명하는 듯한 느낌을 전달하기 쉽다. 사과 표현은 '죄송합니다.'로 말하는 것이 바람직하다.

다섯째, 상황별 대화표현

고객과 만나는 다양한 상황에 따른 효과적인 대화방법을 정리하면 〈표 7-3〉과 같다.

㉠ 아론슨 화법

- 아론슨이라는 미국의 심리학자가 주장한 것으로, 고객에게 설명을 할 때 앞쪽에 마이너스(-) 말을 한 후 뒤쪽에 플러스(+) 말을 하면 긍정적인 인상이 오래 남는다는 것이다.
- 고객에게 불편한 점을 먼저 이야기한 다음 얻어지는 결과가 얼마나 도움을 주는지를 설명하면 된다.

  예) 주사 맞을 시간입니다. 좀 아프니까 참으세요(×).

  → 조금 아프시겠지만 치유에 많은 도움을 줍니다(O).

표 7-3 상황별 서비스 화법

구분	내용
신뢰 화법	말 어미의 선택에 따라 상대방에게 신뢰감을 전달할 수 있다. 대화 표현 중 '요죠'체는 30~40%, '다까'체*는 60~70%를 사용하는 것이 안정적이다.
	• '요죠'체: 그러셨어요, 바쁘시죠. • '다까'체: 효과적입니다. 가능하시겠습니까?
레어드 화법	반발감이나 거부감이 들기 쉬운 명령조의 어투가 아닌 의뢰나 질문 형식으로 상대방에게 완곡하게 양해를 구하는 경우 사용한다.
	• 이렇게 하세요. → 이렇게 해 보시는 건 어떠신지요?(명령→청유) • 잠시만요. → 잠시 기다려주시겠습니까?
맞장구(경청) 화법	상대방의 말을 적극적으로 경청하고 있다는 것에 대한 적절한 반응을 보이는 것이다. 다양한 기법을 사용하여 상대방의 기분을 맞출 수 있다.
	• 비언어적 표현: 고개 끄덕임, 눈 맞춤 • 언어적 표현: '저런', '아이쿠'(가벼운 반응), '정말 그렇겠네요.'(동의), 'OO하단 말씀이시군요?'(요약), '그래서 어떻게 되셨어요?'(전개)
아론슨 화법 (-, + 대화)	• 부정과 긍정의 내용을 혼합해야하는 경우 부정적인 내용을 먼저 말하고 끝날 때는 긍정적 의미(언어)로 마무리하는 것이다.
	• 가격은 다소 비싸지만(-) 품질 면에서는 월등합니다(+).
Yes, But 화법	• 상대의 의견이나 진술 내용이 나와 일치하지 않을 때, 다짜고짜 '틀렸다', '아니다'라고 반박하지 않고 '그 의견에서 일리가 있습니다만, 제 의견은…'이라고 표현하는 것이다.
	• 'OO님 의견에 동의합니다만, 제 생각은 ** 부분이 강조되어야 한다고 생각합니다.'
부메랑 화법	• 고객이 가격이나 품질 등에 대해 불만족을 표현할 때, 그 요인을 부메랑처럼 되돌려 말함으로써 거절 요인을 구매 요인으로 전환시키는 화법이다.
	• 고객: 이전에도 이런 서비스를 받아보았습니다. • 직원: 네, 그럼 더욱 잘 되었습니다. 이전에 받아 보셨으니 제가 드리는 정보도 더 쉽게 이해하시고 판단하실 수 있겠네요.
후광 화법	• 고객을 설득하기 위해 후광효과를 활용하는 것이다. 이 화법을 활용하기 위해서는 사전에 많은 후광적 존재(브랜드 파워, 단골 고객, 품질 인증, 매출실적, 고객만족도, 적극적 VOC관리 등)를 축적해야 한다.
	• 'A그룹이 저희 회사와 거래합니다.', '유명한 OO님이 제 단골고객입니다.', '고객만족도 1위 기업입니다.' 등등

〈용어〉 '다까체'와 '요죠체'

말의 어미가 '~습니다.' '~십니까?'로 끝나면 '다까체'이고, '~어요', '~시죠'라고 끝나면 '요죠체'라고 한다. '다까체'는 보통 정중하고 공식적인 표현이고, '요죠체'는 친밀하고 편안한 표현이다.

ⓛ 3F 대화법

'직원들이 왜 이렇게 불친절해요', '가격이 왜 이렇게 비싸죠?' 등과 같이 고객의 질문에 답변하기 어려운 곤란한 상황이 있다. 이때 3F의 방법 즉, Feel(공감) – Felt(사실확인) – Found(대안제시)를 활용한다.

예) 고객이 가격할인을 요구하는 경우

공　　감: 예, 저희 제품은 품질을 우선으로 하기 때문에 다른 일반 제품보다는 다소 가격이 높다고 느끼실 것입니다.

사실확인: 같은 모양이지만, 제품의 품질 차이로 가격 차이가 있습니다. 동일제품을 한번 비교해 드릴게요.

대안제시: 정찰제이기 때문에 가격할인은 곤란합니다. 구매 후 저희가 철저히 A/S 해드릴 것을 약속드립니다.

ⓒ I – Message

- I – Message는 상대방의 행동과 상황을 구체적으로 말하고, 상대방의 행동이 자신에게 미치는 영향을 말한다. 그러한 영향 때문에 생겨난 감정을 솔직하게 말한다(행동＋영향＋감정).
- I – Message를 사용한 다음에는 적극적인 경청자세를 취하고 상대방의 행동으로 인해 생겨나 부정적인 감정만을 강조하지 않는다.
- 상대방의 행동으로 인해 일어나는 표면적인 감정을 표현하기보다는 본원적인 마음을 표현한다.
- I – Message와 You – Message의 차이점은 〈표 7 – 4〉와 같다.

표 7-4 I-Message와 You-Message

구분	I-Message	You-Message
정의	'나'를 주어로 하여 상대방의 행동에 대한 자신의 생각이나 감정을 표현하는 대화방식	'너'를 주어로 하여 상대방의 행동을 표현하는 대화방식
예시	〈표현〉 '작업량은 많은데 일이 자꾸만 늦어져 내가 걱정이 되네.' 상사: 일이 늦어져 초조하다. 직원: 작업이 늦어져서 상사가 걱정을 하시는구나.	〈표현〉 '자네는 왜 일을 이렇게 빨리 못해' 상사: 일이 늦어져 초조하다. 직원: 상사가 나를 무능력하다고 생각하는구나.
결과	• 상대방에게 나의 입장과 감정을 전달함으로써 상호 이해를 도울 수 있다. • 상대에게 개방적이고 솔직하다는 느낌을 전달하게 된다. • 상대는 나의 느낌을 수용하고 자발적으로 문제를 해결하고자 하는 의도를 지닌다.	• 상대에게 문제가 있다고 표현함으로써 상호 관계를 어렵게 한다. • 상대방에게 일방적으로 강요, 공격, 비난하는 느낌을 전달하게 된다. • 상대는 변명하려 하거나 반감, 저항, 공격성을 보이게 된다.

:: 함께 이야기 나눠 봅시다

1. 서비스 매장에서 들었던 표현 중 어색하거나 불편한 문장은 어떤 것이 있을까요?

2. 불편하거나 어색한 문장을 바람직한 표현으로 바꾼다면 어떻게 바꾸어야 할까요? (직원/ 고객관점)

02 서비스 세일즈 대화

2.1 서비스 세일즈의 개념

시대의 흐름에 따라 세일즈의 패턴이 변화되었다. 이제는 상품만을 판매해야 하는 것이 아니라 상품과 서비스가 결합된 프라비스(Provice=Product+Service)를 판매해야 한다. 대부분의 고객은 음식 맛과 서비스 모두가 훌륭한 식당을 선택한다. 번들이나 패키지로 구성된 상품과 서비스에 익숙해져 있기 때문이다. 이제 더 이상 상품과 서비스를 별개로 보지 않는다(황혜미 외, 2015).

세일즈와 서비스의 융합이 일어나고 있다. 첫째, 세일즈와 서비스를 하나의 프로세스선상에 두는 것을 의미한다. 판매 후 A/S(After Service), 사후관리 등의 의미에 중점을 두는 것을 서비스로 보는 것이다. 둘째, 세일즈를 포괄하는 광의적 개념의 서비스는 세일즈 전, 세일즈 중, 세일즈 후의 다양한 고객만족 활동을 의미한다.

고객에게 상품을 판매하는 순간뿐 아니라 판매 전, 판매 중, 판매 후에도 고객의 요구사항을 파악하여 지속적으로 고객이 원하는 서비스를 제공해야 한다. 세일즈도 일회성 판매에 그치지 않고 판매 후에도 정기적으로 서비스를 제공하면서 재구매 의도를 높이고 만족을 이끌어내야 한다. 고객이 상품을 구입하게 되는 순간부터 판매한 기업과 '관계'를 맺게 되는 것이다. 여기서 바람직한 관계정립을 위해 기업이 고객을 대상으로 노력해야 하는 것이 바로 '서비스'라고 할 수 있다. 고객이 상품과 서비스에 만족을 느끼게 될 경우 자사 브랜드 가치가 높아지며 충성고객으로 이끌 수 있는 발판이 마련된다.

2.2 세일즈 전략

세일즈 상담 전략과 전술의 차이는 〈표 7-5〉와 같다. 세일즈 상담 전술은 일시적, 단기적 목표에 초점을 둔다. 한편 세일즈 상담 전략은 중·장기적인 목표달

| 표 7-5 | 세일즈 상담의 전술과 전략

세일즈 상담 전술	세일즈 상담 전략
즉시(단기적) 목표 달성 ㉠ 月 영업 실적	중·장기적인 목표달성 ㉠ 고객추천지수
개인 차원의 접근 ㉠ 문자 메시지 활용	팀 차원의 접근(지원활동) ㉠ 우수고객 초청 이벤트
단순한 스킬 ㉠ 상담 대화기술	계획수립, 실행, 수정 등의 복잡한 절차와 피드백 프로세스 ㉠ 고객의 소리 청취
고객의 거부에 대한 수동적 대응 ㉠ 불만고객 응대	고객의 니즈와 문제를 파악하기 위한 방문 계획 수립 ㉠ 고객별 방문주기 체크

성에 집중한다. 전술의 구사는 개인적인 차원의 접근이면 충분하지만 전략적 접근을 위해서는 팀 차원의 활동이나 시스템 확보 등의 지원이 필요하다. 상담 전술은 고객에게 말하는 화법이나 스킬을 익힌다. 효과적인 상담 전략을 수행하기 위해서는 계획 수립, 실행, 수정 및 보완 등의 절차를 거치고 피드백을 통해 조정해야 한다.

2.3 고객 맞춤 서비스 세일즈 5단계

고객 맞춤 서비스 세일즈란 고객의 필요에 적합한 상품을 추천하고, 고객으로 하여금 추천받은 상품의 혜택에 공감하여 구매하도록 이끄는 것이다. 이러한 고객 맞춤 세일즈를 하기 위해서는 단순한 판매 사원이 아닌, 서비스 세일즈 전문가로 변신하려는 노력이 필요하다.

1단계 마음 열기

고객의 지갑을 열어서 구매 욕구를 자극하기 위해서는 고객의 마음부터 열어야 한다. 고객을 처음 맞이할 때의 태도는 매장의 이미지를 결정하는 데 중요한 역할을 한다. 고객과 첫 대면을 어떻게 했느냐에 따라 고객의 마음을 잡을 수도 있고, 반대로 고객의 발길을 돌리게 할 수도 있다. 고객응대 프로세스별 점검 포인트를 파악하고 응대 기준안을 마련한다.

2단계 고객의 니즈파악

질문을 통해 고객이 자신의 현재 상황과 문제점을 이야기하므로 고객의 정보를 자연스럽게 파악할 수 있다.

① 일반적인 질문

세일즈맨은 고객의 이야기를 들으면서 고객이 원하는 것이 무엇인지를 파악해야 한다. 일반적인 질문을 할 때에는 처음부터 상품과 관계된 질문을 하기보다 가볍고 일상적인 질문들로 시작하는 것이 좋다.

- 고객이 원하는 것에 맞는 세일즈 포인트를 찾는 데 도움이 되는 정보를 얻을 수 얻을 수 있다.

㉮ "오늘 점심 메뉴는 무엇인지요?", "이 상품은 어떤가요? 만족하십니까?"

② 추가적인 질문

추가적인 정보를 파악하기 위한 질문은 신속한 시간 내 결론에 이를 수 있다는 장점이 있다.

이 유형의 질문에 고객은 YES나 NO로 대답하게 한다.

- 생각 없이 질문을 던지거나 고객의 필요를 잘못 짚었을 경우 자칫 고객의 입에서 NO가 튀어나올 수 있고, 심할 경우 대화가 중단될 수도 있다.

㉮ "보시는 제품 어떻게 생각하십니까?", "추가적으로 고려하고 계신 사항 있으세요?

③ 확인형 질문

의도한 대답으로 고객을 유도하는 질문이다. 세일즈맨이 고객에게 어떤 제안을 하고 고객이 이에 동의를 얻고자 할 때 하는 질문이다.

- 세일즈맨의 의견을 고객에게 확인 받고 싶을 때, 고객이 잠깐 망설일 때 효

과가 있다.

- 고객이 선택을 놓고 갈등이 심할 때는 확인형 질문을 던져서는 안 된다.

㉮ "고객님께서 찾으시는 것이 바로 이 상품입니다. 그렇게 생각하시죠?"
"요즘 고객님들이 OO기능 많이 찾으시는데요. 혹시 들어보셨는지요?

3단계 맞춤추천

기본적인 상품 지식이나 관련 기술에 대한 지식을 자연스럽게 설명할 수 있어야 한다. 먼저 상품에 대해서 철저히 공부하고, 단순한 사용법뿐만 아니라 용도별 응용방법, 그리고 관련된 전문기술까지 익혀 상품 전문가가 되도록 한다.

경쟁사 상품의 장점과 약점까지 연구하여 자사의 상품과 비교할 수 있는 자신만의 경쟁력을 키우고 동종업계 종사자들과 활발한 정보 교환을 통해 보다 폭넓은 상품 지식을 얻는 것도 경쟁력을 키울 수 있는 좋은 방법이다.

고객이 상품 하나를 선택해서 구매하기까지 마음속에 품고 있는 행복한 꿈과 상상을 '베스트 플랜(Best Plan)'이라고 한다. 고객에게 이러한 베스트 플랜을 제시하고 그것을 이용할 때의 모습을 실감나게 묘사해줄 필요가 있다.

4단계 혜택 보여주기

같은 상품이라도 원하는 고객에 따라 상황과 용도가 달라지는 법이고, 고객의 필요에 따라 상품도 달라진다. 고객과 상품을 제대로 연결시키려면 먼저 고객 유형에 따른 상품의 세일즈 포인트를 찾아야 한다. 세일즈 포인트란 고객의 필요와 상품의 기능이 동시에 만족되는 부분으로, 고객이 구매하고자 하는 이유이기도 하다. 세일즈맨 입장에서의 세일즈 포인트가 고객 입장에서는 구매에 영향을 주는 매력 포인트가 되는 것이다.

5단계 공감 확인하기

판매의 마지막 단계에 해당하지만 고객에게는 구매의 시작 단계이다. 고객은 최종결정을 하고 구매 직전의 상황으로 판매원은 서두르지 말고 고객이 인지해야 될 부분을 한번씩 되짚어 보면서 고객의 구매 욕구를 다시 끌어올려야 한다(황혜미 외, 2015). 상품의 장점을 상세히 설명하기보단 한 대목씩 잘라서 말하며 고객의 반응을 기다린다. 고객이 반론하거나 질문하면 대화에 활력이 생긴다. 직원의 일방적인 전달이 아니라 고객이 궁금한 점을 해결해 주면 직원과 고객은 관계가 더 돈독해진다. 침묵도 세일즈 토크의 한부분이다. 말하기보다 듣기를 중요시해야 한다.

2.4 서비스 세일즈 화법

2.4.1 FABE 기법

FABE 기법은 고객에게 상품 및 서비스에 대한 제안과 설명의 효과를 높이기 위해 널리 이용된다. [그림 7 - 2]와 같이 상품 설명 시 판매하는 제품의 기능과 장점뿐 아니라 고객이 얻을 수 있는 혜택, 이점을 강조한다.

- Feature(기능): 추천하려는 상품의 객관적인 특징(크기, 화질 등)을 설명한다.
- Advantage(장점): 해당 상품의 장점 중 의사결정에 가장 영향을 미치는 사항(가격, 디자인, 편의성 등)을 2~3가지로 압축하여 설명한다. 상품이나 서비스의 기능과 특성이 경쟁 상품 및 기존 상품보다 유리한 점을 안내한다.
- Benefit(혜택): 상품이나 서비스의 기능과 특성이 작용하여 사용자에게 제공하는 혜택을 강조한다. 이 상품을 선택함으로써 얻게 되는 고객의 이점을 강조하여 설명한다.
- Evidence(증거): 상품을 사용하여 얻은 결과에 대한 증거에 대해 설명한다. 고객의 수준에 따라 전문성을 조절하여 설명의 증거를 제시한다.

중·저가 상품의 경우 상품의 특징이나 장점을 설명하는 것이 효과적이다. 고가 제품의 경우는 특징과 장점만 설명하게 되면 오히려 마이너스 요인이 된다. 고가 제품은 이점 및 혜택을 고객에게 제공해야 한다. 고객이 그 상품을 구매했

그림 7-2 FABE 기법 활용 예시

F (특징) 메탈 시계 중 가장 멋스러운 색상을 가진 로즈 골드입니다.

A (장점) 여성스러운 연출을 많이 선호하신다면 컬러로 연출을 한층 더 부각시키실 수 있습니다.

B (혜택) 쉽게 선택할 수 있는 상품이 아니라 남들과 다른 컬러의 선택으로 고객님의 개성이 잘 드러날 거예요. 패션팔찌와 레이어드하기도 쉬워서 활용하기 좋습니다.

E (증거) 이 상품은 요즘 잡지나 TV에 굉장히 많이 나와 고객님들의 문의가 많습니다. 전국 백화점에서 베스트 모델이랍니다.

출처: 파슬코리아 서비스 매뉴얼 기본편

을 때의 이미지를 떠올리게 하거나 고객이 중요하게 생각하는 가치를 설명하는 것이 효과적이다.

2.4.2 고객 니즈파악법 _ SPIN기법

SPIN 기법은 세계적인 세일즈 컨설팅사인 허스웨이트(Huthwaite)가 GE, Kodak, Xerox, Volvo, Motorola 등 50여 개 업종의 영업상담 사례를 분석하여 개발한 세일즈 스킬로, 고객의 특성과 취향을 고려하여 고객의 필요를 파악하는 질문기법이다(Rackham, 1988).

〈표 7-6〉과 같이 상황(situation) 질문은 고객의 현재 상황을 파악하고, 문제(problem)질문을 통하여 고객의 불만족이나 문제점을 탐색한다. 확대(implication)질문을 통해 고객이 인식한 문제들이 크게 느껴지도록 한다. 해결(needs-pay off)질문을 통해 고객 스스로 상품의 이점을 생각하면서 구매 확신을 가질 수 있도록 한다.

경험이 부족한 직원일수록 너무 많은 상황질문을 하는 경향이 있다. 유능한 직원은 필요 이상의 상황 질문은 하지 않는다. 적절한 상황질문(S)을 통하여 고객

| 표 7-6 | SPIN 기법

S(Situation)	상황질문	현재 고객의 주거 환경, 구매 경험 등을 파악한다.
P(Problem)	문제질문	고객의 문제, 어려움, 불만 등을 물어본다.
I(Implication)	확대질문	현재 상황의 결과나 영향에 대하여 구체적으로 묻는다.
N(Needs-Pay off)	해결질문	문제해결을 위한 방법을 제안하며 현재의 요구를 확인한다.

의 현재 상황을 파악하고, 문제질문(P)을 통하여 고객의 불만족이나 문제점을 탐색한다. 문제들을 인식하고 공유할 수 있는 확대질문(I)을 통해 고객이 인식한 문제들이 크게 느껴지도록 한다. 문제를 해결할 수 있는 질문(N)을 통해 고객 스스로 제품의 이점을 고려하면서 구매 확신을 가질 수 있도록 한다.

2.4.3 반론 극복화법

고객의 반론에 대해 진지한 태도로 경청한다. 건성으로 응답을 하거나 고객의 말을 끊어 버리는 실수를 하지 않는다. 고객에게 명확한 답을 제공함으로써 반론을 긍정적인 방향으로 유도하고 고객의 문제해결에 도움을 주어야 한다. 반론에 대응하기 위한 가장 좋은 방법은 반론의 잠재요인을 사전에 제거해 버리는 것이다. 고객이 의문을 갖지 않고 완벽하게 상품을 신뢰하도록 설명하거나 반론으로 제기될 수 있는 점들에 대해 미리 해결책을 제시하는 방법이 있다.

반론 극복 시 'Yes, But 화법'을 많이 활용해왔다면, 최근에는 고객 의견에 반론이 아닌 의견 추가와 같은 형태로 'Yes, Yes 화법'을 구사한다.

㉮ Yes, But: "고객님 말씀은 맞습니다만…"

Yes, Yes: 고객님, 잘 알고계시네요. 제가 추가적으로 몇 가지 설명드리겠습니다.

반론극복 시 유의사항은 다음과 같다. 첫째, 고객의 상황에 관심을 보인다. 고객이 말을 채 끝내기도 전에 서둘러 반응을 보이는 것은 예의에 어긋날 뿐만 아니라 자칫 반감을 불러일으킬 수 있다. 왜냐하면 이러한 반응은 고객의 의견을 충분히 고려할 의향이 없다는 것으로 보이기 때문이다. 둘째, 지나치게 빠른 속도로 답변하지 않는다. 대답을 너무 유창하게 해서 미리 연습을 한 것 같은 인상을 준다면 고객은 직원을 의심하거나 신뢰하지 않는다. 셋째, 고객과 논쟁하지 않는다. "잘못 알고 계시네요.", "사실이 아닙니다.", "틀렸습니다." 등과 같은 표현은 절대 금물이다. 머리를 흔들거나 인상을 찌푸리면서 반대한다는 의사표시를 해서도 안 된다.

넷째, 고객을 압도하려고 하지 않는다. 고객이 잘못 이해하고 있거나 실수를 하였다는 것을 증명하려 한다든지, 지나치게 기술적인 설명으로 일관하며 자기의 전문지식을 자랑하려고 하는 것은 고객의 자존심을 건드리는 행위이다.

2.4.4 구매결정 유도화법

고객이 제품의 특정 부분에 대해 의문점을 대답해 주기를 요구한다면 제품의 좀 더 상세한 세부사항을 부각시키면서 고객한테 돌아갈 이익에 대해서 상기시킨다. 경계하는 태도나 냉담한 태도를 보이다가 갑자기 따뜻하고 친근한 태도를 보이면 의사결정에 따르는 긴장이 완화되었다는 의미이다. 구매여부 의사를 한 번 더 확인하며 판매를 종결한다.

구매 후 발생하게 될 인지부조화를 경험한 사람은 자신의 결정이 합리적이라는 것을 확인받고 싶어 한다. 예를 들어 고객이 "좋은 가격에 산 건가요?", "정말 괜찮은 제품인가요?"라는 질문을 한다면 판매직원은 "좋은 제품 잘 선택하셨습니다.", "후회하지 않으실 겁니다." 등으로 고객의 탁월한 선택에 대한 인정과 확인을 한다.

서비스기업에서는 서비스 세일즈의 기준이 되는 표준매뉴얼을 만들어 상품 판매력을 증진하고 고객 서비스 역량을 강화하고 있다. 이러한 매뉴얼 내용을 직원들이 체득할 수 있는 교육을 실시하여 접점 직원들이 고객과의 원활한 소통을 할 수 있는 대화 표현을 습득할 수 있고, 접점에서 발생하는 의도치 않은 상황에 대처할 수 있도록 행동 포인트를 파악할 수 있다. 곤란한 상황에 유연하게 대처하는 대화, 고객의 반론을 극복하는 대화에 유용한 가이드가 될 수 있다. 또한 고객이 대기시간 지연이나 상품 및 서비스에 대한 불만을 제기할 때 정확한 업무처리를 통해 고객에게 믿음을 심어줄 수 있게 된다.

:: 함께 이야기 나눠 봅시다

1. SPIN 기법을 활용하여 상황, 문제, 확대, 해결질문을 만들어 봅시다.
   - S
   - P
   - I
   - N

2. FABE 기법을 활용하여 기능, 장점, 혜택, 증거 대화문을 만들어 봅시다.
   - F
   - A
   - B
   - E

3. 고객 응대시 세일즈 직원의 질문이 왜 필요하지 이야기 나눠 봅시다.

03 서비스 코칭 대화

3.1 서비스 코칭의 중요성

내·외부 고객과의 상호작용이 있는 고객접점 직원은 기업의 이미지와 고객확보, 고객유치 등 업무와 관련된 가장 큰 비중을 차지하는 소중한 자산이다. 이들의 인적자원의 관리는 기업의 이미지와 매출로 연결되고 고객지향성까지 직접적으로 영향을 미치기 때문에 이런 부분을 간과해서는 안 된다. 다양하고 갈수록 니즈가 세분화되고 민감한 고객을 접점에서 만나게 되는 종사자의 고객지향성을 높이기 위해 향후 기업은 다양한 노력을 기울여야 할 것이다(박성아 외 2020).

서비스 산업의 종사자의 고객지향성을 위하여 긍정심리자본에 영향을 미치는 요인은 내적 이미지의 관리와 언어적 커뮤니케이션 능력이므로 호감이 갈 수 있는 이미지의 연출을 위하여 자존감을 향상할 수 있는 코칭이나 조직 활성화 교육 등 내적 이미지에 영향을 미치는 요소들을 지속적으로 학습하고 관리할 필요가 있다(이채현 외, 2019).

서비스 제공자도 주관적인 관점을 가진 개인이기 때문에 고객기준에서 내 업무를 관찰하거나 평가할 수 있도록 하는 서비스 코칭을 실시하여 접점직원들의 상황별 대응력을 강화하고 스스로 감정을 관리하여 개인의 내면 역량을 발휘할 수 있도록 지도해야 한다.

접점 서비스 개선을 위한 프로세스는 [그림 7-3]과 같다. 목적에 따라 서비스 클리닉, 서비스 개선 코칭, 서비스 매뉴얼 체득화 코칭 등 다양한 이름으로 명명

그림 7-3 서비스 개선을 위한 프로세스 3단계

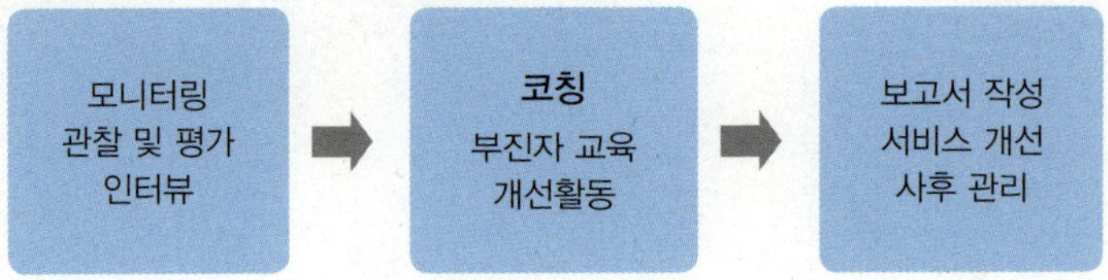

하며, 3단계 과정을 거쳐 진행하면 효과적이다. 첫째, 서비스 접점에 대한 모니터링, 관찰 및 평가, 직원 및 고객 인터뷰를 통해 코칭의 주요 안건을 정한다. 코칭에 필요한 자료를 수집하고 코칭 대상자를 동기부여할 수 방안을 모색한다. 둘째, 직접 대면 코칭을 하거나 부진부서 및 부진자를 위한 교육, 전사적인 개선활동 및 캠페인을 실시한다. 특히 부진부서 및 부진자 코칭의 경우 대상자들이 코칭에 대한 부정적인 감정이 있을 수 있다. 코치와 직원이 서비스 제공활동을 방해하는 하드웨어, 소프트웨어, 휴먼웨어 측면의 문제점을 함께 토의하다보면 서비스 개선에 대한 아이디어를 도출할 수 있다.

셋째, 서비스 코칭 실시 후 보고서 작성, 지속적인 서비스 개선활동, 그리고 사후 관리 활동이 병행되어야 접점의 서비스 품질이 향상될 수 있다. 특히 코칭 보고서 작성의 경우는 소홀히 하기 쉬우나 고객의 변화하는 니즈를 파악하고 현장 직원들의 요구사항을 점검할 수 있기 때문에 반드시 작성 후 취합하여 분석하는 것이 좋다.

3.2 서비스 코칭 운영

서비스 코칭 실시 전 모니터링 및 관찰을 통해 서비스 수준의 정량적인 부분을 파악하고, [그림 7-4]와 같이 직원 및 관리자 인터뷰를 실시하여 서비스에 대한 인식, 서비스 실행의 장애요인 등을 찾아내는 정성적인 진단을 한다.

서비스 코칭을 실시할 때는 빔프로젝트를 통해 강의 자료를 보여주며 지침이나 가이드를 제시하기보다는 접점 직원들의 얼굴을 보고 마음과 마음을 교감하는 것이 제일 중요하다. 서비스 코치는 직원들의 애로 사항도 들어주며, 함께 고민도 해결해 가면서 수업을 하게 되면 직원들의 변화의지를 강화할 수 있다.

직원들은 서비스 장애요인으로 하드웨어(환경 및 설비 등)에 대한 문제점을 지적하는 경우가 많다. 첨단 시설과 최신식 설비를 갖춘다면 고객은 쾌적한 환경에서 서비스를 이용할 수 있다. 그렇지만 하드웨어만 바꾼다고 고객이 만족하지는

| 그림 7-4 | 코칭 실시 전 접점관리자 인터뷰 내용

1. 요즈음 고객의 성향은 어떻습니까?
2. 특별히 응대하기 어려운 고객은 어떤 고객입니까?
3. 직원들의 특성을 잘 파악하고 있으십니까?
4. 직원 감성관리를 위해 특별히 신경 쓰는 부분은 어떤 것입니까?
5. 내부 소통 활성화를 위해 가장 필요한 것은 무엇입니까?
6. 서비스 향상을 위해 가장 역점을 두고 있는 부분은 무엇입니까?
7. 애쓰시는데도 서비스개선에 어려움이 있다면 어떤 것입니까?

않는다. A 종합병원은 시설과 설비를 교체하고 새롭게 인테리어도 하였는데, 오히려 고객의 불만이 증가했다는 컴플레인을 듣게 되었다. 이유를 확인해 보니, 고객들은 '환경이나 설비는 좋아졌는데, 오히려 직원들은 왜 그대로지요'라고 말하는 것이다. 즉 하드웨어가 개선되면 고객은 그 시설에 근무하는 직원들의 서비스 제공 수준도 높아질 것이란 생각에 오히려 고객 불만을 야기할 수 있는 것이다.

직원들이 말하는 서비스 장애요인

- 주차 시설이 협소해요
- 건물이 너무 오래 되었어요
- 시설이 낙후되었어요
- 안내문이 제대로 부착되지 않았어요

[그림 7-5]를 보면 외래 서비스 매뉴얼을 토대로 서비스 매뉴얼 체득화 자료를 만든 것을 확인할 수 있다. 환자에게 해야 할 멘트와 행동 포인트를 검토한 후 고객에게 전달해야 할 신뢰감을 주는 태도, 성의있는 태도, 공감표현, 고객 요구파악 질문, 곤란한 상황 대처 및 중요한 서비스 대화법 자료로 만든다. 코칭 수업시 모니터링 및 관찰결과를 토대로 보완해야 할 행동과 대화법을 찾아내고, 부서 및 개인별로 부족한 부분을 재점검하는 시간을 갖는다.

| 그림 7-5 | 서비스 코칭 유인물(Hand-out)과 서비스 매뉴얼 예시

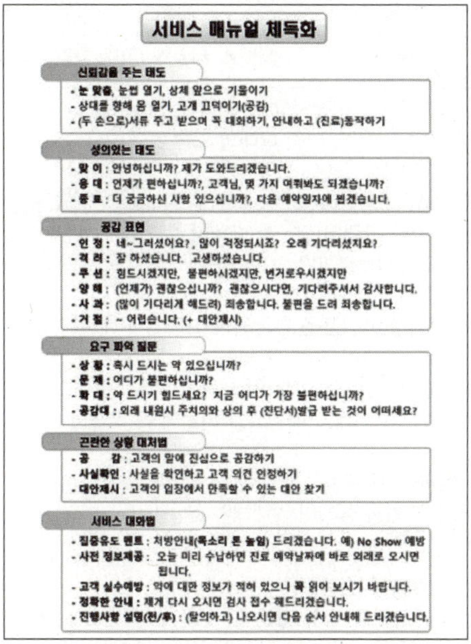

서비스 매뉴얼 체득화

신뢰감을 주는 태도
- 눈 맞춤, 눈썹 열기, 상체 앞으로 기울이기
- 상대를 향해 몸 열기, 고개 끄덕이기(공감)
- (두 손으로)서류 주고 받으며 꼭 대화하기, 안내하고 (진료)동작하기

성의있는 태도
- 맞 이 : 안녕하십니까? 제가 도와드리겠습니다.
- 응 대 : 언제가 편하십니까?, 고객님, 몇 가지 여쭤봐도 되겠습니까?
- 종 료 : 더 궁금하신 사항 있으십니까?, 다음 예약일자에 뵙겠습니다.

공감 표현
- 인 정 : 네~그러셨어요?, 많이 걱정되시죠? 오래 기다리셨지요?
- 격 려 : 잘 하셨습니다. 고생하셨습니다.
- 쿠 션 : 힘드시겠지만, 불편하시겠지만, 번거로우시겠지만
- 양 해 : (언제가) 괜찮으십니까? 괜찮으시다면, 기다려주셔서 감사합니다.
- 사 과 : (많이 기다리게 해드려) 죄송합니다. 불편을 드려 죄송합니다.
- 거 절 : ~ 어렵습니다. (+ 대안제시)

요구 파악 질문
- 상 황 : 혹시 드시는 약 있으십니까?
- 문 제 : 어디가 불편하십니까?
- 확 대 : 약 드시기 힘드세요? 지금 어디가 가장 불편하십니까?
- 공감대 : 외래 내원시 주치의와 상의 후 (진단서)발급 받는 것이 어떠세요?

곤란한 상황 대처법
- 공 감 : 고객의 말에 진심으로 공감하기
- 사실확인 : 사실을 확인하고 고객 의견 인정하기
- 대안제시 : 고객의 입장에서 만족할 수 있는 대안 찾기

서비스 대화법
- 집중유도 멘트 : 처방안내(목소리 톤 높임) 드리겠습니다. 예) No Show 예방
- 사전 정보제공 : 오늘 미리 수납하면 진료 예약날짜에 바로 외래로 오시면 됩니다.
- 고객 실수예방 : 약에 대한 정보가 적혀 있으니 꼭 읽어 보시기 바랍니다.
- 정확한 안내 : 제게 다시 오시면 검사 접수 해드리겠습니다.
- 진행사항 설명(전/후) : (탈의하고) 나오시면 다음 순서 안내해 드리겠습니다.

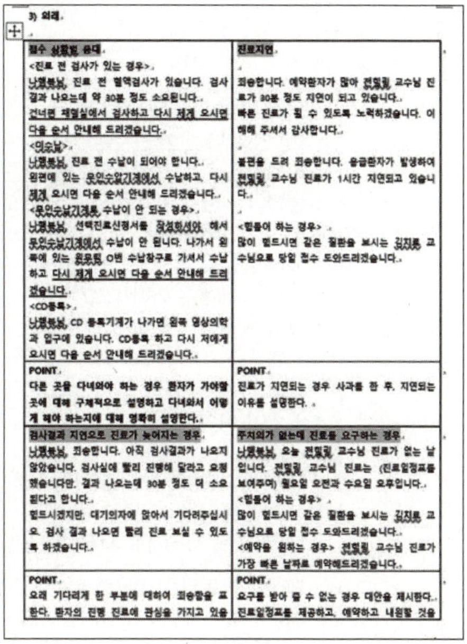

3) 외래.

접수 상황별 응대	진료지연
<진료 전 검사가 있는 경우> [illegible]님, 진료 전 혈액검사가 있습니다. 검사 결과 나오는데 약 30분 정도 소요됩니다. 건너편 채혈실에서 검사하고 다시 제게 오시면 다음 순서 안내해 드리겠습니다. <[illegible]> [illegible]님, 진료 전 수납이 되어야 합니다. 왼편에 있는 무인수납기계에서 수납하고, 다시 제게 오시면 다음 순서 안내해 드리겠습니다. <무인수납기계로 수납이 안 되는 경우> [illegible]님, 선택진료신청서를 작성하셔야 해서 무인수납기계에서 수납이 안 됩니다. 나가서 왼쪽에 있는 [illegible] 0번 수납창구로 가셔서 수납하고 다시 제게 오시면 다음 순서 안내해 드리겠습니다. <CD등록> [illegible]님, CD 등록기계가 나가면 왼쪽 영상의학과 입구에 있습니다. CD등록 하고 다시 저에게 오시면 다음 순서 안내해 드리겠습니다.	죄송합니다. 예약환자가 많아 [illegible] 교수님 진료가 30분 정도 지연이 되고 있습니다. 빠른 진료가 될 수 있도록 노력하겠습니다. 이해해 주셔서 감사합니다. 불편을 드려 죄송합니다. 응급환자가 발생하여 [illegible] 교수님 진료가 1시간 지연되고 있습니다. <힘들어 하는 경우> 많이 힘드시면 같은 질환을 보시는 [illegible] 교수님으로 당일 접수 도와드리겠습니다.
POINT 다른 곳을 다녀와야 하는 경우 환자가 가야할 곳에 대해 구체적으로 설명하고 다녀와서 어떻게 해야 하는지에 대해 명확히 설명한다.	POINT 진료가 지연되는 경우 사과를 한 후, 지연되는 이유를 설명한다.
검사결과 지연으로 진료가 늦어지는 경우 [illegible]님, 죄송합니다. 아직 검사결과가 나오지 않았습니다. 검사실에 빨리 진행해 달라고 요청했습니다만, 결과 나오는데 30분 정도 더 소요된다고 합니다. 힘드시겠지만, 대기의자에 앉아서 기다려주십시오. 검사 결과 나오면 빨리 진료 보실 수 있도록 하겠습니다.	주치의가 없는데 진료를 요구하는 경우 [illegible]님, 오늘 [illegible] 교수님 진료가 없는 날입니다. [illegible] 교수님 진료는 (진료일정표를 보여주며) 월요일 오전과 수요일 오후입니다. <힘들어 하는 경우> 많이 힘드시면 같은 질환을 보시는 [illegible] 교수님으로 당일 접수 도와드리겠습니다. <예약을 원하는 경우> [illegible] 교수님 진료가 가장 빠른 날짜로 예약해드리겠습니다.
POINT 오래 기다리게 한 부분에 대하여 죄송함을 표한다. 환자의 진행 진료에 관심을 가지고 있음	POINT 요구를 받아 줄 수 없는 경우 대안을 제시한다. 진료일정표를 제공하고, 예약하고 내원할 것을

출처: 일산병원 서비스 표준화 프로젝트 수행 결과물

서비스 코칭 보고서는 [그림 7-6], [그림 7-7]과 같이 코칭 실시 후 교육 주제 및 주요 내용을 정리하고, 부서, 개인별 의견 및 우수 사례를 공유하는데 유용하게 활용될 수 있다. 코칭이 직원들에게 지침을 주는데 그치는 것이 아니라 접점 직원들의 장점을 발굴하여 더 잘할 수 있도록 이끌어주는 것이 가장 중요하다. 성공적인 서비스 코칭은 수업 후 직원들이 자존감이 높아지고 일에 대한 자긍심이 높아지는 것이다.

서비스 코칭을 실시하기 전 몇 가지 체크가 필요하다. 다른 기업에서 한다고 무조건 서비스 코칭을 도입하게 되면 직원들의 반발만 사게 되고 오히려 역효과 나는 경우가 있다. 따라서 [그림 7-8]과 같이 우리의 조직 문화가 서비스 코칭을 수용하고 적용할 만한지 판단하고 진행해야 할 것이다. 코칭을 하게 되면 서로 피드백을 주고받게 되는데, 성숙한 조직이면 피드백에 익숙하지만 잘못 받아

그림 7-6 | **서비스 코칭 보고서 작성 사례**

일시	2019. 10. 15. 14:30~15:30	강사	황혜미
부서	패션 2(9명)	주제	서비스 세일즈+마음챙김

주요 교육내용	• 평소 나의 마음상태를 나타낼 수 있는 3개 카드를 선정하고 그 이유를 이야기함 예) 평소 나는 어떤 사람인지, 업무/회사를 생각하면, 나의 미래의 모습은? • 신뢰감을 주는 표정, 경청 태도, 동적 대기 자세를 설명하고 연습함 엉덩이나 발로 서랍을 열고 닫는 모습은 직원과 상품에 대한 신뢰감을 떨어뜨릴 수 있음 • 첫 인사 후 무조건 가격 할인만 어필하는 것은 고객의 접근을 방해할 수 있음 확대 질문을 통해 고객이 원하는 상품을 구체적으로 파악할 수 있음 예) "이 제품은 어떠세요?" • 고객 요구를 반영하는 해결 질문을 통해 적합한 상품을 추천해야 고객의 구매결정력을 높임 예) '컬러가 마음에 들지 않으면 이 배낭과 비슷한 다른 디자인 제품을 보여드릴까요?" • 고객이 직접 착용해 보고 착용감을 공유하면 고객의 구매결정을 하는데 큰 도움을 얻을 수 있음 예) 한번 착용해 보시면 어떤 제품이 어울리는지 확실하게 아실 것 같아요. • 고객의 불만을 예방하기 위해서는 상품 관리법을 상세히 안내해야 함 예) 오염은 지우개로 지우시면 됩니다."
부서 사례 및 참석자 의견	• 패션 2 파트의 고객응대 우수 사례를 공유하고 칭찬함 예) 사이즈 때문에 고민하는 고객에게 신용카드를 직접 넣어 볼 것을 권장함. 2개 제품을 두고 고민하는 고객에게 제품의 장단점을 설명하고 고객의 산호도를 파악하는 질문을 함 • 고객이 직접 착용해 보고 착용감을 공유하면 고객의 구매결정을 하는데 큰 도움을 얻을 수 있음 예) 한번 착용해 보시면 어떤 제품이 어울리는지 확실하게 아실 것 같아요. • 고객이 직원의 설명을 잘 이해못하는 경우가 종종 발생하여 여러 번 이야기하는데 어려움이 있음 가능한 고객이 직원의 말을 집중해서 들을 수 있도록 집중유도 멘트를 해야 함

들이면 '지적질'이라 생각하여 불쾌감만 갖게 되는 경우가 있다.

물론 코치를 선발할 때도 전문성을 갖춘 사람을 선발하는 것도 당연히 중요하다. 외부 전문가의 현장 경험 여부도 고려해야 하고, 내부 서비스 리더의 서비스 지식과 마인드도 점검한 후 코치로 선정해야 할 것이다. 현장 경력이 오래된 직원일수록 코칭에 대해 부정적인 반응을 보이기 쉽기 때문에 주의를 기울이도록 한다. 선임 직원이 10~20년 동안 쌓아온 노하우를 인정해 주면서, 변화하는 고객 니즈에 대응할 수 있는 방안을 함께 모색해야 한다.

또한 인적 코칭, 즉 직원만 행동을 바꾸라고 하는지 프로세스나 하드웨어의

그림 7-7 | 서비스 매뉴얼 체득화 코칭 운영 사례

○ 서비스 매뉴얼 체득화 코칭

일시	2017. 10. 31. 17:00~18:00	강사	황혜미
부서	재활의학과, 정신건강의학과	주제	8명

1) 주요 교육 내용

- 눈썹을 올리며 표정 열기
- 낮은 돈으로 안정감 있게 대화하기
- 진심을 담은 고개 끄덕임(3번 넘지 않게)
- 각 과별 상황에 맞는 공감표현
  : 개인별 실습 및 피드백
- 확대 질문을 통해 고객의 세부적인 요구 파악하기
- 고객 실수 예방을 위해 사전 안내 및 정보 제공
- 곤란한 상황별 대처법(역할연기)

2) 교육참석자의 반응 및 의견

- 진료가 늦게 끝나는 관계로 중 8명 대상자를 두 파트로 나누어 교육함.
  : 4명씩 나누어서 30분, 30분 개별 실습 및 피드백함
- 용모 관리의 경우 머리카락이 앞 이마를 가리지 않는 것이 중요함
  : 앞 이마가 드러나 있어야 밝은 모습으로 응대하는 느낌을 전달할 수 있음
- 과 특성상 대기도 대체로 긴편이기 때문에 중간중간 대기관리가 필요함
  : 앞에 몇 분 정도 남았다. 또는 몇 분 정도 기다리실 것 같다는 등의 관리 멘트가 필요함

출처: 남현정·박희선·황혜미(2019). 국민건강보험 일산병원의 환자경험디자인 우수사례: 고객경험관리 프레임워크를 기반으로, 서비스경영학회지, 20(4), pp.201-226.

그림 7-8 | 서비스 코칭 도입을 위한 사전 점검 항목

1. 코칭을 주고받을 수 있을 만큼 직원들이 피드백 문화에 익숙해 있는가?
2. 인적인 코칭 이외 하드웨어나 소프트웨어에 대한 개선도 모색하는가?
3. 서비스 코치(강사)가 적절한 코칭 기술과 전문 지식을 습득하고 있는가?
4. 서비스 표준화 및 차별화를 위한 코칭 프로세스와 매뉴얼을 구축했는가?
5. 직원들의 즐거움과 성과 향상을 위한 동기부여 방법을 알고 있는가?
6. 서비스 리더와 강사의 R&R(Role & Responsibility)이 정립되어 있는가?
7. 현장에서 도움이 되는 코칭의 성공 요소를 파악하고 있는가?

개선이 가능한지 여부도 확인한다. 서비스 접점에서는 직원의 불친절이나 성의 없는 응대뿐 아니라 고객 지향적이지 않는 서비스 프로세스, 불편한 고객의 동선, 적절하지 못한 설비 배치 등이 고객만족을 저해하는 요인이기 때문이다. 하

드웨어나 소프트웨어는 그대로 두고 직원만 변화하라고 할 경우는 직원들의 협조를 얻기 어렵다.

내부 전문가이던 외부 전문가이던 서비스 코칭의 기술과 전문성이 담보되어야 하고, 서비스 표준화 및 차별화를 위한 매뉴얼을 구축하고 있어야 코칭이 원활하게 진행된다. 일부 기업에서는 서비스 코칭을 위한 세부 진행 프로세스를 내부 리더와 외부 전문가들이 함께 모여 세부적으로 정립하기도 한다. 일관성 있게 동일한 내용을 코칭해야 하기 때문에 리더들 간의 합의가 중요하다.

마지막으로 서비스 강사와 리더의 역할이 구분된 경우도 있지만, 병행하는 경우도 있어 역할과 책임을 정확하게 정해두어야 한다. 가장 중요한 것은 현장 개선에 도움이 되고, 서비스 코칭을 받는 직원이 코칭을 통해 성과를 거둘 수 있어야 한다. 그래서 현장을 정확하게 진단하고 이해한 후 서비스 코칭을 실시해야 할 것이다.

병원 서비스 코칭을 성공적으로 운영하기 위해서는 의사의 참여가 중요하다. 병원장의 강력한 의지가 없으면 의사에 대한 서비스 코칭을 실시하는 것은 쉽지 않지만, 의사가 환자경험 개선 활동을 하면 고객만족도는 향상된다. 간호사와 의사 등 의료직 종사자들은 전문지식과 정보 습득을 선호하기 때문에 서비스 코칭을 실시할 경우에도 통계적인 수치와 출처나 근거가 명확한 자료를 활용하는 것이 중요하다.

서비스 코칭이 단지 지적이나 단점 파악으로 끝나는 것이 아니라 직접적인 서비스 개선으로 연결되기 위해서는 [그림 7-9]와 같이 코칭 시 대화를 신경 써야 한다. 특히 서비스 코치는 직원에게 부정적인 지적으로 시작하는 멘트는 지양해야 한다. 누구나 대화의 시작부터 단점을 듣고 싶지 않기 때문이다. 따라서 평소 코칭받을 직원의 태도를 잘 관찰하고 칭찬해 줄 만한 상황이나 사례를 찾아내 긍정적인 멘트로 시작하는 것이 중요하다. 그리고 '아쉬운 점', '보완점'에 대한 언급을 하는 것이 좋으며, 수정해야 할 행동이나 태도를 구체적으로 알려줄수록 변화를 이끌어 내는데 도움을 줄 수 있다. 마지막은 이렇게 행동을 변화했을 때의 효과, 즉 아웃풋 이미지(Output image)를 알려준다면 행동변화 유도에 효과적일 것이다.

| 그림 7-9 | 서비스 개선을 위한 코칭 대화법

'+, −, +' 대화법

"000님, 정확한 정보를 제공하려는 모습이 프로다워 보여(+)

아쉬운 부분이 있다면 고객이 이해했는지 중간중간 확인하는 질문을 한다면(−)

고객이 000님에 대한 신뢰감이 더 높아질 것 같아 (+)"

:: 함께 작성해 봅시다

1. 코칭하고 싶은 대상자를 한 명 정해서 '+, −, +' 대화문을 작성해 봅시다.

2. 옆의 동료에게 작성한 대화문을 공유하면서 대화 내용을 수정해 봅시다.

단 한 건의 불만에 근거해서 팀원들에게 조치를 취하지 말라. 그 한 건의 불만을 더 많은 정보를 모으기 위한 신호탄으로 받아들여라. 팀원들에게 시정을 요구하기 전에 알아보아라.

당신과 팀원들은 까다로운 고객이 갑자기 나타났거나 하는 비상 상황에서 서로에게 도움을 청하는 신호를 공유하고 있어야 한다.

직원들의 참여와 관심을 이끌어내 해결책을 함께 모색하는 것은 코칭 프로세스에서 생명과도 같다. 직원이 성공할 수 있도록 도와 주어라.

- 서비스달인의 비밀노트 중에서 -

3.3 불량고객과 직무 스트레스

서비스 코칭을 할 때 불량고객을 만나 스트레스를 받는 직원들의 입장을 이해해 주고 스트레스 관리를 할 수 있는 방법을 제언해 주는 것도 중요하다. 어떤 고객이 힘들게 하는지, 어떤 요구들이 늘어나는지, 무리한 요구는 무엇이 있는지 등을 파악하고 직원들이 해결할 수 있는 부분이 있는지 함께 찾아보도록 한다.

Lovelock(1994)에 의해 처음 제시된 불량고객은 조직 또는 다른 고객에게 부정적인 영향을 주는 방식으로 의도적으로 또는 의도하지 않게 서비스를 중단시키는 고객을 의미한다. 서비스 제공자의 관점에서 해석한 Bitner 등은 서비스접점에서 조직이 정한 규칙, 규정을 준수할 의사와 서비스 제공자 및 다른 고객에 대해 협조할 의사가 없는 고객의 행동을 고객불량행동으로 정의하였다.

이유재와 공태식(2004)은 의도적으로 혹은 우연히 비의도적으로 서비스 조직과 다른 고객에게 부정적인 영향을 미쳐 서비스를 혼란시키는 행동으로 정의하였고, 고객불량행동은 서비스 제공자와 다른 고객에게 모두 부정적인 영향을 미친다.

Harris와 Reynolds(2003)는 고객불량행동이 서비스 제공자의 심리, 행동, 금전적인 부분에 부정적인 영향을 미친다고 주장하였다. 심리적인 부분은 스트레스, 좌절감, 무력감 등이 유발되고, 행동적으로는 불량 행동에 대한 보복행동이 나타날 수 있으며, 금전적으로는 고객으로부터 받은 폭력행위로 인한 심리적·신체적 치료비용으로 개인적인 재산 피해를 말한다.

고객불량행동은 서비스 품질을 결정짓는 접점직원의 감정상태와 행동에 부정적인 영향을 미치는 것으로 나타났으며, 이는 저품질의 서비스를 고객이 받을 수 있다는 점에서 경각심을 느끼게 된다(김진경 외, 2019). 사회적 상호 관계가 동등하지는 않기 때문에 고객불량 행동은 종업원의 자원을 더 크게 소진시켜 결국 이는 더 큰 감정적 소진으로 이어지게 된다. 고객불량행동은 직무탈진을 거쳐 조직 몰입도에도 부정적 영향을 미친다는 점에 주목해야 한다. 고객불량행동은 높은 수준의 스트레스와 감정고갈을 가져와 직무에 대한 동기부여를 감소시키는 것으로 나타난다. 서비스 매니저들은 기업의 서비스 성과 관리를 위해서 접점 직원들이 고객불량행동에 자주 노출되지 않도록 적절한 대처를 해야 한다(김지영 외, 2017).

참고문헌

김지영·이한근·이준섭(2017), 고객불량행동이 서비스 접점 종업원의 직무자원과 직무몰입에 미치는 영향, 한국서비스경영학회지, 18(1), pp.89-109.

김진경·이슬기(2019), 고객불량행동이 서비스접점직원의 반생산적 과업행동에 미치는 영향, 한국서비스경영학회지, 20(3), pp.103-122.

남현정·박희선·황혜미(2019). 국민건강보험 일산병원의 환자경험디자인 우수사례: 고객경험 관리 프레임워크를 기반으로, 한국서비스경영학회지, 20(4), pp.201-226.

박성아·최정일·오해영·연지영(2020), 서비스종사자의 이미지메이킹과 커뮤니케이션 능력이 고객지향성에 미치는 영향, 한국서비스경영학회지, 21(3), pp.105-128.

신지영(2021), 언어의 높이뛰기, 인푸루엔셜.

이슬기·황혜미(2018), 대면서비스 접점직원의 역량지표 개발에 대한 탐색적 연구, 한국서비스경영학회지, 19(4), pp.59-79.

이채현·오해영·오선미·최정일(2019), 서비스 현장코칭품질이 서비스접점직원의 자기효능감과 회복탄력성에 미치는 영향, 한국서비스경영학회지, pp.1-22.

황혜미·차현수(2015), SMAT(서비스경영자격) 모듈 B, 영진닷컴.

황혜미·박종익(2019), CS리더스관리사 기본서, 영진닷컴.

Rackham, N.(1988), *SPIN Selling*. New York, NY: McGraw-Hill.

Chapter

8

서비스 성과 평가

Case Study

삼성전자서비스가 '2020 KS-CQI(콜센터 품질지수)' 조사에서 '가전 및 휴대폰 상담 서비스' 부문 우수 기업으로 선정됐다. 한국표준협회에서 주관하는 'KS – CQI(Korean Standard Contact Service Quality Index)' 조사는 '전문가의 전화 모니터링'과 '고객의 콜센터 이용 만족도 평가'를 통해 콜센터의 상담 서비스 품질을 측정하는 지표이다.

이번 조사에서 삼성전자서비스는 △친절한 응대, △적극적인 설명, △차별화된 서비스 제공 등 다수 평가 항목에서 높은 점수를 받아 우수 기업으로 선정됐다. 이는 '고객이 원하는 그 이상의 상담 서비스' 제공을 위해 다양한 노력을 기울여왔기에 가능한 일이었다.

삼성전자서비스는 고객이 언제 어디서나 신속 정확한 상담을 받을 수 있도록 365일 24시간 상담 서비스를 제공하고 있다. 센터 위치, 수리 비용과 같은 고객의 단순문의 해결은 물론 제품별 기술 상담사가 원격 점검 등 수준 높은 전문 기술 상담도 제공하고 있다.

최근에는 고객의 상담 이용 편의를 높이기 위해 인공지능 채팅 상담 '챗봇' 서비스를 도입했다. 챗봇은 고객이 로봇과의 문자 채팅을 통해 365일 24시간 상담을 받을 수 있도록 구현된 인공지능 상담 플랫폼이다. 고객은 챗봇을 활용해 제품 관련 기술 상담, 서비스 접수 등 원하는 서비스를 시간과 장소에 상관없이 이

01 서비스 성과 이해

1.1 서비스 성과의 측정 목적

캐나다의 통신사 노텔(Nortel)에서 고객만족도를 조사한 결과, 대부분의 고객은 1점(매우 불만족)에서 5점(매우 만족)까지 중에서 최대 4점까지 점수를 매긴다는 것을

용할 수 있다.

IoT 기반으로 제품의 상태와 정보를 원격 관리하는 'HRM(Home appliance Remote Management) 원격 점검'도 삼성전자서비스의 대표적인 상담 시스템으로 손꼽힌다. 상담사는 HRM 서버를 통해 분석된 내용을 바탕으로 제품을 진단하고 필요시 제품을 원격으로 제어하여 고객의 불편을 신속 정확하게 해결한다.

또한, 스마트폰 화면을 보면서 센터 찾기, 서비스 예약 등의 작업이 가능한 '보이는 ARS'도 도입하여, 고객이 상담원과의 통화 연결을 기다릴 필요 없이 빠르고 편리하게 원하는 상담 메뉴를 선택할 수 있도록 했다.

삼성전자서비스는 상담사의 역량 강화에도 노력을 기울이고 있다. 고객과 소통하고 공감하는 상담 서비스 제공을 위해 정기적으로 '상담 기법 교육'과 '상담 능력 평가'를 실시하고 있다. 또한 소비자상담사, CS리더스, 심리상담사 등 관련 전문자격 취득도 적극 지원하여 상담사의 전문성 향상을 위해 노력하고 있다.

삼성전자서비스 고객상담팀장 윤석한 상무는 "앞으로도 고객 감동의 상담 서비스 실천을 위해 끊임없는 혁신 활동을 추진하여, 고객이 원하는 그 이상의 상담 서비스를 제공할 것"이라고 전했다.

출처: 삼성전자서비스, '2020 KS-CQI' 우수 기업 선정

밝혀냈다. 1~4점 사이에 표시한 고객은 언제든 좋은 제품이나 서비스가 나타나면 수시로 다른 통신사로 이동한다는 것이다. 단 4.5 이상의 점수를 매긴 고객의 경우는 기업에 대한 충성도가 높은 것을 알 수 있었다.

[그림 8-1]을 보면 제조업 vs 서비스업에서 제품과 서비스에 대한 만족도가 충성도와 시장성과에 미치는 영향에 차이가 있다는 것을 알 수 있다. 49개 서비스기업과 40개 제조업체의 10년간 누적된 시장성과를 비교한 결과, 제조기업과 서비스기업 모두 만족이 시장 이익에 긍정적인 영향을 미치는 것으로 나타났다.

그림 8-1 제조업 vs 서비스업 만족도, 충성도, 시장성과 비교

출처: Johnson and Hart, "The essentials of loyalty management"

서비스기업의 만족은 제조업의 만족도 보다 충성도에 더 긍정적 영향을 미치는 것으로 나타났다. 특히 충성도 측면에서 봤을 때, 제조업의 로열티는 시장이익에 부정적 영향을 주며 서비스업의 로열티는 시장이익에 긍정적 영향을 주는 것으로 밝혀졌다.

이렇듯 서비스기업 이익에 유의미한 영향을 주는 서비스 성과에 대한 측정이 반드시 필요하다. 대부분의 서비스기업이 고객관점에서의 서비스 수준 평가를 실시하고 있으나 평가 척도를 정하고 실제 평가를 실시하는데 많은 어려움을 겪고 있다. 서비스 특성 자체가 보이지 않는 무형성이 있고, 직원들마다 서비스 수행능력의 차이(이질성)가 발생하기 때문이다. 실제 측정할 수 있는 대표성 있는 평가 기준을 마련하기 어렵고, 만들어진 평가 기준도 실제 평가하는 사람의 주관적 의견이 반영되기에 일관성 있고 타당한 평가로 인정받기 쉽지 않다.

서비스경영의 역사가 짧다보니 실제 측정지표를 개발하고 활용하는 부분의 연구가 이루어지지 않았기 때문에 서비스 품질을 제외하고는 거의 성과지표로써의 가치를 발휘하지 못하고 있다. 따라서 서비스의 주관적인 특성을 객관적인 평가 기준으로 만들기 위해 기존 경영 평가 도구와의 접목방안을 모색해 보고자 한다.

김연성과 차주항(2010)은 서비스 성과측정을 하기 위한 목적을 다음 4가지로 요약하였다.

첫째, 서비스 조직 내, 외부의 의사소통에 기여한다. 고객에게 제공하는 서비스 수준을 측정하고 그 내용을 공유하고 전달하며 개선하려는 과정 속에서 원활한 커뮤니케이션이 이루어진다. 둘째, 부서 및 조직원들의 동기부여에 도움이 된다. 구성원들에게 서비스기업의 전략적 의도를 내재화하는 것이다. 그들로 하여금 열심히 업무를 수행하게 함으로써 성과를 창출할 수 있도록 한다. 셋째, 통제 및 관리의 수단이 된다. 성과평가 결과를 피드백하고 진행과정을 알려주는 것은 구성원에 대한 일종의 통제로 작용할 수 있다. 통제 수단이 아닌 관리 수단으로 자리매김하기 위해서 평가 지표 개발 및 평가 실시의 객관성과 타당성 확보가 필요하다. 또한 변해가는 고객의 요구에 따라 평가 지표도 수정 및 보완되어야 한다. 넷째, 궁극적으로 서비스 수준 향상에 기여할 수 있다. 서비스 평가는 서비스 성과 향상을 추진하는데 도움이 되어야 하며 성과평가 결과에 따른 보상체계 수립이 연계되어야 한다. 단기적인 업적 평가를 하는데 치중하여 부진자 또는 부진부서를 발굴하는 데만 추점을 둔다면 서비스 수준이 하향평준화하는 현상을 초래하게 된다. 상향평준화된 서비스 평가체계 구축을 위해선 평가의 중요성을 공유하고 공정한 평가 프로세스를 정립해야 한다. 고객 관점의 서비스 평가 실행이 서비스 기업의 조직 문화로 자리매김할 수 있도록 해야 한다.

1.2 서비스 성과 측정모델

서비스 기업에서 성과 측정 도구로 가장 많이 사용하는 세 가지 모델을 소개하고자 한다. 첫째, 균형성과기록표(Balanced Scorecard, 이하 BSC)는 기업의 비전과 경영목표를 어떻게 달성할 것인가에 대한 실행방법을 관리하는 시스템이다. 이는 기업의 장기적 비전을 재무, 고객, 내부 프로세스, 학습 및 성장의 4가지 관점의 전략목표로써 구체화하고 이를 단기적 경영목표로 설정한다. 그리고 각 전략목표 달성에 대한 성공요인(CSF: Critical Success Factor)을 분석하고, 이 성공요인을 측정하기 위한 성과지표를 개발하여 경영 목표를 관리하는 지식경영시스템이다. 4

표 8-1 서비스 성과 세부지표

구 분	측 정
고객 관점	Market Segmentation을 통한 Target Market의 고객 가치명제(가격, 품질, 디자인, 브랜드 이미지 등)에 대하여 측정함 예) 시장 점유율 고객 유지율, 고객 확보율, 고객 만족도, 고객 수익성
내부 프로세스 관점	기업 내부의 Value Chain의 각 프로세스(혁신, 운영, 사후서비스 프로세스)에 대하여 측정함 예) 신규고객 확보율, 품질 향상 정도, 반품율, 서비스 처리 시간
학습 및 성장관점	장기적 성장과 개선을 이루기 위한 필요한 기반구조를 측정함 예) 직원 개개인의 만족도, 직원 유지도, 직원 생산성

출처: 최동득 외, 알기쉬운 BSC, KOMIT 출판

가지 관점 중 서비스 성과와 관련된 지표는 재무성과를 제외한 고객관점, 내부 프로세스, 학습 및 성장이 해당된다.

〈표 8-1〉 서비스 성과 세부지표에서 보듯이 고객관점의 측정지표는 고객만족과 관련된 지표로서 제품 가격, 품질, 디자인, 서비스 시간, 브랜드 이미지에 대한 추진 성과를 측정하는 시장점유율, 고객유지율, 고객만족도, 고객수익성 지표 등이 있다. 내부 프로세스 측정지표는 고객 및 재무적 성과와 밀접한 관계가 있는 중요하고 핵심적인 프로세스에 대한 측정지표로서 신규 고객 확보율, 품질 향상정도, 평균 납기 속도, 서비스 처리 시간 등이 있다.

학습 및 성장 관점의 지표는 지속적으로 고객 관점과 내부 프로세스 측정지표를 개선시킬 수 있는 동인이 되는 지표이며 직무의 생산성과 직접적으로 관련된 직원 만족도, 직원 유지도, 직원 생산성 등이 있다.

두 번째 모델은 우리나라 국가품질상의 성과평가 세부 항목에서 찾을 수 있다. 국가품질상은 미국의 경영품질 글로벌 기준인 MB(Malcolm Baldrige, 말콤 볼드리지) 모델의 가장 근접한 전파방식으로 볼 수 있다. [그림 8-2]에서 보듯이, MB 모델은 ① 리더십, ② 전략기획, ③ 고객과 시장, ④ 측정, 분석 및 지식경영, ⑤ 인적자원, ⑥ 프로세스, ⑦ 경영성과로 구성되어 있다. ①~⑥을 관리방법 및 실행 범주, 즉 과정 범주라고 부르며, ⑦을 성과 혹은 결과 범주라고 한다.

| 그림 8-2 | **MB 모델 구조**

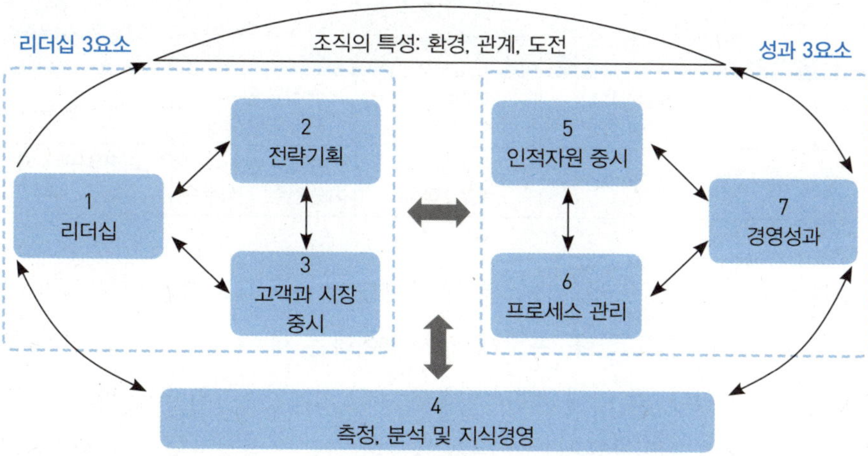

MB 모델의 성과지표 중 고객만족 경영의 지속적 혁신과 관련 있는 요인은 프로세스 효과성 성과와 고객 중시 성과가 있다. 업무 프로세스 운영 성과의 척도 및 지표는 업무 시스템 혁신성과, 업무 배치 개선, 내부 직무 및 직무 분류의 단순화, 사이클 타임 축소, 프로세스의 효과성 및 효율성 등이 있고 고객 중시 성과는 고객만족도와 고객가치 인지 성과가 있다(신완선 외, 2009).

세 번째 모델은 Neely의 성과프리즘 모델(Performance prism model)이다. 이 모델에서는 포괄적인 이해관계자들이 갖고 있는 욕구에 관심을 갖도록 유도하였다. 이때 이해관계자는 기업에 지분을 가지고 있거나 기업의 성과에 영향을 미칠 수 있는 기업의 내부와 외부에 존재하는 개인 또는 집단을 의미한다. 이해관계자는 주주, 고객, 지역사회, 규제기관 등 경쟁전략의 핵심으로 기업의 외부 환경에 속하는 환경적 이해관계자와 직원, 공급사, 제휴사 등 제품이나 서비스를 만들어 내고 전달하는 프로세스와 관련된 프로세스 이해관계자로 구분된다. 성과프리즘 모델은 기업의 성공이 기업의 주요 이해관계자들에게 가치를 제공함으로써 달성될 수 있다고 보고 있다. 이 모델에서 전략이란 주요 이해 관계자들의 욕구를 충족시킬 수 있는 가치를 제공하는 방법이다.

표 8-2 A업체의 이해관계자 성과표

이해관계자	환경적 이해관계자		프로세스 이해관계자	
	주주	고객	직원	협력직원
핵심성공요소	매출 성장 생산성 향상	서비스 전략 수행	직원 만족 지식 공유/축적	우수사원 유지
성과지표	영업이익	CSI, 충성고객 수	만족도, 생산성, 제안건수, 지식수준	숙련 사원 숫자 숙련도 수준

성과프리즘 모델은 프리즘(prism)의 양 끝에 고객 만족과 고객 기여를 의미하는 면을 두고, 이 두 면을 전략, 프로세스, 역량이라는 세 가지 활동으로 연계하는 형태를 취하고 있다. 즉 이해관계자 만족을 위한 이해관계자의 욕구 파악을 출발점으로 이들의 욕구를 충족시키기 위해 필요한 전략을 설정하고, 이러한 전략을 달성하기 위해 프로세스를 정의하며, 프로세스의 수행을 위해 기업에게 필요한 역량을 투입하여 최종적으로 이해관계자의 기여 여부를 확인하는 방식이다.

〈표 8-2〉에서 살펴보듯이 환경적 이해관계자인 주주, 고객, 그리고 프로세스 이해관계자인 직원과 협력 직원이 있다. 주주와 고객의 성과는 모두 서비스 성과를 동인하고 있고 직원과 협력 직원의 경우에는 서비스 전략에 따라 활동을 수행하기 때문에 서비스 성과의 동인이 된다.

서비스 기업의 프로세스 성과와 고객 중시 성과는 고객 가치 향상에 긍정적인 영향을 준다. 이로 인해 고객생애가치(Customer Lifetime Value, CLV)에 대한 연구가 늘어나고 있다. CLV는 소비자 한 명이 하나의 상품 혹은 기업의 고객으로 남아 있는 기간 동안 발생하는 수익의 총 합계를 말하는 것으로, 1988년 출간된 로버트 쇼(Robert Shaw)의 저서 〈데이터베이스 마케팅〉에서 처음 소개됐다. 한 명의 고객이 일회적인 소비로 그치는 것이 아니라, 평생에 걸쳐 자사의 제품이나 서비스를 주기적으로 소비한다는 가정 하에 고객 가치를 측정하는 것이다. 기업의 마케팅전략 수립과정에서 분기별 이익 창출에만 초점을 두는 근시안에 탈피한 장기적인 관점으로 수익성이 높은 고객과의 관계를 향상시켜 나가는 데 중점을 두고 있다.

1.3 서비스 성과 평가시스템

제임스 헤스킷(James Heskett)은 미국 대기업 연구를 통해 직원의 만족이 서비스 가치에 긍정적 영향을 미치고, 이 서비스 가치는 고객만족에 유의미한 영향을 준다는 것을 '서비스 수익 체인(Service Profit Chain)' 모형을 통해 주장하였다. 직원 만족이 직원의 이직률을 현저히 줄여 생산성을 높이고, 서비스 품질과 업무 역량 향상에 긍정적 영향을 준다. 이렇게 형성된 가치가 서비스 프로세스를 통해 고객에게 전달되면 고객만족도를 높이고 고객충성도와 기업의 수익성에 영향을 주어 기업 성장을 이뤄낸다는 것이다.

[그림 8-3]과 같이 서비스 수익 체인은 가치를 생성하는 기업내부(직원) 측면, 가치를 전달하는 접점(서비스전달) 측면, 가치를 구매하는 고객 순으로 표현된다. 결국 기업의 성과를 향상시키기 위해서 먼저 내부고객인 직원의 만족도를 향상시켜야 고객에게 좋은 제품과 서비스를 제공할 수 있는 것이다.

| 그림 8-3 | **서비스 수익 체인**(Service Profit Chain)

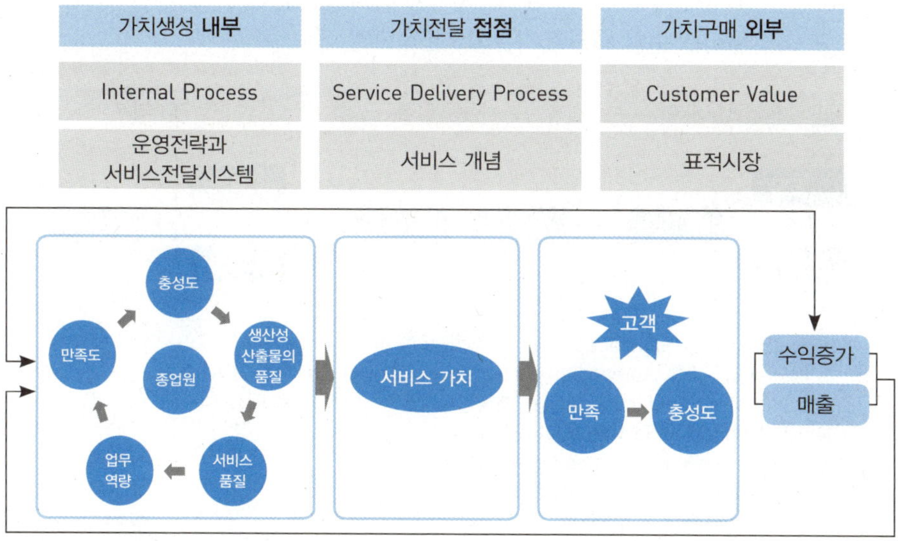

출처: 제임스 헤스켓 외(2000), 서비스수익모델, 삼성경제연구소.

서비스 수익 체인과 연계한 기업 활동 평가는 [그림 8-4]와 같이 크게 기업내부 조사, 접점 조사, 기업외부 조사로 구분된다. 기업내부 활동을 개선하기 위한 성과 측정 도구로는 ICSI, DSI, ESI 등이 있다. 부서간 업무지원 만족도조사 ICSI(Internal Customer Satisfaction Index)는 사내 커뮤니케이션이 원활하게 잘 되는지 측정하는 것으로, 부서 간 신뢰성이 있는지, 얼마나 다른 부서가 원하는 수준의 활동을 제공해주는지 등을 측정한다.

협력업체(판매조직) 만족도조사 DSI(Dealer Satisfaction Index)는 ICSI와 마찬가지로 본사와 협력사간 신뢰도와 원활한 커뮤니케이션을 진단하기 위한 조사이다.

직원만족도조사 ESI(Employee Satisfaction Index)는 조직이 개인의 역량개발, 영업활동, 직무개발 등을 충분히 지원하고 있는지를 측정하고 직원의 충성도 유지에 필요한 사항을 찾아냄으로써 직원들의 이탈을 최소화할 수 있는 방안을 모색할 수 있다.

한편, 고객접점에서 제품이나 서비스가 제공되는 과정에 대한 소비자들의 생각을 측정하는 지표는 SQI, CEI가 있다.

그림 8-4 서비스 수익 체인에 따른 CS 분석모델

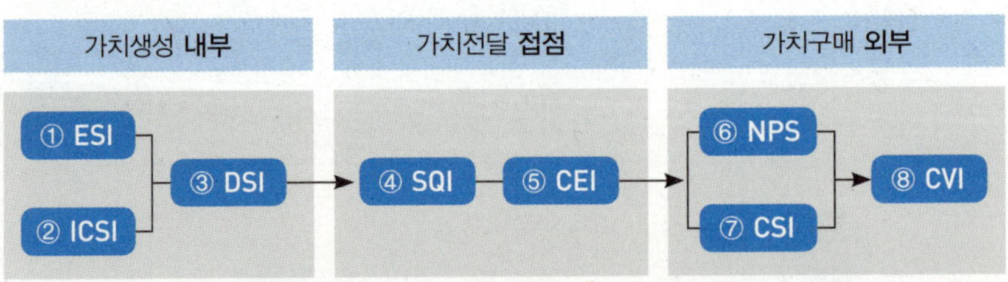

① ESI(Employee Satisfaction Index): 직원만족도조사
② ICSI(Internal Customer Satisfaction Index): 부서간 업무지원 만족도조사
③ DSI(Dealer Satisfaction Index): 협력업체직원(판매조직) 만족도조사
④ SQI: Monitoring(Service Quality Index): 접점 서비스 모니터링 조사
⑤ CEI(Customer Experience Index): 고객경험도조사
⑥ NPS(Net Promoter Score): 순고객 추천지수조사
⑦ CSI(Customer Satisfaction Index): 고객만족도조사
⑧ CVI(Customer Value Index): 고객가치조사

출처: 포커스컴퍼니

서비스 모니터링조사 SQI(Service Quality Index)는 각 접점별로 표준을 설정해 놓고 고객을 관찰하거나 미스터리 쇼핑 방식으로 측정해 접점 서비스의 상향평준화를 도모한다.

고객경험조사 CEI(Customer Experience Index)는 고객이 긍정적 경험이나 부정적 경험이 얼마나 되는지 조사하는 것으로 고객이 긍정적으로 기억한 경험의 경로와 그 원인까지 찾을 수 있다. 긍정적 경험은 전사적으로 확대하고 부정적 경험을 최소화하는데 활용한다.

마지막으로 외부고객의 인식과 만족 등을 측정하는 툴로 CSI, NPS, CVI를 활용할 수 있다.

고객만족도조사 CSI(Customer Satisfaction Index)는 제공된 제품과 서비스에 대해 고객이 만족하고 불만족하냐를 측정해 표현하는 것으로 만족도를 구성하는 세부요소들로 개선과제를 찾을 수 있다. 순고객 추천지수조사 NPS(Net Promotor Score)* 는 추천하는 고객의 비율을 구해 마케팅 전략과 연계해 활용하는 조사다. 저성장

*** NPS(Net Promotor Score)**

순고객 추천지수조사. '추천의향'이라는 단 하나의 문항으로 고객 로열티를 측정하는 방법이다. 추천 의향 문항을 11점 척도로 측정하여 추천고객비율에서 비추천 고객비율을 빼서 NPS를 산출한다. 그림과 같이 추천고객(Promoter: 10점과 9점 응답자)에서 비추천고객(Detracter: 6점~0점 응답자)을 뺀 다음 전체응답자수로 나눈 것이다. NPS는 추천의향을 높임으로써 반복구매와 추천을 일으키고, 이 두 가지를 통해 궁극적으로 기업의 성장을 달성하고자 한다. GE와 Microsoft 등 세계적인 기업들이 NPS를 성과지표로 도입하면서 산업계에 점차 확산되었다.

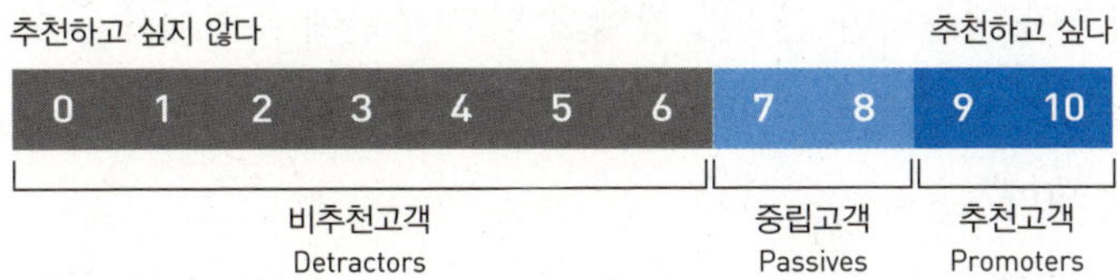

NPS (Net Promoter Score) = **추천고객 비율** Promoters(%) (9~10점) − **비추천고객 비율** Detractors(%) (0~6점)

불황시기에는 기존 고객을 통해 새로운 고객을 얻는 MGM(Members get members) 효과가 크기 때문에 기업이 NPS 지수에 거는 기대가 크다.

고객가치조사 CVI(Customer Value Index)는 고객이 서비스를 받을 때 그 가치는 무엇이고 그 가치가 얼마인지 측정하고 서비스 개선 방안을 도출하는 조사다. 이는 투입된 요소(Price) 대비 획득된 효용(Utility)의 크기를 측정함으로써 산출이 가능하다. 고객가치를 파악하고 경영한다는 것은 고객이 무엇에 더 가치를 두고 있는지를 알 수 있으므로, 전략적인 의사결정을 가능하게 한다. 즉 고객가치 측정을 통해 고객이 물건을 구입할 때 어떤 요소에 더 가치를 두는지, 물건을 사용하면서는 어떤 요소에 더 가치를 두는지를 파악할 수 있게 된다. 이로써 고객 구매행동의 원인 파악과 재구매의 원인파악이 가능할 수 있다. 구매동기와 재구매의 원인이 파악되면, 기업에서는 이 원인에 결정적인 영향을 미치는 요소들에 집중적인 투자와 자원을 할당함으로써 성과를 높일 수 있는 것이다.

성과가 있는 CVI 측정은 고객가치향상 전략과 맞물려 수행하는 것이 필요하다. 이에 다양한 고객니즈 수집 및 분석 후(1단계) 고객가치 요소를 발굴하고(2단계), 추출된 고객가치 요소를 활용해 리서치를 시행하며(3단계), 고객가치 측정모델에 의해 현재의 가치 수준을 측정하고 핵심가치(Core Value)를 추출한다(4단계). 이를 바탕으로 고객가치 콘셉트를 도출하고(5단계), 고객가치 향상을 위한 전략과제를 도출하는(6단계) 프로세스로 진행하는 것이 요구된다.

고객들은 기업에서 제공하는 다양한 경험에 의해 만족, 불만족 여부를 판단하게 된다. 만족이 지속되면 신뢰가 쌓이게 되고 주변에 추천에까지 이르게 되며, 이러한 것을 토대로 고객들은 자신이 구매한 기업의 제품 및 서비스에 대한 가치를 인식하게 된다.

이를 통해 고객의 표면 니즈와 잠재 니즈 탐색, 고객가치 체계 파악, 기업의 가치 수준 분석, 가치 요소간 임팩트(Impact) 분석, 가치향상 대상요소 선정 등 다양한 아웃풋을 얻을 수 있다. CVI 측정 및 가치향상 전략을 마련함으로써, 고객가치 향상으로 인한 브랜드 인지 확대와 비용감소·매출증대 등의 정성·정량적

서비스 성과 측정을 위한 주요 KPI 리스트

서비스 사업진행 시 의사결정에 대한 근거를 사업담당자나 경영자의 직감에만 의존한다면 사업 진행시 위험도는 더욱 높아질 것이다. 효과적인 앱/웹서비스 사업을 진행하기 위해서는 객관적으로 수치화할 수 있는 지표들을 이해하는 것부터 시작해야 한다. 다음은 서비스 성과를 수치화로 표현 가능한 주요 지표(KPI) 리스트이다.

- KPI(Key Performance Indicator): 핵심성과지표라 불리며 앱 사업의 상태를 숫자로 표현해서 현재 시점의 문제를 정확히 파악하고, 문제 관리를 통해 현재 상태를 개선하기 위한 목적의 관리지표들을 말한다. 앱 사업을 진행하는 데 이러한 KPI들을 어떻게 측정하고 앱 서비스 개선에 어떻게 반영할 것인지에 대해서 이 챕터에서 구체적으로 다루고 있다.
- 앱스토어 순위: 앱이 앱스토어의 등록 카테고리에서 획득한 순위 정보로, 다양한 요소들이 순위 산정에 반영되지만 가장 큰 영향을 미치는 요소는 다운로드 수와 매출이다.
- Retention Rate: 사용 유지율이란 앱에 대한 전체 다운로드 수에서 실제 앱을 여전히 설치하고 사용하는 유저 비율을 말한다. 이 관리지표를 분석할 때는 D+x일에 대한 사용 유지율을 측정하는 방식으로 활용한다. 보통 D+7 사용 유지율, D+30 사용 유지율, D+60 사용 유지율, D+90 사용 유지율 등을 살펴본다. 제품이 제공하는 본질가치가 타깃 유저에게 실질적으로 잘 전달되었는지를 추정할 때 활용된다.
- DAU(Daily Active User): 하루 동안 앱 사용을 위해 접속한 실사용자 수를 의미한다. 앱 출시 초기에는 '매출'보다 더 중요하게 다루어지는 관리 지표이다.
- MAU(Monthly Active User): 한 달 동안 앱 사용을 위해 접속한 실사용자 수를 의미한다. 집계기간이 크기 때문에 사용자 수 규모가 크게 잡혀서 비즈니스적으로 많이 인용되는 관리 지표이다.
- ARPU(Average Revenue Per User): 사용자당 평균 매출을 의미하며, 주로 한 달 단위의 매출액을 사용자 수로 나누는 방식으로 구한다.
- ASP(Average Selling Price): 결제 건당 평균 구매 단가를 말하는데, 매출을 판매개수로 나누어서 구한다. 발생한 매출을 결제 행위를 기준으로 구한 값으로 개별 판매 아이템의 단가가 얼마나 높은지를 파악할 수 있는 지표이다.
- Transactions(결제 횟수): 일반적으로 한 명의 유저가 서비스를 이용하지 않을 때까지 구매하는 총 결제 횟수를 나타내는 지표이다.
- LTV(customer Life Time Value): 한 명의 고객이 앱을 사용하기 시작하다가 더 이상 사용하지 않을 때까지의 기간에 얼마만큼의 이익을 가져다주는지를 돈으로 환산한 관리 지표이다.

출처: 마소캠퍼스/www.masocampus.com

효과를 기대할 수 있는 것이다.

고객유지와 관련된 연구결과를 다음과 같이 요약하였다. 첫째, 새로운 고객을 획득하는 것은 현재의 고객을 만족시키고 유지하는 데 관련되는 비용보다 5배 이상의 비용이 소요될 수 있다. 그 이유는 새로운 고객을 현재의 공급자로 변경하도록 하기 위해서 많은 노력과 비용이 필요하기 때문이다. 둘째, 평균적으로 기업들은 고객들 중 10%를 매년 상실하고 있다. 셋째, 고객 이탈률의 5% 감소는 산업에 따라서 25%~85%까지 이익을 증가시킬 수 있다. 넷째, 고객에 대한 이익률은 기존 고객이 평생을 지나는 동안 증가하는 경향이 있다.

[롯데 ON 앱 화면]

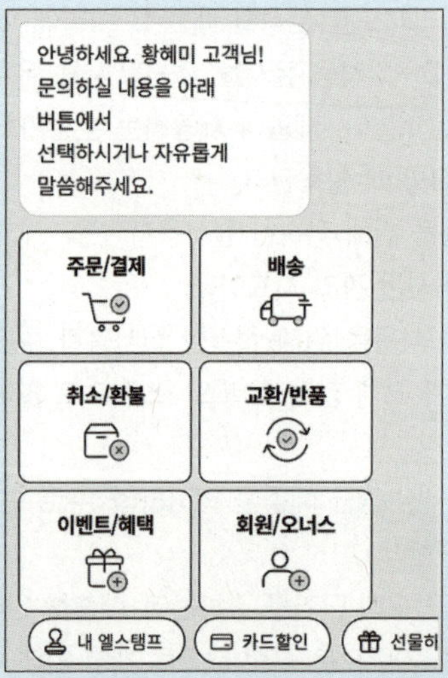

[버거킹 휴면고객 문자]

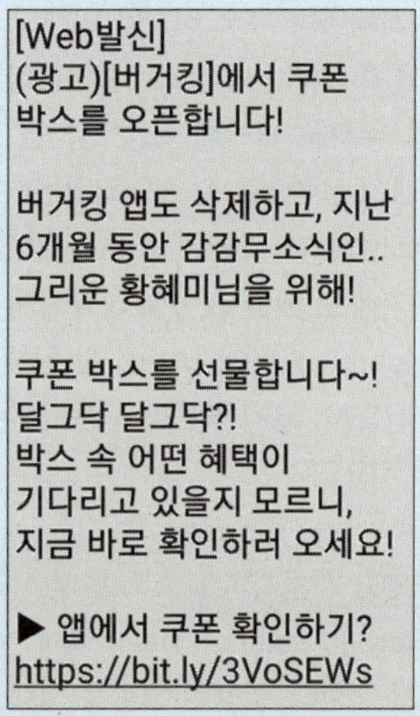

02 서비스 프로세스 효과성

2.1 서비스 생산성 관리의 중요성

서비스업의 생산성 향상은 경제 내 불균형을 해소할 뿐 아니라 국가 전체 경제 성장의 핵심 요소이다. 경제에서 가장 높은 비중을 차지하는 산업인 서비스업의 생산 증가율이 하락할 경우 전체 경제성장률이 서비스업 부문으로 근접하는 '보몰의 성장 질병(Baumol's growth disease)'이 나타날 수 있을 것이란 우려가 있다.

'보몰의 성장 질병'이란 각 부문 간 성장이 불균형적으로 진행되면 침체된 부문에서 자원 재분배가 발생해 궁극적으로 전체 경제의 성장이 저하된다는 이론이다. 서비스업과 같이 산업 비중이 높은 부문의 성장 저하는 전체 경제 성장에 큰 악영향을 미친다는 것이다.

제조업과 서비스업 간 생산성 격차는 소득 격차로 이어지면서 경제 내 불균형 문제의 원인으로 작용한다. 또한 서비스업이 제조업과 마찬가지로 교역재화가 진행되고 있어 서비스업 경쟁력이 취약할 경우 외국 기업에 시장을 잠식당하고 우리 기업들의 생존마저 어려운 상황이 전개될 수 있다. 따라서 서비스업도 제조업과 마찬가지로 글로벌 경쟁력 확보가 산업 존립의 핵심이 되고 있는 것이다.

이런 어려움을 극복하기 위해서는, 서비스 생산성의 정확한 측정과 이의 개선을 위한 연구가 이루어져야 한다. 전통적인 경제 분석 이론들은 주로 제품의 생산을 근거로 하고 있기 때문에 서비스 산업의 비중이 급속하게 증가하고 있음에도 불구하고 생산성의 향상은 상당히 느리며 생산성의 측정도 정확하지 못한 것이 현실이다. 특히 서비스 부문의 직무는 다음과 같은 형태를 갖기 때문에 측정이 용이하지 않다.

① 전형적으로 노동집약적이다.(예: 카운셀링, 교육)

② 개별적으로 진행된다.(예: 투자상담)

③ 전문가들에 의한 지적인 형태의 직무이다.(예: 의학적 진단)

④ 기계화 또는 자동화하기 어렵다.(예: 헤어 디자인)

⑤ 품질의 평가가 어렵다.(예: 법률회사의 성과)

서비스부문이 낮은 생산성을 보이고 있는 것은 낮은 생산성을 가진 서비스 활동이 포함되어 있기 때문이다. 예컨대, 세탁업, 집안청소, 탁아업 등 극히 낮은 생산성을 지닌 서비스도 서비스부문에 포함되어 있다. 그러나 이러한 활동들도 과거보다는 훨씬 높은 생산성을 갖는 형태로 개선되었고 앞으로 더 개선될 것이다.

현대경제연구소에서는 서비스업 생산성 국제비교 보고서(2014년)를 통해 서비스업 생산성 제고 방향을 다음과 같이 제시하고 있다.

첫째, 서비스업 노동력의 효율적 활용을 위해 고부가가치형 고용 창출에 주력하고 교육훈련지원 방안을 모색해야 한다. 서비스업은 제조업에 비해 상대적으

노동, 자본 및 총요소생산성은 다음과 같은 기준에 근거해 측정한다.

- 노동생산성은 다른 생산요소 투입이 불변이라는 가정하에서 부가가치를 노동투입량으로 나눈 것
- 자본생산성은 다른 생산요소 투입이 불변이라는 가정하에서 부가가치를 자본투입량으로 나눈 것
- 총요소생산성을 부가가치 증가율에서 각 생산요소의 분배율이 가중된 요소 투입증가율을 차감함으로써 나타내는 잔차로 측정됨

〈생산성 측정 방법〉

- 노동생산성 $= \dfrac{\text{부가가치}}{\text{노동투입량}}$
- 자본생산성 $= \dfrac{\text{부가가치}}{\text{자본투입량}}$
- 총요소생산성 = 부가가치증가율 − (노동분배율 × 노동투입증가율) − (자본분배율 × 자본투입증가율)

출처: 현대경제연구소

로 인적자본이 생산성에 중요한 역할을 담당하고 있기 때문에 고용 창출 및 직무 홍보, 취업 알선 프로그램 개발, 재취업자의 교육훈련 지원 등을 통해 서비스업 내 노동력의 효율적 활용 방안을 모색해야 한다.

둘째, 서비스업 투자 유치를 위해 산업 특성에 맞는 규제 개선, 맞춤형 투자 인센티브 전략 등이 필요하다. 서비스업 투자 제고를 위해 세제 혜택, 자금 지원 등 투자 인센티브를 보다 강화할 필요가 있으며 제조업과 구분되는 서비스업의 특성에 부합하는 심사 기준을 정하여 제도의 실효성을 높여야 한다.

셋째, 서비스업 R&D 투자 확대, IT 활용 및 융합 확대 등을 통해 총요소생산성을 제고할 수 있는 기술 개발 및 혁신 역량을 확보해야 한다. 정부의 서비스업 R&D 지출을 확대하고 민간 R&D 지출을 촉진하기 위한 투자 요인을 제공하여 서비스업의 지속적인 기술혁신을 위한 기반을 마련해야 한다. 도·소매 서비스, 금융 서비스, 사업 서비스 등 IT 산업과 연관성 높은 업종을 중심으로 서비스업의 IT 이용을 촉진해야 할 것이다.

2.2 서비스 생산성 모델

서비스 생산성은 개념에 대한 정의를 내리기도 측정하기도 어렵기 때문에 전반적으로 연구 자료가 부족한 편이다. 연구 자료 중 가장 설득력 있고 범용적으로 사용하는 생산성 모델은 [그림 8-5]와 같다. 김연성(2010)은 서비스 성과시스템을 위한 3P(People, Physical evidence, Process) 모델 연구를 통해 서비스 성과 측정과 서비스 생산성 향상을 위한 방안을 제시하였다. 이 모델은 서비스 제공과정에서의 프로세스 생산성 영향을 미치는 요소를 도출하였다.

이는 서비스 생산 시스템을 설명한 Servution(Service+Production) 모델로 투입과 산출의 구조 속에서 서비스 생산성을 파악할 수 있고, 이는 효율성과 효과성을 내포한다. 서비스 공급자의 투입과 고객의 투입이 서비스 프로세스로 들어가고 그 결과 서비스 산출물이 발생하는 모델이다. 이 모델은 생산의 전달 프로세

그림 8-5 서비스 생산성 모델

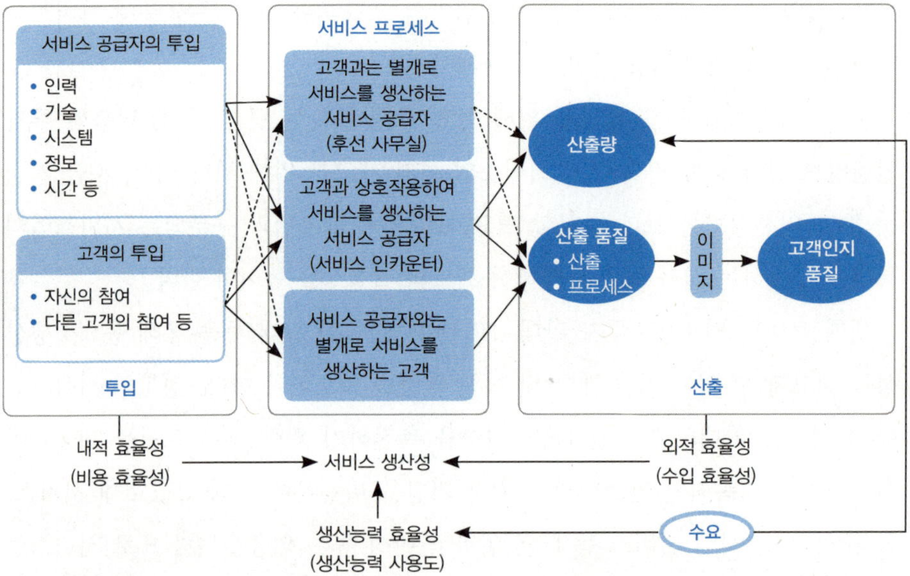

출처: 김연성·차주항(2010), 서비스 성과시스템을 위한 3P 모델의 적용방안에 관한 연구, 경영컨설팅연구, 10(2), pp.111-123.

스(Inputs, Transformation process, Outputs)의 확장 버전으로 볼 수 있다. 즉 서비스 생산 시스템은 서비스 생산에 필요한 3P요소, 즉 People(고객, 직원), Physical evidence(시설, 장비, 기술 등 물리적 자원) 요소를 투입시켜 Process(절차, 처리, 변화 및 변형 과정)를 거쳐 원하는 서비스를 산출하는 시스템이다.

이 모델에서는 서비스 프로세스를 고객과는 별개로 서비스를 생산하는 서비스 공급자(Back Office), 고객과 상호작용하여 서비스를 생산하는 서비스 공급자(Front Office), 서비스 공급자와는 별개로 서비스를 생산하는 고객으로 분류하였다.

또한 서비스 생산성 평가를 할 때 가장 간단하며 일반적으로 사용되는 방법은 [그림 8-6]과 같이 부분생산성과 총생산성으로 구분하여 살펴볼 수 있다. 물질적 척도, 재무적 척도, 결합 척도로 분류하였다.

| 그림 8-6 | 서비스 생산성 측정방법 예시

	물질적 척도	재무적 척도	결합 척도
부분 생산성	서비스 받은 고객 수 / 종업원-시간	수입 / 노동 시간	수입 / 종업원 수
총 생산성	서비스 받은 고객 수 / 총 자원	수입 / 자원 비용	수입 / 자원 비용

출처: 김연성·차주항(2010), 서비스 성과시스템을 위한 3P 모델의 적용방안에 관한 연구, 경영컨설팅연구, 10(2), pp.111-123.

2.3 서비스 프로세스 측정

지속적인 프로세스 개선이 이루어지기 위해서는 프로세스를 평가할 수 있는 시스템이 구축되어야 한다. 이러한 평가에 적절한 항목의 선정, 프로세스 모델링이나 벤치마킹 등의 방법을 통해 기업에 알맞은 개선 순서나 평가방법을 도출할 수 있다.

서비스기업의 경우 프로세스 평가방법을 쉽게 정의내리기 어렵기 때문에 다음 질문을 통해 의미 있는 측정지표를 고안하도록 한다.

- 이 프로세스의 목적은 무엇인가?
- 어떤 프로세스 변수들이 다른 변수들보다 더 핵심적인가?
- 프로세스가 어떻게 양질의 산출물을 만들어 내는지 알 수 있는가?
- 어떤 프로세스 투입물 또는 처리 프로세스 변수들이 프로세스 산출물에 영향을 주는가?
- 주요 변수들이 정립된 값에 따라 작동하고 있는지를 어떻게 확인할 수 있는가?
- 프로세스 산출물과 투입물 또는 처리 프로세스 중인 데이터 간의 관계를 파악하기 위해 어떻게 데이터를 수집하고 분석해야 하는가?

신완선 외(2009)는 프로세스 평가항목 분류 기준을 효율성(39%), 기민성(26%), 고객요구(35%) 3가지로 제시하였다.

- 효율성: 운영비용과 자본비용 모두를 포함한 전체비용을 지속적으로 감소해야 할 필요성을 말한다. 새로운 프로세스는 조직 내부의 비효율을 제거하거나 가치사슬 전체 시각에서 비용을 줄일 수 있게 한다.
- 기민성: 고객이나 시작의 요구에 따라서 제품이나 서비스를 개발하는데 필요한 시간을 단축하는 능력을 말한다. 새로운 프로세스는 신속하게 진행될 수 있도록 해야 한다.
- 고객요구: 고객요구는 고객만족과 고객유지에 초점을 두어야 한다.

프로세스 효과성과 효율성의 척도에는 다음과 같은 것들이 있다.

- 내부/외부 자원의 사용으로 향상된 비용 절감 또는 생산성 상승
- 사이클 타임, 생산 유연성, 리드타임, 시장 출시시간(내부 반응지표)
- 관리적인 면이나 다른 지원 기능의 개선된 성과를 증명하는 업무시스템 성과

서비스기업은 대부분 고객과의 상호작용이 발생하기 때문에 서비스 프로세스가 얼마나 성공적으로 수행되는지를 평가해야 한다. 고객에게 제공된 서비스가 만족스러운지 알기 위해서는 최종 결과까지 기다리기보다 가능한 빨리 프로세스 상의 잠재적인 문제를 밝히는 것이 중요하다. 이런 잠재적인 문제를 밝히기 위해서는 프로세스의 결과를 예측할 수 있어야 한다. 그렇기 때문에 프로세스 내의 척도를 관리하면 제공된 서비스가 얼마나 고객의 기대를 충족시키는지를 파악할 수 있다.

서비스기업은 프로세스 측정 및 분석을 통해 문제가 되는 부분을 확인하고 끊임없이 개선하려는 노력을 집중해야 한다. 고객의 기호나 성향은 빠르게 변화하고 있기 때문에 직원들의 제안활동 활성화를 통해 잠재적인 고객의 니즈를 파악하여 신서비스 개발에 반영해야 할 것이다.

Flynn과 Saladin(2001)은 프로세스 품질관리가 운영 성과에 유의미한 영향을 주고 있음을 밝혔고, 운영 성과는 고객 중시 및 고객만족에 긍정적인 영향을 미치고 있음을 검증하였다. 황혜미(2011)는 서비스기업의 프로세스 성과는 고객 성과에 긍정적인 영향을 주는 것을 확인하였다. 〈표 8-3〉에서 보듯이 고객의 대기시간 감축, 짧은 업무처리 시간, 의사결정 프로세스의 간소화, 프로세스 개선을 통한 비용 절감, 고객의 요구를 반영한 프로세스 재설계 및 서비스 환경 개선으로 측정 가능한 프로세스 성과는 경쟁기업 보다 높은 서비스를 제공함으로써 고객만족도를 높일 수 있다.

| 표 8-3 | 프로세스 성과와 고객성과 측정항목

구 분	조작적 정의 및 측정항목	
프로세스 성과	• 업무프로세스의 운영성과의 주요지표는 생산성, 사이클 타임, 프로세스의 효과성 및 효율성 등임(서창적 외, 2008) • 프로세스 혁신은 하위 시스템의 통합으로 부가적이고 유연한 능력과 장비 등을 위하여 생산시스템을 재조정하는 것임(Madanmohan, 2005) • 품질의 향상, 생산성 향상, 품질 코스트 절감 등 의 개선 성과(Sila, 2007; 신완선 외, 2009) • 개선된 프로세스는 프로세스상의 불필요한 변동을 줄이고 비즈니스 성과에 영향을 줌(Nilsson et al., 2001)	경쟁사 대비 생산성 고객 대기시간 업무 처리 시간 의사결정프로세스 간소화 비용절감 프로세스 재설계 시설 및 서비스환경 개선
고객 성과	• 실제 서비스와 기대 서비스 간의 차이에 대한 고객의 감정적 반응(Lin, 2007; Johnson et al., 2001) • 고객만족 및 고객충성도(Hendricks and Singhal, 1997) • 고객만족도 향상과 경쟁사 대비 높은 수준의 서비스 제공(Bou-Llusar et al., 2009) • 역량이 개발된 직원들이 고객요구에 유연하고 신속하게 대응함으로써 고객을 만족시킴(Choi and Eboch, 1998)	전반적인 서비스 품질 (경쟁사 비교) 전반적인 고객만족 수준 (경쟁사 비교) 고객칭찬 비율 증가 (최근 3년 기준) 인적자원 역량이 우수함 (경쟁사 비교)

03 고객 중시 성과

3.1 고객만족경영과 측정

1960년대 GE(General Electronics)의 소비자 상담실의 설치 운영이 고객만족을 위한 첫 걸음으로 보거나 1980년대 일본 SONY의 고객만족경영 도입을 고객만족의 시초로 평가한다. 1977년 미국의 리서치 회사인 J. D. Power가 고객만족을 평가기준으로 자동차 부문의 기업순위를 발표한 것을 계기로 '고객만족'이라는 단어가 범용적으로 널리 퍼지기 시작했고, 이후에 고객만족경영이 최초로 등장한 것은 1980년 스칸디나비아 항공의 얀 칼슨(Jan Carlzon) 사장이 '진실의 순간(MOT: Moment of Truth)' 개념을 회사 경영에 도입하여 8백만 달러의 적자를 7천 1백만 달러의 흑자로 전환시킨 것에서 비롯되었다.

Lin(2007)은 고객만족은 기대하는 서비스와 실제 제공된 서비스 간의 차이에 대한 고객의 감정적인 반응이라고 정의하고, 이러한 행동은 시간, 장소, 상황 등과 같은 요소들에 의해 영향을 받는다고 하였다. 예를 들어 기대했던 서비스보다 제공받은 서비스가 좋다는 것은 기대한 서비스와 제공받은 서비스의 차이가 크지 않았음을 의미하고 일반적으로 서비스에 대해 만족했다고 표현한다.

고객만족 연구자들은 고객만족의 영향력이 기업의 시장가치와 재구매에 긍정적인 영향을 미치고 있음을 주장하였고, 미국(Ittner and Larcker, 1996)과 스웨덴(Anderson, Fornell, and Lehmann, 1994)의 국가고객만족도 조사가 기업의 재무적 성과에 유의미한 영향을 미치고 있음을 밝혀냈다.

고객만족경영을 성공시키기 위해서는 많은 시간과 자원, 끊임없는 개혁, 창조력 그리고 막대한 경영 능력이 필요하다. 최고경영자의 주도로 고객만족경영을 시작하더라도 성공적인 추진이 어렵다. 근본적으로 고객만족경영이 기존의 회사 위주의 경영방식과 정반대이므로 고객 위주의 경영방식에 익숙해지는데 시간과 비용이 많이 들기 때문이다(조광행, 2000).

고객만족경영은 고객 중심의 사고를 바탕으로 모든 경영활동을 전개하는 것으로 시장 점유율 확대나 원가절감이라는 단기적 목표보다 고객만족의 실현이라는 궁극적인 경영목표로 추구하는 것이다. 구체적으로는 고객만족도를 고객의 입장에서 평가하고, 이것을 계량화하여 평가지표로 삼아 고객만족을 위한 지속적인 개선활동을 실시하는 것을 의미한다. 고객만족경영을 지속하기 위해서는 고객만족경영 실현을 위한 리더십, 고객지향적인 인적자원관리, 고객만족경영 평가시스템, 팀워크 등의 운영요소가 갖추어져야 할 것이다.

고객만족경영의 지속적 실천과 개선을 위해서는 고객만족 평가시스템 구축이 수반되어야 한다. 고객 지향적인 기업이 되기 위해서는 매 분기마다 자사의 고객만족 수준을 조사하여 개선목표를 설정하고, 고객만족도를 고객의 입장에서 평가하고 이것을 수치화해서 경영의 지표로 삼아 지속적 개선활동을 전개해야 한

| 표 8-4 | 서비스 우수기업의 고객만족경영 성공요인

구 분	현대백화점	삼성서울병원	삼성전자서비스	금호고속
경영자 리더십	고객만족경영에 대한 적극적 지원과 홍보	병원장의 탁월한 리더십	고객최우선 철학과 투철한 서비스정신(Delight)	CEO가 직접 고객행복 다짐회의 주관(주1회)
고객의 소리(VOC)	고객접촉의 다양한 채널, 서비스 회복 관리	고객의견 청취 전담 조직 구성 및 개선 사항 피드백	사전 불만 대응 체계 수립, 클레임 등급별 처리	다양한 채널을 통한 VOC 수집
CS평가 시스템	고객만족도조사(고객), 고객 서비스 인지 조사(직원)	고객과의 만남을 통해 직접 의견청취	사내 CS평가 및 외부기관을 통한 고객만족도 조사	서비스 모니터링 및 평가, 고객 및 직원 만족도 평가
고객 지향 HRM*	직원의 고객 중심 마인드 강조, 직원만족에 대한 관심	CS교육시간 확대 및 체계적인 교육	품질분임조 활동, 직원의 동기부여 및 CS교육 강조	직원 커뮤니케이션 활성화, 전사적 CS 교육체계
프로세스 개선활동	업무혁신 페스티벌 CS 성공사례공유	시스템 개선, 대기시간 감축, 짧은 재원 기간	고객접점 서비스 프로세스 개선(중복 절차 제거)	고객 중심의 프로세스 개선 및 표준지침 공유
상품·서비스 개발	아이디어 회의, 기존 서비스 개선, 신규 서비스 창출	고객만족 회의체, 고객만족 캠페인	가격, 상품, 서비스 혁신과제 선정	고객만족 관련 제반 제도 및 표준 개선 방안

* HRM: Human Resource Management

다(김준호, 2008).

성공적으로 고객만족경영을 실시하고 있는 기업들의 운영 공통요인을 발굴하기 위해 서비스 우수기업의 성공사례 논문(서창적; 김희탁; 안영진; 김용하·김영택, 2011)을 토대로 운영상의 공통적인 핵심요인을 〈표 8-4〉와 같이 정리하였다.

3.2 고객만족 및 고객가치 평가

Metters와 Marucheck(2007)은 서비스 부문의 연구가 부족한 이유를 조사한 결과, 1) 서비스 자체에 대한 정의가 어렵고, 2) 서비스를 파생적 활동(derivative activities)으로 보는 견해가 있으며, 3) 프로세스에 대한 정의가 부족하며, 4) 서비스 부문의 척도(Scale)가 부족하며, 5) 서비스 성과의 변동성(Variability)요인, 즉 일관성 있는 요소 발굴의 어려움이 있다고 주장하였다. 이에 체계적인 품질경영 관점에서 서비스기업의 고객만족경영을 달성하기 위해 선택과 집중을 해야 할 기업의 운영요인들을 발굴해야 할 것이다.

고객만족 상태에 대한 평가는 고객에게 제공된 제품과 서비스 상태에 대하여 고객의 만족 또는 불만족과 관련된 측정지표로 평가한다. 그리고 고객의 불만족 요인 분석, 고객의 소리 등 제품이나 서비스 및 시장의 특성을 가장 잘 반영하는 지표도 관리해야 한다.

고객만족이나 불만족과 관련된 지표들은 다음과 같다.

- 상품이나 서비스의 고객만족도
- 경쟁사 대비 고객만족도
- 고객이탈률
- 고객불만 건수(율)
- 고객클레임 감소율

고객만족도의 증가가 고객 유지율이나 적극적인 고객 권유를 증가시키지 않을 수도 있다. 그래서 고객만족도 이외 고객 충성, 고객 유지, 적극적 고객권유와 고객관계 구축 등을 포함하는 고객인지 가치와 관련된 척도를 확인해야 한다.

고객인지 가치를 평가하는 지표는 다음과 같다.

- 고객 충성도
- 고객 유지율, 증가율 및 감소율
- 재구매율
- 기존 고객의 타인 추천율
- 신규고객 증가/기존 고객 감소
- 품질 및 가격에 대한 고객인지 가치
- 고객인당 매출액 증가율

고객만족도조사를 통해 고객이 느끼는 바를 파악함으로써, 고객의 욕구를 경쟁사에 비해 얼마나 잘 충족시키고 있는지를 알 수 있으며, 제품 및 서비스 분야 모두에 대한 개선 과제를 파악할 수 있다. 그리고 지속적 조사를 통해 고객의 요구 변화와 추세를 분석함으로써 실제로 개선이 이루어졌는지 확인할 수 있다.

고객지향적 조직 구조를 구축하기 위해서는 서비스 성과에 따른 보상과 권한 위임, 내부만족도조사 등이 선행되어야 한다. 우수한 조직은 구성원의 만족도를 조사해 그 결과를 업무 환경 개선과 구성원 지원에 적극 활용한다. 이를 실행하는 절차는 구성원 만족요인이 무엇인지를 파악하고, 만족도의 목표를 설정하고 미흡한 만족요인에 대한 향상 방안을 마련해 실행한 다음, 다시 만족도 수준을 측정해 그 효과를 평가한다(MAP 자문 교수단, 2005)

고객만족도조사에서 중요한 것은 이전과 비교해 어느 정도 개선되었는가를 알아내는 것뿐만 아니라 경쟁사와 비교해 어느 정도 수준인가를 파악하는 것이다. 일정한 시기에 정해진 방법에 따라 지속적으로 조사하고 경쟁사와 비교 분석을 하는 것이 필요하다.

예를 들어 공공서비스는 수혜자의 경험과 인식을 바탕으로 공공서비스의 질이나 충족 정도를 평가하고 있다. 이러한 평가는 공공 산출물에 대한 사회적 영향을 살펴보는 것으로, 서비스 산출의 수혜자인 주민의 심리적 과정에 전달되어 욕구충족이나 불만, 선호 및 비선호 등의 감정상태가 태도로 표현되는 것이다.

공공서비스의 소비자인 시민의 평가를 통해 공공서비스의 질에 대한 책임감을 고취할 수 있고, 변화하는 시민의 수요를 파악하여 반영하고 있다. 공공서비스 공급 조직은 고객만족도조사를 통하여 자신들의 정당성을 확보하고, 공공서비스의 책임성을 제고할 뿐 아니라, 공공서비스의 목표나 우선순위를 결정함에 있어서 유용한 정보를 제공할 수 있다.

고객만족 여부와 고객의 충성도를 확인하는 방법으로는 설문조사, 공신 및 비공식 피드백, 고객 이력, 불만 분석, 고객 획득/이탈 분석 및 거래성사율 등이 사용될 수 있다. 고객만족 측정은 정량적인 척도 또는 정성적인 척도 모두 사용할 수 있다. 실효성 있는 고객만족 측정결과는 고객의 미래 행동(반복거래, 추천 등)에 영향을 미치는 구체적인 제품과 서비스의 특징, 전달 및 고객관계에 대한 유용한 정보를 제공해야 한다.

고객만족도조사는 다음과 같은 다섯 단계를 거쳐서 실시된다.

첫째, 고객요구에 대한 분석이다. 산업에 대한 상황분석, 자사 및 경쟁사의 강·약점 분석, 제기된 문제점들의 파악을 통해 고객의 요구를 명확하게 분석하게 된다.

둘째, 조사 설계이다. 두 번째 단계를 통해 고객만족도 조사가 제대로 실행될 수 있도록 조사 및 분석 방법을 디자인한다. 조사 목적과 당면 과제를 검토하고, 조사 방법과 조사 일정 및 자료 수집과 분석기법 등을 결정한다. 조사 예산과 일정을 결정하고 평가 도구에 대한 신뢰성 및 타당성에 대한 기준을 정한다.

셋째, 실제 조사를 수행한다. 고객만족도 수준을 파악할 수 있는 자료를 조사하고 수집한다. 고객만족도조사의 핵심적인 부문으로 평가의 공정성이 유지될 수 있도록 조사원 운영 방침, 평가 유의사항 등을 꼼꼼히 점검해야 한다.

넷째, 분석과 해석이다. 고객만족도조사의 대표적인 분석기법은 빈도 분석,

교차 분석, 상관관계 분석, 분산 분석, 요인 분석, 회귀 분석 등이 있다. 분석도구를 활용해 의미 있는 시사점을 발굴하는 것이 중요하다.

다섯째, 연구 결과물을 토대로 고객만족 전략을 수립하고 고객만족 수준 향상을 위한 방안을 모색한다. 고객 이탈이나 고객 유지에 관한 정보 및 고객 권유율 등도 세분화된 시장이나 고객군을 대상으로 할 때 더욱 의미 있는 결과물을 도출할 수 있다.

고객만족 요인을 지속적으로 조사하기 위한 전략은 고객과의 지속적인 관계를 형성하는 요인들을 확인하고 모니터하는 것에서 출발한다. 고객의 인지에 영향을 미치는 핵심요인이 결국 고객관계관리의 핵심이다. 고객의 인지를 효과적으로 파악하기 위해서는 고객가치 구성도(Customer Value Tree)를 개발하여 활용해야 한다. 고객만족 요인의 결과를 지속적으로 분석함으로써 각 요인의 가중치도 결정할 수 있다.

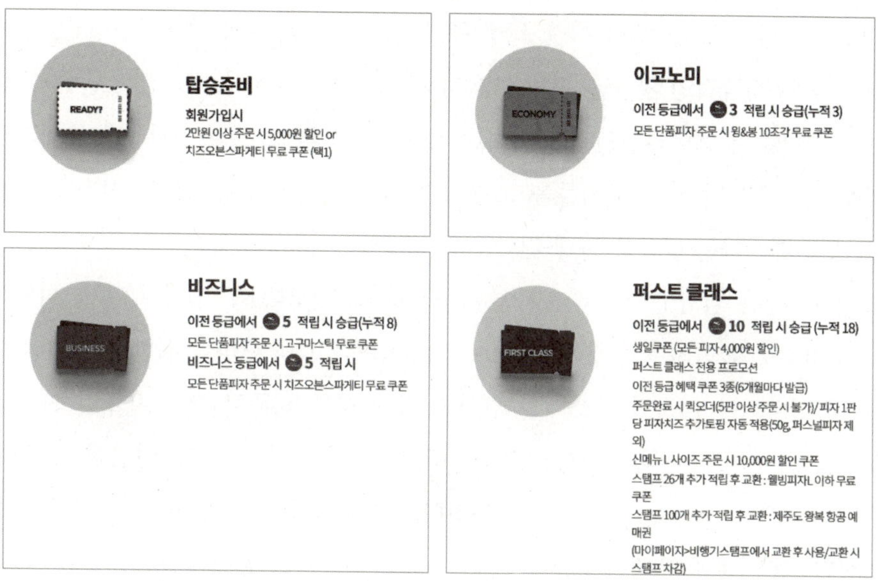

출처: 피자알보로 홈페이지

3.3 고객만족도 향상 전략수립

서비스기업은 운영에 필요한 핵심시스템을 갖추고 있더라도 제대로 활용하거나 효과적으로 관리하는데 어려움이 있다. 주관적이고 비체계적인 고객만족경영의 실행에서 벗어나기 위해서는 지속적인 고객만족 활동을 위한 정량 및 정성적 지표를 발굴해야 한다.

헤스킷(Heskett)은 고객만족은 고객 충성도 증가와 장기적인 이윤 창출로 이어진다는 사실을 강조했다. 즉 고객들이 가치를 어떻게 정의하는지 정확하게 파악하고 측정할 수 있다면, 그리고 그 가치를 제공하기 위한 내부 프로세스를 구축한다면 기업은 고객의 로열티를 향상시키고 장기적인 이윤을 얻을 수 있는 것이다.

손보업계 최초로 '고객패널제도'를 운영하는 삼성화재는 고객참여경영을 실천함으로써 국내 3대 평가인 KS-SQI(Korean Standard Service Quality Index)/KCSI(Korean Customer Satisfaction Index)/NCSI(National Customer Satisfaction index) * 에서 12년 연속 1위를 하였다.

'고객패널(Customer Panel)'이란 특정 주제를 대상으로 현장 체험, 인터뷰, 정보탐색 등의 적극적인 활동을 통해 고객의 시각에서 문제점과 개선점을 발굴·제안하는 아마추어 모니터링인력을 뜻한다. 이러한 고객패널은 4~6개월간 보험가입 과정을 체험하면서 느낀 점들을 보고서 형태로 정리하거나 새로운 서비스 상품에 대한 제안하는 활동을 하게 된다.

신한은행은 금융권 최초의 CS(Customer Satisfaction, 고객만족) 전담 부서를 설치하고 무인점포와 인터넷 뱅킹을 최초로 도입하는 등 고객 편의를 위한 차별화된 상품 및 서비스를 지속적으로 개발해왔다. 자체 서비스 품질 관리 지표인 'SCALE(Service Capability Level)'를 개발, 운영하는 점도 눈에 띈다. 직원과 영업점 등 은행 전체의 서비스 역량을 체계적으로 측정하고 서비스 품질 향상을 위한 활동에 반영한다. 2012년엔 은행권 최초로 '소비자보호지수'를 도입했다. 상담과 판매, 관리 전반에 고객 중심의 업무처리가 이뤄지는지 측정해 미흡한 부분을 개선한다.

매월 열리는 '소비자보호협의회'에는 부서장이 참여해 관련 정책의 실질적 추진과 개선을 모색하고 있다.

우수한 서비스기업은 대부분 고객만족도를 높이기 위한 다각적인 노력을 하고 있다. 고객만족도 조사와 같은 정량적 조사뿐 아니라 고객 패널제도 및 심층 인터뷰를 통한 고객 요구 분석, 고객 중심의 업무 프로세스 분석 등을 통해 체계적인 서비스 품질 향상을 위한 노력을 하고 있다. 지속적인 프로세스 품질관리는 업무 프로세스와 운영의 다양성을 증진시키기 위해 모니터링이 수반되어야 한다. 수집되고 분석된 데이터와 개선된 방식이 업무 프로세스 개선을 가져온다.

고객만족경영 활동이 활성화된 기업은 프로세스 개선활동, 개인 및 팀 차원의

* 한국서비스 품질지수(KS－SQI)는 2000년 한국표준협회와 서울대학교 경영연구소가 공동으로 개발한 서비스 품질평가 모델로, 국내 서비스기업의 제품 또는 서비스를 이용해본 고객을 대상으로 서비스 품질에 대한 만족 정도를 나타내는 종합 지표다. 한국마케팅학회, 한국서비스경영학회 등 국내외 관련 학회에서 이론적 검증을 받은 모델이며, 우리나라 서비스산업의 경쟁력 강화와 고객 삶의 질 향상을 통한 국민 행복 추구에 궁극적인 목적을 두고 개발됐다. 고객 만족의 선행변수로서 보다 객관적이고 장기적인 개념인 서비스 품질을 측정하는 모델로, 성과영역의 두 가지 차원, 과정영역의 다섯 가지 차원 등 총 일곱 가지 차원으로 구성돼 있다.

* 한국산업고객만족도(KCSI)는 한국 산업의 산업별 상품과 서비스에 대한 고객들의 만족 정도를 나타내는 종합지수를 말한다. 한국능률협회컨설팅(KMAC)이 1992년 12개 산업에 대한 고객만족도 조사를 시작한 이래로 2010년에는 105개 산업에 대해 조사·발표했다. KCSI는 경제성장의 양적 성장을 평가하는 국내총생산(GDP) 등의 생산성 지표와는 달리 질적 성장을 평가하는 지표로 분리되며, 조사 결과를 통해 각 기업은 시장에서 자사의 경쟁력을 파악하는 것은 물론이거니와 고객이 불만을 가진 상품·서비스 등의 문제점들을 개선하도록 유도해 소비자의 권익을 보호하고 고객지향적인 경영활동을 가능케 하고, 나아가 국내 산업의 질적 성장을 유도하는데 목적이 있다.

* 국가고객만족도(NCSI)는 고객이 평가한 제품 및 서비스 만족지수. 국내 최종소비자에게 판매되고 있는 제품 및 서비스 품질을 고객이 직접 사용해보고 평가한 만족수준의 정도를 모델링에 근거하여 측정, 계량한 지표이다. 한국생산성본부와 미시간대학(University of Michigan)이 공동으로 개발하였다. NCSI의 최소측정 단위는 개별기업이 생산하는 제품 또는 제품군(Product Line)이며, 측정결과는 개별기업(Company level), 산업별(Industry level), 경제부문별(Economic sector level) 그리고 국가(National level) 단위로 발표된다.

출처: 매경시사용어 사전

적극적인 아이디어 제안활동 등을 지속적으로 유지함으로써 기업의 경쟁력 확보와 유지가 가능하다. 프로세스는 시스템적으로 디자인되고 관리되는지, 고객과 이해관계자의 만족을 위해 개선되고 있는지, 제품과 서비스가 고객니즈를 토대로 디자인되는지, 고객관계는 관리되고 발전되고 있는지, 프로세스의 향상여부로 평가하고 있다(황혜미, 2011).

혁신 및 개선 지향적인 프로세스를 설계하기 위해 직원의 직무 정의에 일상 유지하는 업무뿐만 아니라 개선에 대한 업무를 수행해야 할 책임을 명시화할 필요가 있다. 팀별, 개인별 개선제도의 활성화를 통해 프로세스 개선을 촉진하는 것이 바람직하다.

서비스기업마다 제공하는 서비스도 다르고 조직 문화에도 차이가 있기 때문에 기업의 핵심역량, 리더의 추진력, 구성원의 팀워크 및 능력, 고객의 특성 등에 맞게 CS전략을 수립하고 지속적인 개선 활동을 통해 구체적인 목표를 달성할 수 있다.

Jayaram 외(2010)는 전사적인 품질관리 활동의 실행을 3년 이상 지속해야 성과로 연결될 수 있음을 밝혔다. 지속적 개선은 조직의 운영차원에서 변화의 요구에 유연하게 적응할 수 있는 가능성을 제공하며, 직원들의 참여를 이끌어내는 원동력이 된다. 지속적 개선을 달성하기 위해서는 프로세스 관리와 개인 및 팀별 학습을 실시해야 한다.

[그림 8-7]은 서비스기업에 필요한 CS평가지표를 어떻게 개발하는지를 보여주고 있다.

핵심적으로 관리해야 할 고객요구 사항을 도출하고 핵심고객 요구에 영향을 주는 관리요소를 도출하는 동시에 현재 운용중인 지표들의 문제점을 분석함으로써 새로운 CS평가지표를 설정하여 시행한다. 핵심요구 선정단계에서는 고객의 요구를 추출하여 만족도 조사 지표로 활용하고 실제 조사를 실시함으로써 고객의 중요한 요구를 분류 및 정렬할 수 있다. 개발된 항목을 CS요소로 도출하고 그 요소들 중 CSF(Critical Success Factor: 주요성공요인)를 찾아서 지표를 확정한다. 이 과정을 통해 기존의 평가 지표와 비교하여 평가 방법을 보완한다. 또한 CS 실천 수준 향상을 위해 전사 및 부분별 목표를 설정하고 지속적 개선활동을 전개한다. 마지막으로 평가 실시로 통해 인사 및 급여에 반영함으로써 직원들의 적극적 참여를 유도한다.

| 그림 8-7 | CS평가지표 개발 단계

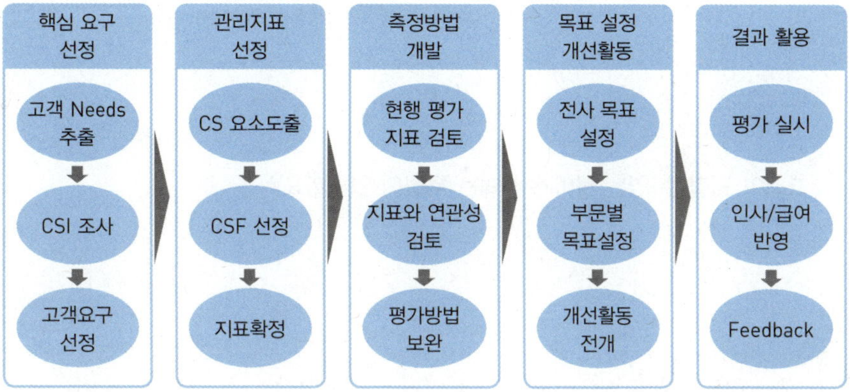

출처: 한국능률협회 컨설팅

*** CSF(Critical Success Factor: 주요성공요인)**

매사추세츠 공과 대학(MIT)에서 개발한 전략정보시스템(SIS) 실현을 위한 수법의 하나이다. 성공에 불가결인 요인을 찾아내어 경영상 중요한 정보를 결정하는 방법이다. 기업이나 개인이 성공하기 위하여 반드시 수행해야 하는 핵심적인 요소이다. 주요 성공 요인은 숫자가 제한되어 있으며, 이들 관리만 잘하면, 개인·부서 또는 기업 전체의 성과가 향상되는 특징을 갖고 있다.

출처: 네이버 지식백과

∷ 함께 이야기 나눠 봅시다

1. 서비스 평가지표로 꼭 반영되어야 할 항목이 있다면 무엇이 있을까요?

2. 고객이 느낄 수 있는 서비스 성과는 무엇이 있을까요?

3. 고객만족경영 실현을 위한 기업의 노력 중 가장 인상적인 모습은 어떤 것이 있을까요?

삼성화재 장기보상 만족도 평가 척도(3일 이내)

삼성화재는 장기보상 고객의 만족도 평가 기준을 접수 용이성, 처리 신속성, 결과 안내 만족도, 기대 대비 만족도 4가지 기준으로 평가하였다. 특히 접수 3일 이내와 3일 이후의 측정 지표도 차이를 두었다. 〈표 8-5〉를 살펴보면 기존의 평가 기준을 보완하여 고객의 요구가 변화함에 따라 보상직원의 만족도와 고객 의견을 추가로 반영함을 알 수 있다. 또한 고객에게 문의하는 스크립트 역시 고객이 쉽게 알아들을 수 있도록 구체화하였다.

| 표 8-5 | 장기보상 고객만족도 평가기준

구분	스크립트		척도	
	AS-IS	TO-BE	AS-IS	TO-BE
접수 용이성	보험금 접수는 편리하게 이루어졌습니까?	보험금을 청구하실 때, 서류 접수는 편리하게 이루어졌습니까?		① 매우 편리했다 ② 편리했다 ③ 보통이다 ④ 약간 불편했다 ⑤ 매우 불편했다
처리 신속성	보험금 처리가 신속하게 이루어졌습니까?	청구하신 보험금 처리는 신속하게 이루어졌습니까?		① 매우 신속했다 ② 신속했다 ③ 보통이다 ④ 느렸다 ⑤ 매우 느렸다
결과 안내 만족도	보험금 처리 결과가 고객님께서 이해하기 쉽게 이루어졌습니까?	받으신 보험금의 내역은 고객님께서 이해하기 쉽게 안내되었습니까?	11단계 (0~10점)	① 매우 이해하기 쉽게 안내 받았다 ② 이해하기 쉽게 안내 받았다 ③ 보통이다 ④ (안내는 받았으나) 잘 모르겠다 ⑤ 안내받지 못했다
보상 직원 만족도	無	고객님의 보험금 처리를 담당했던 직원의 보상 서비스에 대하여 평가해 주신다면 10점 만점 중 몇 점을 주시겠습니까?		11단계 (0~10점)
기대 대비 만족도	평소에 기대하셨던 보상처리와 비교해 볼 때 이번 삼성화재의 보상처리에 대해 만족하셨는지?	이상으로 볼 때, 삼성화재의 보험금 지급 서비스에 대하여 전반적으로 얼마나 만족하십니까?		11단계 (0~10점)
고객 의견	無	본 건 보험금청구와 관련하여, 고객님 의견에 의견을 자유롭게 말씀해 주시기 바랍니다. (칭찬, 불만족한 사항, 개선할 사항 등)	無	TEXT 입력

출처: 삼성화재 소비자 보호센터 제공

| 참고문헌 |

김연성·차주항(2010), 서비스 성과시스템을 위한 3P 모델의 적용방안에 관한 연구, 경영컨설팅연구, 10(2), pp.111-123.

김준호(2008), 「고객만족경영」, 무역경영사.

민재형·장시준(2003), 서비스 기업 성과측정 모형의 기대효과 분석, 경영학연구, 32(6), pp.1623-1658.

신완선 외(2009), 「MB모델 워크북」, 고즈윈.

정규승(2008), 서비스업 노동생산성 지수 개발, 통계청.

조광행(2000), 「고객만족경영 왜 실패할까?」, 들녘미디어.

최동득 외(2005), 「알기쉬운 BSC」, KOMIT 출판사.

한인섭(2009), 성과지표와 고객만족도의 연계성에 관한 연구, 한국행정학보, 43(2), pp.177-200.

현대경제연구원(2014), 서비스업 생산성 국제 비교와 시사점.

황혜미(2011), 고객만족경영 지속성의 핵심요인과 성과에 대한 연구, 서강대학교 경영전문대학원 LSOM 박사학위 논문.

MAP자문교수단(2005), 「말콤볼드리지 성공법칙」, 김영사.

Flynn, B. B. and B. Saladin(2001), "Further evidence on the validity of the theoretical models underlying the Baldrige criteria," *Journal of Operations Management*, Vol. 19, pp.617-652.

Heskett, J. L., T. O. Jones, G. W .Loveman, W. E. Sasser, Jr., and L. A. Schlesinger(1994), "Putting the Service-Profit Chain to work," *Harvard Business Review*, Vol.72, No.2, pp.164-174.

Lillrank, P, A. B. Shani, and P. Lindberg(2001), "Continuous improvement: Exploring alternative organizational designs," *Total Quality Management*, Vol.12, No.1, pp.41-55.

Lin, W. B.(2007), "The exploration of customer satisfaction model from a comprehensive perspective," *Expert Systems with Applications*, Vol.33, pp.110-121.

Jayaram, J., S. L. Ahire, and P. Dreyfus(2010), "Contingency relationships of firm size, TQM duration, unionization, and industry context on TQM implementation-A focus on total effects," *Journal of Operations Management*, Vol.28, No.4, pp.345-356.

Metters, R. and A. Marucheck(2007), "Service Management-Academic Issues and Scholarly Reflections from Operations Management Researchers," *Decision Science*, Vol.38, No.2, pp.195-213.

http://scholarship.sha.cornell.edu/cgi/viewcontent

http://www.kmac.co.kr

www.focuscompany.co.kr

www.masocampus.com

Chapter

9

서비스 컨설팅 사례연구

01 서비스 매뉴얼 개발 사례

1.1 면세점 서비스 매뉴얼의 필요성

Bitner and Wang(2014)은 서비스접점이란 '핵심 서비스 제공 자체의 제공과 관련된 상호작용을 포함하여 고객과 서비스 제공자 간의 개별 상호작용'으로 정의하였다. 즉, 서비스접점이란 사전 및 사후서비스뿐만 아니라 고객의 경험에 영향을 미치는 누적된 고객가치를 포함하는 의미이다. 그러므로 서비스접점은 실제 대면서비스가 이루어지는 환경이나 온라인 활동에서도 발생하게 된다(Bitner et al., 2000).

면세점은 특정 공간에서 상품판매가 이루어지는 실질적인 유형의 공간을 의미한다(최은아 등, 2016). 그러므로 면세점은 특정 고객을 대상으로 대면서비스가 이루어지는 환경을 제공하기 때문에 고객경험에 직접적인 영향을 미칠 수 있다. 면세점에서 고객은 접점프로세스에 참여하여 자신의 요구를 관철시키면서 접점에서의 서비스 품질을 평가함과 동시에 이후의 행동에도 영향을 미치게 된다(최은아 등, 2016). 그러므로 고객과의 접점에서 고객 응대를 어떻게 하느냐는 기업의 생존에 영향을 미치므로 접점에서 효율적이고 효과적인 고객 응대 방안에 대한 매뉴얼 및 표준화가 필요하다.

면세점에서 서비스접점에 대한 매뉴얼 개발을 위해 참석자를 선정하는 업무가 선행되었다. 서비스 매뉴얼 개발을 위해 서비스접점의 고객 응대 실무와 프로세스 관리를 문서화하고 체계할 수 있는 내용전문가(SME: Subject Matter Expert)를 선발하였다. 일반적으로 SME는 매장 근무 경력이 3~5년 이상 근무한 부점장(매니저)급으로, 서비스 마인드와 고객 응대 능력이 우수한 자를 추천받아 교육팀이나 CS(Customer Satisfaction)팀에서 최종적으로 참가 인원을 결정하는 것이 일반적이다(황혜미 외, 2018).

1.2 서비스접점 매뉴얼 개발 프로세스

A면세점의 서비스접점 매뉴얼 개발 워크숍 참석 대상자는 브랜드를 대표하는 점장과 지원부서 영업관리자 12명, 교육담당자 2명, 외부 컨설턴트(서비스엑설런스) 3명으로 구성하여 총 17명이 개발업무에 참여하였다. 개발기간은 2020년 3월 26일부터 7월 17일(약 4개월)까지의 기간으로 워크숍은 총 2회를 진행하여 SME들의 의견을 최대한 매뉴얼에 반영하였다.

A면세점의 서비스 매뉴얼을 개발하기 위하여 Stickdorn et al.(2018)의 연구에서 서비스 디자인 개념 개발시 제안한 절차를 활용하여 [그림 9-1]과 같이 구성하였다. A면세점의 운영 상태를 분석하는 준비단계(단계1), 개념(콘셉트) 개발(단계2), 프로토타이핑(단계3), 테스트 및 운영(단계4)를 포함하는 콘텐츠 개발단계, 마지막 사후관리단계(단계5: 문서화) 등 총 3단계(세부적으로 5단계)로 서비스접점 매뉴얼 개발단계를 구성하였다. 다음에서 각 단계별 세부적인 과정을 소개하고자 한다.

단계1: A 면세점 현황분석

서비스 매뉴얼을 성공적으로 개발하고 효과적으로 운영하기 위해서는 서비스 기업 고유의 역량을 분석하고, 고객만족 수준 및 고객기대를 파악하여 구체적으로 실행 가능한 최적안을 도출해야 한다. A면세점 서비스 매뉴얼을 개발하기 위해 정량 및 정성 조사를 실시하였다. 접점 모니터링 평가, 고객만족도조사, 고객의 소리(VOC: Voice of Customer) 등을 분석하였고, 2013년에 개발된 서비스 매뉴얼의 내용을 검토했으며, 경영진과 담당자의 요구사항을 반영하여 개발 콘셉트를

그림 9-1 | 서비스 매뉴얼 개발단계

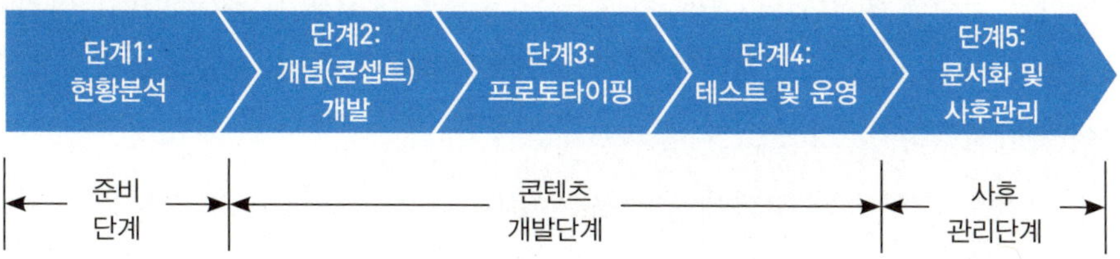

구성하였다.

종합적으로 검토한 결과, 고객경험을 강화시킬 수 있는 서비스와 접점활동을 융합시킨 매뉴얼을 개발하는 것으로 합의하고, 서비스 수준 평가를 분석한 결과 신입사원 비중이 높다 보니 아주 기초적인 서비스 행동인 자세동작, 인사 등이 제대로 이루어지지 않고 있음을 확인하였다. 이에 고객 응대 시 꼭 지켜야 할 행동과 피해야 할 행동을 매뉴얼에 구체적으로 제시하도록 매뉴얼 구성계획을 수립하였다.

준비단계인 1단계에서는 개발할 세부 내용 및 진행절차 협의를 하며, 외부전문가(개발자)들이 사전 분석한 자료를 분석하고 검토하여 서비스 매뉴얼 개발 추진방향, 일정, 협의사항 등 운영방안도 마련하였다.

단계 2: 서비스접점 매뉴얼 콘셉트 개발

서비스 매뉴얼은 접점에서 고객 응대 시 수행해야 하는 직원들의 행동 및 대화에 관한 지침을 담고 있어야 한다. 지나치게 과한 서비스표준화는 고객의 불쾌감이나 불편함을 초래할 수 있지만, 업종의 특성 및 판매 상품, 고객의 성향 등을 고려한 객관화된 고객 응대의 기준이 접점활동에서 필요하다. 즉, 부서 및 파트별로 동일한 기준이 아닌 부서에 특화된 맞춤형 매뉴얼을 개발해야 하며, 서비스 매뉴얼을 한 번에 만들고 끝나는 것이 아니라 시장과 고객의 요구를 반영할 수 있는 매뉴얼이 될 수 있도록 지속적인 평가를 통해 개선해야 한다.

단계1의 현황분석을 통해 A면세점에 적합한 모델 개발을 위해 단계2에서는 콘셉트 및 방향성을 수립하였다. 면세점의 경우 상품의 차별성이 거의 없어짐에 따라 세일즈에도 서비스 프로세스 관리의 필요성이 부각되고 있는 점을 감안하여 판매하는 순간뿐만 아니라 판매 전과 후의 활동을 통합할 수 있는 '융합 서비스 세일즈' 개념을 기반으로 매뉴얼 개발 콘셉트는 다음과 같이 3개의 관점에 기초하여 개발되었다.

첫 번째는 고객경험 강화에 초점을 두었다. 고객이 행복하고 즐거운 경험을 늘릴 수 있는 방안과 불편하고 나쁜 경험을 줄일 수 있는 방안을 고민하였다. 긍정적인 경험을 발굴하기 위해 〈표 9-1〉과 같이 고객의 칭찬 VOC를 분석하여 고객이 만족하는 요인을 도출하였다.

면세점이라는 특정 공간에서 서비스가 이루어지기 때문에 고객경험 강화를 위한 매뉴얼 개발 콘셉트는 '고객에게 잘 응대하기' 개념을 기반으로 기초적인 서비스 행동 자세를 개발하였다. 이 매뉴얼에는 인사, 동작, 대화방식에 대한 매뉴얼과 고객 응대 시 꼭 지켜야 할 행동과 피해야 할 행동을 구체적으로 디자인하였다.

두 번째는 직원(내부고객) 간의 커뮤니케이션(의사소통) 활성화에 초점을 두었다. 기존 매뉴얼은 외부고객 응대를 중심으로 구성되어 있었다. 서비스접점은 고객-제공자 간 활동이므로 우선 내부직원 간 커뮤니케이션과 협조가 선행되어야 한다. 또한 서비스 실행의 주체인 내부고객 간 효과적으로 커뮤니케이션이 되어야 고객 응대에 빠르고 정확하게 표준화된 형태로 서비스를 제공할 수 있다. 그러므로 두 번째는 직원 간 커뮤니케이션 개념을 개발하였다. 직원 간 원활한 업

| 표 9-1 | 칭찬 VOC 분석 예

구분	접수내용(고객관점)	키워드	비교
1	설명을 잘해주셔서 고민하고 있었는데 와인의 차이 등을 친절하게 안내해주셔서 잘 구매할 수 있었습니다.	• 필요정보제공 • 전문적인 설명	고객 제안카드
2	선물을 고르고 있었는데 너무 친절하게 하나하나 설명을 잘해 주셔서 쉽게 고를 수 있었고, 지나가는 말로 다른 브랜드를 찾으니 친절히 위치도 알려주셨습니다.	• 자세한 설명 • 적극적임	고객센터 접수
3	(직원이)임신 중이신데도 불구하고 가방 구매에 도움이 되도록 친절하게 설명해 주셨는데 구매하지 못하고 나와서 미안했습니다. 다음에 다시 방문하고 싶은 마음이 들게 하는 직원이었습니다.	• 고객맞춤설명 • 재방문욕구	고객 제안카드
4	제품에 작은 문제가 있었지만, 직원이 성심성의껏 응대해주고, 직원이 응대하는 마음이 진심으로 느껴져서 제품은 그냥 사용하기로 했습니다.	• 최선의 응대 • 응대의 진정성	접수된 민원
5	제품의 A/S를 위하여 매장으로 연락하였는데 응대해주시는 직원분께서 너무 친절하게 전화를 받아 주셨고, 요청한 사항에 대하여 정확하게 처리해주셔서 기분이 좋았습니다.	• 정확한 문제해결 • 친절함	온라인 게시글

무 협조를 위한 대화법뿐만 아니라 감정노동자보호법, 산업안전보건법 등을 기반으로 직원의 감정을 돌보기 위한 내용도 포함하였고, 직원들이 응대하기 어려워하는 상황에 대한 커뮤니케이션 솔루션을 개발하였다. 또한, 고객 응대 시 감정소진을 줄이는 방법과 악성(또는 불평)고객 응대 시 직원을 보호할 수 있는 법률적 조항과 대처방안에 대한 프로세스를 정리하여 매뉴얼에 포함했다. 추가적으로 고용노동부와 한국산업안전보건공단이 2018년 감정노동자 보호를 위해 배포한 '감정노동매뉴얼'(한국산업안전공단, 2018)을 참고하여 면세점 근로자의 감정노동을 예방하고 관리하기 위한 프로세스를 개발하였다.

세 번째는 고객 맞춤화 대응방안에 초점을 두었다. 서비스는 개별 고객별로 기대한 것과 인지한 것이 차이가 있어서 고객별 대응방안이 필요하다. 따라서 고객의 연령대, 취향, 성향, 성별, 국내외 고객 등을 고려해 제품판매를 위한 맞춤형 고객 응대 방법을 개발하였다. A면세점의 상품(제품)판매 프로세스를 모니터링한 항목은 [그림 9-2]와 같다. 그림과 같이 고객맞이, 니즈파악, 문제해결, 결제와 상품전달, 배웅인사, 매장관리 부문에 대한 세부 항목을 정량평가하고 개선해야 할 부분에 대해서는 정성평가를 매년 실시하고 있었다. 그러나 접점서비스 모니터링 결과, 직원들은 고객의 말을 충분히 이해하고 경청하는 것이 부족하였고, 고객이 원하는 상품을 파악하는 능력도 직원별로 편차가 심하게 나타났다. 판매직원들은 제품판매에 중점을 두기 때문에 고객의 마음을 파악하거나(읽기) 이해하기 위한 행동을 위한 대화 방법이 취약한 것으로 분석되었다. 그래서 판매

그림 9-2 접점서비스 모니터링 평가항목

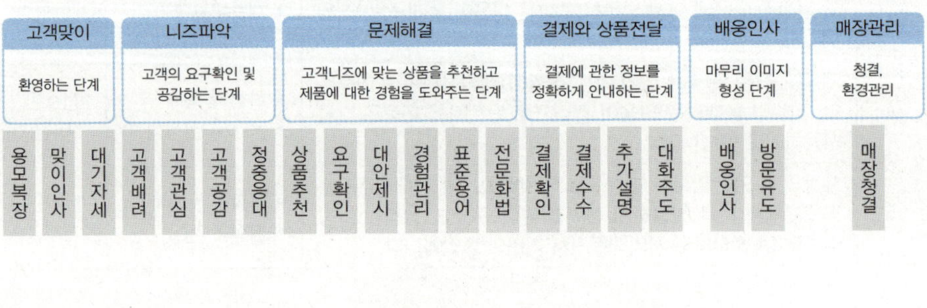

| 표 9-2 | 서비스접점 매뉴얼 개발단계

단계	세부단계	주요내용	참여자	기간
준비 단계	단계1	• 현황분석 • 개발업무 진행 절차 및 운영방안 논의	• 서비스엑설런스 • A면세점교육담당	1주
콘텐츠 개발 단계	단계2	• 개념(콘셉트) 개발 활동 • 워크숍 및 실제활동 평가 • 프로세스 단계별 표준행동 개발	• 서비스엑설런스 • SME	3주
	단계3	• 프로토타이핑 개발	• 서비스엑설런스 • SME	3주
	단계4	• 테스트 및 운영 • 매뉴얼 개발에 대한 피드백	• A면세점교육담당 및 • 접점 관리자	3주
사후 단계	단계5	• 최종 매뉴얼 보고 및 • 매뉴얼 활용 방안	• 서비스엑설런스	2주

품목별로 서비스표준을 세분화하고, 고객의 세부적인 니즈를 파악하기 위한 적극적인 질문기법을 개발하는 데 중점을 두고 맞춤화 대응방안을 개발하였다.

[그림 9-1]에서 제시한 바와 같이 서비스 매뉴얼 개발단계에 대한 세부적인 항목은 〈표 9-2〉와 같이 진행하였다.

개념(콘셉)개발 단계인 단계 2에서는 2회의 내용 전문가(SME)와의 워크숍을 통해 진행하였고, 함께 서비스 행동기준을 정하고 지속적인 내용 피드백을 통해 매뉴얼 내용을 수정하고 보완하는 과정을 거쳤다. 직원들이 매뉴얼 내용을 쉽게 이해하고 친근하게 느끼게 하기 위한 목적으로 직원들의 모습을 촬영하여 매뉴얼에 수록할 사진도 확보하였다. 실제 활동을 촬영하는 이유는 매뉴얼의 현장감을 높이고 직원들의 소속감을 강조하기 위함이다. A면세점과의 1차 워크숍에서는 SME들과 함께 접점프로세스 단계별로 표준행동과 지침을 정리하였고, 파트별 특성을 고려하여 접점 우수사례를 공유하였다. 기존에 개발된 매뉴얼의 장점을 적절히 인용하고 보완 및 수정이 필요한 부분은 새로 작성하여 문서화하였다.

단계3: 프로토타이핑

단계2를 통해 개발된 문서화된 내용을 기반으로 프로토타이핑(prototyping)을 개

| 표 9-3 | 서비스표준 고객 응대 예시: (여성)선물용 상품을 추천하는 순간

표준 행동	표준 대화
눈맞춤과 함께 반갑게 인사하고 상품을 둘러볼 수 있도록 안내한다.	천천히 둘러보시고 마음에 드는 상품 있으시면 말씀하세요.(5초 기다린다)
선물 받으실 분의 정보를 정중하게 확인한다.	찾으시는 상품 있으세요? 네, 선물용을 찾으세요? 고객님, 상품 추천을 위해 몇 가지 여쭤보겠습니다. 선물 받으실 분이 여성분이신가요. 연령대가 어떻게 되세요?
연령대별 선호도를 고려하여 2~3가지 상품을 추천한다. 적극적으로 착용해 볼 것(시착)을 권유하며 설명한다.	대표적으로 가장 선호도와 인지도가 좋은 A상품과 B상품이 있습니다. 가격대는 2~30만원으로 예상하시면 됩니다. 제가 2가지 제품을 직접 보여 드리면서 설명해 드릴께요.
선물 받는 분을 연상시키면서 상품의 특징을 설명한다.	A상품의 베스트 모델인 이니셜 메탈 시계는 가장 선호도가 높으며 가격은 00원입니다. 이 제품은 00한 느낌으로 △△한 분에게 잘 어울립니다. B상품의 000 시계는 00한 특징이 있어 선물해 드리면 굉장히 만족할 상품입니다.

발하였다. 프로토타이핑을 통하여 직원이 고객 응대를 하는 데 있어 수정 및 보완되어야 할 항목을 평가하였다. 프로토타이핑 단계에서는 접점에 있는 직원들의 의견을 최대한 반영하고자 노력하였고, 잠재적으로 발생 가능한 항목에 관해서는 기존의 연구 등도 참고하여 매뉴얼이 보다 효과적으로 활용될 수 있도록 보완하였다.

서비스표준 매뉴얼의 프로토타이핑은 〈표 9-3〉과 같이 실시하였다. 워크숍을 통해 가장 완성도 높게 작성된 원고 자료를 컨설턴트가 발췌하여 수정해야 할 부분을 제시하거나 보완이 필요한 부분은 〈표 9-3〉의 밑줄 친 내용처럼 새롭게 추가하였다.

단계4: 테스트 및 운영

단계3의 과정을 반복적으로 수행하면서 가장 객관화된 표준 응대 안을 도출하는 작업을 수행하였다. 고객과 교류하는 단계를 중심으로 서비스 프로세스를 구성하고, 판매하는 순서에 맞게 MOT를 정렬하는 작업을 수행하였다. A면세점의 경우 기존에 개발된 서비스접점 매뉴얼에 서비스 프로세스가 체계화되어 있는 상태이기 때문에 판매 품목에 맞게 MOT를 배치하는 활동을 추가적으로 실시하였다.

2차 워크숍은 COVID-19로 사회적 거리두기가 강조되던 시기라 비대면 온라인 피드백 활동으로 진행하였다. 1차 워크숍 결과물을 정리하여 미리 공유하고 추가적으로 문서 작성이 필요한 부분을 빈칸 여백으로 만들어 편리하게 작성할 수 있도록 안내하였다. 또한 작성에 필요한 질문 및 답변은 [그림 9-3]과 같이 파트별로 자유롭게 SNS 소통을 통해 해결하도록 하였다.

SME가 작성한 원고를 직원들과 공유하여 새로운 아이디어를 추가하거나 불필요한 행동 및 설명은 삭제하였다. 고객 응대를 하면서 발생하는 추가적인 문제 또는 발생가능한 문제점을 평가하여 보완하는 과정을 거쳤다. 기존에 작성된 내용을 재검토하면서 고객에게 반드시 해야 할 행동이나 멘트를 점검하고, 부서 간 협업이 필요한 부분을 찾아내서 영업 관리자들과 현안을 의논하였다. 세일즈 접점에서는 반품이나 환불에 대한 설명이 가장 중요하기 때문에 표준 멘트를 정하는 데 있어 의견이 가장 분분한 영역이다.

서비스접점 표준 매뉴얼을 만드는 과정을 통해 A면세점 SME와 직원들은 서비스 전달과정에서 발생할 수 있는 차이(변동성)를 감소시키는 역할을 통해 고객이

그림 9-3 | 파트별 추가 작성 예시

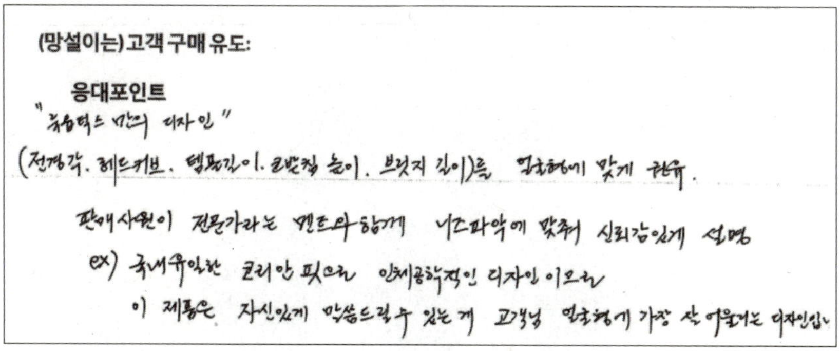
(망설이는)고객 구매 유도:

응대포인트

"룩솝틱스 만의 디자인"

(전경각. 헤드커브. 템플길이. 코받침 높이. 브릿지 길이)를 얼굴형에 맞게 권유.

판매사원이 전문가라는 멘트와 함께 니즈파악에 맞춰 신뢰감있게 설명

ex) 국내유일한 코리안 핏으로 인체공학적인 디자인 이므로

이 제품은 자신있게 말씀드릴수 있는 게 고객님 얼굴형에 가장 잘 어울리는 디자인입니

인지하는 서비스 품질 및 경험에 긍정적인 영향을 미치게 되어 고객만족도를 안정적으로 충족시킬 수 있다. 또한 내부적으로는 접점직원들의 업무능률(역량)을 향상시킬 수 있다(서창적·남관우, 2016).

단계5: 문서화

사후관리 단계에서는 A면세점 워크숍 참여자를 제외한 다른 직원이나 부서를 대상으로 매뉴얼 내용 감수 및 수정 의견을 받아서 매뉴얼을 수정보완하였다. 최대한 많은 관리자와 직원이 매뉴얼 수정보완 작업에 참여할 수 있도록 적극적으로 독려하여 매뉴얼 개발 후 쉽게 활용할 수 있도록 유도하였다.

서비스접점 매뉴얼 완성 후 파트별 관리자들에게 보고회를 실시하였으며, 매뉴얼의 현장 접목 및 활용방안을 [그림 9-4]와 같이 제시하였고, 서비스접점 매뉴얼은 첫째, 직원들의 업무협조 및 능률을 향상하는데 기여할 수 있다. 고객 응대 멘트를 문서화하면서 기존의 본인 행동과 대화를 되돌아볼 수 있고, 부서 간 협업의 필요성을 인식하게 된다. 예를 들어, 접점 부서에서 반품이나 환불에 대한 절차를 제대로 안내하지 않아 고객이 고객센터에 불만 전화를 할 경우, 고객센터 역시 고객에게 꼭 해야 할 안내 멘트 정보를 구비하고 있어, 고객의 불만요

| 그림 9-4 | **서비스접점 매뉴얼 활용방안**

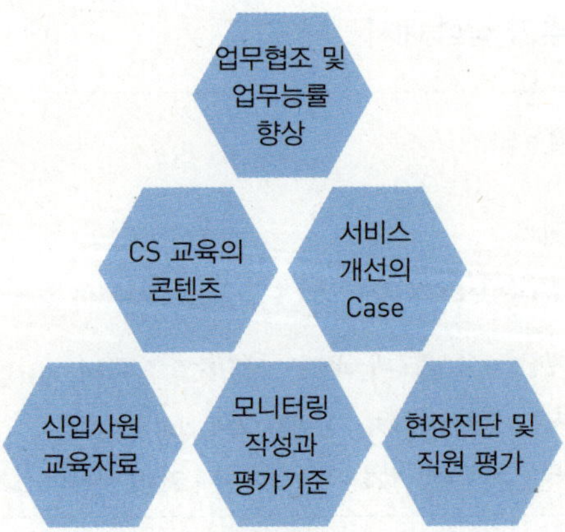

소를 해결해 줄 수 있으므로 접점과 후방 지원부서 간 업무협조를 향상시킬 수 있다.

두 번째 서비스접점 매뉴얼의 콘텐츠는 CS교육 자료의 주요 콘텐츠로 활용할 수 있다. 서비스접점 매뉴얼 제작 후 직원들에게 서비스표준화 교육을 시행함으로써 접점에서 일관성 있는 서비스를 제공할 수 있게 된다. 서비스표준화는 직원들이 고객에게 서비스 전달시 무엇을 어떻게 해야 할지를 스스로 알게(학습) 함으로써 전달과정에서 발생할 수 있는 변동(차이)을 최소화하여 고객에게 일관된 서비스를 제공하고 이를 통해 서비스 제공에 대한 신뢰를 확보할 수 있다(서자원 등, 2011). 또한 서비스접점 매뉴얼을 통해 서비스 개선에 대한 의견 및 아이디어를 도출하는 기회를 제공할 수 있다.

세 번째 서비스접점 매뉴얼 개발 내용을 토대로 모니터링 평가 지표 및 항목을 개발할 수 있다. 이는 평가기준을 사전에 공개하고 이 기준에 의해 평가가 된다는 것을 직원들에게 공지함으로써 불공정하다는 오해를 사전에 차단시킬 수 있다. 또한 신입 사원의 경우 서비스접점 매뉴얼 교육을 통해 빠르게 업무 적응할 수도 있을 것이다.

서비스접점 매뉴얼 완성 후 직원들에게 서비스접점 매뉴얼 내용을 효과적으로 확산시키기 위해 A면세점 전체 접점 파트별 리더를 대상으로 서비스접점 매뉴얼 활용과정을 실시하였다. 접점에서의 대화 및 판매 품목별 표준 대화문을 습득하고 코칭 및 피드백하는 스킬을 학습하였다. 또한 서비스 개선이 필요한 파트는 집중 개선 영역을 제시하는 서비스 개별 코칭을 실시하여 빠르게 서비스표준이 체득될 수 있도록 하였다. 그러나 서비스 표준화는 개발된 표준 매뉴얼을 직원들이 체득화하여 활용하는 것이 가장 중요하기 때문에 관리자들은 접점직원들이 서비스 실행력을 높일 수 있도록 동기부여하고, 중간 점검하며, 피드백할 수 있도록 기회를 제공해야 한다.

02 서비스접점 매뉴얼 주요 내용

2.1 서비스접점 매뉴얼 목차

서비스접점 매뉴얼의 내용은 〈표 9-4〉와 같이 4가지 Part로 구성하였다. Part 1은 서비스 세일즈의 개념과 전문가다운 마인드, 서비스세일즈 프로세스 및 프로세스별 고객 응대 포인트를 정리하였다. Part 2는 세일즈 역량 강화를 위해 고객의 니즈를 파악하는 질문기법, 고객의 혜택을 설명하는 기법, 그리고 직원들이 답변하기 어려운 상황에 적절한 대안을 제시하는 기법을 다루었다. Part 3은 판매 품목별 세일즈 화법을 최대한 세분화해서 구성하였고, Part 4는 기존의 불만고객 응대를 보다 체계적으로 분류하여 불평 및 불만고객 응대 및 악성고객 대처법을 상황에 맞게 대처할 수 있도록 기술하였다.

| 표 9-4 | 서비스접점 매뉴얼 목차

[Part 1 서비스 세일즈]	[Part 3 파트별 세일즈 대화]
1. 서비스 세일즈 2. 프로마인드 3. 서비스 세일즈 프로세스 4. 프로세스별 터치 포인트 5. 온라인 데스크 서비스 프로세스	1. 화장품(향수 포함) 2. 담배, 초콜릿, 홍삼, 문구 3. 패션 4. 악세사리 5. 양주 6. 시계 7. 선글라스
[Part 2 세일즈 강화 대화법]	[Part 4 상황별 응대]
1. 다가가기 2. 질문하기 3. 상품추천하기 4. 시착(착용해 보는 것)대화 5. 대안제시	1. 불평고객 2. 불만고객 3. 악성고객

2.2 파트별 주요 내용

Part 1: 서비스접점 단계별 표준행동 및 지침 마련

A면세점이 지향해야 할 서비스접점 세일즈에 대한 개념을 〈표 9-5〉와 같이 정리하여 직원들이 판매전, 판매중, 판매후 서비스 프로세스 관점을 인식할 수 있게 하였다.

서비스접점 세일즈 프로세스 단계는 고객맞이-니즈파악-상품제안-결제-배웅인사 5단계로 정립하였다. 고객맞이 단계에서는 움직이면서 맞이를 준비하는 동적 대기 방법을 제시하고, 니즈파악 단계에서는 고객이 원하는 상품을 물어보는 질문, 경청, 공감 기법을 정리하였다. 상품제안 단계에서는 상품을 어필하는 3가지(트렌드, 다양성, 편리함) 방법을 기술하였다. 직원들이 지나치게 저렴한 가격으로만 안내할 경우 직원의 전문성이 결여되어 보인다. 결제/상품 전달 단계에서는 A/S, 교환, 환불과 관련된 안내를 정리하였으며, 배웅 단계에서는 정성을 다하는 인사법을 담았다.

| 표 9-5 | A면세점의 서비스접점 세일즈 매뉴얼

매뉴얼 관점	개념
A면세점의 서비스접점 세일즈 전문가의 역할	• A면세점의 서비스 세일즈 전문가는 고객에게 상품을 판매하는 순간뿐만 아니라 판매전, 판매중, 판매후에도 적극적인 맞춤형 서비스를 제공해야 합니다.
전문가다운 서비스접점 세일즈란 무엇일까요?	• 서비스 세일즈란 판매활동뿐만 아니라 고객이 현명한 구매 결정을 할 수 있도록 전문가답게 질문/설명/안내/조언 등을 할 수 있는 활동을 의미합니다. • 서비스 세일즈의 핵심은 고객과 우리의 '관계 형성'을 위한 스마트한 전략과 열정적인 실행입니다. A면세점에 대한 높은 만족감 및 충성도는 재구매 시에도 우리를 다시 찾을 수 있게 하는 원동력이 됩니다.
서비스접점 매뉴얼 내용	• 본 매뉴얼에는 서비스 세일즈 프로세스별 가이드와 세일즈 역량을 높여줄 핵심 스킬을 담고 있습니다. 서비스 세일즈 전문가가 되기 위해 단계별 수행 방법을 학습하고 실천해야 합니다.

Part 2: 접점에서의 역량 강화를 위한 스킬 및 대화법

(1) 질문: SPIN(Situation, Problem, Implication, Needs-Pay off) 기법

SPIN 기법은 고객의 필요를 파악하는 질문이다(Rackham, 1988). 직원들이 상황질문, 문제질문은 고객에게 자주 사용하고 있으나, 고객 니즈를 파악할 수 있는 확대질문을 하여 해결질문으로 이어지는 부분이 가장 취약하다.

〈표 9-6〉과 같이 판매직원은 확대질문을 활용해서 상품 착용 및 시향에 대한 고객의 느낌을 물어보는 질문을 함으로써 고객이 원하는 상품을 찾아낼 수 있고, 적합한 대안을 갖고 상품을 추천할 수 있게 된다. 고객 스스로도 원하는 상품을 정확히 알기 어려울 수도 있으므로 확대질문을 통해 세부적인 요구를 발굴할 수 있다. 직원이 상품에 대한 장점을 설명하기보다는 고객이 직접 말하게 함으로써 구매에 대해 확신을 갖게 할 수 있다.

표 9-6 확대질문 예시

질문 항목	질문 예
무게감	가볍게 느껴지는지요?
촉감	가죽 느낌이 어떠세요?
시각	색상이 어떠세요?
규격(사이즈)	사이즈가 잘 맞으세요?
후각	향은 어떠세요?

(2) 상품설명: FABE(Feature, Advantage, Benefit, Evidence) 기법

FABE 기법은 직원이 상품을 설명하는 방법으로 제안 설명의 효과를 높이기 위해 다양한 업종에서 사용되고 있다. 판매직원들은 상품 설명 시 상품의 기능(feature)이나 장점(advantage)에만 초점을 두는 경우가 많다. 고객은 이미 알고 있거나 특별히 관심이 없고, 단지 그 상품이 나에게 주는 혜택(benefit)이 무엇일까에 집중한다. 고객이 관심 있어 하는 이점이나 혜택을 강조하여 고객의 호기심을 유발하는 것이 중요하다. 또한 제품구매 후기나 리뷰 등과 같은 증거(evidence)를 활용하여 고객의 불안을 없애고 구매 결정을 할 수 있도록 유도한다. 예를 들어, 로즈골드 시계를 고객에게 판매할 때 메탈 시계의 색상과 디자인(기능 장점)뿐 아니라 패션 팔찌와 레이어드하기 쉬운 점(혜택)을 부각하는 것이 효과적이다. 그리고 고객의 관심이 많은 면세점 베스트 모델(증거)임을 다시 한번 강조한다.

(3) 대안제시: 3F(Feel – Felt – Found) 기법

만약 고객이 찾는 상품이 품절이거나 특정 용량의 상품을 찾는 경우와 같이 답변하기 어려운 상황에서는 〈표 9–7〉과 같이 고객의 상황에 공감하고, 특정 상품을 찾는 이유를 물어본 다음, 대안을 찾아주어야 한다. 일명 3F 기법은 공감(feel) – 사실확인(felt) – 대안제시(found)를 의미한다.

지나치게 빠른 대안 제시는 고객을 화나게 만들 수도 있다. 예를 들어, 고객이 '왜 이렇게 가격이 비싸요?'라고 말했는데, 직원은 '고객님, 세일하는 상품은 저쪽 코너에 있습니다.'라고 대답을 한다면 고객은 무시당했다는 느낌을 받을 것이다. 그래서 세일즈 현장에서 대처하기 힘든 상황에는 반드시 충분한 공감이 필요하지만, 지나치게 고객의 상황에 몰입하는 과잉 공감이나 진심이 느껴지지 않는 공감은 피하는 것이 좋다.

| 표 9–7 | 3F 기법 활용 예시

특정 제품이 품절인 경우	
질문 유형	대화 방법
공감	네, 고객님. OO제품을 찾으세요. 안타깝게도 OO제품은 현재 품절입니다.
사실설명/이유탐색	OO제품은 파운데이션인데, 특별히 OO제품을 찾으시는 이유가 있으신가요?
대안제시/제품권유	네, OO제품같이 피부 톤을 밝게 해 주는 제품은 이 제품도 있어요. 이 제품도 OO 같이 OO한 역할을 해서 인기가 좋습니다.

Part 3: 파트별 세일즈 화법

직원들이 가장 관심이 있는 부분은 본인이 근무하는 파트의 세일즈 화법일 것이다. Part 3에서는 화장품, 향수, 담배, 홍삼, 선글라스, 양주, 시계 등 파트별 세일즈 노하우를 정리하였다. 고가의 상위제품을 어필하는 순간, 추가로 제품구매를 유도하는 순간, 고객의 구매를 유도하는 순간, 고객이 느낄 혜택을 강조하는 구매 확신의 순간, 그리고 고객이 제기하는 반론을 극복하는 순간으로 분류하여 상황별 행동과 대화 멘트를 기술하였다.

표 9-8 도금/은 소재에 대한 반론극복 예시

응대포인트 관점	응대포인트 예
(도금)소재에 대해 설명하고 추후 보증기간을 강조한다.	저희 브랜드는 금 함량이 높은 버메일이라는 소재로, 버메일은 92.5% 실버 위에만 사용 가능하여 믿고 사용하셔도 됩니다. 추후 재도금 서비스도 오랫동안 받아 보실 수 있어서 믿고 구매해 주셔도 됩니다.
(은)개성있는 디자인을 강조하고 백화점에서 A/S가 가능함을 설명한다.	92.5% 은으로 만들어졌고, 저희 브랜드의 개성 있는 디자인이 특징입니다. 혹시 변색하더라도 전국 백화점에서 세척 A/S가 가능하니 믿고 사용하셔도 됩니다.

직원들은 고객의 반론을 현명하게 대처하기 힘들어한다. 고객이 가격 및 타 브랜드 비교를 하거나 과거 구매한 제품에 대한 경험이 좋지 않을 때 고객을 설득하기 쉽지 않다. 〈표 9-8〉과 같이 고객이 액세서리 도금/은 소재에 대한 불안감을 느끼고 있을 경우 직원은 전문가답게 고객에게 설명하여 고객이 불편하게 느끼는 것이 제품 불량이 아니라 익숙함의 차이임을 인지시켜야 한다.

Part 4: 상황별 문제해결 능력 함양을 위한 응대법

서비스접점 매뉴얼의 마지막으로 Part 4는 불평 및 불만고객 응대 및 악성고객 대처법으로 구성하였다. 상황이 단순한 불평일 경우, 제품 및 서비스에 대한 불만일 경우, 물리적 폭력 행사 및 폭언, 욕설하는 악성고객 응대의 경우로 구분해 직원들이 모든 상황에 무조건 사과하기보다는 절차와 프로세스를 고려하여 현명하게 문제를 해결할 수 있도록 하였다.

기존 서비스접점 매뉴얼은 직원들이 모든 상황에서 지나치게 사과 표현을 많

표 9-9 직원의 불친절에 대한 고객 불만 극복 예시

응대포인트 관점	응대포인트 예
정중하게 사과하며, 불편한 상황을 조심스럽게 확인한다.	• 그러셨군요, 고객님, 죄송합니다만 어떤 상황이었는지 여쭤봐도 될까요? • OO에 대해서 기분이 상하셨군요. 미흡했던 부분에 대해 다시 사과드리겠습니다. OO에 대해 바로 도와 드리겠습니다. • 고객님, 불편하셨을 텐데, 말씀해 주셔서 감사합니다.
고객의 말에 경청하며 공감한다.	• 고객님 편하게 말씀해 주세요. • 불편하셨을 텐데, 말씀해 주셔서 감사합니다.

이 하게 함으로써 직원 스스로 자존감이 떨어지고 직무만족도가 낮아지는 현상이 발생하였다. 물론 직원이 실수한 경우에는 반드시 정중하게 사과해서 고객의 불쾌감을 줄이도록 노력해야 한다. 예를 들어, 〈표 9-9〉와 같이 직원의 불친절에 대해 고객이 불만을 표현하는 순간, 고객의 말을 충분히 경청하고 사과한 후에 문제를 신속히 해결해야 한다.

악성고객을 응대했을 때 대처방법을 [그림 9-5]와 같이, 회사차원의 직원 보호 노력은 〈표 9-10〉과 같이 정리하였다. 폭언, 성희롱, 감정소진 등 문제발생 시 접점직원의 신체적 안전과 심리적 안정을 위해 해당 고객으로부터 분리하고 업무를 일시적으로 중단한다.

[그림 9-5]와 같이 물리적 협박과 기물파손에 해당하는 사례와 개념을 이해하고, 기본 응대 방법과 대응절차를 체계화하였다. A면세점에서 서비스접점 매뉴얼을 만들면서 악성고객을 만났을 때 본사 고객센터에서 도움을 받을 수 있도

그림 9-5 | 물리적 협박 및 기물파손 악성고객 대처방안

[정의]

■ 자신의 불만 해소를 위해 기물을 파손하거나 담당자 상해를 가하려는 행위

[사례]

■ 매장 비품 등 기물 파손
■ 협박(살인 충동)을 하는 경우
■ 따귀 등 폭행을 하는 경우

[기본 응대]

■ '욕설과 폭력은 용납되지 않는다'는 메시지를 친절하게 엄정한 목소리로 전달한다.
■ 큰 소리를 내지 말고 차분하고 냉정하게 응대를 진행한다.
■ 고객이 난폭하게 행동할 가능성이 있으면 혼자 응대하지 않는다.

[대응절차]

1단계	2단계	3단계	4단계	사후단계
고객진정	녹음 사전 고지	2차 중지요청 조치사항 안내	관리자 및 안전요원 호출	관리자 보고

록 직원들에게 공지하였다.

고객의 폭언, 성희롱 등은 관계 법률의 형사처벌 규정에 위반되므로 그 행위로 피해를 본 접점직원이 요청할 경우, 관할 수사기관 등에 고발할 수 있다. 이러한 항목은 접점직원들이 회사의 관심과 보호 아래 고객을 즐겁게 만날 수 있는 계기가 된다. 고객과의 문제를 접점직원의 개인 잘못이 아니라는 점을 알리고 정서적으로 우울해지거나 감정이 소진되지 않도록 면담과 상담을 진행하여 직원들의 마음을 관리해야 한다.

| 표 9-10 | 회사차원의 직원 보호관리 예시

보호관리 관점	보호관리 예
공포심, 폭언, 성희롱, 감정소진 등의 문제 발생 시 업무 중지	• 폭언, 성희롱, 감정소진 등 문제발생 시 접점직원의 신체적 안전과 심리적 안정을 위해 해당 고객으로부터 분리하고, 업무를 일시적으로 중단한다. • 부당한 요구를 하는 고객에게 무조건 사과하는 것보다는 사실관계를 파악하여 처리한다. • 문제가 해결되지 않을 때는 면세사업본부 영업처와 협의하여 대응하고 법적 고지가 필요한 경우 상담 매뉴얼에 따라 문제를 처리한다.
휴게시간 연장	• 피해 접점직원에게 적정한 휴식 및 휴가 등에 준하는 조치를 시행한다. • 고객과의 문제를 접점직원의 개인 잘못이 아니라는 사실을 알리고 정서적으로 우울해지거나 감정이 소진되지 않도록 면담과 상담을 진행한다.

:: 함께 이야기 나눠 봅시다

1. 면세점 서비스에서 표준화가 필요한 이유는 무엇일까요?

2. 서비스 세일즈 매뉴얼 내용 중 가장 현장 활용도가 높을 것은 무엇일까요?

3. 우리 팀원들이 서비스 세일즈 매뉴얼을 개발한다면 어떤 내용을 담을 것인가?

03 일산병원 환자경험 디자인 사례

일산병원의 환자경험관리 사례를 분석하기 위해 Klink(2018) 등의 고객경험관리를 위한 프레임워크를 통하여 살펴보고자 한다. 고객경험관리를 위한 프레임워크의 세 가지 단계인 1단계: CX(Customer eXperience) 실현을 위한 조직문화 구축, 2단계: CX 전략적 체계 수립, 3단계: CX 전달(디자인 및 운영)을 통해 분석하고자 한다. 1단계인 CX 실현을 위한 조직문화 구축은 방향성을 정립하는 단계로써 고객경험관리에 대한 개념을 교육하여 인지시키고, 구성원들을 동기부여함으로써 참여를 증진시키는 단계를 의미한다. 2단계인 CX 전략적 체계 수립은 환자중심 문화를 활성화시키고, 환자중심의 의료서비스 체계를 수립하고 강화하는 단계라고 할 수 있다. 3단계는 문화구축 및 전략적 체계 수립의 결과물로서 3P인 사람(People), 프로세스(Process), 물리적 디자인(Physical design)과 고객여정 및 터치포인트의 지속적 관리가 포함된다(남현정 외, 2018).

3.1 1단계: CX 실현을 위한 조직문화 구축

Klink et al.(2018)은 고객경험관리를 위한 프레임워크의 1단계로 '고객경험실현을 위한 조직문화 구축'을 소개하였다. 해당 단계는 방향성을 정립하는 단계로서 고객경험관리에 대해 개념을 교육하여 인지시키고, 구성원들을 동기부여하여 참여를 증진시키는 것을 의미한다. 이를 위해 일산병원은 첫째, 최고경영진이 환자경험관리를 위한 리더십을 발휘하고, 둘째, 핵심인력의 전문지식을 함양시키고, 셋째, 비전공유, 캠페인 등을 통해 환자경험관리 분위기를 형성하였다.

최고경영진의 리더십

리더십의 핵심은 변하는 환경 속에서 조직이 나아가야 할 올바른 방향을 설정하고, 설정된 방향으로 모든 구성원들이 한마음, 한뜻으로 함께 나갈 수 있도록 만드는 데 있다. 전자인 적응성을 통해 조직에 필요한 경쟁력을 확보하고 후자인

정렬성을 통해 조직에 필요한 경영성과를 달성한다(신완선 등, 2009). 일산병원의 경영진은 환경 변화에 맞추어 적절히 대응하고자 환자경험관리를 조직의 경쟁력으로 선정하고 환자경험에서 혁신 기회를 발견하였다. 특히 2015년도부터 진료의 질 향상을 위해 진료부문의 특화, 임상연구 활성화, 진료시설 및 의료장비의 첨단화와 '환자 중심의 서비스체계 구축'에 집중했다(윤종원, 2016).

경영진의 가장 중요한 임무는 조직이 지향해야 할 올바른 방향을 찾아내는 것이다.

경영방향 설정의 가장 큰 그림은 기업이 장기적으로 달성해야 할 미래의 모습인 비전과 기업 구성원들 사이에 공유된 사고 및 행동양식인 기업가치(경영이념, 사시, 사훈, 핵심가치 등)를 결정하는 것이다(신완선 등, 2009). 일산병원은 '환자 중심의 서비스체계 구축'을 위해 '환자 중심, 탁월한 전문성, 행복한 일터'라는 핵심가치를 바탕으로 '보다 앞선 의료서비스, 신뢰받는 평생건강 파트너'라는 비전을 수립하고 '국민의 건강한 삶과 올바른 의료 표준을 선도하는 건강보험 모델병원'의 미션을 선정하였다. 이와 같은 핵심가치, 비전, 미션으로 일산병원은 미래의 이상과 목표를 명확하게 제시하고 조직구성원들이 그것에 스스로 몰두할 수 있도록 유도하였다.

리더십의 올바른 실행방법으로는 경영진이 참여하고 솔선수범하는 것이다. 일산병원의 경영진들은 환자경험을 위한 활동을 수행하는데 있어서 항상 참여하고 행사를 주도하는 역할을 하였다. 예를 들어 서비스 디자인, 환자경험의 날 등 주요 행사에 참여하여 적극적인 지지와 지원을 아끼지 않았고 서비스 디자인 최종 보고회의 경우는 병원장 및 임원진, 관련 부서 40여 명이 참여하여 환자 중심 프로세스 개선을 위해 지속적으로 노력해 오고 있다.

마지막으로 시스템 경영의 핵심은 반복성에 있다. 한 개인의 리더십이 설령 좋은 성과를 거둔다고 해도 시스템으로 정착되지 못하면 지속성을 보장할 수 없다. 조직은 개인의 리더십이 전체 시스템 구조에서 더욱 빛날 수 있도록 체계적인 노력을 강구해야 한다(신완선 등, 2009). 일산병원은 2015년부터 시작된 환자 중심에 대한 선도적 활동이 지속성을 가질 수 있도록 시스템화하고자 노력하였다.

핵심인력의 전문지식 함양

일산병원은 핵심인력의 전문지식을 함양시키기 위해 직원교육, 핵심인력 양성 그리고 벤치마킹을 하였다. 먼저 직원교육은 준비기와 도입기에 걸쳐 이루어졌으며 이는 새로운 경영전략에 대한 직원들의 이해도를 높임으로써 변화에 대한 저항을 줄이고 고객경험관리에 대한 지식을 바탕으로 직원들을 동기부여시키고 실제 행동으로 이어지게 하기 위함이다.

준비기(2015년)에는 보직자 및 전 직원 대상으로 환자경험교육을 20여 차례 실시하였으며 '환자경험'에 대한 개념 정립 및 이해할 수 있는 기회를 제공하였다. 이어서 2016년 2회에 걸쳐 478명이 '환자경험특강'을 통해 '환자경험 디자인 시대'라는 주제로 교육을 받았으며, 이후로도 매년마다 1회~2회, 전 직원 대상으로 환자경험특강을 지속하며 환자경험문화 구축에 힘썼다. 이외에도 CS(Customer Service) 향상활동의 일부로 2016년부터 진료과 및 팀원 대상으로 비디오 촬영을 통한 피드백을 시행하는 진료상담역량강화 프로젝트를 실시하고 있으며, 협력사 및 편익시설, 부서요청교육, 협력병원, 사회복무요원 등 병원의 이해관계자는 물론 공급사슬상의 참여자까지 교육함으로써 병원 내부와 병원이 속한 외부 공급사슬 참여자가 모두 일관된 비전을 가지도록 유도하였다.

환자경험에 관한 기본적인 개념과 이에 대한 이해를 바탕으로 도입기(2016년)에서는 환자경험을 위한 핵심인력을 적극적으로 양성하였다. 즉, 2016년 서비스 디자인 1차 핵심인력 35명을 양성하였으며, 해당 인력들을 중심으로 서비스 디자인 워크숍을 8차에 걸쳐 40시간 동안 수행하였다. 핵심인력은 다학제로 의사직, 간호직, 약무직, 보건직, 사무진 인력들로 구성되었다. 워크숍에서는 서비스 디자인에 대한 전반적인 개요 및 서비스 디자인 프로세스(발견－정의－개발－전달)에 맞추어 실습 및 발표 등을 진행하였다. 뿐만 아니라 부서 CS 리더를 육성하였는데, 부서 CS 리더는 부서의 고객응대역량을 강화하기 위해 모니터링하고 개선활동에 앞장서는 사람을 의미한다. 이와 같이 서비스 디자인 인력 양성을 통해 환자중심문화 수립을 위한 핵심적 역할 수행을 할 수 있는 차세대 리더를 양성할 수 있었다.

환자경험관리 분위기 형성

일산병원은 고객경험 실현을 위한 조직문화 구축을 위해 환자경험관리에 대한 분위기를 형성하고자 하였다. 대표적인 실행방법으로 '환자경험의 날'이 있다. 2017년 '환자경험의 날'은 환자 및 내원객으로부터 환자 중심 아이디어 공모 및 직원경험 공모를 통한 개선활동 등을 전 직원이 공유하는 장을 만들어 환자 및 직원 모두 자발적으로 환자경험에 대해 관심을 가질 수 있도록 기회를 마련하였다.

2018년에는 'Share Your Experiences' 부제를 가지고 환자 및 직원의 경험을 공유하는 자리를 마련하였다. 해당 행사의 세부 프로그램으로는 〈표 9-11〉과 같

표 9-11 | 2018년 환자경험의 날에 대한 프로그램 안내

구분	내용
목적	• 환자 및 가족, 전 직원의 환자경험활동 참여를 통해 긍정적인 환자경험 인식강화 및 문화 확산을 도모하기 위함 • 직원들이 근무하며 경험한 긍정적인 다양한 사례들을 공유함으로써 환자경험 문화 형성에 이바지하고자 함
세부 프로그램	• 환자 및 직원 대상의 Healing Message 공모 및 캘리그라피 전시 • 환자경험 책 소개 부스 운영 • 환자경험 아이디어 공모전 • 직원경험 UCC 공모 • 환자 및 직원 경험 역할극 시연 • 환자경험 서비스 디자인 우수 사례 발표 • CS Star 및 참여자 포상
사진	캘리그라피 행사  환자경험 도서대여 부스  포상 

이 환자경험과 관련된 다양한 프로그램들로 구성되었다. '환자경험의 날'의 특징은 의사직, 간호직, 보건직, 사무직, 약무직, 기타직 등 병원 조직의 전 부서 직군이 참여했다는 것이다. 환자 중심의 고객경험문화를 만든다는 것은 몇몇 기법이나 프로세스의 변화가 아니라 조직의 전통과 분위기로서 조직의 가치관, 신조 및 행동패턴을 규정하는 기준을 다시 세우는 것이다. 조직문화를 바꾸는 것에 대해서는 조직구성원들이 비협조적일 수도 있으며 때로는 반발을 하는 경우도 있을 수 있으므로 사전에 조직구성원들이 새로운 문화를 충분히 배우고 스스로 동기부여가 되어 참여를 증진시키도록 해야 할 것이다.

3.2 2단계: CX 전략적 체계 수립

1단계가 환자경험관리에 대한 조직문화 기반을 조성하는 것이라면, 2단계는 공유된 문화를 활성화시키고 환자중심의 의료서비스 체계를 수립하고 강화하는 단계라고 할 수 있다. 이를 위해 일산병원은 첫째, 부서별로 목표를 세분화하고 실행했으며, 둘째, 고객관점의 평가 재설계를 수행하였다.

부서별 목표 세분화

먼저 환자중심의 의료서비스 시스템을 강화하기 위해 2단계에서는 '환자경험 서비스 디자인 프로젝트'를 통해 부서별로 목표를 세분화하고 실행하였다. 도입기(2016)에서 시작했던 프로젝트가 조직(병원)차원에서 대표적인 서비스 디자인 주제를 선정했다면 확산기(2017)에서 수행한 서비스 디자인 프로젝트는 '외래환자 동선 줄이기'라는 주제 아래 원무팀, 의료기획팀, 약제팀, 간호부·의료정보팀·원무팀·건강증진센터로 구분하여 각 팀에서 외래환자 동선을 줄이기 위한 프로젝트를 발굴하고 개선 프로세스를 수립하였다. 예를 들어 원무팀은 '오픈카드 활성화 방안 마련', 의료기획팀은 '수술예정환자 협진 절차 개선' 등을 통해 각각의 팀이 전문적으로 발굴한 각각의 프로세스를 개선함으로써 종합적으로 환자의 입장에서 전체 프로세스의 동선 줄이기가 완성될 수 있었다. 이와 같이 2단계에서는 조직차원이 아니라 각 사업부 혹은 부서 차원에서 전략을 도출하고 실행하는 역할을 수행하였다.

2단계에서 CX 전략적 체계를 수립하기 위해 부서별 서비스 매뉴얼 체득화 코칭이 이루어졌다. 즉, 환자경험 만족을 위해 서비스 매뉴얼을 리뉴얼(Renewal)하였고, 부서별 특성을 고려하여 업그레이드 된 매뉴얼 실행력 강화를 위한 코칭을 실시하였다. 부서를 기준으로 살펴보면 서비스 매뉴얼을 교육하고 체득화하는 과정은 국제진료센터, 신장내과, 심장내과 검사실, 항암치료센터, 약제팀 등 최소 17개 부서, 최대 51개 부서에서 이루어졌다. 연도별로는 2016년부터 접점별 고객응대 매뉴얼 체득화 코칭이 이루어져 2016년 17개 부서에서 총 282명, 2017년 28개 부서에서 총 270명, 2018년 51개 부서에서 총 282명이 코칭을 받았다. 이를 통해 1단계에서 실시된 핵심인력 육성을 위한 교육이 전사적인 단위였다면 2단계에서는 부서별로 구체화되어 전문적인 코칭이 실시되었다.

고객관점의 평가 재설계

두 번째로 고객관점의 평가 재설계를 수행함으로써 환자 중심의 의료서비스 체계를 수립하고 강화하였다. 일산병원은 지난 10년 동안 정량평가를 수행하였는데, 해당 평가는 환자경험평가를 대비하여 현 수준을 파악하고 모니터링 및 개선 활동을 강화하는 자료로 활용되고 있다. 일산병원은 2016년 평가지 재설계시 고객만족도 조사항목, 환자경험평가 항목, 서비스 매뉴얼(표준대화문)을 고려하여 중요하게 다루어야 할 공통 사항을 추출하였으며 3개 부문(간호, 보건, 사무)별로 표준대화의 핵심 요인을 정리하여 평가항목에 반영하였다.

부서마다 표현 방법은 다르지만 꼭 고객에게 전달되어야 할 사항을 중심으로 대화문과 행동지침을 작성하고, 이 대화문을 서비스 모니터링 항목에 반영함으로써 정량적 뿐만이 아니라 정성적 부분에서 평가시스템을 강화하였다고 볼 수 있다.

서비스 모니터링 평가지 재설계에 있어서 특징은 첫째, 의료서비스 제공자에 적합한 항목인지 타당성을 고려하여 분류(변수)와 항목을 조정하였으며, 둘째, 간호직, 보건직, 사무직 3개 부문의 특성을 고려하여 항목을 발굴하였다는 것이다. 마지막으로, 입원, 외래 환자 만족도 조사 항목을 반영하였다는 특징이 있다.

3.3 3단계: CX 전달(디자인과 운영)

CX 전달의 3P

도입기부터 정착기까지의 일산병원이 고객경험 중심 서비스 가치를 제공하는 병원이 되기 위해 수행했던 프로젝트들이 결과적으로 사람, 프로세스, 물리적 디자인이라는 세 가지 요소로 디자인되고 운영되고 있음을 알 수 있다. 다음 〈표 9-12〉는 교육과 훈련, 체계 수립 등을 통해 얻은 대표적인 개선사항을 보여주고 있다.

고객여정과 터치포인트의 지속적 관리

일산병원은 환자경험관리를 효과적으로 운영하기 위해 고객여정과 터치포인트를 지속적으로 관리하기 위한 체계를 갖추었다. 이는 환자경험관리를 위해 환자경험파트가 문제점을 도출하고 이에 대한 개선방향을 설정하여 전담부서에 의뢰하고, 전담부서는 이에 대해 재검토 및 논의를 통해 체계 개선을 하는 시스템이다. 이때 환자경험파트는 개선될 수 있도록 지속적으로 모니터링하는 역할을 하게 된다. 예를 들어 2018년 '방문객 시선을 고려한 병원 안내 시스템 개선'에 대해 전담부서인 시설팀, 총무팀, 홍보팀 모두에게 이를 의뢰하였고, 먼저 홍보팀이 BI(Brand Identity), HIP(Hospital Identity Program) 도입이 우선되어야 함을 검토한 후 시설팀, 총무팀이 주차장, 장례식장 안내 개선 등을 강화하기로 하였다.

또한 2019년 서비스 디자인 프로젝트와 홍보팀의 HIP개선 사업과 연계하여 개선활동을 진행 중에 있다. 추가적으로 적정진료지원팀이 MOT 모니터링을 통해 부서별로 고객경험 중심 서비스 평가를 담당하고 있다. 이러한 체계를 수립함으

| 표 9-12 | CX 전달의 3P

구분	개선사항
사람 (People)	• 서비스 디자인 핵심인력 양성 • 전 직원 환자경험 교육 및 특강 • 환자경험 및 CS 캠페인 • 환자경험의 날 개최 • 진료 상담역량강화 활동 • MOT 모니터링 • 접점별 고객응대 매뉴얼 체득화 코칭 • 관련 학회 및 외부교육 지원 등
프로세스 (Process)	• 대기환자의 경험가치 증진을 위한 서비스 디자인(2016, 서비스 디자인 프로젝트) • 흉부촬영 대기시간 감소를 위한 통합 탈의실 운영(2016, 서비스 디자인 프로젝트) • 수술예정환자 협진 절차 개선(2017, 서비스 디자인 프로젝트) • 투약구 환경 및 투약 안내 개선(2017, 서비스 디자인 프로젝트) • 문자안내 서비스 개선(2017, 서비스 디자인 프로젝트) • 외래전화업무 개선(2016~2018, 환자경험 프로세스 개선 회의) • 초진 환자 인터넷 예약 시 정확한 진료 세부분야 반영을 위한 전화예약 안내문구 게시 (2017, 외래접점부서 간담회) • ARS시스템에 지참 서류 안내 멘트 반영(2017, 외래점점부서 간담회) • 당뇨병환자 소모성재료 처방전·등록신청서 진료과 발급 실시(2017, 외래점점부서 간담회) • 외부전화 차단 및 안내 멘트 반영(2018, 외래접수전화 민원 감소를 위한 업무 협의)
물리적 디자인 (Physical design)	• 병원 안내도 및 배너 개선(2016, 서비스 디자인 프로젝트) • 편안한 약 수령을 위한 서비스 디자인(2016, 서비스 디자인 프로젝트) • 제증명 발생 시 불편해소를 위해 원내 무인발급기 도입(2016, 서비스 디자인 프로젝트) • 주차장 및 장례식장 안내 강화(2018, 서비스 디자인 프로젝트) • 병원 안내시스템 개선을 통한 접근도 향상(2018, 서비스 디자인 프로젝트) • 노인환자를 위한 낙상예방안내 시스템 개발(2018, 서비스 디자인 프로젝트)

로써 주관부서의 역할과 책임이 주어지고 서비스 디자인 실행에 대한 품질관리가 일관된 기준으로 수행될 수 있었다.

고객여정과 터치포인트를 지속적으로 관리해나가기 위한 두 번째 요소는 지속적 개선이다. 일산병원은 서비스 디자인 프로젝트, 환자경험의 날, 환자경험 특강 등 고객경험중심 활동을 2016년부터 지속적으로 수행해 나갔다. 특히 매 활동마다 만족도 설문조사를 통해 활동의 효과성을 평가하며, 개선사항 및 향후계획을 세움으로써 차후년도에 반영하여 더욱 질적으로 향상되는 프로젝트를 만들었다(남현정 외, 2019).

함께 이야기 나눠 봅시다

1. 일산병원의 환자경험 증진을 위한 다양한 노력 중 가장 인상적인 것은 무엇인가? 그렇게 생각하는 이유는 무엇일까?

2. 환자경험디자인 실행의 장애요인이 무엇이며, 어떻게 어려움을 극복해야 할까?

3. 성공적인 환자경험디자인의 성과물은 무엇일까?

| 참고문헌 |

사례 1.

김윤진·이돈희(2018), 항공객실서비스 서비스 실패 사례를 통한 서비스 회복에 관한 연구: K 항공사 고객 사례 중심으로, 서비스경영학회지, 19(3), pp.189-206.

서자원·김영택·박윤주(2011), 서비스표준화 차원이 지각된 서비스 품질, 고객신뢰, 고객만족에 미치는 영향, 서비스경영학회지, 12(2), pp.237-259.

서창적·남관우(2016), 서비스표준화, 직무만족 및 고객지향성 간의 관계: 애프터서비스 산업을 중심으로, 서비스경영학회지, 17(5), pp.29-54.

정승환·이돈희·이상식(2022), 프로세스관점의 서비스 품질경영, 한경사.

최은아·이상식·이돈희(2016), 서비스 청사진을 이용한 면세점에서의 서비스접점 개선 연구, 한국산업정보학회지, 21(4), pp.95-110.

한국산업안전공단(2018), 마트 종사원 감정노동 매뉴얼, pp.5-20.

황혜미·이돈희(2021), 국내 A면세점의 서비스접점 매뉴얼 개발 사례, 서비스경영학회지,

Bitner, M. and Wang, H.(2014), Service Encounters in Service Marketing Research, *Handbook of Service Marketing Research*, 221.

Bitner, M., Brown, S. and Meuter, M.(2000), Technology infusion in service encounters, *Journal of the Academy of Marketing Science*, 28(1), pp.138-149

Rackham, N.(1988), *SPIN Selling*. New York, NY: McGraw-Hill.

Stickdorn, M., Hormess, M., Lawrence, A. and Schneider, J.(2018), *This is Service Design Doing. Sebastopol*. CA: O'Reilly Media, Inc.

사례2.

남현정·박희선·황혜미(2019). 국민건강보험 일산병원의 환자경험디자인 우수사례: 고객경험관리 프레임워크를 기반으로, 서비스경영학회지, 20(4), pp.201-226.

신완선·김태호·류문찬·서창적·안영진·이상복·정규석·정영배·최정상(2009), 말콤 볼드리지 MB 모델 워크북, 고즈윈.

윤종원,(2016), 강중구 병원장, 추진력과 카리스마로 신바람 주도, 병원신문, http://www.khanews.com/news/articleView.html?idxno=121457

Klink, R. R., Zhang, J. Q. and Athaide, G. A.(2018), Designing a customer experience management course, *Journal of Marketing Education*, pp.1-13.

찾아보기

ㅇ

ㅈ

ㅍ

ㅎ

기타

저자 약력

황혜미

삼육대학교 경영학과 조교수(산학협력)
- 삼성전자 국내영업본부 마케팅연수소 CS교육담당
- 삼성그룹 서비스 강사(1기)
- 서강대학교 생산서비스경영 석·박사
- 한국표준협회 한국서비스대상, KS – CQI 자문위원
- 한국생산성본부 SMAT(서비스경영자격) 자문위원
- 한국서비스경영학회 이사
- 한국생산관리학회 서비스 품질 위원장
- SPC그룹 식품과학대학 생산서비스관리 자문교수

삼성전자, 삼성화재, LG전자, LG인화원, 신세계백화점, 롯데백화점, 롯데호텔, 롯데월드, 아모레퍼시픽, 현대자동차, CJ푸드빌, CGV, SK텔레콤, 두산그룹, 신한은행, IBK, 광주은행, 한국은행, 농협은행, 부산은행, 전북은행, 삼성증권, 미래에셋증권, 새마을금고, 교보생명, 농협중앙회, 롯데화재, BC카드, 삼성카드, 서울대병원, 일산병원, 전남대병원, 아산병원, 서울성모병원, 미르치과네트워크, 페덱스코리아, JDC면세점, 파리바게뜨, 삼성전자로지텍, LG헬로비전, 한국잡월드, CJ인재원, 금호아시아나그룹, SPC그룹, 동원그룹, 필립스, 강원랜드, 신라호텔, 해비치호텔, 한국화이자, GSK, 노바티스, 한국리서치, 한국GM, 이마트, CJ개발, 청화대경호실, 서울시청, 서울시인재개발원, 서울지방고용노동청, 경찰청, 한국철도공사, 병무청, 제주도청, 농촌진흥청, 지방행정연수원, 국민권익위원회, 국토해양부, 한국무역협회, 경북개발공사, 우정사업본부, KT&G, 한국감정원, 한국타이어, 롯데하이마트, SK주식회사 외 다수의 서비스 컨설팅 수행

서비스경영_고객접점 실무중심

초판 발행 2022년 12월 26일
지은이 황혜미
펴낸이 김중용
편 집 심성보
펴낸곳 도서출판 정독
경기도 고양시 일산서구 하이파크로 113, 102-204
등록 제406-2014-000093호
전 화 031)924-7203 팩 스 02)718-8554
홈페이지 www.jeongdok.co.kr 이메일 admin@jeongdok.co.kr
ISBN 979-11-6858-110-4 93320

정 가 23,000원